Mandäistische Forschungen

Herausgegeben von Rainer Voigt

Band 8

2021
Harrassowitz Verlag · Wiesbaden

Gabriele Mayer

Im Namen des Großen Lebens

Johannes der Täufer im Johannesbuch der Mandäer

2021

Harrassowitz Verlag · Wiesbaden

Bibliografische Information der Deutschen Nationalbibliothek
Die Deutsche Nationalbibliothek verzeichnet diese Publikation in der Deutschen Nationalbibliografie; detaillierte bibliografische Daten sind im Internet über https://dnb.de abrufbar.

Bibliographic information published by the Deutsche Nationalbibliothek
The Deutsche Nationalbibliothek lists this publication in the Deutsche Nationalbibliografie; detailed bibliographic data are available in the internet at https://dnb.de.

Informationen zum Verlagsprogramm finden Sie unter
https://www.harrassowitz-verlag.de

Gedruckt auf alterungsbeständigem Papier.
Druck und Verarbeitung: Beltz Grafische Betriebe GmbH, Bad Langensalza
Printed in Germany

ISSN 1861-1028
ISBN 978-3-447-11599-5

Meinem langjährigen Lehrer und Mentor
Herrn Pfarrer Dr. h. c. Karl Günther

Inhaltsverzeichnis

Vorwort xi

Einleitung 1

Abkürzungsverzeichnis 3
Allgemeine Abkürzungen 3
Abkürzungen der mandäischen Quellen 4
Abkürzungen der häufig gebrauchten Sekundärliteratur und Hilfsmittel 4

Kapitel 18 7
Umschrift 7
Poetische Struktur und Übersetzung 10
Bemerkungen zu Textkritik und Übersetzung 19
Gliederung des Textes 19
Interpretation 21

Kapitel 19 45
Umschrift 45
Poetische Struktur und Übersetzung 46
Bemerkungen zu Textkritik und Übersetzung 47
Gliederung des Textes 47
Interpretation 48

Kapitel 20 57
Umschrift 57
Poetische Struktur und Übersetzung 57
Bemerkungen zu Textkritik und Übersetzung 58
Gliederung des Textes 59
Interpretation 59

Kapitel 21 67
Umschrift 67
Poetische Struktur und Übersetzung 68
Bemerkungen zu Textkritik und Übersetzung 70
Gliederung des Textes 70
Interpretation 70

Kapitel 22 ... 79
Umschrift ... 79
Poetische Struktur und Übersetzung ... 80
Bemerkungen zu Textkritik und Übersetzung ... 82
Gliederung des Textes ... 83
Interpretation ... 83
Thesen zu Johannes und Mohammed im Johannesbuch ... 91

Kapitel 23 ... 95
Umschrift ... 95
Poetische Struktur und Übersetzung ... 95
Bemerkungen zu Textkritik und Übersetzung ... 96
Gliederung des Textes ... 97
Interpretation ... 98

Kapitel 24 ... 107
Umschrift ... 107
Poetische Struktur und Übersetzung ... 107
Bemerkungen zu Textkritik und Übersetzung ... 109
Gliederung des Textes ... 109
Interpretation ... 110

Kapitel 25 ... 117
Umschrift ... 117
Poetische Struktur und Übersetzung ... 117
Bemerkungen zu Textkritik und Übersetzung ... 118
Gliederung des Textes ... 119
Interpretation ... 121

Kapitel 26 ... 131
Umschrift ... 131
Poetische Struktur und Übersetzung ... 131
Bemerkungen zu Textkritik und Übersetzung ... 133
Gliederung des Textes ... 134
Interpretation ... 134

Kapitel 27 ... 143
Umschrift ... 143
Poetische Struktur und Übersetzung ... 143
Bemerkungen zu Textkritik und Übersetzung ... 144
Gliederung des Textes ... 145
Interpretation ... 145

Kapitel 28 ... 151
Umschrift ... 151
Poetische Struktur und Übersetzung ... 153
Bemerkungen zu Textkritik und Übersetzung ... 157
Gliederung des Textes ... 159
Interpretation ... 160
Anhang ... 178

Kapitel 29 ... 183
Umschrift ... 183
Poetische Struktur und Übersetzung ... 183
Bemerkungen zu Textkritik und Übersetzung ... 185
Gliederung des Textes ... 186
Interpretation ... 186

Kapitel 30 ... 197
Umschrift ... 197
Poetische Struktur und Übersetzung ... 199
Bemerkungen zu Textkritik und Übersetzung ... 203
Gliederung des Textes ... 203
Interpretation ... 204
Thesen zu Christentum und Mandäismus im Johannesbuch ... 212

Kapitel 31 ... 217
Umschrift ... 217
Poetische Struktur und Übersetzung ... 219
Bemerkungen zu Textkritik und Übersetzung ... 224
Gliederung des Textes ... 224
Interpretation ... 224

Kapitel 32 ... 235
Umschrift ... 235
Poetische Struktur und Übersetzung ... 237
Bemerkungen zu Textkritik und Übersetzung ... 240
Gliederung des Textes ... 241
Interpretation ... 242
Thesen zu Mandäismus und Judentum ... 253

Kapitel 33 ... 259
Umschrift ... 259
Poetische Struktur und Übersetzung ... 260
Bemerkungen zu Textkritik und Übersetzung ... 264
Gliederung des Textes ... 264
Interpretation ... 264

Der Todesengel – ein religionsgeschichtlicher Vergleich 271
1. Der Todesengel im *Corpus Mandaicum* 271
2. Der Todesengel im Judentum 274
3. Der Todesengel im Christentum 278
4. Der Todesengel im Islam 281

Literaturverzeichnis 291
A Mandäische Texte 291
B Quellen zum religionsgeschichtlichen Vergleich und Hilfsmittel 292
C Sekundärliteratur 296

Vorwort

Mandäische Texte haben mich fasziniert, seit ich sie in einem Forschungsseminar bei Prof. Dr. Klaus Berger an der Ruprecht-Karls-Universität kennengelernt hatte. Nach der Anfertigung einer Seminararbeit zum Johannesbuch der Mandäer entschied ich mich, mich weiter mit dieser Schrift zu befassen und wählte als Thema meiner Dissertation den Traktat über Johannes den Täufer aus dem Johannesbuch.

Nach dem Abschluss der Dissertation ruhte die Beschäftigung mit dem Mandäischen, bis ich im Jahr 2008 eine Einladung erhielt, einen Gastvortrag an der Freien Universität Berlin zum Johannesbuch zu halten. Seither haben mich Prof. Dr. Rainer Voigt und Dr. Bogdan Burtea ermutigt, meine Dissertation noch einmal zu überarbeiten und in der Reihe *Mandäistische Forschungen* beim Verlag Harrassowitz zu veröffentlichen. Hierfür möchte ich mich ausdrücklich bedanken.

Weiterhin danke ich Frau Sina Nikolajew für die Formatierung des Werkes.

Mein besonderer Dank gilt Herrn Pfarrer Dr. h. c. Karl Günther, von dem ich nach zahlreichen semitischen Sprachen auch Mandäisch lernen durfte. Er hat mich nicht nur in den Zeiten der Promotion stets unterstützt, sondern auch die Überarbeitung kritisch begleitet und immer wieder Korrektur gelesen. Ich verdanke ihm auch zahlreiche wertvolle Hinweise sowie den Zugang zu seiner umfangreichen Bibliothek.

Allen Genannten gilt mein herzlicher Dank.

Gabriele Mayer, Bad Schönborn, im April 2021

Im Namen des Großen Lebens, verherrlicht sei das hehre Licht.

Einleitung

Es gibt in der Geschichte kaum eine Religionsgemeinschaft, deren Ursprung und Entwicklung so umstritten ist wie die der Mandäer. Texte und Riten der Mandäer wirken zunächst wenig verständlich auf den außenstehenden Betrachter. Doch es gibt zahlreiche Berührungen der mandäischen Texte mit biblischen sowie jüdischen und islamischen Überlieferungen. Auch die frühchristlichen (orthodoxe und heute häretisch genannte) Texte wurden herangezogen. Die Ähnlichkeiten und Kontraste zur mandäischen Literatur sollen im vorliegenden Buch aufgezeigt und erörtert werden. So kann auch eine Einordnung der mandäischen Traditionen in die Religionsgeschichte erfolgen. Häufig werden die Mandäer als ‚die letzten Gnostiker' bezeichnet. Die Beziehung zu anderen gnostischen Texten wurde ebenfalls berücksichtigt.

Die Bedeutung mandäischer Texte für die Exegese des Neuen Testamentes wurde früh erkannt und vor allem durch Rudolf Bultmann hervorgehoben. Bultmann legte seine Ergebnisse zunächst in dem Aufsatz *Die Bedeutung der neuerschlossenen mandäischen und manichäischen Quellen für das Verständnis des Johannesevangeliums*, in: *ZNW* 24 (1925), S. 100–146, dar, danach ausführlich im Jahr 1941 in seinem Kommentar zum Johannesevangelium.[1]

Um die Erforschung der mandäischen Sprache haben sich vor allem Theodor Nöldeke[2] und Rudolf Macuch[3] verdient gemacht.

Bei der Herausgabe und Übersetzung mandäischer Schriften sind vor allem die Arbeiten von Lady Ethel Stefana Drower[4] und Mark Lidzbarski[5] zu nennen.

Die Religionsgemeinschaft der Mandäer besteht bis heute. Die Mandäer lebten früher vor allem im Südiran und im angrenzenden Irak. Baghdad war eines ihrer Zentren. Einem Anhänger der mandäischen Religion verdanken wir konkretere Angaben.

---

1 Rudolf Bultmann: *Das Evangelium des Johannes*, Kritisch-exegetischer Kommentar über das Neue Testament II, begründet von Heinrich August Wilhelm Meyer, hrsg. von Ferdinand Hahn, Göttingen [21]1986.

2 Theodor Nöldeke: *Mandäische Grammatik*, im Anhang: Die handschriftlichen Ergänzungen in dem Handexemplar Theodor Nöldekes, bearbeitet von Anton Schall, Darmstadt 1964.

3 Rudolf Macuch: *Handbook of Classical and Modern Mandaic*, Berlin 1965; ders.: *Zur Sprache und Literatur der Mandäer*, mit Beiträgen von Kurt Rudolph und Eric Segelberg, Studia Mandaica I, Berlin / New York 1976; ders., in: *A Mandaic Dictionary*, hrsg. von Ethel Stefana Drower und Rudolf Macuch, Oxford 1963.

4 Ethel Stefana Drower (Hg.): *The Thousand and Twelve Questions (Alf Trisar Šuialia, ATŠ)*, Veröffentlichungen des Instituts für Orientforschung der Deutschen Akademie der Wissenschaften, Berlin 1960; dies. (Hg.): The Canonical Prayerbook of the Mandaeans, transl. with notes, Leiden 1959.

5 Mark Lidzbarski (Hg.): *Ginza – Der Schatz oder das große Buch der Mandäer*, Göttingen / Leipzig 1925; ders. (Hg.): *Das Johannesbuch der Mandäer*, Gießen 1915 [unveränd. Nachdruck Berlin 1966].

Sabih Alsohairy schätzte im Jahr 1975, es gäbe 12 000 bis 15 000 Mandäer im Irak.[6] Die meisten von ihnen hatten Berufe wie Gold- und Silberschmiede oder Bootsbauer, später waren auch immer mehr Akademiker darunter.[7] Durch die fortschreitende Islamisierung in diesem Gebiet siedelten viele Mandäer um, zum einen in die Niederlande, zum anderen nach Australien.[8] Im deutschsprachigen Raum gibt es in Nürnberg eine kleine mandäische Gemeinde.

Diesem Buch liegt eine Arbeit zugrunde, die im Jahr 1996 von der Theologischen Fakultät der Ruprecht-Karls-Universität in Heidelberg als Inauguraldissertation angenommen wurde.

Der Traktat über Johannes den Täufer im *Johannesbuch der Mandäer* (Kapitel 18–33) wurde neu übersetzt und mit einem wissenschaftlichen Kommentar versehen. Hierbei wurde deutlich, dass die bearbeiteten Texte durchgängig eine poetische Struktur aufweisen, die die Übersetzung erleichtert.

Zum Verständnis der Texte bediente ich mich der Methoden der historisch-kritischen Exegese, häufig des religionsgeschichtlichen Vergleichs. Verglichen werden besonders die Texte, die in räumlicher und zeitlicher Nähe zu den mandäischen Texten entstanden. Hierdurch tritt der Eigencharakter der mandäischen Traditionen deutlich zu Tage.

Wichtig war mir auch, die Texte in der jetzt vorliegenden Gestalt wahrzunehmen und diese zu erläutern. Die poetische Struktur war auch hier hilfreich. Die ursprüngliche Dissertation wurde gründlich überarbeitet und ergänzt. Die neue Edition des Johannesbuches konnte ich hierzu leider noch nicht heranziehen.

---

6 Sabih Alsohairy: *Die irakischen Mandäer in der Gegenwart*, Dissertation, Hamburg 1975, S. 7.
7 Ebd., S. 8 ff.
8 So die Auskunft von Mandäern auf der ersten Mandäistischen und Samaritanistischen Tagung in Berlin im Jahr 2008.

Abkürzungsverzeichnis

Allgemeine Abkürzungen

Act.	Aktiv
Af.	Afel
Anm.	Anmerkung
Art.	Artikel
bzw.	beziehungsweise
c.	*communis*
ders.	derselbe
d. h.	das heißt
dies.	dieselbe
ebd.	ebenda
Ethpa.	Ethpaal
Ethpe.	Ethpeal
evtl.	eventuell
f. / ff.	folgende / fortfolgende
Hg. / Hgg.	Herausgeber
hrsg. von	herausgegeben von
i. e.	*id est*
Kap.	Kapitel
m.	maskulin
m. E.	meines Erachtens
p./Pass.	passiv/Passiv
par	Parallelstellen
Part.	Partizip
Pf.	Perfekt
Pl.	Plural
Pt.	Partizip
S.	Seite
Sg.	Singular
s. o.	siehe oben
syr. / Syrisch	syrisch / Syrisch
v. Chr. / n. Chr.	vor Christus/nach Christus
vgl.	vergleiche
u. a.	unter anderem
u. ö.	und öfter
unveränd.	Unverändert
z. Bsp.	zum Beispiel
z. T.	zum Teil

Abkürzungen der mandäischen Quellen

Im Folgenden werden einige Quellen sowie Sekundärliteratur und Hilfsmittel abgekürzt angegeben. Zur besseren Übersicht hier ein Verzeichnis der gebrauchten Abkürzungen:

ATŠ	Drower, Ethel Stefana (Hg.): *The Thousand and Twelve Questions (Alf Trisar Šuialia)*, Berlin: Veröffentlichungen des Instituts für Orientforschung der Deutschen Akademie der Wissenschaften 1960.
CP	Dies. (Hg.): *The Canonical Prayerbook of the Mandaeans translated with Notes*, Leiden: Brill 1959.
G	Lidzbarski, Mark (Hg.): *Ginza – Der Schatz oder Das große Buch der Mandäer*, Göttingen: Vandenhoeck & Ruprecht / Leipzig: Hinrichs'sche Buchhandlung 1925.
J	Ders. (Hg.): *Das Johannesbuch der Mandäer*, Gießen: Verlag von Alfred Töpelmann (vormals J. Ricker) 1915 / Unveränd. Nachdruck Berlin: Walter de Gruyter 1966.
Qol	Ders. (Hg.): Mandäische Liturgien. Berlin: Weidmann'sche Buchhandlung 1920 / Unveränd. Nachdruck Göttingen: Vandenhoeck & Ruprecht 1970.

Abkürzungen der häufig gebrauchten Sekundärliteratur und Hilfsmittel

Brandt: *MR*	Brandt, Wilhelm: *Die mandäische Religion. Eine Erforschung der Religion der Mandäer, in theologischer, religiöser, philosophischer und kultureller Hinsicht dargestellt*, mit kritischen Anmerkungen und Nachweisen und dreizehn Beilagen, Amsterdam: Philo Press 1973 [Neudruck der Ausgabe Leipzig / Utrecht 1889]
Brandt: *MS*	ders.: *Mandäische Schriften*, aus der großen Sammlung Heiliger Bücher Genza oder Sidra Rabba übersetzt und erläutert mit kritischen Anmerkungen und Nachweisen. Amsterdam: Philo Press 1973 [Neudruck der Ausgabe Göttingen 1893]
Dict.	Drower, Ethel Stefana / Macuch, Rudolf (Hgg.): *A Mandaic Dictionary*, Oxford: Clarendon Press 1963
Drower: *MII*	dies.: *The Mandaeans of Iraq and Iran. Their Cults, Customs, Magic Legends, and Folklore,* Leiden: E. J. Brill 1962
Handbook	Macuch, Rudolf: *Handbook of Classical and Modern Mandaic*, Berlin: Walter de Gruyter 1965
JSHRZ	Jüdische Schriften aus hellenistisch-römischer Zeit (Reihe)
Philo: *Spec. leg.*	*De specialibus legibus*
Rudolph: *Mandäer* I + II	Rudolph, Kurt: *Die Mandäer. Band I: Prolegomena. Das Mandäerproblem; Band II: Der Kult*, FRLANT 74 + 75, Göttingen: Vandenhoeck & Ruprecht 1960 bzw. 1961
TANZ	Texte und Arbeiten zum neutestamentlichen Zeitalter (Reihe)
WMANT	Wissenschaftliche Monographien zum Alten und Neuen Testament (Reihe)

ZDMG	*Zeitschrift der Deutschen Morgenländischen Gesellschaft*
ZNW	*Zeitschrift für neutestamentliche Wissenschaft*

Für die biblischen Bücher und die zwischentestamentliche bzw. pseudepigraphe und apokryphe Literatur werden die herkömmlichen Abkürzungen gebraucht.

Kapitel 18

Umschrift

66,11	*b-šumaihun ḏ-hiia rbia mraurab nhura šania*
66,12	*ialda ʿtinṣib mn ʿmruma raza ʿtiglia*
66,13	*b-ʿurašlam hilmia hzun kahnia dandamta b-ʿulẖ*
66,14	*niplat dandamta niplat b-ʿurašlam b-ʿspar*
66,15	*iuma qadim azal l-bit mqadšia pihtẖ l-pumẖ*
67,1	*b-ʿula u-l-spihatẖ ḏ-šiqra pihtẖ l-pumẖ b-ʿula*
67,2	*u-ʿl kulhun kahnia ḏ-nimarlun b-hizuanai ḏ-lilia*
67,3	*hzit b-hizuanai kḏ šakibna la-nimit u-la-šikbit*
67,4	*u-la-dratan b-liluia šinta la-namit u-la-šikbit ḏ-ata*
67,5	*kukba ʿl ʿnišbai qam nura b-Aba Saba Zakria*
67,6	*iaqda ʿtahzun atlata šragia šamiš arab*
67,7	*u-šragia dna nura tlat bit ama u-guṭra gṭar*
67,8	*bit mqadšia guha gna b-markabta ḏ-arqa*
67,9	*nadat mn duktẖ kukba ṣrabẖ b-iahud kukba*
67,10	*ṣrabẖ b-ʿurašlam šamiš ʿtahzia b-lilia*
67,11	*u-sira b-ʿumama dna mišma ḏ-šimuia kahnia*
67,12	*aqapra b-rišaihun rmun Iaqip kahna bakia*
67,13	*u-dimia ḏ-Bnia Amin natran Šilai u-Šalbai aqapra*
67,14	*b-rišaihun rmun ʿlizar pihtẖ l-pumẖ u-ʿl*
67,15	*kulhun kahnia ḏ-nimarlun man ḏ-lagiṭ aspar*
67,16	*hilmia u-aspar hizuania šria ʿlẖ man ḏ-lagiṭ*
67,17	*aspar hilmia ḏ-ampašiqlkun hilmia ḏ-hzaitun*
68,1	*ʿlizar pihtẖ l-pumẖ u-l-kulhun kahnia ḏ-nimarlun*
68,2	*Iaqip mpašiq hilmia akandit la-qaiim ʿlun*
68,3	*Abnia Amin ampašiq hilmia lau gabra ḏ-kasia*
68,4	*razaikun hu la-mgalilan Ṭab Iumin ḏ-amritun ʿlẖ*
68,5	*ḏ-ʿka u-dlika ḏ-amar arqa raṭna b-la zibnẖ*
68,6	*u-mgalala b-ʿspiria ḏ-ʿšumia arqa pahta pumẖ*
68,7	*u-ʿlizar ḏ-timarlẖ aziliun luat Liliuk ḏ-mpašiqlkun*
68,8	*hilmia ḏ-ahzaitun ʿlizar pihtẖ l-pumẖ u-ʿl*
68,9	*kulhun kahnia ḏ-nimarlun man azil luat Liliuk*
68,10	*ḏ-mpašiqlkun hilmia ḏ-hzaitun kidbuia l-ʿngirta*
68,11	*u-ʿl ʿdẖ ḏ-Ṭab Iumin iahbuia nisbẖ Ṭab Iumin*
68,12	*ʿl ʿngirta u-luat Liliuk mizlẖ Liliuk gnia ʿl*

68,13 *arsẖ akandit šintẖ la-prat guha gnalẖ*
68,14 *b-libẖ u-tbar libẖ mn samkẖ abrẖ Ṭab Iumin*
68,15 *luat Liliuk qrib Ṭab Iumin azal luat Liliuk*
68,16 *u-mn šintẖ nirandidẖ u-amarlẖ Ṭab Iumin hilmia*
69,1 *hzun kahnia dandamta niplat b-ʿurašlam*
69,2 *b-ʿspar iuma qadim azal l-bit mqadšia pihtẖ*
69,3 *l-pumẖ ḏ-ʿula u-l-spihatẖ ḏ-šiqra pihtẖ l-pumẖ*
69,4 *u-ʿl hinun kahnia ḏ-nimarlun ana b-hizuanai kḏ*
69,5 *škibna b-hizuanai ḏ-lilia hzit b-hizuan kḏ šikibna*
69,6 *la-nimut u-la-šikbit u-la-dratan b-lilia šinta la-*
69,7 *nimut u-la-šikbit hzit ḏ-ata kukba ʿl ʿnišbai*
69,8 *qam nura b-Aba Saba Zakria iadqa ʿtahzun*
69,9 *tlata šragia šamiš arab u-šragia dna nura*
69,10 *tlat bit ama u-guṭra gṭar bit mqadšia guha*
69,11 *gna b-markabta arqa nadat mn duktẖ*
69,12 *kukba ṣrabẖ b-iahud kukba ṣrabẖ b-ʿurašlam*
69,13 *šamiš ʿtahzia b-lilia u-sira b-ʿumama dna kḏ*
69,14 *hazin šuma Liliuk aqapra b-rišia rma arṭil*
69,15 *qam Liliuk mn arsẖ u-l-spar hilmia atiia*
70,1 *pahtalẖ u-qarilẖ u-hazia ab-gauẖ mahu ḏ-kdib*
70,2 *pahtalẖ u-qarilẖ u-mpašiqlun b-libẖ u-la-qarilun*
70,3 *kadiblun b-ʿngirta u-maprišlun ʿl šapta*
70,4 *u-amarlun uailaikun kulaikun kahnia ḏ-ʿnišbai*
70,5 *ialda iadla uailaikun rbunia ḏ-ialda mitlid*
70,6 *b-ʿurašlam uailaikun maqria u-dirdqia ḏ-*
70,7 *ʿnišbai ialda iadla uailik rabtia ʿuraita*
70,8 *ḏ-Iuhana mitlid b-ʿurašlam Iuhana lagiṭ*
70,9 *iardna u-mitiqria ʿnbiha b-ʿurašlam kadiblun*
70,10 *Liliuk b-ʿngirta u-amarlun kukba ḏ-ata u-qam*
70,11 *ʿl ʿnišbai ialda mn ʿmruma ʿlaia ʿtinṣib*
70,12 *u-ata u-ʿhablẖ ʿl ʿnišbai nura ḏ-iaqda*
70,13 *b-Aba Saba Zakria Iuhana mitlid b-ʿurašlam*
70,14 *nisbẖ l-ʿngirta Ṭab Iumin u-šamar*
70,15 *b-ʿurašlam mizlẖ azal u-aškinun ʿl kulhun*
70,16 *kahnia b-malia iatbin nisbẖ l-ʿngirta u-ʿl ʿdẖ*
71,1 *ḏ-ʿlizar rma pahtalẖ u-qarilẖ u-hazia b-gauẖ*
71,2 *malalia šania pahtalẖ u-qarilẖ u-hazia b-gauẖ*
71,3 *mahu kdib qarilẖ b-libẖ u-la-maprišlun ʿlẖ*
71,4 *šiqlẖ ʿlizar u-ʿl ʿdẖ ḏ-Aba Saba Zakria*
71,5 *atnẖ pahtalẖ u-qarilẖ u-hazia b-gauẖ mahu kdib*
71,6 *qarilẖ ab-libẖ u-la-mpašiqlẖ ʿlẖ šaqilẖ l-ʿngirta*
71,7 *u-ʿl ʿdẖ ḏ-ʿlizar rma ʿlizar pihtẖ l-pumẖ*
71,8 *u-l-Aba Saba Zakria ḏ-nimarlẖ ia Aba Saba*

71,9 *puq mn Iahud ḏ-la tirmia b-ʿurašlam tigra*
71,10 *iamina dalia Aba Saba u ʿl rišẖ ḏ-ʿlizar mha*
71,11 *u-amarlẖ ia ʿlizar baita rba rišaihun ḏ-kulhun*
71,12 *kahnia ʿu b-napšak ʿmak iadit la-mṣiit*
71,13 *l-mizal l-bit kništan ʿu b-napšak iadit la-*
71,14 *qariatbẖ miadit b-ʿuraita aminṭul ḏ-ʿmak*
71,15 *ʿnta gaiartia huat ʿnta huat gaiartia ḏ-la-*
72,1 *šalmat l-bit hamu aminṭul ḏ-la-hualẖ ʿl abuk*
72,2 *mastiria zuzia ḏ-kadiblẖ ʿngirta ḏ-šbuquia akar*
72,3 *šibqẖ u-la-šaiil ʿlẖ miaka iuma ḏ-atina*
72,4 *u-mistakina u-la-hazina l-Miša br Amra hin miaka*
72,5 *iuma ḏ-atina u-la-mṣalina b-kništaikun ḏ-la-ʿtrịstun*
72,6 *u-la-ʿtqaiamtun u-minilta ḏ-la-šmaitun ʿlai amritun*
72,7 *man mita ḏ-mitahiia ḏ-ʿnišbai ialda iadla man*
72,8 *ʿšiqa ḏ-ʿtpata u-man šapupa ḏ-qdalẖ ligria*
72,9 *u-man gunga ḏ-ialip sipra ḏ-ʿnišbai ialda iadla*
72,10 *iumai srin u-tartin šnia ḏ-la-hzilia zaua hin ʿla*
72,11 *la-b-dilia u-la-b-dilkun ḏ-ʿnišbai ialda iadla qam*
72,12 *kulhun kahnia u-minẖ ḏ-Aba Saba Zakria raṭnia*
72,13 *amrilẖ ʿnha u-ʿtib Aba Saba u-nihuta ḏ-ṭabia*
73,1 *tišria ʿlak ia Aba Saba ʿu hilmia lika*
73,2 *b-Iahud ʿu hizuania lika b-ʿurašlam kul mahu*
73,3 *ḏ-amar Miša kadba hu hin ʿla miniltak*
73,4 *u-miniltan mnaṭran hilmia ḏ-hzainun anin Iuhana*
73,5 *lagiṭ iardna u-mitiqria nbiha b-ʿurašlam Aba*
73,6 *Saba npaq mn binataihun ʿlizar mn abatrẖ*
73,7 *npaq ʿtahzun atlata šragia ḏ-azlin minẖ*
73,8 *bi-luatẖ rhiṭ u-ligṭuia b-šipulẖ u-l-Aba Saba ḏ-*
73,9 *nimarlẖ ia Aba Saba mahu ḏ-azil aqamak*
73,10 *u-mahu ḏ-atia mn abatrak amarlun ia ʿlizar*
73,11 *baita rba rišaihun ḏ-kulhun kahnia šragia*
73,12 *ḏ-azlin aqamai la-iadana al-man qanaṭria nura*
73,13 *ḏ-atia mn abatrai la-iadana abihdia manu hʿ*
73,14 *la-b-dilia u-la-b-dilkun ḏ-ʿnišbai ialda iadla qam*
74,1 *kulhun kahnia u-minẖ ḏ-Aba Saba Zakria raṭnia*
74,2 *u-amrilẖ ia Aba Saba Zakria nha u-kun u-ʿtkanan*
74,3 *ḏ-ialda mn ʿmruma ʿlaia ʿtinṣib u-ʿtiblak*
74,4 *l-dilak b-sibutak Iuhana mitlid Iuhana lagiṭ*
74,5 *iardna u-mitiqria nbiha b-ʿurašlam anin*
74,6 *miṣṭibinin b-maṣbutẖ u-miršiminin b-dakia*
74,7 *rušumẖ nasbinalẖ l-pihtẖ u-šatinalẖ l-mambuhẖ*
74,8 *u-salqinin minẖ l-atar nhur qam kulhun kahnia*
74,9 *u-minẖ ḏ-Aba Saba Zakria raṭnia ia Aba Saba*

74,10 *nimarlak ʿl bunkak u-la-bahatak ḏ-minaihun*
74,11 *huit Miša br Amra mn qinak dilak hua*
74,12 *Šilai u-Šilbai mn qinak dilak hun Brahim*
74,13 *u-Sraʿil mn qinak dilak hun Bnai u-Bnia Amin*
75,1 *mn qinak dilak hun Rišai u-Rat mn qinak*
75,2 *dilak hun Rišai u-Bazrai mn qinak dilak hun*
75,3 *Zakai u-Zakunai mn qinak dilak hun Ramiš u-Mahramir*
75,4 *mn qinak dilak hun Rabin u-Iahuda mn qinak*
75,5 *dilak hun ʿzairab u-Razai mn qinak dilak hun*
75,6 *hinun ḏ-biniu l-qumba ḏ-kahnia u-ṣilmia u-ṣurata*
75,7 *b-gauẖ ṣar mn qinak dilak hun Hanai u-Hananai*
75,8 *mn qinak dilak hun gabra ḏ-kidbẖ l-ʿuraita*
75,9 *ṭus rba šumẖ mn qinak dilak hua Rama*
75,10 *u-Šumʿil mn qinak dilak hun Rabai Hanai*
75,11 *u-Rab Hananai mn qinak dilak hun Bnia Risa*
75,12 *u-Šumʿil mn qinak dilak hun Ṭab Iumin*
75,13 *u-maqria ḏ-qaria mn qinak dilak hun brikia*
75,14 *šahriria ḏ-abahatak dilak Aba Saba hinun*
76,1 *halin kulhun la-lgaṭiun zaua u-la-hualun bnia*
76,2 *hinʿla b-sibutun kul had bra hualun bnia*
76,3 *hualun nbihia b-ʿurašlam hun ʿu minak dilak*
76,4 *napiq nbiha hazin qina nasbit ʿlak aminṭul*
76,5 *ḏ-Iuhana ʿtitlẖ l-mihuia u-mitiqria anbiha*
76,6 *b-ʿurašlam ʿlizar pihtẖ l-pumẖ u-l-Aba Saba*
76,7 *ḏ-nimarlẖ ia Aba Saba ʿu Iuhana hauia*
76,8 *u-lagiṭ iardna ana hauina arqa bigar dilẖ*
76,9 *u-miṣṭibna b-maṣbutẖ u-miršimna b-dakia*
76,10 *rušumẖ nasbinalẖ l-pihtẖ u-šatinalẖ l-mambuhẖ*
76,11 *u-salqinin minẖ l-atar nhur Aba Saba pihtẖ*
76,12 *l-pumẖ u-l-kulhun kahnia ḏ-nimarlun ʿu mn mruma*
76,13 *ʿlaia hauia ialda mahu ḏ-abditun b-ʿurašlam*
76,14 *ialda mn hus iardna atiuia u-b-karsa ḏ-*
76,15 *ʿnišbai rimiuia u-hiia zakin u-zakia gabra ḏ-asgia lka*
76,16 *sa.*

Poetische Struktur und Übersetzung

*b-šumaihun ḏ-hiia rb**ia***	Im Namen des großen Lebens,
*mraurab nhura šan**ia***	verherrlicht sei das hehre Licht.
ialda ʿtinṣib mn ʿmruma	Ein Kind wird gepflanzt aus Himmelshöhen,
raza ʿtiglia b-ʿurašlam	ein Geheimnis wird offenbart in Jerusalem.

hilmia hzun kahnia	Träume sahen die Priester,
dandamta b-ʿulẖ niplat	ein Murmeln fiel auf ihre Kinder,
dandamta niplat b-ʿurašlam	ein Murmeln fiel auf Jerusalem.
b-ʿspar iuma	Am Morgen des Tages
qadim azal l-bit mqadšia	ging er früh zum Tempel.
*pihtẖ l-pumẖ b-ʿul**a***	Er öffnete seinen Mund der Schlechtigkeit
*u-l-spihatẖ ḏ-šiqr**a***	und seine Lippen der Lüge.
*pihtẖ l-pumẖ b-ʿul**a***	Er öffnete seinen Mund der Schlechtigkeit,
u-ʿl kulhun kahnia ḏ-nimarlun	und er spricht zu allen Priestern:
b-hizuanai ḏ-lilia hzit b-hizuanai	In meiner Vision der Nacht sah ich, in meiner Vision,
kḏ šakibna	als ich lag,
*la-nimit u-la-**šikbit***	ich schlief nicht und ich ruhte nicht,
*u-la-dratan b-liluia šint**a***	und ich fand keinen Schlaf in der Nacht.
*la-namit u-la-**šikbit***	Ich schlief nicht, und ich ruhte nicht,
ḏ-ata kukba ʿl ʿnišbai qam	denn es kam ein Stern, über Enišbai stand er.
*nura b-Aba Saba Zakria iaqd**a***	Feuer flammte auf an Aba Saba Zakria.
ʿtahzun atlata šragia	Es wurden drei Lichter gesehen.
*šamiš arab u-šragia dn**a***	Die Sonne ging unter, und die Lichter gingen auf.
*nura tlat bit am**a***	Feuer hing am Volkshaus,
u-guṭra gṭar bit mqadšia	und Rauch stieg auf vom Tempel.
*guha gna b-markabt**a***	Eine Erschütterung erschütterte die Himmelsbahnen,
ḏ-arqa nadat mn duktẖ	dass die Erde erbebte an ihrem Ort.
kukba ṣrabẖ b-iahud	Ein Stern flog dahin in Judäa,
kukba ṣrabẖ b-ʿurašlam	ein Stern flog dahin in Jerusalem.
šamiš ʿtahzia b-lilia	Die Sonne ging bei Nacht auf,
u-sira b-ʿumama dna	und der Mond ging am Tag auf.
*mišma ḏ-šimuia kahn**ia***	Als das die Priester hörten,
*aqapra b-rišaihun rm**un***	warfen sie Staub auf ihre Köpfe.
*Iaqip kahna bak**ia***	Jaqif der Priester weint,
u-dimia ḏ-Bnia Amin natran	und die Tränen des Bnia-Amin fließen.
Šilai u-Šalbai aqapra	Šilai und Šalbai warfen Staub
*b-rišaihun rm**un***	auf ihre Köpfe.
*ʿlizar pihtẖ l-pum**ẖ***	Elizar öffnete seinen Mund,
*u-ʿl kulhun kahnia ḏ-nimarl**un***	und er sprach zu allen Priestern:
*man ḏ-lagiṭ aspar hilm**ia***	Wer ist es, der das Buch der Träume nimmt,
*u-aspar hizuania šria ʿ**lẖ***	und wem ist das Buch der Visionen offen?
*man ḏ-lagiṭ aspar hilm**ia***	Wer nimmt das Buch der Träume,
ḏ-ampašiqlkun hilmia	dass er für euch deute die Träume,
*ḏ-hzait**un***	die ihr gesehen habt?

*ʿlizar pihtẖ l-pum**ẖ***	Elizar öffnete seinen Mund,
*u-ʿl kulhun kahnia ḏ-nimarl**un***	und er sprach zu allen Priestern:
*Iaqip mpašiq hilm**ia***	Jaqif deutet Träume,
*akandit la-qaiim ʿ**lun***	jetzt aber steht er nicht über ihnen.
*Abnia Amin ampašiq hilm**ia***	Bnia-Amin deutet Träume,
*lau gabra ḏ-kasia razai**kun***	ist er nicht ein Mann, der eure Geheimnisse bedeckt?
hu la-mgalilan Ṭab Iumin	Es offenbart uns nicht Ṭab-Jomin,
ḏ-amritun ʿlẖ	von dem ihr sagt:
ḏ-ʿka u-d-lika ḏ-amar	er sagt, was ist und was nicht ist.

*arqa raṭna b-la zibn**ẖ***	Die Erde murrt zur Unzeit,
*u-mgalala b-ʿspiria ḏ-šum**ia***	und sie wälzt sich durch die Sphären des Himmels.
*arqa pahta pum**ẖ***	Die Erde öffnet ihren Mund
*u-ʿlizar ḏ-timarl**ẖ***	und spricht zu Elizar:
aziliun luat Liliuk	Geht mir zu Liliuk,
ḏ-mpašiqlkun hilmia	dass er für euch deute die Träume,
ḏ-ahzaitun	die ihr gesehen habt.

ʿlizar pihtẖ l-pumẖ	Elizar öffnete seinen Mund,
*u-ʿl kulhun kahnia ḏ-nimarl**un***	und er sprach zu allen Priestern:
man azil luat Liliuk	Wer geht zu Liliuk,
ḏ-mpašiqlkun hilmia	dass er euch deute die Träume,
*ḏ-hzait**un***	die ihr gesehen habt?

*kidbuia l-ʿngirt**a***	Sie schrieben einen Brief
*u-ʿl ʿdẖ ḏ-Ṭab Iumin iahbui**a***	und gaben ihn in die Hand des Ṭab-Jomin.
*nisbẖ Ṭab Iumin ʿl ʿngirt**a***	Ṭab-Jomin nahm den Brief,
*u-luat Liliuk mizl**ẖ***	und zu Liliuk war sein Gang.

*Liliuk gnia ʿl ars**ẖ***	Liliuk lag auf seinem Bett;
akandit šintẖ la-prat	noch war sein Schlaf nicht verflogen.
*guha gnalẖ b-lib**ẖ***	Eine Erschütterung erschütterte sein Herz,
*u-tbar libẖ mn samk**ẖ***	und sein Herz brach weg von seiner Basis.
*abrẖ Ṭab Iumin luat **Liliuk***	Ṭab-Jumin trat zu Liliuk.
*qrib Ṭab Iumin azal luat **Liliuk***	Ṭab-Jumin näherte sich, er ging zu Liliuk
u-mn šintẖ nirandidẖ	und rüttelte ihn aus dem Schlaf.
u-amarlẖ Ṭab Iumin	Und Ṭab-Jomin sprach zu ihm:

*hilmia hzun kahn**ia***	Träume sahen die Priester,
dandamta niplat b-ʿurašlam	Murmeln fiel auf Jerusalem.
b-ʿspar iuma qadim	Am Morgen des Tages
*azal l-bit mqadš**ia***	ging er früh zum Tempel.
*pihtẖ l-pumẖ ḏ-ʿul**a***	Er öffnete seinen Mund der Schlechtigkeit
*u-l-spihatẖ ḏ-šiqr**a***	und seine Lippen der Lüge.

pihtẖ l-pumẖ	Er öffnete seinen Mund
u-ʿl hinun kahnia ḏ-nimarlun	und sprach zu den Priestern:

ana b-hizuanai kḏ škibna	Ich, als ich lag in meiner Vision,
*b-hizuanai ḏ-lilia hz*_**it**_	in meiner Vision der Nacht sah ich,
b-hizuan kḏ šikibna	in der Vision, als ich lag,
*la-nimut u-la-šikb*_**it**_	schlief ich nicht und ruhte nicht,
*u-la-dratan b-lilia šint*_**a**_	und ich fand keinen Schlaf in der Nacht.
*la-nimut u-la-šikbit hz*_**it**_	Ich schlief nicht und ich ruhte nicht; ich sah,
ḏ-ata kukba ʿl ʿnišbai qam	dass ein Stern kam, über Enišbai stand er.
*nura b-Aba Saba Zakria iaqd*_**a**_	Feuer flammte auf an Aba Saba Zakria.
ʿtahzun tlata šragia	Es wurden drei Lichter gesehen.
*šamiš arab u-šragia dn*_**a**_	Die Sonne ging unter, und die Lichter gingen auf.
*nura tlat bit am*_**a**_	Feuer hing am Volkshaus,
u-guṭra gṭar bit mqadšia	und Rauch stieg auf vom Tempel.
*guha gna b-markabt*_**a**_	Eine Erschütterung erschütterte die Himmelsbahnen,
arqa nadat mn duktẖ	die Erde erbebte von ihrem Ort.
kukba ṣrabẖ b-iahud	Ein Stern flog dahin in Judäa,
kukba ṣrabẖ b-ʿurašlam	ein Stern flog dahin in Jerusalem.
šamiš ʿtahzia b-lilia	Die Sonne ging bei Nacht auf,
u-sira b-ʿumama dna	und der Mond ging bei Tag auf.

kḏ hazin šuma Liliuk	Als Liliuk das hörte,
*aqapra b-rišia rm*_**a**_	warf er Staub auf seinen Kopf
*arṭil qam Liliuk mn ars*_**ẖ**_	Nackt erhob sich Liliuk von seinem Bett
*u-l-spar hilmia atii*_**a**_	und er brachte das Buch der Träume.
*pahtalẖ u-qaril*_**ẖ**_	Er öffnete es und las darin,
u-hazia ab-gauẖ mahu ḏ-kdib	und er sah, was in ihm geschrieben war.
*pahtalẖ u-qaril*_**ẖ**_	Er öffnete es und las darin,
*u-mpašiqlun b-lib*_**ẖ**_	und er deutete sie in seinem Herzen,
u-la-qarilun	und er las sie nicht (laut vor).
*kadiblun b-ʿngirt*_**a**_	Er schrieb ihnen in einem Brief,
*u-maprišlun ʿl šapt*_**a**_	und er lehrte sie auf einem Blatt
u-amarlun	und sprach zu ihnen:
*uailaikun kulaikun kahn*_**ia**_	Wehe euch, allen Priestern,
ḏ-ʿnišbai ialda iadla	denn Enišbai wird ein Kind gebären.
*uailaikun rbun*_**ia**_	Wehe euch Lehrern,
ḏ-ialda mitlid b-ʿurašlam	denn ein Kind wird geboren werden in Jerusalem.
uailaikun maqria u-dirdqia	Wehe euch Kinderlehrern,
*ḏ-ʿnišbai ialda iadl*_**a**_	denn Enišbai wird ein Kind gebären.
*uailik rabtia ʿurait*_**a**_	Wehe dir, Große Thora,
ḏ-Iuhana mitlid b-ʿurašlam	denn Juhana wird geboren werden in Jerusalem.
*Iuhana lagiṭ iardn*_**a**_	Juhana wird den Jordan nehmen,
u-mitiqria ʿnbiha b-ʿurašlam	und er wird Prophet genannt werden in Jerusalem.

kadiblun Liliuk b-ʿngirta	Liliuk schrieb ihnen in einem Brief
u-amarlun	und er sagte ihnen:
kukba ḏ-ata u-qam ʿl ʿnišbai	Ein Stern, der kam und über Enišbai stand:
ialda mn ʿmruma ʿlaia ʿtinṣib	ein Kind wird gepflanzt
	aus den erhabenen Himmelshöhen,
u-ata u-ʿhablh̲ ʿl ʿnišbai	und es kommt, und man gibt es der Enišbai.
nura ḏ-iaqda b-Aba Saba Zakria	Das Feuer, das an Aba Saba Zakria brennt:
Iuhana mitlid b-ʿurašlam	Juhana wird geboren werden in Jerusalem.
nisbh̲ l-ʿngirta Ṭab Iumin	Ṭab-Jumin nahm den Brief,
u-šamar b-ʿurašlam mizlh̲ azal	und nach Jerusalem war sein Gang.
u-aškinun ʿl kulhun kahnia	Und er fand sie, alle Priester,
b-malia iatbin	in Trauer saßen sie da.
nisbh̲ l-ʿngirta	Er nahm den Brief
u-ʿl ʿdh̲ ḏ-ʿlizar rma	und legte ihn in die Hand des Elizar.
pahtalh̲ u-qarilh̲	Er öffnete ihn und las ihn,
u-hazia b-gauh̲ malalia šania	und er sah in ihm schöne Reden.
pahtalh̲ u-qarilh̲	Er öffnete ihn und las ihn,
u-hazia b-gauh̲ nahu kdib	und er sah, was in ihm geschrieben steht.
qarilh̲ b-libh̲	Er las ihn in seinem Herzen,
u-la-maprišlun ʿlh̲	und er belehrte sie nicht über ihn.
šiqlh̲ ʿlizar	Elizar gab ihn weiter
u-ʿl ʿdh̲ ḏ-Aba Saba Zakria atnh̲	und legte ihn in die Hand des Aba Saba Zakria.
pahtalh̲ u-qarilh̲	Er öffnete ihn und las ihn,
u-hazia b-gauh̲ mahu kdib	und er sah, was in ihm geschrieben steht.
qarilh̲ ab-libh̲	Er las ihn in seinem Herzen,
u-la-mpašiqlh̲ ʿlh̲	und er gab ihnen nicht Bescheid über ihn.
šaqilh̲ l-ʿngirta	Er gab den Brief weiter
u-ʿl ʿdh̲ ḏ-ʿlizar rma	und legte ihn in die Hand des Elizar.
ʿlizar pihth̲ l-pumh̲	Elizar öffnete seinen Mund
u-l-Aba Saba Zakria ḏ-nimarlh̲	und sprach zu Aba Saba Zakria:
ia Aba Saba	O Aba Saba,
puq mn Iahud	geh weg aus Judäa,
ḏ-la-tirmia b-ʿurašlam tigra	dass du nicht Streit erregst in Jerusalem!
iamina dalia Aba Saba	Die Rechte erhob Aba Saba
u-ʿl rišh̲ ḏ-ʿlizar mha	und schlug Elizar auf seinen Kopf,
u-amarlh̲	und er sprach zu ihm:
ia ʿlizar baita rba	O Elizar, Großes Haus,
rišaihun ḏ-kulhun kahnia	Haupt aller Priester!
ʿu b-napšak ʿmak iadit	Wenn du in deiner Seele deine Mutter kenntest,
la-mṣiit l-mizal	wärst du nicht imstande,

l-bit kništan	in unsere Synagoge zu kommen.
ʿu b-napšak iadit	Wenn du in deiner Seele [Bescheid] wüsstest,
la-qariatbẖ miadit b-ʿuraita	dürftest du nicht in der Thora lesen,
aminṭul ḏ-ʿmak ʿnta	denn deine Mutter
gaiarta huat	war eine ehebrecherische Frau.
ʿnta huat gaiartia	Eine ehebrecherische Frau war sie,
ḏ-la-šalmat l-bit hamu	die nicht passte für das Haus ihres Schwiegervaters.
aminṭul ḏ-la-hualẖ ʿl abuk	Weil dein Vater nicht
mastiria zuzia	die hundert Stater hatte,
ḏ-kadiblẖ ʿngirta ḏ-šbuquia	schrieb er ihr den Scheidebrief;
akar šibqẖ u-la-šaiil ʿlẖ	sofort verließ er sie und fragte nicht nach ihr.

*miaka iuma ḏ-atina u-mistakin**a***	Gibt es einen Tag, an dem ich komme, und ich sehe,
*u-la-hazina l-Miša br Amr**a***	und ich schaue nicht auf Mose, Sohn des Amra?
*hin miaka iuma ḏ-atin**a***	Wahrhaftig, gibt es einen Tag, an dem ich komme,
*u-la-mṣalina b-kništaik**un***	und ich bete nicht in eurer Synagoge,
*ḏ-la-ʿtriṣtun u-la-ʿtqaiamt**un***	dass ihr nicht wahrhaftig und nicht ehrlich seid,
*u-minilta ḏ-la-šmaitun ʿlai amrit**un***	und etwas von mir sagt, das ihr nicht gehört habt?

man mita ḏ-mitahiia	Wo gibt es einen Toten, der wieder zum Leben kommt,
*ḏ-ʿnišbai ialda iadl**a***	dass Enišbai ein Kind gebären sollte?
*man ʿšiqa ḏ-ʿtpat**a***	Wo gibt es einen Blinden, der sehend wird,
u-man šapupa ḏ-qdalẖ ligria	und wo einen Krüppel, dem wieder Beine wachsen,
*u-man gunga ḏ-ialip sipr**a***	und wo gibt es einen Taubstummen, der ein Buch lernt,
*ḏ-ʿnišbai ialda iadl**a***	dass Enišbai ein Kind gebären sollte?
iumai srin u-tartin šnia	Heute sind es zweiundzwanzig Jahre,
*ḏ-la-hzilia zau**a***	in denen ich nicht eine Frau angesehen habe.
u-hin ʿla	Und nie,
la-b-dilia u-la-b-dilkun	nicht durch mich und nicht durch euch
*ḏ-ʿnišbai ialda iadl**a***	wird Enišbai ein Kind gebären.

*qam kulhun kahn**ia***	Alle Priester standen auf
*u-minẖ ḏ-Aba Saba Zakria raṭn**ia***	und murmelten über Aba Saba Zakria.
amrilẖ	Sie sprachen zu ihm:
ʿnha u-ʿtib Aba Saba	Sei ruhig und bleibe sitzen, Aba Saba,
u-nihuta ḏ-ṭabia tišria ʿlak	und die Gelassenheit der Guten ruhe auf dir.
ia Aba Saba	O Aba Saba,
ʿu hilmia lika b-Iahud	wenn es nicht Träume gäbe in Judäa,
ʿu u-hizuania lika b-ʿurašlam	und wenn es nicht Visionen gäbe in Jerusalem:
kul mahu ḏ-amar Miša kadba hu	alles, was Mose gesagt hat, wäre Lüge.
hin ʿla miniltak	Auf jeden Fall: deine Rede
u-miniltan mnaṭran	und unsere Rede wird bewahrt werden,
hilmia ḏ-hzainun anin	die Träume, die wir gesehen haben.

Iuhana lagiṭ iardna	Juhana wird den Jordan nehmen
u-mitiqria nbiha b-ʿurašlam	und wird Prophet genannt werden in Jerusalem.
Aba Saba npaq mn binataihun	Aba Saba ging hinaus aus ihrer Mitte,
ʿlizar mn abatrẖ npaq	Elizar ging hinter ihm her hinaus.
ʿtahzun atlata šragia	Sie sahen drei Lichter,
ḏ-azlin minẖ	die von ihm ausgingen.
bi-luatẖ rhiṭ	Zu ihm eilten sie,
*u-ligṭuia b-šipul**ẖ***	und sie ergriffen sein Gewand,
*u-l-Aba Saba ḏ-nimarl**ẖ***	und er sprach zu Aba Saba:
ia Aba Saba	O Aba Saba,
*mahu ḏ-azil aqam**ak***	was ist es, das vor dir hergeht,
*u-mahu ḏ-atia mn abatr**ak***	und was ist es, das hinter dir her geht?
amarlun	Er sprach zu ihnen:
ia ʿlizar baita rba	O Elizar, Großes Haus,
*rišaihun ḏ-kulhun kahn**ia***	Haupt aller Priester,
*šragia ḏ-azlin aqam**ai***	die Lichter, die vor mir hergehen –
*la-iadana al-man qanaṭr**ia***	ich weiß nicht, wen sie behüten.
*nura ḏ-atia mn abatr**ai***	Das Feuer, das hinter mir her geht –
la-iadana abihdia manu	ich weiß nicht, mit wem es ist.
hʿ la-b-dilia u-la-b-dilkun	Siehe, nicht durch mich und nicht durch euch
ḏ-ʿnišbai ialda iadla	wird Enišbai ein Kind gebären.
*qam kulhun kahn**ia***	Es standen auf alle Priester
*u-minẖ ḏ-Aba Saba Zakria raṭn**ia***	und murmelten von Aba Saba Zakria,
u-amrilẖ	und sie sprachen zu ihm:
ia Aba Saba Zakria,	O Aba Saba Zakria
nha u-kun u-ʿtkanan	sei ruhig und sei fest und sei gelassen,
ḏ-ialda mn ʿmruma ʿlaia ʿtinṣib	denn das Kind wird
	aus den erhabenen Himmelshöhen gepflanzt,
u-ʿhiblak l-dilak b-sibutak	und es wird dir in deinem hohen Alter gegeben.
Iuhana mitlid	Juhana wird geboren werden,
Iuhana lagiṭ iardna	Juhana wird den Jordan nehmen
u-mitiqria nbiha b-ʿurašlam	und wird Prophet genannt werden in Jerusalem.
*anin miṣṭibinin b-maṣbut**ẖ***	Wir werden mit seiner *maṣbuta* getauft werden.
u-miršiminin	Wir werden gezeichnet werden
*b-dakia rušum**ẖ***	mit seinem reinen Zeichen,
*nasbinalẖ l-piht**ẖ***	wir werden sein *pihta* essen
*u-šatinalẖ l-mambuh**ẖ***	und sein *mambuha* trinken,
u-salqinin minẖ l-atar nhur	und wir werden durch ihn aufsteigen
	zum Ort des Lichts.
*qam kulhun kahn**ia***	Es standen auf alle Priester
*u-minẖ ḏ-Aba Saba Zakria raṭn**ia***	und murmelten von Aba Saba Zakria:

ia Aba Saba	O Aba Saba,
nimarlak ʿl bunkak	wir klären dich auf über deine Herkunft
u-l-abahatak	und deine Väter,
ḏ-minaihun huit	von denen du geworden bist:
Miša br Amra	Mose, Sohn des Amra –
mn qinak dilak hua	aus deinem Geschlecht ist er.
Šilai u-Šilbai	Šilai u-Šilbai
mn qinak dilak hun	sind aus deinem Geschlecht,
Brahim u-Sraʿil	Brahim und Sraʿil
mn qinak dilak ***hun***	sind aus deinem Geschlecht,
Bnai u-Bnia-Amin	Bnai und Beni-Amin
mn qinak dilak ***hun***	sind aus deinem Geschlecht,
Rišai u-Rat	Rišai und Rat
*mn qinak dilak****hun***	sind aus deinem Geschlecht,
Rišai u-Bazrai	Rišai und Bazrai
mn qinak dilak ***hun***	sind aus deinem Geschlecht,
Zakai u-Zakunai	Zakai und Zakunai
mn qinak dilak ***hun***	sind aus deinem Geschlecht,
Ramiš u-Mahramir	Ramiš und Mahramir
mn qinak dilak ***hun***	sind aus deinem Geschlecht,
Rabin u-Iahuda	Ruben und Iahuda
mn qinak dilak ***hun***	sind aus deinem Geschlecht,
ʿzairab u-Razai	ʿZairab und Razai
mn qinak dilak ***hun***	sind aus deinem Geschlecht.
hinun ḏ-biniu	Sie sind es,
l-qumba ḏ-kahnia	die die Kuppel der Priester bauten
u-ṣilmia u-ṣurata b-gauẖ ṣar	und Bilder und Abbilder in ihr bildeten –
mn qinak dilak ***hun***	aus deinem Geschlecht sind sie.
Hanai u-Hananai	Hanai und Hananai
mn qinak dilak ***hun***	sind aus deinem Geschlecht,
gabra ḏ-kidbẖ l-ʿuraita	der Mann, der die Thora schrieb,
Ṭus Rba šumẖ	Ṭus der Große ist sein Name,
mn qinak dilak hua	aus deinem Geschlecht ist er.
Rama u-Šumʿil	Rama und Šumʿil
mn qinak dilak ***hun***	sind aus deinem Geschlecht,
Rabai Hanai u-Rab Hananai	Rabai Hanai und Rab Hananai
mn qinak dilak ***hun***	sind aus deinem Geschlecht,
Bnia Risa u-Šumʿil	Bnia Risa und Šumʿil
mn qinak dilak ***hun***	sind aus deinem Geschlecht,
Ṭab Iumin u-maqria ḏ-qaria	Ṭab Iumin und die Kinderlehrer
mn qinak dilak ***hun***	sind aus deinem Geschlecht,
brikia šahriria	die gesegneten Fürsten –
ḏ-abahatak dilak	von deinen Vätern

Aba Saba hinun	sind sie, Aba Saba.
halin kulhun la-lgaṭiun zaua	Diese haben alle keine Frau genommen,
u-la-hualun bnia	und sie hatten keine Söhne,
*hinʿla b-sibut**un***	aber in ihrem Alter
*kul had bra hual**un***	hatte jeder einzelne einen Sohn.
*bnia hual**un***	Söhne hatten sie,
*nbihia b-ʿurašlam **hun***	Propheten waren sie in Jerusalem.
*ʿu minak dilak napiq nbih**a***	Wenn nun auch von dir ein Prophet ausgeht,
hazin qina nasbit ʿlak	nimmst du dieses Geschlecht auf.
*aminṭul ḏ-Iuhana ʿtitlẖ l-mihui**a***	Deshalb ist es Juhana bestimmt zu sein,
u-mitiqria anbiha	und er wird Prophet genannt werden
b-ʿurašlam	in Jerusalem.
*ʿlizar pihtẖ l-pum**ẖ***	Elizar öffnete seinen Mund
*u-l-Aba Saba ḏ-nimarl**ẖ***	und sprach zu Aba Saba:
ia Aba Saba	O Aba Saba!
ʿu Iuhana hauia u-lagiṭ iardna	Wenn Juhana da ist und den Jordan nimmt,
*ana hauina arqa bigar dil**ẖ***	will ich Staub sein an seinen Füßen.
*u-miṣṭibna b-maṣbut**ẖ***	Ich werde getauft werden mit seiner *maṣbuta*,
u-miršimna	und ich werde gezeichnet werden
*b-dakia rušum**ẖ***	mit seinem reinen Zeichen.
*nasbinalh l-piht**ẖ***	Wir werden sein *pihta* essen,
*u-šatinalẖ l-mambuh**ẖ***	und wir werden sein *mambuha* trinken,
u-salqinin minẖ	und wir werden mit ihm aufsteigen
l-atar nhur	zum Ort des Lichts.
Aba Saba pihtẖ l-pumẖ	Aba Saba öffnete seinen Mund
u-l-kulhun kahnia ḏ-nimarlun	und sprach zu allen Priestern:
ʿu mn mruma	Wenn das Kind
ʿlaia hauia ialda	von den erhabenen Himmelshöhen ist,
mahu ḏ-abditun b-ʿurašlam	was wollt ihr dann in Jerusalem tun?
ialda mn hus	Das Kind haben sie aus dem Becken
*iardna atiu**ia***	des Jordan gebracht
*u-b-karsa ḏ-ʿnišbai rimiu**ia***	und in den Leib der Enišbai gelegt.
u-hiia zakin	Und das Leben ist siegreich,
u-zakia gabra ḏ-asgia lka	und siegreich der Mann, der bis hierher gegangen ist.
sa.	

Bemerkungen zu Textkritik und Übersetzung

66,15 *qadim* könnte eine spätere Einfügung sein, es wiederholt inhaltlich die Worte *b-ʿspar iuma* – ‚am Morgen des Tages'‘;

67,3 *b-hizuanai* – ‚in meiner Vision‘ ist überflüssig, vermutlich ein späterer Zusatz;

67,4 *la-nimit u-la-šikbit* – ‚ich schlief nicht und ruhte nicht‘ ist eine unnötige Wiederholung, evtl. eine Verschreibung;

67,5 *qam* – ‚stand‘ ist vermutlich ein späterer Zusatz, es sprengt das Satzgefüge: der Satz hat nun ein Verb zu viel;

67,13 *Bnia Amin* kann entweder ‚Benjamin‘ oder ‚die Benjaminiten‘ bedeuten; ich habe hier die erstere Übersetzung als Eigenname gewählt, weil die Reihe auch sonst aus Eigennamen besteht;

73,12 *qanaṭria* ist eine nachklassische Verbform mit proklitischer Partikel vor Pt. p., vgl. *Handbook*, S. 104.

Gliederung des Textes

Der Text beginnt mit der mandäischen Einleitungsformel. Diese besteht aus zwei parallel gebauten Zeilen,[9] deren Endsilben sich auf *e* (*ia*) reimen. Die Endreime sind im mandäischen Text fett gedruckt.

Sogleich folgt, ebenfalls zweizeilig, die Themenüberschrift des Kapitels. Das hier genannte Thema – die Geburt eines Kindes – wird im gesamten Kapitel nun entfaltet und diskutiert.

In einem ersten Abschnitt, der aus drei Zeilen besteht, wird zunächst von einer Vision eines Priesters, dann von den Auswirkungen dieser Vision auf die unmittelbare Umgebung des Visionärs berichtet. Ein Fünfzeiler, dessen drei Mittelzeilen sich auf *a* reimen, leitet über zur Erzählung der Vision vor der Priesterversammlung. Der Visionsbericht folgt unmittelbar darauf und gliedert sich in zwei Teile: einen ersten vierzeiligen, dessen Endsilben sich bis auf die der dritten Zeile auf *it* reimen. Mit ihm leitet der Visionär selbst seinen Bericht ein. Im zweiten Teil wird der Inhalt der Vision erzählt. Seine ersten vier Zeilen enthalten einen Kreuzreim auf *e* bzw. *a*, die folgenden drei Zeilen setzen den Reim in der Folge *a* – *e* – *a* fort. Dieser Reim wird in den letzten beiden von insgesamt 12 Zeilen wieder aufgegriffen. Nach dem Visionsbericht wird in sechs Zeilen die erste Reaktion der anwesenden Priester beschrieben: Sie trauern. Darauf folgt eine längere Diskussion der Priesterversammlung, deren neue Abschnitte jeweils gleich durch den Satz *ʿlizar pihtẖ l-pumẖ* – ‚Elizar (der Oberpriester) öffnete seinen Mund‘ eingeleitet werden. Der erste dieser Abschnitte umfasst sieben Zeilen, wobei sich die Zeilen drei bis sechs auf *hilmia* bzw. auf *ʿlẖ* reimen. Lässt man die einleitende erste Zeile weg, so ergibt sich eine spiegelbildliche Abfolge der Endsilben:

9 Siehe oben im Abschnitt *Bemerkungen zu Textkritik und Übersetzung* zu Kapitel 18.

-un – hilmia – 'lẖ – 'lẖ hilmia – -un. Dieser erste Abschnitt hängt inhaltlich mit dem zweiten Abschnitt zusammen: Beide erklären den Grund der Trauer der Priester. Der zweite Abschnitt besteht aus acht Zeilen, von denen die Zeilen zwei bis fünf einen Kreuzreim auf *-un* bzw. *hilmia* enthalten und so auch an die Reimstruktur des ersten Abschnittes anknüpfen. Im folgenden Sechszeiler benennt die Erde Elizar als den richtigen Traumdeuter. Der abschließende Vierzeiler, der zum dritten Mal die oben erwähnte Einleitungsformel gebraucht, lässt Elizar folgerichtig nach einem Boten, der den Traumdeuter benachrichtigen soll, suchen; die zweite und die vierte Zeile reimen sich auch hier wieder auf *-un*.

Nun beginnt ein neuer Teil des Kapitels, nämlich die Szene vor dem Traumdeuter Liliuk. Sie wird mit einem Vierzeiler eingeleitet, der einen Kreuzreim auf *a* bzw. *e* aufweist. Die folgenden neun Zeilen schildern die Ankunft des Boten bei Liliuk. Der Bote erzählt nun den Visionsbericht.[10] In zwölf Zeilen wird die Reaktion des Traumdeuters beschrieben. Darauf folgt in wiederum zwei Abschnitten die Deutung der Vision; beide Abschnitte werden durch das Rubrum *u-amarlun* – ‚und er sprach zu ihnen' eingeleitet. Der erste Abschnitt enthält vier zweizeilige Weherufe sowie einen Zweizeiler, der die Funktion des noch nicht geborenen Kindes beschreibt. Ein Einzeiler leitet zusammen mit dem Rubrum *u-amarlun* den zweiten Abschnitt ein, der in einem Fünfzeiler die Traumdeutung in Form eines Briefes beinhaltet.

Reime treten in diesem Teil des Textes nur vereinzelt auf.

Ein Vierzeiler berichtet die Rückkehr des Boten zu den Priestern und führt gleichzeitig in die Szene ein, die bis zum Ende des Kapitels den Hintergrund der Handlung bildet: Die Priesterversammlung diskutiert in mehreren Gesprächsabschnitten die Deutung des Traumes. Zunächst wird der Brief weitergegeben, zuerst an den Oberpriester Elizar. Dies berichtet ein achtzeiliger Textabschnitt, dessen Zeilen zwei, vier, sechs und sieben sich auf *e* / *i* (*ẖ*) reimen. Der folgende Sechszeiler, in welchem ebenfalls die Zeilen zwei und drei und fünf einen Endreim auf *ẖ* aufweisen, berichtet die Weitergabe des Briefes an Elizar. Der abschließende Zweizeiler mit Endreim auf *a* berichtet die Rückgabe des Briefes an Elizar. Nun folgt eine Auseinandersetzung zwischen Elizar und Zacharias, dem Vater des Kindes. Ein Vierzeiler berichtet den Beginn des Streites durch Elizar. Zacharias verteidigt sich durch mehrere Handlungs- und Gesprächsgänge. Die Handlung wird in einem Zweizeiler, der einen Endreim auf *a* aufweist, beschrieben. Die Redegänge sind unterschiedlich lang und folgen verschiedenen Argumentationslinien;[11] die Rede wird durch das Rubrum *u-amar-lẖ* – ‚und er sprach zu ihm' eingeleitet. Der erste Gesprächsgang ist mit 13 Zeilen der längste und gleichzeitig der zornigste. Der zweite Redegang umfasst sechs Zeilen, ein weiterer Sechszeiler betont die Unmöglichkeit der Geburt des Kindes durch Elisabeth, die Frau des Zacharias. Der abschließende Vierzeiler unterstreicht dies vonseiten des Zacharias.

10 Zu dessen Gliederung siehe oben; zu Abweichungen zwischen den beiden Berichten vgl. den Abschnitt *Bemerkungen zu Textkritik und Übersetzung* zu Kapitel 18.

11 Zum Inhaltlichen vgl. den Abschnitt *Interpretation* zu Kapitel 18.

Daran schließt sich ein längerer Abschnitt an: Die Diskussion der Priesterversammlung mit Zacharias; die drei Runden des Streitgesprächs werden jeweils durch den Satz *qam kulhun kahnia* – ‚es standen auf alle Priester' eingeleitet, differieren jedoch hinsichtlich ihrer Länge und Argumentationsstruktur. Gemeinsam ist den Gesprächsgängen die Intention der Priester: Sie wollen Zacharias von dem wahrhaften Eintreffen des Prophezeiten überzeugen. Die erste Rede der Priester umfasst acht Zeilen mit einem abschließenden und im folgenden wiederholten Zweizeiler zur Funktion des Johannes, der aus der Deutung des Traums aufgenommen wird. Die folgenden zwanzig Zeilen schildern eine Lichterscheinung an Zacharias, die nicht gedeutet wird. Dieser Textabschnitt enthält auch einige Endreime. Der zweite Diskussionsgang beginnt mit einem Vierzeiler, an den sich die erweiterte Form des oben erwähnten Zweizeilers anschließt, sowie ein fünfzeiliges Bekenntnis der Priester zu Johannes und zum Mandäismus. In der dritten und letzten Redeeinheit soll Zacharias durch einen langen Stammbaum seines Geschlechtes überzeugt werden, dass er ausersehen ist, der Vater des angekündigten Propheten zu werden. Der abschließende Vierzeiler fasst diese Überzeugung der Priester zusammen und knüpft in seiner letzten Zeile an die anderen Schlusszeilen an. Es folgt eine Beteuerung des Elizar in elf Zeilen, in der er sich sowohl zu der Wahrheit der Prophezeiung als auch zum Mandäismus bekennt. Auch hier werden Zeilen aus vorherigen Abschnitten wiederholt. Zacharias antwortet in zwei Zweizeilern, die von einem dritten eingeleitet werden. Das Kapitel schließt mit der langen Schlussformel.

Interpretation

Einer Ouvertüre ähnlich, steht Kapitel 18 am Beginn des Traktats über Johannes den Täufer. Es enthält bereits Hinweise auf Themen, die im Verlauf des Traktats ausführlicher behandelt werden. Die himmlische Herkunft des Johannes und sein Prophetenamt werden betont und bereits wichtige Teile mandäischer Riten genannt. Dies alles verleiht seinen in den folgenden Kapiteln niedergeschriebenen Lehren und Reden eine außerordentliche Autorität. Eine Form der Legitimation ist bereits in der zweizeiligen Einleitungsformel enthalten.

b-šumaihun ḏ-hiia rbia	Im Namen des großen Lebens,
mraurab nhura šania	verherrlicht sei das hehre Licht.

Diese Einleitungsformel begegnet häufig am Beginn eines mandäischen Textes.[12] Sie stellt eine Art Votum dar, vergleichbar dem christlichen Votum „Im Namen des Vaters, des Sohnes und des Heiligen Geistes" z. B. zu Beginn eines Gottesdienstes. Es soll zum einen deutlich werden, dass der Redner im Namen und damit im Auftrag der Gottheit spricht, zum anderen soll die Gottheit geehrt werden. Die erste Zeile des Votums enthält das Erstgenannte: Das Sprechen im Auftrag der Gottheit verleiht der Rede die

12 Vgl. *J* 1–5, 7–9, 11–18, 29, 34–39, 48 f., 54 f., 57, 61 f., 64, 67, 74, 76.

höhere Autorität, die sie für die Zuhörer wichtig werden lässt. Diese Autorität geht jedoch auch auf den Redner über und legitimiert ihn als Lehrer oder Propheten.

Im Christentum wird Johannes ebenfalls – wie im Judentum und im Islam – als Prophet anerkannt.[13] Hier kommt ihm gegenüber Christus jedoch nur eine untergeordnete Rolle zu, die des Vorläufers, der auf den nach ihm kommenden Messias hinweist. Dies wird besonders im Prolog des Johannesevangeliums deutlich.[14]

Im *Johannesbuch der Mandäer* dagegen steht Johannes selbst im Zentrum, während Christus als Lügenprophet bezeichnet und abgelehnt wird.[15] Von einer Polemik gegen das Christentum kann jedoch hier an dieser Stelle noch nicht gesprochen werden. Die mandäischen Vorstellungen von der Geburt des Johannes weisen eher eine weitere Parallele zum Lukasevangelium auf: Auch dort wird der kommende Heilsbringer als ‚Licht aus der Höhe' bezeichnet.[16]

Die beiden Zeilen des Votums sind parallel gebaut. Die zweite Zeile ist ein Lobpreis der Gottheit. ‚Großes Leben' oder auch nur ‚das Große' bzw. ‚das Leben' ist im Mandäismus der geläufigste Name der Gottheit, während das Licht eher als ihr Attribut gilt. So ist das Votum die Anrufung *einer* Gottheit in zwei verschiedenen Namen. Die Mandäer sprechen diese Formel nach Norden gewandt, weil sie den Göttersitz im Norden lokalisieren.[17]

Auf diese Einleitungsformel folgt ein Zweizeiler, der das Thema des Kapitels nennt.

ialda ʿtinṣib mn ʿmruma	Ein Kind wird gepflanzt aus Himmelshöhen,
raza ʿtiglia b-ʿurašlam	ein Geheimnis wird offenbart in Jerusalem.

Mit dieser Information hat der Leser im Folgenden gegenüber den im Text genannten Personen einen deutlichen Wissensvorsprung: Er weiß bereits, was Zacharias und die Priester im Verlauf dieses achtzehnten Kapitels herausfinden werden: Die Geburt eines Kindes und damit eine Offenbarung aus den Himmelshöhen wird prophezeit. Die beiden Sätze sind parallel gebaut, sodass das Kind aus Himmelshöhen mit der Offenbarung eines Geheimnisses in Verbindung gebracht wird: Dieses Kind selbst ist eine Offenbarung der Gottheit, und im Verlauf seines Lebens wird es weitere Offenbarungen verkünden. Dies ist bereits die zweite Legitimation des Johannes in diesem Text: Indem der Himmel, der Wohnort des Gottes, als seine Herkunft genannt wird, wird deutlich, dass Johannes kein Mensch wie jeder andere ist; er ist nicht von einem Mann gezeugt (s. u.), sondern von einer Jungfrau geboren. Damit wird er jedoch nicht nur legitimiert, sondern auch in Konkurrenz zu Christus gerückt. Die Lokalisierung des Geschehens in Jerusalem verleiht der Szene zusätzliche Wichtigkeit, gilt Jerusalem doch

13 Vgl. Lk 1,76: „(Zacharias spricht:) Du aber, mein Kind, wirst ein Prophet des Höchsten genannt werden".

14 Vgl. Joh 1,4–9.15.19–28.

15 Vgl. *J* 30.

16 Vgl. Lk 1,78.

17 Vgl. Drower: *MII*, S. 18 Anm. 9.

bei den Mandäern als die Hauptstadt des Judentums. Historische Erinnerungen an Jerusalem liegen jedoch wohl kaum vor. Lediglich das Wissen um die Existenz des Tempels[18] in Jerusalem und die Kenntnis von seiner Zerstörung[19] haben sich im Mandäismus erhalten. Andere Beschreibungen Jerusalems im Johannesbuch[20] lassen erkennen, dass zur Abfassungszeit des Textes die Mandäer bereits seit längerer Zeit in Babylonien gewohnt und keine konkrete Erinnerung an die Stadt Jerusalem oder Kenntnis der historischen Tatsachen hatten. Stattdessen werden Legenden von der Gründung Jerusalems durch Adonai, den Gott der Juden, erzählt und die Stadt als „ein Ort Böser, (...) [die] Burg, die lauter Sünder ist" bezeichnet.[21]

Auf diese Einleitung folgt nun der Bericht des Geschehenen:

hilmia hzun kahnia	Träume sahen die Priester,
dandamta b-ʿulḫ niplat	ein Murmeln fiel auf ihre Kinder,
dandamta niplat b-ʿurašlam	ein Murmeln fiel auf Jerusalem.

Ein Traum der Priester hat nicht nur ungewöhnliches Aufsehen erregt, sondern auch sonderbare Folgen nach sich gezogen. Die Kinder der Priester, ja ganz Jerusalem werden von einem geheimnisvollen Raunen befallen. Der Inhalt des Traums bleibt in Kapitel 18 auch noch einige Zeit geheimnisvoll. Der Wissensvorsprung des Lesers wird hier besonders deutlich: Der Leser bzw. Zuhörer weiß bereits, warum dieser Traum derart ungewöhnliche Folgen hat. Er deutet es schon jetzt als Vorzeichen der Geburt des Kindes aus den Himmelshöhen.

Ein Retter oder eine hohe Person wird nicht nur im Mandäismus durch einen Traum bzw. eine Vision angekündigt. Bereits das Alte Testament berichtet von der Ankündigung der Geburt Simsons durch die Erscheinung eines Engels,[22] Samuels Geburt wird durch einen Priester vorausgesagt,[23] Josef hat einen Traum vor der Geburt Jesu,[24] Maria wird durch die Erscheinung eines Engels auf die Geburt Jesu hingewiesen,[25] und auch vor der Geburt Johannes des Täufers wird im Neuen Testament von der Erscheinung eines Engels vor Zacharias berichtet.[26] Auch diese Erscheinung hat ungewöhnliche Folgen: Zacharias verstummt bis zur Geburt seines Sohnes. All diese Menschen werden von Frauen geboren, die eigentlich nicht gebären können: Maria wird ausdrücklich als Jungfrau bezeichnet, während alle anderen Frauen dieser Reihe entweder

18 Vgl. z. B. *J* 18 im Folgenden.
19 Vgl. Lidzbarski: *Johannesbuch*, S. 137.
20 Vgl. *J* 21 z. B. die Vorstellung, man könne in Jerusalem Fische fangen.
21 Vgl. Lidzbarski: *Johannesbuch*, S. 191 f.
22 Vgl. Ri 13,2–7; vgl. ebenso zu diesem Thema D. Zeller: Geburtsankündigung und Geburtsverkündigung, in: Formgeschichtliche Untersuchungen im Blick auf Mt 1 f., Lk 1 f., in: *Studien und Texte zur Formgeschichte*, TANZ 7, hrsg. von K. Berger u. a., Tübingen 1992, S. 59–134, bes. S. 96 und 119.
23 Vgl. 1. Sam 1,4–20.
24 Vgl. Mt 1,18–23.
25 Vgl. Lk 1,26–38.
26 Vgl. Lk 1,5–20.

als sehr alt oder als unfruchtbar beschrieben werden. Gemeinsam ist allen die Tatsache, dass die Geburt unter äußerst ungewöhnlichen Umständen stattfindet: Die Frauen, die diese Kinder gebären, sind durch ein Wunder schwanger geworden wie auch z. B. die hochbetagte Sara nach der Ankündigung der Geburt Isaaks durch die Erscheinung dreier Engel.[27]

Auch im Koran wird von Prophezeiungen vor der Geburt des Täufers gesprochen:

> Daselbst betete Zacharias zu seinem Herrn und sprach: „Mein Herr, gewähre mir Du einen reinen Sprößling; wahrlich, Du bist der Erhörer des Gebets.“ Da riefen ihm die Engel zu, während er betend in der Kammer stand: „Allah gibt dir frohe Kunde von Yahya, der bestätigen soll ein Wort von Allah – edel und rein und ein Prophet, der Rechtschaffenen einer.“ Er sprach: „Mein Herr, wie soll mir ein Sohn werden, wo das Alter mich überkommen hat und mein Weib unfruchtbar ist?“ Er antwortete: „So ist Allahs (Weg), Er tut, wie es Ihm gefällt.“ Er sprach: „Mein Herr, bestimme mir ein Gebot.“ Er antwortete: „Dein Gebot soll sein, daß du drei Tage lang nicht zu Menschen sprechen wirst, außer durch Gebärden. Gedenke fleißig deines Herrn und preise (Ihn) am Abend und am frühen Morgen.“[28]

Im Koran wird anschließend auch die Prophezeiung der Geburt Jesu berichtet. Im mandäischen Text wird der Traum der Priester im Verlauf des Kapitels zweimal berichtet; die beiden Visionsberichte stimmen fast wörtlich überein. Der erste Visionsbericht wird durch einen Fünfzeiler eingeleitet.

b-ʿspar iuma qadim	Am Morgen des Tages, früh,
azal l-bit mqadšia	ging er zum Tempel.
pihtẖ l-pumẖ b-ʿula	Er öffnete seinen Mund der Schlechtigkeit
u-l-spihatẖ ḏ-šiqra	und seine Lippen der Lüge.
pihtẖ l-pumẖ b-ʿula	Er öffnete seinen Mund der Schlechtigkeit
u-ʿl kulhun kahnia ḏ-nimarlun	und sprach zu allen Priestern.

Diese Einleitung berichtet, dass der Visionär am Morgen zum Tempel geht, um allen Priestern von seinem Traum zu berichten. Der Terminus *bit mqadšia* bezeichnet im mandäischen Schrifttum ausschließlich den jüdischen Tempel, ebenso wie *bit ama* – ‚Volkshaus‘.[29] Die Handelnden sind hier also als Juden vorgestellt. Dies stimmt mit den biblischen Berichten überein. Auch das Lukasevangelium berichtet davon, dass noch mehrere Personen von der Erscheinung des Zacharias erfahren, doch der Inhalt des Traums wird hier nicht mitgeteilt. Der Ausdruck ‚Mund der Lüge‘ parallel zu ‚Lippen der Schlechtigkeit‘ kann nur wie folgt erklärt werden: Wer die ‚falsche‘ Religion hat, hat ein falsches Glaubensbekenntnis und ist damit unrein, hat also auch einen unreinen

27 Vgl. Gen 18,1–15.
28 So im Koran, Sure 3,39–42, ausführlicher noch in Sure 19.
29 Zu diesem Ausdruck, vgl. Lidzbarski: *Johannesbuch*, S. 76 Anm. 1.

Mund. Die Anbetung eines Götzen mit den Lippen macht die Lippen unrein.[30] Noch deutlicher als im Zitat aus JosAs 8 wird dieser Sachverhalt in JosAs 11,8 f:

> (8) Deswegen hat er auch auf mich Haß gefaßt, denn auch ich (selbst) verehrte (Götzen) Bilder tot und stumm und segnete sie (9) und aß aus ihrem Opfer, und mein Mund ist befleckt von ihrem Tisch, und nicht ist mir Dreistigkeit, an(zu)rufen Herr, den Gott des Himmels, den Höchsten und Mächtigen des starken Joseph, denn befleckt wurde mein Mund von den Opfern der (Götzen)bilder.[31]

Der Prophet Jesaja bekennt von sich selbst – obwohl der ‚richtigen' Religion angehörend, nach einer Vision: „Weh mir, ich vergehe! Denn ich bin unreiner Lippen und wohne unter einem Volk von unreinen Lippen …"[32]. Hier steht jedoch, allerdings wie im Johannesbuch in Zusammenhang mit einer Vision, die Reinigung seiner Lippen und darauffolgend seine Berufung zum Boten Gottes im Vordergrund. In unserem mandäischen Text folgt nun der erste Visionsbericht. Die Worte, die ich für einen späteren Zusatz halte, sind im Folgenden in eckige Klammern gesetzt:[33]

b-hizuanai ḏ-lilia hzit	In meiner Vision der Nacht sah ich,
[b-hizuanai] kḏ šakibna	[in meiner Vision], als ich lag,
la-nimit u-la-šikbit	ich schlief nicht und ich ruhte nicht,
u-la-dratan b-liluia šinta	und ich fand keinen Schlaf in der Nacht.
[la-namit u-la-šikbit]	[Ich schlief nicht und ich ruhte nicht,]
ḏ-ata kukba ʿl ʿnišbai [qam]	denn es kam ein Stern, über Enišbai [stand er].
nura b-Aba Saba Zakria iaqda	Feuer flammte auf an Aba Saba Zakria.
ʿtahzun atlata šragia	Es wurden drei Lichter gesehen.
šamiš arab u-šragia dna	Die Sonne ging unter, und die Lichter gingen auf.
nura tlat bit ama	Feuer hing am Volkshaus,
u-guṭra gṭar bit mqadšia	und Rauch stieg auf vom Tempel.
guha gna b-markabta	Eine Erschütterung erschütterte die Himmelsbahnen,
ḏ-arqa nadat mn duktẖ	dass die Erde erbebte an ihrem Ort.
kukba ṣrabẖ b-iahud	Ein Stern flog dahin in Judäa,
kukba ṣrabẖ b-ʿurašlam	ein Stern flog dahin in Jerusalem.

30 Explizit u. a. in JosAs 8,5 ff.: „[U]nd es sprach Joseph: Nicht ist es geziemend einem gottverehrenden Manne, der segnet (mit) seinem Munde Gott den lebenden und ißt gesegnetes Brot (des) Lebens und trinkt gesegneten Kelch (der) Unsterblichkeit und salbt sich (mit) gesegneter Salbe (der) Unverweslichkeit, (zu) küssen eine fremde Frau, welche segnet (mit) ihrem Munde (Götzen)Bilder tot und stumm und ißt von ihrem Tische Brot (der) Erwürgung und trinkt aus ihrem Trankopfer Kelch (des) Hinterhalts und salbt sich (mit) Salbe (des) Verderbens."

31 Vgl. auch JosAs 11,16. Alle Zitate aus JosAs nach Ch. Burchard (Hg.): *Joseph und Aseneth*, JSHRZ II.4, Gütersloh 1983.

32 Vgl. Jes 6,5.

33 Es ist allerdings auch möglich, dass diese Worte eingefügt wurden, um den poetischen Charakter des Textes hervorzuheben.

šamiš ʿtahzia b-lilia	Die Sonne ging auf bei Nacht,
u-sira b-ʿumama dna	und der Mond ging auf am Tag.

Der Visionsbericht lässt sich grob in drei Teile gliedern.[34] Er beginnt mit einer vierzeiligen Einleitung, in der der Visionär beteuert, dass er während der Vision nicht geschlafen habe. Damit kommt er jeglichem Zweifel zuvor, er habe sich getäuscht oder nur einen unbedeutenden Traum gehabt. Darauf folgt in drei Zeilen der Visionskern, der Stern, Feuer und Lichter als Vorzeichen der Geburt erwähnt. Der Stern ist wohl als das wichtigste Vorzeichen der Geburt des Johannes anzusehen, denn er wird im Verlauf des Berichts noch zweimal erwähnt. Das Feuer an Zacharias hat wohl eine ähnliche Bedeutung oder soll eine versteckte Polemik gegen den Zoroastrismus sein, könnte man Zoroaster doch auch mit den Worten ‚feuriger Stern' übersetzen.

Ein Stern als Vorzeichen einer Geburt begegnet im Mandäismus nur bei Johannes dem Täufer und soll ihn in Konkurrenz zu Christus stellen, bei dessen Geburt ebenfalls ein Stern als Zeichen genannt wird.[35] Hier ist der Stern jedoch nicht nur Vorzeichen, sondern auch Wegführer.[36] Doch in der Antike gibt es noch mehr Berichte von Sternerscheinungen, die die besondere Bedeutung einer Person aufzeigen sollen.

Nicht nur bei bzw. vor der Geburt, sondern auch nach dem Tod wichtiger Personen wird von Lichterscheinungen erzählt. So wird z. B. nach dem Tod Cäsars berichtet, das größte Wunder sei der Komet gewesen, welcher nach Cäsars Ermordung sieben Tage lang leuchtete und dann wieder verschwand, und neben ihm die Verdunkelung des Sonnenlichtes. Das ganze Jahr hindurch stieg die Sonnenscheibe blass und ohne Glanz empor und entsandte nur eine schwache, kraftlose Wärme.[37]
Dies wird später auch von Sergius in seinem Vergil-Kommentar aufgegriffen, mit dem Zusatz, dieser Komet sei „in allen Landen" beobachtet worden.[38] Auch nach dem Tod Jesu werden wundersame Zeichen berichtet.[39]

Der Stern als Vorzeichen und der Glaube an solche Vorzeichen waren offensichtlich weiter verbreitet. Ich schließe mich hier dem Urteil Broers an:

> Zwar wird man nicht davon ausgehen können, daß alle Menschen der damaligen Zeit an Vorzeichen geglaubt haben, es findet sich nämlich durchaus schon in früher Zeit Distanz und Kritik an dem Vorzeichenglauben, aber wir dürfen doch von einer weiten Verbreitung solcher Anschauungen ausgehen …[40]

---

34 Vgl. zur Feingliederung und literarkritischen Analyse die Gegenüberstellung der beiden Visionsberichte beim zweiten Visionsbericht.

35 Vgl. Mt 2,1–12.

36 Vgl. Ingo Broer: Jesusflucht und Kindermord – Exegetische Anmerkungen zum zweiten Kapitel des Matthäusevangliums, in: R. Pesch: *Zur Theologie der Kindheitsgeschichten. Der heutige Stand der Exegese*, München / Zürich 1981, S. 81, im Folgenden abgekürzt mit Pesch: *Kindheitsgeschichten*.

37 Vgl. ebd., S. 80.

38 Vgl. ebd., S. 80 f.

39 Vgl. Mt 27,51–54.

40 Vgl. Broer, in Pesch: *Kindheitsgeschichten*, S. 80.

Auf Stern und Feuer als Zeichen folgt die Erscheinung dreier Lichter. Die Sonne geht unter, sodass es dunkel wird und man die Lichter sehen kann. Damit weicht die Sonne schon vor seiner Geburt dem größeren Licht des erwarteten Himmelskindes.[41] Doch auch nach Cäsars Ermordung erschien der Komet, und die Sonne verlor ihre Kraft. Von Dunkelheit nach dem Tod Jesu oder einem Erdbeben berichten auch die synoptischen Evangelien.[42]

Lichterscheinungen bei der Geburt werden auch von Muhammad berichtet.[43] Zum Teil wird das Licht als Kennzeichen des Propheten verstanden;[44] der Prophet als Bote Gottes birgt Teile Gottes in sich oder sie haften an ihm, wie z. B. das Licht.

Feuer und Rauch am jüdischen Tempel könnten auf den Brauch des Morgenopfers im Tempel hinweisen, sind hier jedoch eher als Zeichen des Untergangs dieses Gebäudes, aber auch der gesamten Stadt und der jüdischen Religion zu verstehen, ebenso wie das Erdbeben und die Erschütterung der Himmelsbahnen als Zeichen des nahenden Weltendes aufzufassen sind. Was in den Himmelshöhen geschieht, beeinflusst die irdische Welt: Zeichen sind zu sehen, die Erde ist der Macht des Himmels unterworfen.

Erneut wird der Stern als Zeichen genannt. Wieder wird hierbei die Geburt des Johannes in Jerusalem lokalisiert. Der Stern als Geburtsvorzeichen lenkt von den apokalyptischen Aussagen wieder zu dem kommenden Kind zurück und steht deutlich im Kontrast zu ihnen. Die letzten beiden Zeilen beschreiben wiederum Auswirkungen des himmlischen Geschehens auf die Erde bzw. die Himmelskörper, die noch zur irdischen Sphäre gezählt werden: Die Sonne erscheint bei Nacht auf und der Mond am Tage. Die göttliche Welt beeinflusst die reale Welt, die Gottheit hinterlässt sichtbare Spuren auf der Erde. Das bisher Bekannte gilt nicht mehr, die frühere Ordnung wird völlig verkehrt: Ein Kind wird geboren aus Himmelshöhen, und die Erde steht Kopf.

Zusammenfassend lässt sich sagen: Die Geburtsankündigung

> hat also die Funktion, ein kontingentes Geschehen (…) als göttliches Handeln darzustellen: das Kind ist Gabe Gottes. Dabei soll schon vor der Geburt die Sinnrichtung dieses Handelns deutlich werden. Die Geburt ist nur der Anfang einer die Enge des Elternhauses sprengenden göttlichen Rettungstat.[45]

Die Reaktion der Priester auf diesen Visionsbericht ist durchaus verständlich:

mišma ḏ-šimuia kahnia	Als die Priester dies hörten,
aqapra b-rišaihun rmun	warfen sie Staub auf ihre Köpfe.
Iaqip kahna bakia	Jaqif der Priester weint,

41 Vgl. *J* 21.

42 Vgl. Mt 27,45.52–54; Mk 15,33; Lk 23,44.

43 Vgl. Gernot Rotter (Hg.): *Ibn Ishaq, Das Leben des Propheten*, Tübingen / Basel 1976, S. 28.

44 Vgl. Philo: *Spec. leg.* IV,192: „Einem Propheten ist nichts unbekannt, denn er hat geistiges Licht in sich und schattenlose Strahlen.“ Man vgl. ebenso JosAs 6, S. 645 f., Anm. 6c.

45 So D. Zeller: Die Ankündigung der Geburt – Wandlungen einer Gattung, in: Pesch: *Kindheitsgeschichten*, S. 29.

u-dimia ḏ-Bnia Amin natran	und die Tränen des Bnia-Amin fließen.
Šilai u-Šalbai aqapra b-rišaihun rmun	Šilai und Šalbai warfen Staub auf ihre Köpfe.

Sie sind erschrocken und trauern, zum einen wegen dieser Verkehrung der Weltordnung, zum anderen, wie die folgenden Abschnitte zeigen, weil sie die Deutung des Traums nicht kennen. Elizar wird zum Wortführer; drei Abschnitte werden mit einer zweizeiligen Einleitungsformel begonnen, so auch der folgende Textteil:

ʿlizar pihtẖ l-pumẖ	Elizar öffnete seinen Mund
u-ʿl kulhun kahnia ḏ-nimarlun	und sprach zu allen Priestern:
man ḏ-lagiṭ aspar hilmia	Wer ist es, der das Buch der Träume nimmt,
u-aspar hizuania šria ʿlẖ	und das Buch der Visionen – wem ist es offen?
man ḏ-lagiṭ aspar hilmia	Wer nimmt das Buch der Träume,
ḏ-ampašiqlkun hilmia ḏ-hzaitun	dass er für euch deute die Träume,
	die ihr gesehen habt?

Hier wird Elizar als Haupt der Priester eingeführt. Möglicherweise entstand dieser Name in Erinnerung zahlreicher jüdischer Priester, die den Namen Eliezer trugen: So gab es einen Rabbi Eliezer ben Jakob I um 90 n. Chr. und einen zweiten ca. 150 n. Chr.,[46] später einen Rabbi Elazar ben Merom um 350 n. Chr.[47] Weiter ist bekannt, dass um 66 n. Chr. ein Eleazar, ein Sohn des Hohenpriesters Ananias, Tempelhauptmann in Jerusalem war.

Die im Folgenden wiederkehrende Einleitungsformel gibt eine klare Gliederung des Textes. Elizar, der Oberpriester, sucht zunächst ratlos nach jemandem, der mit Hilfe eines Traumbuchs diesen Traum zu deuten vermag, doch niemand von den Anwesenden fühlt sich dazu in der Lage; keiner erklärt sich bereit, das Traumbuch zu holen, um auch nur den Versuch einer Deutung zu unternehmen. Elizar beklagt dies:

ʿlizar pihtẖ l-pumẖ	Elizar öffnete seinen Mund
u-l-kulhun kahnia ḏ-nimarlun	und sprach zu allen Priestern:
Iaqip mpašiq hilmia	Jaqif deutet sonst Träume,
akandit la-qaiim ʿlun	jetzt aber steht er nicht über ihnen.
Abnia Amin ampašiq hilmia	Bnia-Amin deutet Träume –
lau gabra ḏ-kasia razaikun	ist er nicht ein Mann, der eure Geheimnisse bedeckt?
hu la-mgalilan Ṭab Iumin	Es offenbart uns [auch]nicht Ṭab Iumin,
ḏ-amritun ʿlẖ	von dem ihr sagt:
ḏ-ʿka u-dlika ḏ-amar	er sagt, was ist und was nicht ist.

Nicht nur die alte Ordnung ist außer Kraft gesetzt, auch die alten Autoritäten sind ihrer Macht beraubt. Selbst Personen, die früher Träume gedeutet hatten, können diese Vision nicht verstehen. Jakob wird als Traumdeuter erwähnt, ebenso wie Benjamin und

46 Vgl. Hermann L. Strack / Paul Billerbeck: *Kommentar zum Neuen Testament aus Talmud und Midrasch* 2, München [10]2009, S. 136.

47 Ebd., S. 779.

eine Gestalt, die aus dem Alten Testament nicht bekannt ist und neu eingeführt wird, Ṭab-Jumin. Jakob und Benjamin werden offenbar noch als jüdische Autoritäten verstanden. Dies ändert sich im Verlauf des Johannesbuches: In Kapitel 54, das die Überschrift *Der fremde Mann in Jerusalem* trägt, werden beide als ‚Goldsöhne' zusammen mit Mirjai, der Vollkommenen, genannt,[48] also offensichtlich als Mandäer betrachtet. Eventuell soll damit die Bekehrung der beiden vom Judentum zum Mandäismus angedeutet werden, die auch im weiteren Verlauf von Kapitel 18 noch zur Sprache kommt.

Für die Priesterversammlung bleibt das Problem, einen Traumdeuter zu finden, da sie selbst zu einer Deutung nicht in der Lage sind. Hier wird der Wissensvorsprung, den der Leser bzw. Hörer durch die Themenzeile am Anfang des Kapitels gegenüber den im Kapitel handelnden Personen hat, besonders deutlich.

arqa ratna b-la zibnẖ	Die Erde murrt zur Unzeit
u-mgalala b-ʿspiria ḏ-ʿšumia	und wälzt sich durch die Himmelssphären.
arqa pahta pumẖ	Die Erde öffnet ihren Mund
u-ʿlizar ḏ-timarlẖ	und spricht zu Elizar:
aziliun luat Liliuk	Geht mir zu Liliuk,
ḏ-mpašiqlkun hilmia	das er euch deute die Träume,
ḏ-ahzaitun	die ihr gesehen habt.

Die Erde nennt schließlich dem Oberpriester den richtigen Traumdeuter, Liliuk. Sein Name enthält vermutlich eine Anspielung auf das Wort *lilia* – ‚Nacht', denn die Vision fand ja in der Nacht statt. Wieder gerät die Erde in Unruhe wegen der Ereignisse, die sich in der Lichtwelt abspielen, und sie beginnt zu sprechen. Die Suche nach dem Traumdeuter, in den Beratungen der Priester geschildert, könnte im Text als retardierendes Element bezeichnet werden. Die Phase der Suche ist nun abgeschlossen, doch die Spannung bleibt: Zunächst muss ein Bote den Traumdeuter Liliuk benachrichtigen.

ʿlizar pihtẖ l-pumẖ	Elizar öffnet seinen Mund
u-ʿl kulhun kahnia ḏ-nimarlun	und spricht zu allen Priestern:
man azil luat Liliuk	Wer geht zu Liliuk,
ḏ-mpašiqlkun hilmia ḏ-hzaitun	dass er euch deute die Träume, die ihr gesehen habt?

Der Bote muss jedoch noch ernannt werden; das Ziel seiner Aufgabe ist in der letzten Zeile dieses Abschnittes wie auch beim vorigen Abschnitt genannt: Der Traum muss gedeutet werden.

kidbuia l-ʿngirta	Sie schrieben einen Brief
u-ʿl ʿdẖ ḏ-Ṭab Iumin iahbuia	und gaben ihn in die Hand des Ṭab Iumin.
nisbẖ Ṭab Iumin ʿl ʿngirta	Ṭab Iumin nahm den Brief,
u-luat Liliuk mizlẖ	und zu Liliuk war sein Gang.

Mit einem Brief wird schließlich Ṭab Iumin zu Liliuk gesandt. Er trifft bei ihm am frühen Morgen ein:

48 Vgl. Lidzbarski: *Johannesbuch*, S. 192.

Liliuk gnia ʿl arsẖ	Liliuk lag auf seinem Bett,
akandit šintẖ la-prat	sein Schlaf war noch nicht verflogen.
guha gnalẖ b-libẖ	Eine Erschütterung erschütterte sein Herz,
u-tbar libẖ mn samkẖ	und sein Herz brach weg von seiner Basis.
abrẖ Ṭab Iumin luat Liliuk	Ṭab Iumin trat zu Liliuk,
qrib Ṭab Iumin azal luat Liliuk	Ṭab Iumin näherte sich, er ging zu Liliuk
u-mn šintẖ nirandidẖ	und rüttelte ihn aus dem Schlaf,
u-amarlẖ Ṭab Iumin	und Ṭab Iumin sprach zu ihm:

Der Traumdeuter schläft noch und muss von dem Boten erst geweckt werden. Liliuk erschrickt – die Szene ist nicht ohne Humor geschildert –, und erhebt sich von seinem Lager. Vor dem Traumdeuter wird der Visionsbericht wiederholt; der Bericht wird durch die letzte Zeile dieses Abschnittes eingeleitet. Auch die Einführung in den Visionsbericht wird wiederholt, wenn auch nicht ganz wortgetreu, wie die folgende Gegenüberstellung zeigt. In ihr setze ich den Text des ersten Visionsberichtes nicht kursiv; kursiv sind hier lediglich die Abweichungen beim zweiten Visionsbericht gedruckt. In eckigen Klammern stehen die Worte, die ich für einen späteren Zusatz halte.[49]

Visionsbericht 2	Visionsbericht 1
hilmia hzun kahnia	hilmia hzun kahnia
	dandamta b-ʿulẖ niplat
dandamta niplat b-ʿurašlam	dandamta niplat b-ʿurašlam
b-ʿspar iuma [qadim] azal l-bit mqadšia	b-ʿspar iuma [qadim] azal l-bit mqadšia
pihtẖ l-pumẖ ḏ-ʿula	pihtẖ l-pumẖ ḏ-ʿula
u-l-spihatẖ ḏ-š̠iqra	u-l-spihatẖ ḏ-šiqra
pihtẖ l-pumẖ	pihtẖ l-pumẖ *b ʿula*
u-ʿl hinun kahnia ḏ-nimarlun	u-ʿl *kulhun* kahnia ḏ-nimarlun

Die Abweichungen zwischen den beiden Berichten sind gering und haben keine Veränderung des Sinns zur Folge. Ausgelassen ist Zeile zwei des ersten Visionsberichtes. Vielleicht wurde sie auch später eingefügt, um einen Zweizeiler zu erhalten, dessen Zeilen mit dem gleichen Wort beginnen, also eine Art Stabreim zu bilden. Das Wort *b-ʿula* in der vorletzten Zeile des ersten Berichtes könnte ebenfalls aus ästhetischen Gründen eingefügt worden sein: Es vervollständigt einen Dreizeiler mit Endreim auf *a*. In Bericht 2 ist dieser Reim nur in zwei Zeilen vorhanden.

Nachdem nun – für den Leser bzw. Hörer erneut – für den Traumdeuter erstmals die Tatsache berichtet wurde, dass ein Priester eine Vision hatte und welche Folgen diese auslöste, folgt (hier in Gegenüberstellung zum ersten Visionsbericht wie oben) auf die Einführung der eigentliche Visionsbericht:

49 Vgl. den Abschnitt *Bemerkungen zu Textkritik und Übersetzung* dieses Kapitels.

Visionsbericht 2	Visionsbericht 1
[*ana b-hizuanai kḏ škibna*]	
b-hizuanai ḏ-lilia hzit	*b-hizuanai ḏ-lilia hzit*
[*bhizuan*] *kḏ šakibna*	[*b-hizuanai*] *kḏ šakibna*
la-nimut u-la-šikbit	*la-nimit u-la-šikbit*
u-la-dratan b-liluia šinta	*u-la-dratan b-liluia šinta*
[*la-nimut u-la-šikbit*]	[*la-nimit u-la-šikbit*]
[*hzit*] *ḏ-ata kukba ʿl ʿnišbai* [qam]	*ḏ-ata kukba ʿl ʿnišbai* [*qam*]
nura b-Aba Saba Zakria iaqda	*nura b-Aba Saba Zakria iaqda*
ʿtahzun tlata šragia	*ʿtahzun tlata šragia*
šamiš arab	*šamiš arab*
u-šragia dna	*u-šragia dna*
nura tlat bit ama	*nura tlat bit ama*
u-guṭra gṭar bit mqadšia	*u-guṭra gṭar bit mqadšia*
guha gna b-markabta	*guha gna b-markabta*
arqa nadat mn duktẖ	*arqa nadat mn duktẖ*
kukba ṣrabẖ b-iahud	*kukba ṣrabẖ b-iahud*
kukba ṣrabẖ b-ʿurašlam	*kukba ṣrabẖ b-ʿurašlam*
šamiš ʿtahzia b-lilia	*šamiš ʿtahzia b-lilia*
u-sira b-ʿumama dna	*u-sira b-ʿumama dna*

Die Unterschiede zwischen beiden Berichten betreffen nur deren Anfangsteile. Der erste Satz von Bericht 2 ist vermutlich eine verdeutlichende Einleitung für den Traumdeuter. Es entstehen durch diese Einfügung gegenüber dem ersten Bericht drei Kreuzreime auf *a* bzw. *it*. Bei Eliminierung dieser Zeile entsteht kein Sinnverlust; sie könnte auch eine spätere Einfügung sein. In Zeile 2 von Bericht 1 (= Zeile 3 von Bericht 2) scheint das erste Wort ‚in meiner / in der Vision' von der oberen Zeile übernommen; es stört den Erzählfluss. Die letzte Zeile des ersten Absatzes ist lediglich eine Wiederholung und entbehrlich, stellt jedoch einen abschließenden Kreuzreim auf *it* her und ist möglicherweise deshalb hier erneut eingesetzt. In Bericht 2 kann das einleitende Verbum *hzit* – ‚ich sah' gestrichen werden. Der Satz ist auch ohne das am Ende eingefügte Verbum *qam* – ‚er stand' vollständig; dieses zweite Verbum sprengt das Satzgefüge. Ich neige daher dazu, es als späteren Einschub zu betrachten. Die Gliederung ist, wie schon beim ersten Visionsbericht erwähnt und hier auch graphisch durch Absätze gekennzeichnet, sehr klar. Zur Interpretation vergleiche man die Ausführungen zum ersten Visionsbericht. Nun kennt der Traumdeuter die Vision, die er deuten soll, und seine Reaktion wird wie folgt geschildert:

kḏ hazin šuma Liliuk	Als Liliuk das hörte,
aqapra b-rišia rma	warf er Staub auf seinen Kopf.
arṭil qam Liliuk mn arsẖ	Liliuk stand von seinem Bett auf
u-l-spar hilmia atiia	und brachte das Buch der Träume.
pahtalẖ u-qarilẖ	Er öffnete es und er las in ihm
u-hazia ab-gauẖ mahu ḏ-kdib	und er sah, was in ihm geschrieben steht.

pahtalẖ u-qarilẖ	Er öffnete es und las darin
u-mpašiqlun b-libẖ	und er deutete sie in seinem Herzen
u-la-qarilun	und las sie nicht [laut] vor.
kadiblun b-ʿngirta	Er schrieb ihnen einen Brief
u-maprišlun ʿl šapta	und lehrte sie auf einem Blatt.

Liliuk reagiert zunächst wie die Priester, indem er Staub auf seinen Kopf streut; er erschrickt: Der Inhalt der ihm berichteten Vision beunruhigt ihn. Dann jedoch holt er das Traumbuch und deutet den Traum. Wieder folgt ein retardierendes Element: Liliuk spricht seine Deutung nicht laut aus, sondern schreibt einen Brief. Die Spannung bis zur Enthüllung der Deutung bleibt so aufrechterhalten.

u-amarlun	Und er sprach zu ihnen:
uailaikun kulaikun kahnia	Wehe euch, allen Priestern,
ḏ-ʿnišbai ialda iadla	denn Enišbai wird ein Kind gebären.
uailaikun rbunia	Wehe euch Lehrern,
ḏ-ialda mitlid b-ʿurašlam	denn ein Kind wird geboren werden in Jerusalem.
uailaikun maqria u-dirdqia	Wehe euch Kinderlehrern,
ḏ-ʿnišbai ialda iadla	denn Enišbai wird ein Kind gebären.
uailik rabtia ʿuraita	Wehe dir, große Thora,
ḏ-Iuhana mitlid b-ʿurašlam	denn Johannes wird geboren werden in Jerusalem.
Iuhana lagiṭ iardna	Johannes wird den Jordan nehmen
u-mitiqria ʿnbiha b-ʿurašlam	und Prophet genannt werden in Jerusalem.
kadiblun Liliuk b-ʿngirta	Liliuk schrieb ihnen in einem Brief
u-amarlun	und sagte ihnen:
kukba ḏ-ata u-qam l-ʿnišbai	Der Stern, der kam und über Enišbai stand:
ialda mn ʿmruma ʿlaia ʿtinṣib	ein Kind aus erhabenen Himmelshöhen wird gepflanzt,
u-ata u-ʿhablẖ ʿl ʿnišbai	und es kommt, und man gibt es Enišbai.
nura ḏ-iaqda b-Aba Saba Zakria	Das Feuer, das an Aba Saba Zakria brennt:
Iuhana mitlid b-ʿurašlam	Juhana wird geboren werden in Jerusalem.

Die Deutung lässt sich in drei Teile gliedern: Auf die vier Weherufe folgt, ebenfalls in einem Brief, eine positive Deutung des Traums durch den Traumdeuter Liliuk. Verbunden werden die beiden Teile durch einen Zweizeiler, der das Entscheidende über das Kind, das geboren wird, sagt: Er nennt den Namen des Kindes, sagt seine Tätigkeit als Täufer voraus und dass es ein Prophet sein wird.

Die Weherufe nach dem einleitenden Rubrum richten sich gegen Autoritäten und Institutionen des Judentums, zuletzt auch gegen die Thora. Der Mandäismus versteht sich hier als legitime Nachfolgereligion gegenüber dem Judentum, das sie außer Kraft setzen will.[50] Das Kapitel berichtet später das Versprechen der Priester, sich von Johannes taufen zu lassen und damit Mandäer zu werden. Der Name Johannes wird hier zum ersten Mal genannt.

Ein Weheruf erfolgt also über die jüdische Religion, weil aus mandäischer Sicht ihr Ende gekommen ist. Dies drückt der überleitende Zweizeiler schon positiv aus, obwohl er nur indirekt einen Hinweis auf eine andere Religion als die jüdische enthält: Der Terminus *LGṬ iardna* – ‚den Jordan nehmen' wird nur für die mandäische *maṣbuta* gebraucht.

Der dritte Teil der Deutung wird in einem Brief niedergeschrieben, den der Bote zu den Priestern zurückbringt. Auch dieser Teil der Deutung wird durch ein Rubrum eingeleitet; interpretiert wird nur der Visionskern: Der Stern an Elisabeth und das Feuer an Zacharias deuten auf die bevorstehende Geburt eines Kindes aus Himmelshöhen hin. Der Bote bringt nun den Brief nach Jerusalem zurück:

nisbh̠ l-ʿngirta Ṭab Iumin	Ṭab Iumin nahm den Brief
u-šamar b-ʿurašlam mizlh̠ azal	und nach Jerusalem war sein Gang.
u-aškinun ʿl kulhun kahnia	Er fand alle Priester,
b-malia iatbin	in Trauer saßen sie da.

Die Priester trauern immer noch, weil sie die Deutung des Traumes nicht kennen. Durch das Eintreffen des Boten wird dieser Zustand nun aufgehoben:

nisbh̠ l-ʿngirta	Er nahm den Brief
u-ʿl ʿdh̠ d̠-ʿlizar rma	und legte ihn in die Hand des Elizar.
pahtalh̠ u-qarilh̠	Er öffnete ihn und las ihn,
u-hazia b-gauh̠ malalia šania	und er sah in ihm schöne Reden.
pahtalh̠ u-qarilh̠	Er öffnete ihn und las ihn,
u-hazia b-gauh̠ mahu kdib	und er sah, was in ihm geschrieben steht.
qarilh̠ b-libh̠	Er las ihn in seinem Herzen,
u-la-maprišlun ʿlh̠	und er belehrte sie nicht über ihn.

Der Brief wird der höchsten anwesenden Autorität, Elizar, dem Oberpriester, überreicht. Dieser liest den Brief, doch er liest ihn nicht laut vor, sodass die anderen Priester noch nicht am Wissen um die Deutung teilhaben können. Elizar sieht in dem Brief eine positive Botschaft und gibt den Brief an Zacharias weiter:

šiqlh̠ ʿlizar	Elizar gab ihn weiter
u-ʿl ʿdh̠ d̠-Aba Saba Zakria atnh̠	und legte ihn in die Hand des Aba Saba Zakria.
pahtalh̠ u-qarilh̠	Er öffnete ihn und las ihn,
u-hazia b-gauh̠ mahu kdib	und er sah, was in ihm geschrieben ist.
qarilh̠ ab-libh̠	Er las ihn in seinem Herzen
u-la-mpašiqlh̠ ʿla	und belehrte sie nicht über ihn.

50 Vgl. hierzu meine Thesen zu Mandäismus und Judentum im Anschluss an den Kommentar zu Kapitel 32.

Auch Zacharias liest den Brief nicht laut vor, doch er kennt nun die Deutung. Eine freudige Reaktion wird von ihm jedoch, im Gegensatz zu Elizar, nicht berichtet. Schweigend gibt er den Brief an den Oberpriester zurück:

šaqilẖ l-ʿngirta	Er gab den Brief weiter
u-ʿl ʿdẖ ḏ-ʿlizar rma	und legte ihn in die Hand des Elizar.

Nun beginnt ein Dialog zwischen Elizar und Zacharias, der sich im Lauf des Kapitels in ein Streitgespräch aller Priester mit Zacharias entwickelt. Der Oberpriester beginnt die Auseinandersetzung:

ʿlizar pihtẖ l-pumẖ	Elizar öffnete seinen Mund
u-l-Aba Saba Zakria ḏ-nimarlẖ	und sprach zu Aba Saba Zakria:
ia Aba Saba puq mn Iahud	O Aba Saba, gehe weg aus Judäa,
ḏ-la-tirmia b-ʿurašlam tigra	dass du nicht Streit erregst in Jerusalem!

Elizar fürchtet, dass die Tatsache, Elisabeth werde ein Kind zur Welt bringen, und zwar ein besonderes Kind aus den Himmelshöhen, Unruhe in Jerusalem stiften könnte. Wie spätere Kapitel mit Streitgesprächen des Johannes mit Juden oder mit Christus zeigen, ist diese Annahme durchaus berechtigt. Vielleicht fürchtet sich Elizar auch vor der Macht des Kindes, das da geboren werden soll, und so fordert er Zacharias auf, Jerusalem zu verlassen. In Kapitel 27 wird er Johannes selbst bitten, wegzugehen, doch gegen dessen Macht kann er nichts ausrichten.[51] Zacharias leistet der Aufforderung nicht Folge, im Gegenteil.

iamina dalia Aba Saba	Die Rechte erhob Aba Saba
u-ʿl rišẖ ḏ-ʿlizar mha	und schlug auf den Kopf des Elizar.
u-amarlẖ	Und er sprach zu ihm:
ia ʿlizar baita rba	O Elizar, großes Haus,
rišaihun ḏ-kulhun kahnia	Haupt aller Priester!
ʿu b-napšak ʿmak iadit	Wenn du in deiner Seele deine Mutter kenntest,
la-mṣiit l-mizal	wärst du nicht imstande,
l-bit kništan	in unsere Synagoge zu kommen.
ʿu b-napšak iadit	Wenn du in deiner Seele [Bescheid] wüsstest,
la-qariatbẖ miadit b-ʿuraita	dürftest du nicht in der Thora lesen,
aminṭul ḏ-ʿmak ʿnta gaiaria huat	denn deine Mutter war eine ehebrecherische Frau.
ʿnta huat gaiartia	Eine ehebrecherische Frau war sie,
ḏ-la-šalmat l-bit hamu	die nicht passte für das Haus ihres Schwiegervaters.
aminṭul ḏ-la-hualẖ ʿl abuk mastiria zuzia	Weil dein Vater nicht die hundert Stater hatte,
ḏ-kadiblẖ ʿngirta ḏ-šbuquia	schrieb er ihr den Scheidebrief;
akar šibqẖ u-la-šaiil ʿlẖ	sofort verließ er sie und fragte nicht nach ihr.

51 Vgl. Lidzbarski: *Johannesbuch*, S. 96.

Zacharias wehrt die Aufforderung heftig ab, indem er Elizar schlägt und ihn beschuldigt, das Kind einer ehebrecherischen Frau zu sein. Er wiederholt diese Aussage sogar, um sie zu betonen, und verstärkt sie durch den Vorwurf, dass die Mutter Elizars mit Scheidebrief von ihrem Mann entlassen wurde. Der Brauch, einen Scheidebrief zu schreiben, wird auch im Alten Testament erwähnt, ist jedoch nur für den Fall vorgesehen, dass der Mann an seiner Frau etwas Schändliches findet.[52] Im Neuen Testament wird dieser Brauch aufgegriffen, und die Bedingung für den Scheidebrief wird präzisiert: Ein Mann darf seine Frau nur entlassen, wenn sie Unzucht treibt.[53] Doch diese Regelung ist nur für den Notfall gedacht und wird auch kritisiert.[54] Für einen rechtsgültigen Scheidebrief gilt folgendes: Der Mann muss ihn entweder selbst schreiben oder jemand anders damit beauftragen, und er muss Zeugen bestellen. Der Brief soll für die betreffende Frau geschrieben sein, die Namen und evtl. Beinamen des Mannes und der Frau enthalten sowie eine Ortsangabe und Datum. Der Mann muss darin erklären, dass seine Frau hiermit frei sei und wieder heiraten dürfe. Zwei Zeugen müssen den Scheidebrief unterschreiben.[55] In der jüdischen Tradition ist vor allem der Grund für eine Scheidung strittig:

> Die Schule Schammais hat gesagt: Der Mann soll seine Frau nur verstoßen (...), wenn er an ihr eine Sache von Schandbarem (...) (d. h. etwas Schandbares gefunden hat. (...) Dagegen sagt die Schule Hillels: Auch wenn sie seine Speise hat anbrennen lassen. (...) R. Aqiba sagte: Auch wenn er eine andre findet, die schöner ist als sie ...[56]

Nachdem Zacharias hier seinen Gegner diffamiert hat, geht er zu seiner eigenen Rechtfertigung über, ohne dass irgendein Einspruch gegen die ausgestoßene Beschuldigung erhoben wird.

miaka iuma ḏ-atina u-mistakina	Gibt es einen Tag, an dem ich komme und sehe
u-la-hazina l-Miša br Amra	und schaue nicht auf Mose, Amras Sohn?
hin miaka iuma ḏ-atina	Wahrhaftig, gibt es einen Tag, an dem ich komme,
u-la-mṣalina b-kništaikun	und ich bete nicht in eurer Synagoge,
ḏ-la-ʿtriṣtun u-la-ʿtqaiamtun	dass ihr nicht wahrhaftig und nicht ehrlich seid
u-minilta ḏ-la-šmaitun ʿlai amritun	und etwas von mir sagt, das ihr nicht gehört habt?

Er rechtfertigt sich durch die Aussage, dass er jeden Tag auf Mose sehe. Dies kann als Vision gedeutet werden, ich neige jedoch zu der Auffassung, dass Zacharias lediglich sagen will, dass er täglich die Thora studiert und die fünf Bücher Mose sieht und liest. Das regelmäßige Studium der Thora qualifiziert ihn auch als frommen Juden, der seine religiösen Pflichten nicht vernachlässigt. Er beschuldigt die Priester, ihm Unrecht

52 Vgl. Dt 24,1–4; in übertragenem Sinn Jes 50,1.
53 Vgl. Mt 5,31 f.
54 Vgl. Mt 19,7–9.
55 Vgl. Strack / Billerbeck: *Kommentar zum Neuen Testament aus Talmud und Midrasch*, S. 304.
56 Ebd., S. 313; hier noch weitere Angaben.

zu tun und erklärt es für völlig ausgeschlossen, dass Elisabeth ein Kind zur Welt bringen werde.

man mita ḏ-mitahiia	Wo gibt es einen Toten, der wieder zum Leben kommt,
ḏ-ʿnišbai ialda iadla	dass ʿnišbai ein Kind gebären sollte?
man ʿšiqa ḏ-ʿtpata	Wo gibt es einen Blinden, der sehend wird,
u-man šapupa ḏ-qdalẖ ligria	und wo einen Krüppel, dem wieder Beine wachsen,
u-man gunga ḏ-ialip sipra	und wo einen Taubstummen; der ein Buch lernt,
ḏ-ʿnišbai ialda iadla	dass ʿnišbai ein Kind gebären sollte?
iumai srin utartin šnia	Heute sind es zweiundzwanzig Jahre,
ḏ-la-hzilia zaua	in denen ich nicht eine Frau angesehen habe.
u-hinʿla la-b-dilia u-la-b-dilkun	Und nie, nicht durch mich und nicht durch euch
ḏ-ʿnišbai ialda iadla	wird Elisabeth ein Kind gebären.

Für seine Überzeugung führt er zwei Arten von Argumenten an: Zunächst stellt er rhetorische Fragen, die sich alle auf etwas Unmögliches beziehen. Für ebenso unmöglich hält er die Geburt eines Kindes durch Elisabeth.[57] Ähnliche Fragen kehren in Kapitel 30 bei der Auseinandersetzung des Jahja mit Christus wieder.[58] Der zweite Grund ist der, dass er seit Jahren keine Frau mehr berührt hat, und Elisabeth aufgrund ihres hohen Alters, das hier jedoch nicht ausdrücklich erwähnt wird, aus biologischen Gründen nicht mehr Mutter werden kann.[59] Die Priester suchen in einem weiteren Redegang Zacharias von der Wahrheit des Traums und seiner Deutung zu überzeugen.

qam kulhun kahnia	Es standen alle Priester auf
u-minẖ ḏ-Aba Saba Zakria raṭnia	und murmelten über Aba Saba Zakria,
amrilẖ	sie sagten zu ihm:
ʿnha u-ʿtib Aba Saba	Sei ruhig und bleibe sitzen, Aba Saba,
u-nihuta ḏ-ṭabia tišria ʿlak	und die Gelassenheit der Guten ruhe auf dir.
ia Aba Saba	O Aba Saba,
ʿu hilmia lika b-Iahud	wenn es nicht Träume gäbe in Judäa,
ʿu hizuania lika b-ʿurašlam	und wenn es nicht Visionen gäbe in Jerusalem,
kul mahu ḏ-amar Miša kadba hu	wäre Lüge alles, was Mose sagte.
hinʿla miniltak u-miniltan	Auf jeden Fall, deine und unsere Rede
mnatran	wird bewahrt werden,
hilmia ḏ-hzainun anin	die Träume, die wir gesehen haben.

Nun sind offensichtlich alle Priester in den Dialog mit einbezogen. Insgesamt drei Abschnitte werden durch die zweizeilige Einleitungsformel eingeführt; sie kennzeichnet jeweils den Beginn eines neuen Redegangs.

---

57 Diese Gesprächsstrategie findet sich auch in *J* 30 und 31; die Fragen sind hier z. T. als Rätsel formuliert.

58 Vgl. mein Kommentar zu Kapitel 30.

59 Vgl. zu ähnlichen Geburten die oben genannten Textstellen aus Altem und Neuem Testament.

Die Priester versuchen zunächst, Zacharias zu beruhigen und dann, ihn zu überzeugen, indem sie auf die Autorität des Mose hinweisen sowie auf die Wahrheit früherer Träume und Visionen. Der Rekurs auf Mose ist deshalb besonders interessant, weil auch Zacharias sich in seiner Verteidigung auf Mose berufen hat,[60] und später im Kapitel wird sein Stammbaum bis auf Mose zurückverfolgt werden. Dies weist auf die priesterliche Herkunft des Zacharias hin. Die Priester beschließen ihre Rede mit jenem Zweizeiler, der schon im Zentrum der Traumdeutung steht und von nun an öfter wiederkehrt:

Iuhana lagiṭ iardna	Juhana wird den Jordan nehmen
u-mitiqria nbiha b-ʿurašlam	und Prophet genannt werden in Jerusalem.

Zacharias verlässt daraufhin den Raum:

Aba Saba npaq mn binataihun	Aba Saba ging hinaus aus ihrer Mitte,
ʿlizar mn abatrh̲ npaq	Elizar ging hinter ihm hinaus.
ʿtahzun atlata šragia	Sie sahen drei Lichter,
d̲-azlin minh̲	die von ihm ausgingen.
bi-luath̲ rhiṭ	Sie eilten zu ihm hin
u-ligṭuia b-šipulh̲	und ergriffen sein Gewand
u-l-Aba Saba d̲-nimarlh̲	und sprachen zu Aba Saba:
ia Aba Saba	O Aba Saba,
mahu d̲-azil aqamak	was ist es, das vor dir [her-]geht,
u-mahu d̲-atia mn abatrak	und was ist es, das hinter dir geht?
amarlun	Er sprach zu ihnen:
ia ʿlizar baita rba	O Elizar, großes Haus,
rišaihun d̲-kulhun kahnia	Haupt aller Priester,
šragia d̲-azlin aqamai	die Lichter, die vor mir hergehen –
la-iadana al man qanaṭria	ich weiß nicht, wen sie behüten.
nura d̲-atia mn abatrai	Das Feuer, das hinter mir geht –
la-iadana abihdia manu	ich weiß nicht, mit wem es ist.
hʿ la-b-dilia u-la-b-dilkun	Siehe, nicht durch mich und nicht durch euch
d̲-ʿnišbai ialda iadla	wird ʿnišbai ein Kind gebären.

Die Priester folgen Elizar nach draußen und sehen drei Lichter, die Zacharias begleiten: Die Lichter, die am Himmel waren, sind auf die Erde gekommen, genauso wie Johannes als Lichtgestalt in die Finsternis dieser Welt kommen wird. Doch weder die Priester noch Zacharias wissen, was diese Lichter bedeuten, und so versammelt man sich zu einer weiteren Diskussion. Die Lichter sind vom Himmel auf die Erde gekommen als Zeichen dafür, dass eine Lichtgestalt vom Himmel auf die Erde kommen wird. Das Feuer, ebenfalls ein Zeichen, das im Visionskern genannt und auch in der Deutung ausgelegt wird, hat vermutlich eine ähnliche Funktion. Eventuell soll es auch die

60 Im Stammbaum Jesu begegnet Mose nicht, vgl. Mt 1.

Macht des Himmelskindes ankündigen, seine Unverletzlichkeit andeuten[61] oder ein Zeichen für radikale Reinigung sein.[62] In einer apokryphen syrischen Schrift wird berichtet, dass das Jesuskind Windeln aus Feuer getragen habe.[63] Das Feuer ist hier offensichtlich auch ein Zeichen für das Himmelskind. Zum Abschluss dieses Abschnittes erklärt Zacharias noch einmal, dass Elisabeth weder durch ihn noch durch andere Personen ein Kind gebären wird. Damit räumt er indirekt die Möglichkeit einer wunderhaften Geburt ein, und dies nutzen im nächsten Redegang die Priester als Argument.

qam kulhun kahnia	Alle Priester standen auf
u-minẖ ḏ-Aba Saba Zakria raṭnia	und murmelten über Aba Saba Zakria
u-amrilẖ	und sprachen zu ihm:
ia Aba Saba Zakria	O Aba Saba Zakria,
nha u-kun u-ʿtkanan	sei ruhig und sei fest und gelassen,
ḏ-ialda mn ʿmruma ʿlaia ʿtinṣib	denn das Kind
	wird aus den erhabenen Himmelshöhen gepflanzt
u-ʿhiblak l-dilak b-sibutak	und wird dir in deinem Alter gegeben.
Iuhana mitlid	Juhana wird geboren werden,
Iuhana lagiṭ iardna	Juhana wird den Jordan nehmen
u-mitiqria nbiha b-ʿurašlam	und Prophet genannt werden in Jerusalem.

Die Priester weisen Zacharias auf die Herkunft des Kindes hin: Es kommt aus den Himmelshöhen. Jetzt sind auch die handelnden Personen auf dem Wissensstand des Lesers, sein Wissensvorsprung und damit die Spannung sind nun aufgehoben. Zacharias, der zuvor eine mögliche Schwangerschaft Elisabeths heftig bestritten hat, hat nur an eine menschliche Zeugung des Kindes gedacht. Wieder begegnet der bekräftigende Zweizeiler, erweitert und verstärkt durch die einleitende Zeile *Iuhana mitlid* – ‚Johannes wird geboren werden'. Die Priester bestehen damit weiterhin auf der Wahrheit der Vision sowie ihrer Deutung. Darauf folgt das Bekenntnis der Priester, nach der Geburt des Täufers Mandäer zu werden:

anin miṣṭibinin b-maṣbutẖ	Wir werden getauft werden mit seiner maṣbuta,
u-miršiminin b-dakia rušumẖ	und wir werden gezeichnet werden
	mit seinem reinen Zeichen;
nasbinalẖ l-pihtẖ	wir werden sein *pihta* essen
u-šatinalẖ l-mambuhẖ	und sein *mambuha* trinken
u-salqinin minẖ l-atar nhur	und mit ihm aufsteigen zum Ort des Lichts.

---

61 Vgl. *J* 27.

62 Dies begegnet in den synoptischen Evangelien als Rede des Täufers, vgl. Lk 3,16 f. par.

63 Vgl. E. A. Wallis Budge (Hg): *The History of the Blessed Virgin Mary and the History of the Likeness of Christ which the Jews of Tiberias Made to Mock at. The Syriac Texts Edited with English Translations* 2: English Translations, London 1899, S. 39, 41; im Folgenden abgekürzt mit Budge: *History*.

Auch dieses Bekenntnis wird im Folgenden wiederholt. Die Priester zeigen hier bereits einige Kenntnis der mandäischen Riten, die sie eigentlich noch gar nicht haben können, denn noch ist Johannes nicht geboren. Der Verfasser dürfte hier seine eigenen Kenntnisse mit eingetragen haben. Die *maṣbuta* wird hier recht genau mit ihren wichtigsten Bestandteilen beschrieben: Zu diesem Ritus gehören das Zeichen, das Essen von Brot *(pihta)*und das Trinken von Wasser bzw. Wein*(mambuha)*. Der letzte Satz drückt die Zuversicht aus, nach dem Tod ins Lichtreich aufsteigen zu dürfen. Dies ist nur nach der *maṣbuta* möglich; sie gilt den Mandäern als heilsnotwendig. Gleichermaßen gilt, dass nur Personen mandäischen Glaubens in die Lichtwelt aufsteigen dürfen; Angehörigen anderer Religionen ist dies verwehrt.

Um Zacharias endgültig zu überzeugen, zählen die Priester nun einen langen Stammbaum auf von Personen, die wie Zacharias erst in hohem Alter einen Sohn bekamen und deren Sohn ein Prophet gewesen war.

qam kulhun kahnia	Alle Priester standen auf
u-minẖ ḏ-Aba Saba Zakria raṭnia	und murmelten über Aba Saba Zakria:
ia Aba Saba	O Aba Saba,
nimarlak ʿl bunkak	wir klären dich auf über deine Herkunft
u-l-abahatak	und deine Väter,
ḏ-minaihun huit	von denen du geworden bist:
Miša br Amra	Mose, der Sohn des Amra
mn qinak dilak hua	ist aus deinem Geschlecht.
Šilai u-Šilbai	Šilai und Šilbai
mn qinak dilak hun	sind aus deinem Geschlecht.
Brahim u-Sraʿil	Abraham und Israel
mn qinak dilak hun	sind aus deinem Geschlecht.
Bnai u-Bnia Amin	Bnai und Benjamin
mn qinak dilak hun	sind aus deinem Geschlecht.
Rišai u-Rat	Rišai und Rat
mn qinak dilak hun	sind aus deinem Geschlecht.
Rišai u-Bazrai	Rišai und Bazrai
mn qinak dilak hun	sind aus deinem Geschlecht.
Zakai u-Zakunai	Zakai und Zakunai
mn qinak dilak hun	sind aus deinem Geschlecht.
Ramiš u-Mahramir	Ramiš und Mahramir
mn qinak dilak hun	sind aus deinem Geschlecht.
Rabin u-Iahuda	Ruben und Juda
mn qinak dilak hun	sind aus deinem Geschlecht.
ʿzairab u-Razai	Ezairab und Razai
mn qinak dilak hun	sind aus deinem Geschlecht.
hinun ḏ-biniu l-qumba ḏ-kahnia	Die die Kuppel der Priester gebaut haben
u-ṣilmia u-ṣurata b-gauẖ ṣar	und Bilder und Abbilder in ihr gebildet haben
mn qinak dilak hun	sind aus deinem Geschlecht.

Hanai u-Hananai	Hanai und Hananai
mn qinak dilak hun	sind aus deinem Geschlecht.
gabra ḏ-kidbẖ l-ʿuraita	Der Mann, der die Thora schrieb,
Ṭus Rba šumẖ	Ṭus der Große ist sein Name,
mn qinak dilak hua	ist aus deinem Geschlecht.
Rama u-Šumʿil	Rama und Samuel
mn qinak dilak hun	sind aus deinem Geschlecht.
Rabai Hanai u-Rab Hananai	Rabai Hanai und Rab Hananai
mn qinak dilak hun	sind aus deinem Geschlecht.
Bnia Risa u-Šumʿil	Ben Risa und Samuel
mn qinak dilak hun	sind aus deinem Geschlecht.
Ṭab Iumin u-maqria ḏ-qaria	Ṭab Iumin und die Kinderlehrer
mn qinak dilak hun	sind aus deinem Geschlecht.
brikia šahriria	Die gesegneten Fürsten –
ḏ-abahatak dilak Aba Saba hinun	von deinen Vätern sind sie, Aba Saba.
halin kulhun la-lgaṭiun zaua	Diese haben alle keine Frau genommen
u-la-hualun bnia	und hatten keine Söhne,
hinʿla b-sibutun	aber in ihrem Alter
kul had bra hualun bnia hualun	hatte doch jeder einen Sohn. Söhne hatten sie,
nbihia b-ʿuraslam hun	Propheten waren sie in Jerusalem.
ʿu minak dilak napiq nbiha	Wenn nun auch von dir ein Prophet ausgeht,
hazin qina nasbit ʿlak	hast du dieses Geschlecht auf dich genommen,
aminṭul ḏ-Iuhana ʿtitlẖ l-mihuia	denn es ist Juhana bestimmt, zu sein,
u-mitiqria anbiha b-ʿurašlam	und er wird Prophet genannt werden in Jerusalem.

Der Stammbaum des Zacharias wird interessanterweise auf Mose, nicht auf Adam, zurückgeführt. Der edle Stammbaum rückt Zacharias in krassen Gegensatz zu Elizar, dem der Vorwurf anhaftet, das Kind einer ehebrecherischen Frau zu sein. Die Personen des Stammbaums sind nicht alle klar zu deuten oder gar zu identifizieren. Der Stammbaum beginnt mit Mose, auf dessen Autorität Zacharias sich bereits berufen hat. Es folgen Šilai und Šilbai, entweder zwei Lichtwesen oder die oben schon erwähnten Šilai und Šalbai aus der Versammlung der Priester. Danach stehen vier Namen, die aus dem Alten Testament bekannt sind: Abraham, Israel (Jakob) sowie zwei Formen des Namens Benjamin. Bei dem Namen Rišai könnte man an eine Anspielung auf das Wort *riš* – ‚Kopf' denken, er begegnet zweimal mit nicht zu identifizierenden anderen Namen. Auch die folgenden vier Namen bleiben rätselhaft, dann tritt uns wieder Alttestamentliches entgegen in den Namen Ruben und Juda. ʿzairab bleibt ungeklärt; der Name Razai erinnert an das Wort *raza* – ‚Geheimnis'. Auch die Erbauer des Ortes der Priesterversammlung werden unter die Vorfahren des Zacharias gezählt, ebenso wie der Verfasser der Thora. Das Namenspaar dazwischen ist nicht zu deuten und begegnet weiter unten noch einmal als Paar von Lehrern. Der Verfasser der Thora wird hier Ṭus genannt. Lidzbarski vermutet den Namen Thot.[64] An anderer Stelle wird die Entstehung der Thora anders erklärt:

> Als Adonai dies hörte, rief er Ruha und sprach zu ihr (…) Komm, wir wollen ein Buch des Frevels und des Truges schreiben, mit dem Generationen und Welten gefangen werden sollen. Hernach sprach Ruha den Befehl aus, worauf Nbu und die Sieben die Thora schrieben und zusammenreihten. Sie, sie haben die Thora geschrieben und zusammengereiht und in die Hände des Šamiš-Adonai gelegt. Adonai rief durch seine Wunderwerke Miša bar Amra, setzte ihn auf den Berg Sinai …[65]

In Samuel begegnet wieder eine Figur aus dem Alten Testament; der Name Rama könnte eine Erinnerung oder eine Anspielung auf den Wohnort des Samuel sein.[66] Das Paar der Lehrer begegnet, schon genannte Namen wiederholend, der folgende Name bleibt dunkel, es folgt zum zweiten Mal der Name Samuel. Ṭab-Jumin, der auch sonst im achtzehnten Kapitel auftritt, wird genannt, und die Kinderlehrer zum Abschluss des Stammbaums. Im Anschluss daran erklären die Priester den Sinn der langen Aufzählung: Alle Genannten bekamen erst in hohem Alter einen Sohn, und dieser war Prophet. Zacharias wird mit ihnen in eine Reihe gestellt, um aufzuweisen, dass er tatsächlich noch Vater werden und sein Sohn ebenfalls ein Prophet sein wird, wie der Zweizeiler aus der Traumdeutung schon voraussagt. Elizar, der Oberpriester, wiederholt zum Schluss, wohl stellvertretend für alle, das obige Bekenntnis in leicht abgewandelter Form.

ʿlizar pihtẖ l-pumẖ	Elizar öffnete seinen Mund
u-l-Aba Saba ḏ-nimarlẖ	und sprach zu Aba Saba:
ia Aba Saba	O Aba Saba,
ʿu Iuhana hauia	wenn Juhana da ist
u-lagiṭ iardna	und den Jordan nimmt,
ana hauina arqa bigar dilẖ	will ich Staub sein an seinen Füßen.
u-misṭibna b-maṣbutẖ	Und ich werde getauft werden mit seiner Taufe
u-miršimna b-dakia rušumẖ	und mit seinem reinen Zeichen gezeichnet werden,
nasbinalẖ l-pihtẖ	wir werden sein *pihta* essen
u-šatinalẖ l-mambuhẖ	und sein *mambuha* trinken
u-salqinin minẖ l-atar nhur	und werden mit ihm aufsteigen an den Ort des Lichts.

Zacharias widerspricht nun nicht mehr:

Aba Saba pihtẖ l-pumẖ	Aba Saba öffnete seinen Mund
u-l-kulhun kahnia ḏ-nimarlun	und sprach zu allen Priestern:
ʿu mn mruma ʿlaia hauia ialda	Wenn das Kind von den erhabenen Himmelshöhen ist,
mahu ḏ-abditun b-ʿurašlam	was wollt ihr dann tun in Jerusalem?

64 Vgl. Lidzbarski: *Johannesbuch*, S. 81 Anm. 5.
65 Ebd., S. 192.
66 Vgl. Ri 8,4 f.

ialda mn hus iardna atiuia	Das Kind haben sie aus dem Becken des Jordan gebracht
u-b-karsa d̲-ʿnišbai rimiuia	und in den Leib der Elisabeth gelegt.

Er zieht nun offenbar die Geburt des Himmelskindes durch Elisabeth in Betracht, lehnt jedenfalls eine mögliche Schwangerschaft seiner Frau nicht mehr kategorisch ab. Mit seinen folgenden Worten deutet er schon an, dass Jerusalem, die Hauptstadt des Judentums, und damit das Judentum selbst durch das Kind aus den Himmelshöhen zumindest in Frage gestellt, letztlich aber außer Kraft gesetzt wird. Das Kapitel schließt mit der langen Schlussformel.

Im Anschluss an den Kommentar zu diesem Kapitel sollen einige zusammenfassende Thesen zum Thema ‚Zur Legitimation des Kindes' stehen.

Das Kind aus Himmelshöhen wird im Verlauf des Kapitels und des gesamten Traktats als einzig wahrer Prophet und Vorbild für alle Mandäer dargestellt. Der Text verleiht überlieferten Normen in der Binnenperspektive der mandäischen Gemeinde Autorität und grenzt sich gleichzeitig polemisch gegenüber Fremdreligionen ab. Die Autorität dieses Lehrers muss, ebenfalls in Binnen- und Außenperspektive, legitimiert werden. Dies geschieht in diesem Kapitel in mehreren Schritten:

1) Das erste Element der Legitimation des Kindes, das da geboren werden soll, wird bereits in der analysierten Themenzeile genannt: Dieses Kind kommt nicht von der Erde, sondern aus Himmelshöhen. Der Herkunftsort des Kindes legitimiert es und rückt Johannes gleichzeitig in unüberhörbare Konkurrenz zu Christus.

2) Die Themenzeile, aber auch die Deutung der Vision, enthalten noch einen weiteren Hinweis auf die Autorität des Johannes, indem sie den Ort der Handlung, Jerusalem, nennen. Mit der Geburt des Täufers kündigt sich der Untergang des Tempels und damit der jüdischen Religion an. Neue Normen übertreffen die alten (vgl. Kapitel 28); der Mandäismus versteht sich als die Religion, die die jüdische ablöst und außer Kraft setzt.

3) Die Vision, die der Geburt des Kindes vorausgeht, ist ebenfalls ein Element zur Steigerung der Autorität des Johannes. Nur ein besonderes Kind wird so angekündigt; nur die Bewegung in den Himmelssphären erklärt die Bewegung der Erde; die göttliche obere Welt beeinflusst die irdische Welt, die ihr unterworfen ist. Johannes wird auch durch Wunder im Vorfeld seiner Geburt legitimiert: Wie im Lukasevangelium geschildert, sind seine Eltern, Zacharias und Elisabeth, zu alt, um Kinder bekommen zu können. Im Gegensatz zu Lk wird im Mandäismus dieser Sachverhalt ausgebaut zur Jungfrauengeburt der Elisabeth. Erneut tritt damit die Konkurrenz zum Christentum ins Blickfeld. Wenn die These von Martin Dibelius zutrifft, dass der Verfasser des Lk die Vorgeschichte der Geburt des Täufers aus Kreisen jüdischer Täufersekten übernommen und aus christlichem Blickwinkel umgestaltet hat, rückt der Mandäismus hier sehr

nahe an die Quellen des Lk, setzt sich jedoch bewusst deutlich von ihnen ab. Der Jungfrauensohn ist für die Mandäer Johannes, nicht Jesus, das Krippenkind.[67]

4) Ebenfalls in Konkurrenz zu Christus wird Johannes durch das Auftreten eines Sterns vor seiner Geburt gerückt. Die Konkurrenz zu Muhammad und zu Zoroaster ist genauso darin impliziert. Der Stern ist zugleich Symbol des Lichts in der Finsternis – man vergleiche das mandäische ‚Votum'.

5) Zacharias weigert sich zunächst, die Vision bzw. deren Deutung zu glauben. Die Priester versuchen ihn u. a. zu überzeugen, indem sie einen Stammbaum für Zacharias und damit für Johannes nennen (vgl. Mt 1). Damit wird Johannes noch vor seiner Geburt in die Tradition der Propheten gestellt.

6) Johannes der Täufer ist der einzige menschliche Heros der Mandäer. Mit der Aufnahme einer historischen Figur in ein schon bestehendes Religionssystem wird nicht nur Johannes, sondern der Mandäismus überhaupt legitimiert. Die umgebenden Großreligionen erkennen Johannes als Propheten an. Mit der Stilisierung des Johannes zum einzig wahren Propheten erreichen die Mandäer nicht nur Anerkennung der Großreligionen, sondern auch eine konkrete historische Verortung. Die Autorität wird durch die Verschriftlichung des Textes noch gesteigert. Der Mandäismus befindet sich damit in einer dreifachen Relation: Er ist historisch – nach mandäischem Selbstverständnis – der legitime Nachfolger und Ablöser der jüdischen Religion. In der Gegenwart steht er in Konkurrenz zum Christentum, wobei Johannes als wahrer Prophet etabliert, Christus aber als Lügenprophet entlarvt wird. Zeitlich früher und auch deshalb religiös überlegen ist er in Bezug auf den Islam, der zur Abfassungszeit des Johannesbuches der Hauptgegner der Mandäer war.

Das Heranwachsen des Kindes zum Lehrer wird nicht beschrieben, weil es in diesem Kontext unwichtig ist. Die Lehren des Johannes, vielfältig legitimiert, sind normativ für die Mandäer. Diese religiöse Minderheit hat bis heute ihre eigene Normativität in sich entwickelnder Orthodoxie und Orthopraxie bewahrt.

---

67 Vgl. Martin Dibelius: Jungfrauensohn und Krippenkind. Untersuchungen zur Geburtsgeschichte Jesu im Lukas-Evangelium, in: *Botschaft und Geschichte. Gesammelte Aufsätze von M. Dibelius: Zur Evangelienforschung*, hrsg. von Günther Bornkamm, = Sitzungsberichte der Heidelberger Akademie der Wissenschaften, Philosophisch-historische Klasse, Jg. 1932, 4. Abhandlung, Tübingen 1953, S. 2 ff.

Kapitel 19

Umschrift

77,1 *Iahia dariš b-liluia Iuhana b-ramšia ḏ-lilia*
77,2 *Iahia dariš b-liluia u-amar b-šumẖ ḏ-ab nahirna*
77,3 *u-b-tušbihtẖ ḏ-gabra naṣbai ana napšai mn*
77,4 *alma parqit u-mn ʿbidata ḏ-saina u-la-kašra*
77,5 *šuba mšaililia mitia ḏ-hiia la-hzun u-amria*
77,6 *b-hailẖ ḏ-manu qaimit u-b-tušbihtẖ ḏ-manu*
77,7 *daršit amarnalun ana b-hailẖ ḏ-ab qaiimna*
77,8 *u-b-tušbihtẖ ḏ-gabra naṣbai ana lau baita*
77,9 *bnit b-iahud u-la-kursia tirṣit b-ʿurašlam*
77,10 *la-rihmit klila u-arda u-la-šamašta ḏ-mragagan*
77,11 *la-rihmit husrana u-la-mana ḏ-šta hamra la-*
77,12 *rihmit ʿkilta ḏ-pagria u-aqut ainia la-šrat*
77,13 *ʿlai la-nšit rahmai ḏ-lilia u-la-nšit ḏ-šanai*
77,14 *iardna la-nšitẖ l-maṣbutai u-la-nšit dakia*
78,1 *rušumai la-nšitẖ ʿl habšaba u-anpia iuma*
78,2 *la-gzar ʿlai la-nšitinun ʿl Šilmai u-Nidbai ḏ-*
78,3 *ʿtlun amdurta bit rurbia amzakilia u-masqilia*
78,4 *u-iadia ḏ-litbia haṣir u-bṣir kḏ hazin amar*
78,5 *Iahia hiia ahdubẖ mn riš b-riš šuba šlama*
78,6 *šalmulẖ u-trisar aqamẖ sagdia u-amrilẖ halin*
78,7 *šauita hanatẖ ḏ-anat amart Iahia la-kadibt*
78,8 *minaihun hda basima u-naia ṣautak u-lika ḏ*
78,9 *damilak u-šutak ab-pumak naia u-iaqir mimra*
78,10 *ḏ-ʿhablak lbuša ḏ-hiia qadmaiia l-Adam gabra*
78,11 *ʿhablẖ lbuša ḏ-hiia qadmaiia l-Ram gabra*
78,12 *ʿhablẖ lbuša ḏ-hiia qadmaiia l-Šurbai gabra*
78,13 *ʿhablẖ lbuša ḏ-hiia qadmaiia l-Šum br Nu*
78,14 *ʿhablẖ hašta ʿhablak ʿl dilak ʿhablak*
78,15 *Iahia ḏ-salqit u-saliq minak baita b-ṣadia*
79,1 *mštbiq kul man ḏ-nizdakia nisaq luatak*
79,2 *l-atar nhur kul man ḏ-la-nizdakia b-maṭarata*
79,3 *ništaial u-hiia zakin*
79,4 *sa.*

Poetische Struktur und Übersetzung

*Iahia dariš b-lilu**ia***	Jahja lehrt in den Nächten,
*Iuhana b-ramšia ḏ-lil**ia***	Juhana an den Abenden der Nacht.
*Iahia dariš b-lilu**ia***	Jahja lehrt in den Nächten
u-amar	und spricht:
*b-šumẖ ḏ-ab nahirn**a***	Im Namen des Vaters leuchte ich,
*u-b-tušbihtẖ ḏ-gabr**a** naṣbai*	und im Lobpreis des Mannes, meines Schöpfers.
ana napšai	Was mich anbelangt, so habe ich meine Seele
mn alma pargit	von der Welt befreit
u-mn ʿbidata ḏ-saina u-la-kašra	und von den Werken, die hässlich und nicht recht sind.
šuba mšaililia	Die Sieben befragen mich,
mitia ḏ-hiia la-hzun	die Toten, die das Leben nicht gesehen haben
u-amria	und sprechen:
*b-hailẖ ḏ-manu qaim**it***	In wessen Kraft stehst du da,
*u-b-tušbihtẖ ḏ-manu darš**it***	und wessen Lobpreis lehrst du?
amarnalun	Ich spreche zu ihnen:
ana b-hailẖ ḏ-ab qaiimna	Was mich anbelangt, so stehe ich in der Kraft des Vaters
u-b-tušbihtẖ ḏ-gabra naṣbai	und im Lobpreis des Mannes, meines Schöpfers.
ana lau baita bnit b-iahud	Was mich anbetrifft, so baute ich kein Haus in Judäa,
u-la-kursia tirṣit b-ʿurašlam	und ich stellte keinen Thron auf in Jerusalem.
*la-rihmit klila u-ard**a***	Ich liebte nicht den Kranz aus Blumen,
u-la-šamašta ḏ-mragagan	und ich diente nicht der Lust.
*la-rihmit husran**a***	Ich liebte nicht den Schaden
*u-la-mana ḏ-šta hamr**a***	und nicht das Gefäß dessen, der Wein trinkt.
*la-rihmit ʿkilta ḏ-pagr**ia***	Ich liebte nicht fleischliche Speise,
u-aqut ainia la-šrat ***ʿlai***	und Missgunst wohnte nicht bei mir.
*la-nšit rahmai ḏ-lil**ia***	Ich vergaß nicht mein Nachtgebet,
u-la-nšit ḏ-šanai iardna	und ich vergaß nicht den erhabenen Jordan.
*la-nšitẖ l-maṣbut**ai***	Ich vergaß nicht meine *maṣbuta*,
*u-la-nšit dakia rušum**ai***	und ich vergaß nicht mein reines Zeichen.
la-nšitẖ ʿl habšaba	Ich vergaß nicht den Sonntag,
u-anpia iuma la-gzar ***ʿlai***	und der Tagesanbruch sprach kein Urteil über mich.
*la-nšitinun ʿl-Šilmai u-Nidb**ai***	Ich vergaß nicht Šilmai und Nidbai,
*ḏ-ʿtlun amdurta bit rurb**ia***	die eine Wohnung im Haus des Mächtigen haben.
amzakilia u-masqilia	Sie reinigen mich, und sie lassen mich emporsteigen,
*u-iad**ia***	und sie wissen,
ḏ-litbia haṣir u-bṣir	dass Fehlerhaftigkeit und Unvollkommenheit nicht an mir ist.
kḏ hazin amar Iahia	Als Jahja das sagte,
hiia ahdubẖ mn riš b-riš	freute sich das Leben vollkommen über ihn.

*šuba šlama šalmul**ẖ***	Die Sieben grüßten ihn,
*u-trisar aqamẖ sagd**ia***	und die Zwölf verneigten sich vor ihm
u-amrilẖ	und sprachen zu ihm:
halin šauita hanath ḏ-anat amart Iahia	Diese Worte, die du sprachst, Jahja –
la-kadibt minaihun hda	nicht ein Wort von ihnen ist gelogen.
*basima u-naia ṣaut**ak***	Schön und lieblich ist deine Stimme,
*u-lika ḏ-damil**ak***	und es gibt nicht einen, der dir gleichkommt.
u-šutak ab-pumak naia	Und deine Rede aus deinem Mund ist lieblich,
*u-iaqir mimra ḏ-ʿhabl**ak***	und kostbar ist die Rede, die man dir gegeben hat.
*lbuša ḏ-hiia **qadmaiia***	Das Kleid des ersten Lebens,
*l-Adam gabra **ʿhablẖ***	dem Mann Adam wurde es gegeben.
*lbuša ḏ-hiia **qadmaiia***	Das Kleid des ersten Lebens,
*l-Ram gabra **ʿhablẖ***	dem Mann Ram wurde es gegeben.
*lbuša ḏ-hiia **qadmaiia***	Das Kleid des ersten Lebens,
*l-Šurbai gabra **ʿhablẖ***	dem Mann Šurbai wurde es gegeben.
*lbuša ḏ-hiia **qadmaiia***	Das Kleid des ersten Lebens,
*l-Šum br Nu **ʿhablẖ***	Sem, dem Sohn Noahs, wurde es gegeben.
*hašta ʿhabl**ak***	Jetzt ist es dir gegeben worden.
*ʿl dilak ʿhabl**ak***	Dir ist es zu eigen geworden,
*Iahia ḏ-salqit u-saliq **minak***	Jahja, der du emporsteigst, und es steigt empor von dir.
baita b-ṣadia mštbiq	Das Haus in der Einöde wird zurückgelassen werden.
*kul man ḏ-nizdak**ia***	Jeder, der gereinigt wird,
nisaq luatak l-atar nhur	wird mit dir aufsteigen zum Ort des Lichts.
*kul man ḏ-la-nizdak**ia***	Jeder, der nicht gereinigt wird –
b-maṭarata ništaial	in den *maṭarata* wird er befragt werden.
u-hiia zakin	Und das Leben ist siegreich.
sa.	

Bemerkungen zu Textkritik und Übersetzung

77,12 *ʿkilta ḏ-p̲agria*, wörtlich ‚die Nahrung des Körpers', vgl. zu meiner Übersetzung *Dict.*, S. 359 und Jennings S. 170

Gliederung des Textes

Kapitel 19 beginnt mit der dreizeiligen Einleitung der *Nachtgesänge* des Johannes, die durchgehend einen Endreim aufweist. Das Rubrum *u-amar* – ‚und er sprach' leitet über zu einem Vierzeiler, der inhaltlich in zwei Zweizeiler aufgeteilt werden kann.[68] Es folgt ein neuer Abschnitt: In einem Zweizeiler werden die sieben Planeten als Gesprächspartner des Johannes eingeführt, das Rubrum *u-amria* – ‚sie sprachen zu ihm' leitet ihre Frage an Johannes ein. Es ist in einen Zweizeiler gefasst, der einen Endreim aufweist. Ein erneutes Rubrum *amarnalun* – ‚ich sprach zu ihnen' bildet den Auftakt zur vierzeiligen Antwort des Johannes, die Motive aus seiner ersten Rede in diesem Kapitel aufnimmt und weiterführt.

Danach rechtfertigt Johannes sich in drei aufeinanderfolgenden Zweizeilern gegenüber den Befragenden. Hier findet sich neben dem Endreim auf *a* als Reim des letzten Zweizeilers *e*; die Zweizeiler beginnen jeweils gleich mit dem Wort *la-rihmit* – ‚ich habe nicht geliebt'.

Die folgenden zehn Zeilen, ebenfalls in Zweizeiler aufzuteilen, setzen die Rechtfertigung fort. In diesem Abschnitt sind ebenfalls Endreime auf *e* zu erkennen; gliedernd wirkt das häufig eingesetzte Verbum *NSA* – ‚vergessen', von dem verschiedene Formen auftreten. Nun werden in einem Vierzeiler die Reaktionen der Gottheit sowie der sieben Planeten und der zwölf Tierkreiszeichen berichtet. Das Rubrum *u-amrilẖ* – ‚und sie sprachen zu ihm' kennzeichnet den Beginn der Rede dieser Mächte. Sie lässt sich in zwei Teile gliedern, nämlich das sechszeilige Lob der Rede des Johannes und die Betonung seiner Wahrhaftigkeit, die einige Endreime aufweist, und einer zwölfzeiligen Anerkennung der Legitimation des Johannes, die durchgehend bis auf die letzte Zeile einen Kreuzreim aufweist. Der abschließende Vierzeiler, dessen erste und dritte Zeile sich reimen, zieht in striktem Dualismus aus dem Inhalt des Kapitels die Schlussfolgerung für die mandäische Glaubensgemeinschaft. Das Kapitel wird mit der kurzen Schlussformel abgeschlossen.

Interpretation

Nach der dreizeiligen Einleitungsformel für die *Nachtgesänge* des Johannes leitet das Rubrum *u-amar* – ‚und er spricht' zu einem Vierzeiler über, der sich in zwei Zweizeiler gliedern lässt:

Iahia dariš b-liluia	Jahja lehrt in den Nächten,
Iuhana b-ramšia ḏ-lilia	Juhana an den Abenden der Nacht.
Iahia dariš b-liluia	Jahja lehrt in den Nächten
u-amar	und spricht:
b-šumẖ ḏ-ab nahirna	Im Namen des Vaters leuchte ich
u-b-tušbihtẖ ḏ-gabra nasbai	und im Lobpreis des Mannes, meines Schöpfers.
ana napšai mn alma parqit	Was mich anbelangt, so habe ich meine Seele von der Welt befreit

68 Vgl. hierzu den Abschnitt *Interpretation* zu Kapitel 19.

u-mn 'bidata ḏ-saina	und von den Werken, die hässlich
u-la-kašra	und nicht recht sind.

Die ersten beiden Zeilen handeln von der Vollmacht des Johannes, die darauf folgenden von seiner Reinheit und Makellosigkeit. Mit „Vater" ist hier nicht Zacharias gemeint, sondern die Gottheit; Johannes ist ein Kind aus Himmelshöhen,[69] nicht von einem Menschen gezeugt. Die Vollmacht des Johannes ist ihm von der Gottheit selbst verliehen; im Namen Gottes geschehen seine folgenden Reden und Handlungen. Er bezieht hier das ‚mandäische Votum' „Im Namen des Großen Lebens, verherrlicht sei das hehre Licht" auf sich selbst: Er spricht als Bote im Namen und im Auftrag der Gottheit. Diese Aussage verleiht seinen Reden höchste Autorität.

Der „Mann", hier mit der zusätzlichen Aussage „mein Schöpfer", begegnet häufig in der mandäischen Literatur.[70] Oft wird er auch als „fremder Mann" bezeichnet.[71] Dies soll bedeuten, dass der „Mann" fremd in dieser Welt ist, weil er aus der Lichtwelt stammt und selbst ein Lichtwesen ist. Seine Aufgabe ähnelt der des Johannes: Polemik gegen Fremdreligionen und Ermahnung der mandäischen Gemeinde stehen ebenfalls im Vordergrund. Die Aussage „mein Schöpfer" verdeutlicht noch einmal die himmlische Herkunft des Johannes.

Im Johannesbuch gibt es zwei kurze Abrisse der Schöpfung der Welt. Im Abschnitt *Die Weltschöpfung* (Kapitel 62) wird nur von der Erschaffung der Erde *tibil* berichtet, der Abschnitt *Die Uranfänge* (Kapitel 13) erklärt das Gute und das Böse in der Welt. Hier begegnet auch Adam als erster gläubiger Mandäer.[72]

Der zweite Zweizeiler beschreibt die Makellosigkeit des Johannes. Dieses Thema wird im Verlauf des Kapitels noch ausführlicher und detaillierter zur Sprache kommen: Johannes hat sich in der Welt nicht befleckt; seine Reinheit ist nicht beeinträchtigt durch die Sündhaftigkeit und den Schmutz dieser Welt. Deshalb leuchtet er als Bote des göttlichen Lichtes rein in der Finsternis der Welt. Nur wer sich rein erhalten hat, kann leuchten, wie Kapitel 56 des Johannesbuches, das die Überschrift *Der Makellose* trägt, besagt:

> Wer sich makellos in ihr [der Welt] erhält, dessen *škina* [Wohnsitz] wird an der Spitze der Lichtwelt sein. [...] Er vielmehr gehört zu den Kennern der Kušṭa, bei dem Kušṭa ruht, dessen Sinn erleuchtet und dessen Herz erweckt ist. Wessen Sinn nicht erleuchtet und wessen Herz nicht erweckt ist, der findet seinen Platz in der *škina* des Heiligen Geistes. Er fällt in finstere Töpfe, und seine Gestalt leuchtet nicht. Wessen Herz aber erweckt und wessen Sinn erleuchtet ist, der leuchtet mehr als Sonne und Mond. Mehr als Sonne und Mond leuchtet er, und Ruf und Geruch verbreitet er in der Welt. Tagtäglich versammeln sich die Jünger bei ihm, nehmen von ihm das Zeichen an

69 Vgl. *J* 18.

70 Vgl. z. B. *J* 54.

71 Siehe Kap. 54 *Der fremde Mann in Jerusalem*. Hier werden Manda ḏ-Haije und Hibil-Ziwa als ‚fremder Mann' bezeichnet; eine weitere Bestätigung, dass Johannes zu den Wesen mit himmlischem Auftrag gehört.

72 Zu Kosmologie und Anthropologie vgl. Brandt: *Die mandäische Religion*, S. 60–82.

> und steigen durch seine Kraft empor. Denn die Kraft seines Vaters (des Lebens) ist bei ihm verwahrt, und das Wort seines Vaters ruht bei ihm. [...] Selig und abermals selig, wer sich von der Welt absondert; er steigt empor und erblickt den Ort des Lichtes. Wer sich nicht absondert, sondern träge liegen bleibt, wird seinen Platz im Leibe des Drachen Leviathan finden.[73]

Kapitel 56 beschreibt den makellosen Mandäer, der sich – wie Johannes – in der Welt nicht befleckt hat. Als Ergänzung und Erläuterung zu Kapitel 19 ist es hier unbedingt heranzuziehen. Alle in ihm genannten Merkmale treffen auch auf Johannes zu.

Gegenüber Kapitel 18, das Johannes als nicht von dieser Welt stammend beschreibt, soll hier ausgesagt werden, dass Johannes, obschon nicht *von* der Welt, nun aber *in* der Welt ist, um für die Gläubigen da zu sein. Diese Tatsache muss deutlich gemacht werden, da das Heranwachsen des Täufers vom Kind bis zum Mann nicht thematisiert wird.[74]

Der Vierzeiler zu Beginn des Kapitels stellt Johannes als reinen Boten der Gottheit dar und verleiht ihm die Autorität zu lehren sowie eine Vorbildfunktion für alle Mandäer. Es gilt, sich von der Welt und ihren Werken abzusondern und sich rein zu erhalten: Die Legitimation des Lehrers enthält eine implizite Paränese. Explizit ausgesprochen wird dies als Warnung in Kapitel 25 des Johannesbuches:

> Ich [i. e. Jahja] rufe und belehre, ich belehre meine Freunde, die in der Welt wohnen: Meine Auserwählten! Seid ohne Mangel und Fehl, und keine Lüge sei in eurer Rede. Befreiet euch von der Tibil und der nichtigen Wohnung.[75]

šuba mšaililia	Die Sieben befragen mich,
mitia ḏ-hiia la-hzun	die Toten, die das Leben nicht gesehen haben,
u-amria	und sprechen:
b-hailẖ ḏ-manu qaimit	In wessen Kraft stehst du,
u-b-tušbihtẖ ḏ-manu daršit	und zu wessen Lobpreis lehrst du?
amarnalun	Ich spreche zu ihnen:
ana b-hailẖ ḏ-ab qaiimna	Was mich anbelangt, so stehe ich in der Kraft des Vaters
u-b-tušbihtẖ ḏ-gabra naṣbai	und im Lobpreis des Mannes, meines Schöpfers.
ana lau baita bnit b-iahud	Was mich anbetrifft, so baute ich nicht ein Haus in Judäa
u-la-kursia tirṣit b-ʿurašlam	und stellte keinen Thron auf in Jerusalem.

Nun folgt ein neuer Abschnitt, in dem Johannes sich im Gespräch mit den sieben Planeten auseinandersetzt.

Die Planeten gelten bei den Mandäern als widrige Mächte, die die Menschen verführen wollen. Hier werden sie als „die Toten, die das Leben nicht gesehen haben" bezeichnet. Damit sind sie eindeutig negativ qualifiziert. Im Johannesbuch werden nur vier von ihnen mit Namen genannt: Libat (Venus), Bel (Jupiter), Kewan (Saturn) und

73 Vgl. Lidzbarski: *Johannesbuch*, S. 200 f. [Einfügungen in eckigen Klammern von GM].
74 Vgl. hierzu die Aussagen in *J* 32.
75 Vgl. Lidzbarski: *Johannesbuch*, S. 92 (in der Übersetzung Lidzbarskis).

Nirig (Mars).[76] Im *Ginza* werden alle sieben mehrfach aufgezählt, jedoch in unterschiedlicher Reihenfolge und zusammen mit anderen verführenden Mächten und Personen wie z. B. Christus oder Muhammad. Ein Text aus dem *Ginza* soll hier als Beispiel genügen:

> Die sieben Dews, die Verführer, verführen alle Kinder Adams. Der erste ist Šamiš mit Namen (die Sonne). Der zweite ist der heilige Geist, Estra (Venus), auch Libat, Amamit mit Namen. Der dritte ist Nbu (Merkur), der Lügen-Messias, der die erste Lobpreisung verfälscht. Der vierte ist Sin (der Mond), Ṣaurel mit Namen. Der fünfte ist Kewan (Saturn), der sechste Bel (Jupiter), der siebente Nerig (Mars).[77]

Vor diesen Mächten muss man sich in Acht nehmen, denn sie bedrücken die Gläubigen und können sogar die Seele bei ihrem Aufstieg in die Lichtwelt behindern:

> Die Sieben drückten mich (*Šum-Kušṭa*), und die Zwölf wurden mir zur Verfolgung.[78]

Gegen diese Mächte können die Gläubigen sich durch Gebet und die Ausübung mandäischer Riten schützen:

> Wende ab und halte fern von ihnen (i. e. den Jüngern) die sieben Planeten, sie samt ihren Dämonen, Dews, Amulettgeistern und bösen Schöpfungen.[79]

> Mit ihm, dem Löser, mögen die Seelen dieses Aufstieges emporsteigen [...] Die Sieben mögen sie auf dem Wege nicht aufhalten, die Lügenrichter sie nicht ausfragen.[80]

Doch die Lichtwesen sind stärker:

> Die Sieben sind unterlegen, und der fremde Mann blieb siegreich.[81]

Im Anschluss an diesen Abschnitt, der bereits eine Harmonisierung der Vielzahl der verführenden Mächte mit der Siebenzahl der Planeten vornimmt, wird noch die Art und Weise beschrieben, mit der die verschiedenen Planeten bzw. Mächte versuchen, die Menschen zu verführen.[82] Zum Teil wird auch von zwölf Sternen gesprochen,[83] jedoch ohne konkrete Namensnennung. Im Allgemeinen steht die Zwölfzahl für die Zodiakalzeichen.

Johannes hat sich jedoch von keiner Macht verführen lassen. Er verteidigt sich in einem Vierzeiler, dessen erste beiden Zeilen an den Beginn des Kapitels anknüpfen, und fügt einen neuen Zweizeiler an: Er hat kein Haus, keinen Thron, kein Eigentum

---

76 Vgl. ebd., S. 217.
77 Vgl. Lidzbarski: *G*, S. 28.
78 Siehe *J* 15 (in der Übersetzung Lidzbarskis).
79 Siehe *Qol*, S. 176.
80 Siehe *Qol*, S. 97.
81 Vgl. *J* 38 (in der Übersetzung Lidzbarskis).
82 Vgl. ebd., S. 28 f.
83 Vgl. ebd., S. 138.

in der Welt. Ähnliches wird bei Matthäus von Jesus berichtet.[84] Es ist das Zeichen dafür, nicht in dieser Welt zu Hause zu sein und keine weltliche Macht ausüben zu wollen. Darüber hinaus wäre dieser Besitz ein Zeichen dafür, dass Johannes in der ‚alten' und damit überholten Religion des Judentums stehen geblieben wäre; dann aber könnte er unmöglich ein Vorbild für die Mandäer oder gar ein Prophet sein.

la-rihmit klila u-arda	Ich habe den Kranz aus Blumen nicht geliebt,
u-la-šamašta ḏ-mragagan	und ich habe nicht der Lust gedient.
la-rihmit husrana	Ich habe Schaden nicht geliebt
u-la-mana ḏ-šta hamra	und nicht das Gefäß dessen, der Wein trinkt.
la-rihmit ʿkilta ḏ-pagria	Ich habe nicht fleischliche Speise geliebt,
u-aqut ainia la-šrat ʿlai	und Missgunst hat nicht bei mir gewohnt.

In diesen drei Zweizeilern erklärt Johannes seine Unschuld und Makellosigkeit ausführlicher. Alle Zweizeiler werden durch die gleiche Verbform eingeleitet und enthalten jeweils Absagen an die Verführungen der Welt und ihrer Mächte. Ähnliche Absagen an weltliche Genüsse und Verführungen finden sich auch in Kapitel 15 des Johannesbuches über Šum-Kušṭa. Auch er wird als Vorbild im Glauben beschrieben, er wird ebenfalls von den Sieben und den Zwölf versucht, und genau wie Johannes ist er unschuldig, weil er standhaft blieb. Auch in Kapitel 57 spricht der „Schatz des Lebens" denjenigen von Sünden frei, der diesen „angezogen", d. h. in sich aufgenommen hat. Die Wendung „den Schatz des Lebens anziehen" verweist auf die Rede vom Gewand des Lebens in einem späteren Abschnitt.[85] Die Mandäer werden ermahnt, diese Dinge nicht zu vergessen.[86]

Der Blumenkranz ist nicht wie bei Lidzbarski mit dem in der katholischen Kirche bekannten Rosenkranz in Verbindung zu bringen.[87] Er ist auch nicht unbedingt ein „Zeichen verwerflicher Festivitäten", sondern deutet eher auf andere Kulte, in denen Priester solche Kränze tragen. Dass Johannes keinen Kranz getragen hat, hieße in diesem Fall, dass er sich an keiner Veranstaltung einer anderen Religion beteiligt hat.[88] Der Blumenkranz wird auch in Kapitel 25 des Johannesbuches erwähnt. Hier wird davor gewarnt, sich in üppigem Leben zu verlieren, anstatt sich auf das Wesentliche zu konzentrieren, nämlich den Aufstieg in die Lichtwelt nach dem Tod:

> Eine Stimme rief in die Welt und sprach: […] o, die ihr Zins und Zinseszins verzehret, kommet, kaufet einen Weg vor euch. O, die ihr mit wohlriechenden Kränzen dalieget, stehet auf, kaufet einen Weg vor euch. O, die ihr euch mit Rosen und Seide bekleidet, stehet auf, kaufet einen Weg vor euch.[89]

---

84 Vgl. Mt 8,20.

85 Zur Vorstellung, im übertragenen Sinn ein Gewand anzuziehen als Umschreibung für eine Verwandlung, vgl. 1 Kor 15,53 f.; 2 Kor 5,1–4.

86 So *J* 67.

87 Vgl. Lidzbarski: *Johannesbuch*, S. 83, Anm. 1.

88 Vgl. H. LeBonniec: Kranz, in: *Lexikon der Alten Welt* II, Augsburg 1994.

89 Vgl. *J* 25, S. 87 (in der Übersetzung Lidzbarskis).

Weder der Lust noch der Schadenfreude oder der Missgunst hat er sich hingegeben, und er hat sein Herz nicht an Essen und Trinken gehängt. Dies erinnert ein wenig an neutestamentliche Texte und auch an christliche Askese. Nach diesem ‚negativen Sündenbekenntnis'[90] folgt eine Aufzählung typisch mandäischer Tugenden.

la-nšit rahmai ḏ-lilia	Ich habe mein Nachtgebet nicht vergessen,
u-la-nšit ḏ-šanai iardna	und ich habe den erhabenen Jordan nicht vergessen.
la-nšitẖ l-maṣbutai	Ich habe meine *maṣbuta* nicht vergessen,
u-la-nšit dakia rušumai	und ich habe mein reines Zeichen nicht vergessen.
la-nšitẖ ʿl habšaba	Ich habe den Sonntag nicht vergessen,
u-anpia iuma la-gzar ʿlai	und der Tagesanbruch sprach kein Urteil über mich.
la-nšitinun ʿl Šilmai u-Nidbai	Ich habe Šilmai und Nidbai nicht vergessen,
ḏ-ʿtlun amdurta bit rurbia	die eine Wohnung im Haus des Mächtigen haben.
amzakilia u-masqilia	Sie reinigen mich und lassen mich emporsteigen,
u-iadia	und sie wissen,
ḏ-litbia haṣir u-bṣir	dass Fehlerhaftigkeit und Unvollkommenheit an mir nicht sind.

Johannes hat seine Nachtgebete korrekt verrichtet und die Taufe richtig vollzogen. Dies ist für die Mandäer heilsnotwendig. Hier kann eine Beziehung zum Scheiden der Seele aus dem Körper hergestellt werden: Im Abschnitt über den *Schatz des Lebens* im Johannesbuch (J 57–60) findet sich dieser Zusammenhang:

> Er (i. e. der Mann von erprobter Frömmigkeit) vergaß nicht den Sonntag, noch ließ er den Vorabend des Tages beiseite. Er vergaß nicht den Weg des großen (Lebens), (den Weg) des Lohnes und der Almosen. Er wird dahingenommen beim Gebet der Nacht, er wird dahingenommen in glänzenden Gewändern, die von dem großen (Leben) hergekommen.

Šilmai und Nidbai gelten als die Bewacher des Jordans; ihre Namen begegnen zusammen außerhalb des mandäischen Kulturkreises nur noch in griechischen Inschriften des Gebel Schech Berekat in Nordsyrien; einzeln auch bei den Assyrern und den Phöniziern.[91] Im Mandäismus sind sie Lichtwesen und können deshalb der Seele beim Aufstieg zu den Lichtwelten nach dem Tod behilflich sein. Die Namen der Jordanhüter sind durch hypokoristische Umformung vermutlich aus jüdischen Personennamen entstanden. Ähnliche Namen begegnen bei den Elxaiten, die in den Bereich der Täufersekten einzuordnen sind. Diese hatten ihren Sitz in der Nähe des Jordans.

Der Tagesanbruch hat Johannes „nicht verurteilt". Das kann bedeuten, dass er in der Nacht nichts getan hat, was, bei Tageslicht betrachtet, Schande über ihn bringen

90 So wird z. T. das 125. Kapitel des ägyptischen Totenbuchs genannt. Hier spricht ein bereits Verstorbener dieses Bekenntnis, um sich vor seinen Richtern im Totengericht zu rechtfertigen. Vgl. Jan Assmann: *Maʿat. Gerechtigkeit und Unsterblichkeit im Alten Ägypten*, München 1990, S. 136–140.

91 Vgl. Lidzbarski: *Johannesbuch*, S. XX.

würde. Es kann aber auch heißen, dass er am Gerichtstag nicht schuldig gesprochen wird. Der *anpia iuma* begegnet bei den Mandäern häufig, und auch in Verbindung mit dem letzten Tag, an dem die Finsternis besiegt wird und das Licht endgültig klar und ohne Trübung hervortritt.

Die Reaktion der Gottheit über die aufgezählten Tugenden des Johannes wird im folgenden Abschnitt berichtet.

kḏ hazin amar Iahia	Als Jahja dies gesagt hatte,
hiia ahdubẖ mn riš b-riš	freute sich das Leben über ihn vollkommen.
šuba šlama šalmulẖ	Die Sieben grüßten ihn,
u-trisar aqamẖ sagdia	und die Zwölf verneigten sich vor ihm
u-amrilẖ	und sprachen zu ihm:
halin šauita hanatẖ ḏ-anat amart Iahia	Die Worte, die du gesprochen hast, Jahja –
la-kadibt minaihun hda	nicht ein [Wort] von ihnen hast du gelogen.
basima u-naia ṣautak	Schön und lieblich ist deine Stimme,
u-lika ḏ-damilak	und es gibt keinen, der dir gleichkommt.
u-šutak ab-pumak naia	Und deine Rede aus deinem Mund ist lieblich,
u-iaqir mimra ḏ-ʿhablak	und kostbar ist die Rede, die man dir gab.

Die Gottheit freut sich über den treuen Jünger, und die sieben Planeten sowie die zwölf Zodiakalzeichen, die verführenden Mächte, müssen Johannes grüßen und sich vor ihm verneigen. Damit müssen sie anerkennen, dass sie keine Macht über ihn haben wie über andere Menschen. Eine ähnliche Beschreibung eines makellosen Mandäers findet sich noch einmal im Johannesbuch;[92] die dortige Beschreibung trifft auch auf Johannes zu. Die Gottheit bestätigt Johannes die Wahrheit seiner Rede und preist die Sprache, die sie ihm verliehen hat, weil Johannes diese unverfälscht bewahrt hat. Deshalb gibt es keinen, der ihm an Würde gleichkommt: Er ist der einzig wahre Prophet[93] und Lehrer. Dies verleiht den in späteren Kapiteln folgenden Reden und Ermahnungen zusätzliche Autorität. Eine weitere Legitimation folgt im nächsten Teil des Textes.

lbuša ḏ-hiia qadmaiia	Das Kleid des ersten Lebens
l-Adam gabra ʿhablẖ	wurde dem Mann Adam gegeben.
lbuša ḏ-hiia qadmaiia	Das Kleid des ersten Lebens
l-Ram gabra ʿhablẖ	wurde dem Mann Ram gegeben.
lbuša ḏ-hiia qadmaiia	Das Kleid des ersten Lebens
l-Šurbai gabra ʿhablh	wurde dem Mann Šurbai gegeben.
lbuša ḏ-hiia qadmaiia	Das Kleid des ersten Lebens
l-Šum br Nu ʿhablẖ	wurde Šum br Nu gegeben.
hašta ʿhablak	Jetzt wurde es dir gegeben.
ʿl dilak ʿhablak	Dir ist es zu eigen geworden,

92 Vgl. ebd., S. 204.
93 Zu Johannes als wahrer Prophet vgl. meinen Kommentar zu Kapitel 21.

Iahia ḏ-salqit u-saliq minak	Jahja, der du emporsteigst, und es steigt empor von dir.
baita b-ṣadia mštbiq	Das Haus wird in der Einöde zurückgelassen werden.

Hier wird Johannes in eine Reihe mit den Häuptern der mandäischen Zeitalterlehre gestellt.[94] Er folgt direkt auf Sem, so wie im Johannesbuch der Traktat über Sem genau vor dem über den Täufer steht. Mit dem Auftreten des Johannes und dem Einbruch des Islam glaubten die Mandäer sich in der Endzeit der Welt, sie erwarteten, dass der Gerichtstag bald kommt.[95] Das Gewand, welches die Gottheit nun Johannes verliehen hat, bedeutet für ihn Macht, Anteil an der göttlichen Macht. Es schützt ihn vor Angriffen und wird ihn am Ende seines Lebens, wenn seine Seele ins Lichtreich emporsteigt, sicher an allen Gefahren des Weges zum Lichtreich vorbeibringen, sodass er den Körper, das „vergängliche Haus" getrost auf der Erde zurücklassen kann.

Das Ende des Kapitels macht schon ein wenig die Vorbildfunktion des Johannes deutlich, indem es verallgemeinert.

kul man ḏ-nizdakia	Jeder, der gereinigt wird,
nisaq luatak l-atar nhur	wird emporsteigen zum Ort des Lichts.
kul man ḏ-la-nizdakia	Jeder, der nicht gereinigt wird,
b-maṭarata ništaial	wird in den *maṭarata* befragt werden.

Jeder, der sich wie Johannes rein erhält oder sich reinigen lässt durch Taufen und die Einhaltung der anderen mandäischen Riten, wird nach seinem Tod die Glückseligkeit erlangen, wie Johannes. Wer dies jedoch nicht tut, dem droht die ewige Verdammnis, oder zumindest die Qual bis zum Weltende, wenn die Gottheit die verführten Mandäer erlöst.[96] Da der Gerichtstag nahe ist, ist es umso dringlicher, sich rein zu erhalten, um am Ende der Zeiten nicht endgültig verurteilt zu werden. Denn am Ende wird, wie die kurze Schlussformel sagt, das Leben siegen. Und es wird alle, die zu ihm gehören, retten, alle anderen werden zugrunde gehen. Nur die gläubigen Mandäer werden zum Lichtreich aufsteigen und in der Nähe der Gottheit ihren Wohnsitz finden.

94 Zur Erklärung der Zeitalterlehre vgl. den Kommentar zu Kapitel 25.

95 Vgl. Lidzbarski: *Johannesbuch*, S. 189–191.

96 Vgl. ebd., S. 238 f.

Kapitel 20

Umschrift

79,5 *Iahia dariš b-liluia Iuhana b-ramšia ḏ-lilia*
79,6 *Iahia dariš b-liluia u-amar b-šuma ḏ-šanai*
79,7 *u-mnakria šamiš ʿtib b-ṣurta u-sira ʿtib b-talia*
79,8 *arba ziqia ḏ-baita la-gṭia ganpaihun ahdadia*
79,9 *u-la-našmia šamiš l-pumẖ pihtẖ u-lẖ l-Iahia ḏ-*
79,10 *nimarlẖ b-ʿurašlam ʿtlak atlata tikia taga*
79,11 *ḏ-šauilẖ l-kulẖ alma ʿtlak mn mašklil spinta*
79,12 *ḏ-radia haka b-iardna ʿtlak plugta rabtia ḏ-*
79,13 *haka radia binia mai l-mai kḏ tizal l-bit*
79,14 *rbia qudam rbia adkar ʿlan Iahia l-pumẖ*
79,15 *pihtẖ u-lẖ l-šamiš ḏ-nimarlẖ b-ʿurašlam*
80,1 *anat tikia mišal šalit u-tagak naṭria gmiria*
80,2 *ʿla hazin mašklil spinta giuat ʿqara giṭruia*
80,3 *plugta ḏ-radia binia mai l-mai hatma ḏ-malka*
80,4 *matna ʿlẖ ḏ-gaira b-šumak u-azla l-bit*
80,5 *qiqlia qarba mn zaua ḏ-napšẖ baiia bnia la-*
80,6 *maška kḏ šalmu nidrẖ u-napqa la-šiha l-bit*
80,7 *hiia u-la-mqaima l-daura taqna u-mšabin hiia*
80,8 *sa.*

Poetische Struktur und Übersetzung

*Iahia dariš b-lilu**ia***	Jahja lehrt in den Nächten,
*Iuhana b-ramšia ḏ-lil**ia***	Juhana an den Abenden der Nacht.
*Iahia dariš b-lilu**ia***	Jahja lehrt in den Nächten
u-amar	und spricht:
*b-šuma ḏ-šanai u-mnakr**ia***	Im Namen des Erleuchteten und Fremden:
*šamiš ʿtib b-ṣurt**a***	Die Sonne saß im Hof,
*u-sira ʿtib b-tal**ia***	und es war Mondfinsternis.
*arba ziqia ḏ-bait**a***	Die vier Winde des Hauses
la-gṭia ganpaihun ahdadia	nahmen ihre Flügel zusammen
*u-la-našm**ia***	und wehten nicht.

šamiš l-pumh̲ pihth̲	Die Sonne öffnete ihren Mund
u-lh̲ l-Iahia ḏ-nimarlh̲ b-ʿurašlam	und sprach zu Jahja in Jerusalem:
ʿtlak atlata tikia	Du hast drei Kränze,
*taga ḏ-šauilh̲ l-kulh̲ alm**a***	eine Krone, die der ganzen Welt an Wert gleichkommt.
*ʿtlak mn mašklil spint**a***	Du hast aus mašklil ein Schiff,
*ḏ-radia haka b-iardn**a***	das hier auf dem Jordan einherfährt.
*ʿtlak plugta rabt**ia***	Du hast ein großes Boot,
*ḏ-haka radia binia mai l-m**ai***	das hier durch die Wasser fährt.
*kḏ tizal l-bit rb**ia***	Wenn du zum Haus des großen Lebens kommst,
qudam rbia adkar ʿlan	denke an uns vor dem großen Leben.
Iahia l-pumh̲ pihth̲	Jahja öffnete seinen Mund
u-lh̲ l-šamiš ḏ-nimarlh̲ b-ʿurašlam	und sprach zur Sonne in Jerusalem:
anat tikia mišal šalit	Du fragst nach den Kränzen,
*u-tagak naṭria gmiria ʿ**la***	und deine Krone – Vollendete bewachen sie.
*hazin mašklil spint**a***	Dieses Schiff mašklil
giuat ʿqara giṭruia	fügten sie im Glanz der Herrlichkeit zusammen.
*plugta ḏ-radia binia mai l-m**ai***	Das Boot, das durch die Wasser fährt –
*hatma ḏ-malka matna ʿ**lh̲***	das Siegel des Königs ist darauf gelegt.
*ḏ-gaira b-šumak u-azl**a***	Die Unzucht treibt, in deinem Namen geht sie hin
*l-bit qiqlia qarb**a***	und nähert sich dem Misthaus,
mn zaua ḏ-napšh̲ baiia	von ihrem Ehepartner wünscht sie sich
*bnia la-mašk**a***	Söhne und findet sie nicht.
kḏ šalmu nidrh̲ u-napqa	Wenn sie ihr Gelübde erfüllt und abscheidet,
la-šiha l-bit hiia	ist sie nicht würdig für das Haus des Lebens,
u-la-mqaima l-daura taqna	und sie wird nicht Bestand haben in der dauerhaften Wohnung.
u-mšabin hiia	Und gepriesen sei das Leben.
sa.	

Bemerkungen zu Textkritik und Übersetzung

79,7 *u-sira ʿtib b-talia* ist mit ‚Mondfinsternis' zu übersetzen, vgl. *Dict.*, S. 497;

79,7 *b-ṣurta* von *ṢUR* / *ṢRR* II – ‚umgeben, umschließen', kann auch heißen ‚Linie um etwas herum, magischer Kreis, Heiligenschein';

79,8 die Bezeichnung ‚vier Winde des Hauses' bedeutet gleichzeitig ‚die Welt', vgl. *Dict.*, S. 36 zu *arba* 4

79,11 *ḏ-šauilh̲* Act. Pt. Pl. Peal von *ŠWA* mit Enklitikon, vgl. *Dict.*, S. 440; *mašklil* evtl. von der Wurzel *KLL* im Šin-Stamm ‚vollenden', dann könnte man übersetzen mit ‚ein vollendetes Boot';

79,14 *ʿlan* – ‚an uns' ist hier evtl. Plural *maiestatis*;

80,1 *mišal šalit* – ‚du fragst' ist *figura ethymologica*;
80,2 *giṭruia* von der Wurzel *GṬR*, im Syrischen *KṬR*.

Gliederung des Textes

Nach der dreizeiligen Einleitung der Nachtgesänge des Jahja leitet das Rubrum *u-amar* – ‚und er sprach' zu einer einzeiligen Aussage des Johannes über. Darauf folgt eine vierzeilige Beschreibung eines Ausnahmezustandes. Dieser Vierzeiler weist einen Kreuzreim auf, die ersten beiden Sätze sind vollkommen parallel gebaut. Danach wird durch einen Zweizeiler eine achtzeilige Rede der Sonne eingeführt, in welcher sich Reime auf *a* und *e* [*ia*] finden. Die sechszeilige Antwort des Johannes an die Sonne wird ebenfalls durch einen Zweizeiler eingeleitet. In der Rede des Johannes reimen sich die Zeilen zwei und drei auf *a*, die folgenden drei auf *e*. Es folgt ein neuer Textabschnitt, der ebenfalls aus sechs Zeilen besteht und in den ersten drei Zeilen Endreime enthält. Das Kapitel wird mit der selteneren kurzen Schlussformel *u-mšabin hiia* – ‚und gepriesen sei das Leben' abgeschlossen.

Interpretation

Kapitel 20 enthält in der ersten Redezeile des Johannes, die auf Einleitung und Rubrum folgt, eine weitere Legitimationsformel.

b-šuma ḏ-šanai u-mnakria	Im Namen des Erleuchteten und [der] Fremden.

Johannes beruft sich wie schon in Kapitel 19 auf die Gottheit als Autorität, die seinen Reden Vollmacht verleiht. Es folgt nun jedoch nicht eine erneute Verteidigungsrede des Johannes wie im vorigen Kapitel, sondern ein Dialog mit der Sonne. Die Bezeichnung der Gottheit als ‚fremd' (*mnakria*) erinnert an gnostische Traditionen. In Kapitel 54 des Johannesbuches mit dem Titel *Der fremde Mann in Jerusalem* wird beschrieben, dass der fremde Mann nach Jerusalem gehen muss, um den gläubigen Mandäern gegen das Judentum beizustehen. Es folgen dann Polemiken gegen jüdische und muslimische Schriften sowie Weherufe des fremden Mannes über die bedrängten Jünger.

Auf dieses kurze Votum des Johannes folgt die Beschreibung eines außergewöhnlichen Zustandes:

šamiš ʿtib b-ṣurta	Die Sonne saß im Hof,
u-sira ʿtib b-talia	und es war Mondfinsternis.
arba ziqia ḏ-baita	Die vier Winde des Hauses
la-gṭia ganpaihun ahdadia	nahmen ihre Flügel zusammen
u-la-našmia	und wehten nicht.

Die Beschreibung beginnt mit einer Aussage über die Sonne, deren Bedeutung nicht ganz klar ist. Eventuell ist dieser Satz rein astrologisch zu verstehen, etwa als Bezeichnung eines bestimmten Sternbildes oder als Benennung des Ortes, an dem die Sonne sich gerade befindet. Er könnte jedoch auch eine religiöse Bedeutung haben, zumal Astrologie und Religion bei den Mandäern eng miteinander verknüpft sind.[97] Die Verbindung beider Aspekte in einer Person, nämlich der des Priesters, hatte neben der von Lady Drower vermuteten Übernahme derselben aus der babylonischen Religion vermutlich auch den Grund, dass der mandäischen Astrologie komplizierte Rechenverfahren zugrunde liegen und auch die Sprache, in der die astrologischen Schriften verfasst sind, wohl am ehesten den Priestern zugänglich war. Versteht man den Satz als religiöse Aussage, so könnte er zum einen bedeuten, dass die Sonne von etwas umgeben wurde, etwa von einem magischen Kreis oder von einer Art Heiligenschein. Zum anderen könnte man an die sog. Corona denken, die bei einer Sonnenfinsternis entstehen kann, bei der die Sonne für einen Teil der Erdoberfläche ganz oder teilweise durch den Mondschatten verdeckt wird. Eine Sonnenfinsternis kann folglich nur zur Zeit des Neumondes, wenn der Mond zwischen Sonne und Erde steht, eintreten. Da jedoch die Bahn des Mondes mit der der Erde nicht in einer Ebene liegt, tritt die Sonnenfinsternis nicht bei jedem Neumond ein.

Der dazu parallel konstruierte Satz über den Mond ist dagegen leicht verständlich: Es herrscht eine Mondfinsternis, d. h. die Erde steht zwischen Sonne und Mond, sodass der Mond für eine bestimmte Zeit (längstens 100 Minuten bei einer totalen Mondfinsternis) nicht zu sehen ist. Während der Mondfinsternis herrscht im Gegensatz zur Sonnenfinsternis Dunkelheit. Deshalb gelten sowohl Mondfinsternis als auch der Neumond den Mandäern als bedrohliche Zeit, in der die gottfeindlichen Mächte der Finsternis herrschen. Daraus ergibt sich für die Mandäer eine konkrete Gefahr. So besteht u. a. die Auffassung, dass ein Kind, das während der Zeit einer Mondfinsternis oder in einer Neumondnacht gezeugt wird, missgebildet zur Welt kommt. Dies zeigt deutlich ein Zitat aus dem *Rechten Ginza*:

> Da sprach Sin zu dem Manne, der ihn mit Helligkeit bekleidet hatte: „Einen Tag im Monat bleibe ich verborgen, und meine Strahlen sind verhüllt. Verhüllt sind meine Strahlen, und die beiden Hüter geben darauf acht. Wenn ich nicht da bin und die Männer bei ihren Weibern liegen, so das Weib an jenem Tage empfängt, werden Stumme und Taube und hässliche Gestalten aus ihnen hervorgehen. Wenn sie an

97 „The fact that all priests are at the same time astrologers leads inevitably to contradictions. (…) In the union of function, the Mandaean priests inherit the traditions of the country. The *baru* and *ashipu* priests of ancient Babylonia had functions and rituals close to those in use amongst the Mandaean priesthood of to-day, and the name of the Magian priests was so closely associated with their skill in incantation and astrology that their name has become incorporated in the word 'magic'." So Drower: *MII*, S. XVIII; vgl. auch Fußnote 3 auf S. XXIII desselben Werkes.

> jenem Tage empfängt, werden Taube und Aussätzige, Hand- und Fußlose aus ihnen hervorgehen. Die Planeten verwirren den Samen und tun ihm alles Böse an.“[98]

Dieser Text wird im Johannesbuch wörtlich zitiert und mit folgendem Zusatz wiedergegeben:

> „Die an jenen Tagen zustande kommen“, sagte der Mann (eine Lichtgestalt) zu ihm (Sin), der ihn mit Helligkeit bekleidet hatte, „sind für unsere Stämme untauglich. Nicht werden sie uns zugezählt und nicht zu unserer Wurzel gerechnet für alle Zeiten. Eine Wurzel der Finsternis ist es; sie wird zum Neste zurückkehren, aus dem sie gekommen ist.“[99]

Ausschlaggebend ist nicht, warum der Mond in dieser Nacht nicht sichtbar ist, sondern allein die Tatsache der dadurch entstehenden bedrohlichen Dunkelheit, wie eine von Lady Drower berichtete mandäische Legende, die sehr viel später als der *Ginza* entstanden sein dürfte, zeigt:

> On the 29th night of a lunar month the moon cannot be seen, for it has gone to its place. If a man lies with his wife that night and gets with her child, the child will be born with a sixth finger, or two heads, or bodily defect of a serious kind. On this night, no seeds must be sown, for the shiviahi[100] who obey Melka ad eHshukha (the King of Darkness) have power in the dark of the moon, and they are evil. When the moon is full, the Melka ḏAnhura, the King of Light from the world of light, rules the world.[101]

Die Aussage über die Winde vervollständigt die Beschreibung einer ungewöhnlichen Situation: Die Winde haben ihre Flügel zusammengenommen, sodass kein Wind entstehen kann.[102] Das Nichtwehen des Windes wird auch sonst als Einleitung einer Ausnahmesituation gebraucht oder als ein Zeichen von Bedrohung empfunden.[103]

Nach dieser Beschreibung folgt der Dialog zwischen der Sonne und Johannes, der aus einer längeren Anrede der Sonne an Johannes sowie einer Antwort des Johannes an die Sonne besteht.

šamiš l-pumẖ pihtẖ	Die Sonne öffnete ihren Mund
u-lẖ l-Iahia ḏ-nimarlẖ b-ʿurašlam	und sprach zu Jahja in Jerusalem:

98 Vgl. *G* in der Übersetzung Lidzbarskis, S. 313.
99 Vgl. *J* 53 in der Übersetzung Lidzbarskis, S. 188.
100 I. e. Dämonen, böse Geister.
101 Vgl. Drower: *MII*, S. 326.
102 Vgl. zur Übersetzung den Abschnitt *Bemerkungen zu Textkritik und Übersetzung* desselben Kapitels.
103 Vgl. Apk 7,1.

Wie an vielen Stellen des Johannesbuches wird auch hier ausdrücklich das Geschehen in Jerusalem lokalisiert.[104] Das Wort *šamiš* – ‚Sonne‘ steht, wie im vorigen Abschnitt, betont am Beginn. Die Redeeinleitungsformel ist stereotyp und wird bei der Antwort des Johannes nach Austauschen der Namen wörtlich wiederholt. Hier leitet sie jedoch zunächst die Rede der Sonne ein.

ʿtlak atlata tikia taga	Du hast drei Kränze, eine Krone,
ḏ-šauilẖ l-kulẖ alma	die der ganzen Welt an Wert gleichkommt.
ʿtlak mn maškli spinta	Du hast aus *maškli* ein Schiff,
ḏ-radia haka b-iardna	das hier auf dem Jordan einherfährt.
ʿtlak plugta rabtia	Du hast ein großes Boot,
ḏ-haka radia binia mai l-mai	das hier auf dem Wasser fährt.
kḏ tizal l-bit rbia	Wenn du zum Haus des großen Lebens kommst,
qudam rbia adkar ʿlan	denke an uns vor dem großen Leben.

Die Sonne preist Johannes in drei Zweizeilern, in welchen der Wert der Ausstattung des Johannes geschildert wird: Seine Krone ist so wertvoll wie die ganze Welt, sein Schiff ist besonders gezimmert und groß. Sein Glanz übertrifft den ihren, denn die Lichtwesen leuchten heller als alles andere.[105] Die Bitte, vor dem großen Leben an sie zu denken, kann bedeuten, dass Johannes für sie vor der Gottheit bitten soll.[106] Doch Johannes antwortet der Sonne:

Iahia l-pumẖ pihtẖ	Jahja öffnete seinen Mund
u-lẖ l-šamiš ḏ-nimarlẖ b-ʿurašlam	und sprach zur Sonne in Jerusalem:
anat tikia mišal šalit	Du fragst nach den Kränzen,
u-tagak naṭria gmiria ʿla	und deine Krone – Vollendete bewachen sie.
hazin maškli spinta	Dieses Schiff maškli
giuat ʿqara giṭruia	fügten sie im Glanz der Herrlichkeit zusammen.
plugta ḏ-radia binia mai-lmai	Das Boot, das durch die Wasser fährt –
hatma ḏ-malka matna ʿlẖ	das Siegel des Königs ist darauf gelegt.

Die Sonne braucht nicht zu klagen, denn auch sie hat eine Krone, die sogar von Hütern bewacht wird. Doch ihre Krone ist wohl weniger wert als die des Johannes. Lidzbarski vermutet hier einen Textfehler oder eine Verschreibung, da die Sonne nach den Dingen des Johannes fragte und im Folgenden auch nur die Sachen von Johannes besprochen werden.[107] Eventuell könnte man abändern in *u-tagai* – ‚und meine Krone‘. Zu seinem Schiff gibt er die Erklärung, dass es in der Lichtwelt gebaut wurde und zum Schutz mit dem Siegel der Gottheit versehen ist. Damit ist es prächtiger als das Schiff

104 Zur Bedeutung Jerusalems im *Johannesbuch* vgl. die Ausführungen zu Jerusalem im Kommentarkapitel zu *J* 32.

105 Vgl. Lidzbarski: *Johannesbuch*, S. 200.

106 So bittet auch ein Verbrecher, der mit Jesus gekreuzigt wurde: „Jesus, denke an mich, wenn du in dein Reich kommst“, Lk 23,43.

107 Vgl. *J* 20, S. 84, Fußnote 6.

der Sonne,[108] und das Siegel verleiht Johannes Schutz vor Verführungen durch die Sonne und andere widergöttliche Mächte. Das Wort ‚Schiff' ist hier im übertragenen Sinn zu verstehen. Im Abschnitt *Der Seelenfischer* (Kapitel 36–39) wird das deutlich:

> [Die Fischer sprechen zu dem Seelenfischer:] Dein Schiff gleicht nicht unserem Schiffe; es leuchtet bei Nacht wie die Sonne. Dein Schiff ist vollendet in Äther, und wundersame Fahnen ziehen sich darüber.[109]

Das Schiff des Seelenfischers wird hier deutlich von anderen Fischerbooten abgehoben. Der Seelenfischer ist gesandt, um gläubige Mandäer zu retten und sie ins Lichtreich zu bringen:

> Ein Fischer der Seelen bin ich, die das Leben bezeugen. (…) Ich werde meine Freunde erretten, sie emporbringen und in meinem Schiffe aufrichten. Ich werde sie mit Gewändern des Glanzes bekleiden und mit teurem Lichte bedecken. Ich werde ihnen eine Ätherkrone aufsetzen und was sonst das Große ihnen auf dem Haupte aufrichtet. Sie sitzen dann auf Thronen und glänzen in teurem Lichte.[110]

Dieses Schiff ist also kein reales Schiff, sondern es dient dazu, die Gläubigen auf ihrem Weg ins Lichtreich zu unterstützen.[111] Es könnte auch daran erinnern, dass Jesus seine Jünger ‚Menschenfischer' nennt.[112]

Die Vorstellung vom Schiff der Sonne wird an anderen Stellen noch konkreter beschrieben:

> Shamish has with him ten spirits (*'uthri*) of power and brightness. These ten *'uthri* see what everyone in the world is about – nothing is hid from them. With Shamish in his boat are three others, one of the principle of darkness and two light *melki* [Lichtwesen] (…) The *melka* of darkness who is with the sun is responsible for the evil sometimes done by the sun's rays. He is called Adonai. From his eyes dart rays which sear and burn, and his gaze causes 'cupboards of air' (i. e. whirlwinds). But the flaming standard of Shamish, his *dravsha* [Banner] throws out beneficient rays and gives forth light and life and electricity. The *melka* of darkness sometimes succeeds in bringing something before the *dravsha*, so causing an eclipse.[113]
>
> The sun, Shamish, who, like other planetary spirits, rides across the firmament in his boat (…) is friendly. That he is regarded as a power for good rather than evil is

---

108 Zum Sonnenschiff vgl. die Bilder im *Diwan Abathur* und die Ausführungen bei Drower: *MII*, S. 77 f. und 221.

109 So *J*, S. 162 in der Übersetzung Lidzbarskis.

110 Ebd., S. 154.

111 Etwa beim Weg durch bzw. über das Suf-Meer.

112 So Mk 1,17; Mt 4,19; Lk 5,10.

113 Vgl. Drower: *MII*, S. 76, Erklärungen in eckigen Klammern von mir.

> often apparent in Mandaean writings. Moreover, the Mandaeans have a solar Year, solar numbers are sacred, and the sun disk is employed in the alphabet …[114]

Die Sonne wird im Mandäismus also zwiespältig beurteilt: zum einen als die verführende Macht, zum anderen positiv als Lichtquelle während des Tages. Der erstere Aspekt der Sonne kommt im folgenden Abschnitt zur Sprache.

ḏ-gaira b-šumak u-azla	Die Unzucht treibt, in deinem Namen geht sie hin,
l-bit qiqlia qarba	sie nähert sich dem Misthaus.
mn zaua ḏ-napšẖ baiia	Von ihrem Ehepartner wünscht sie
bnia la-maška	sich Söhne und findet sie nicht.
kḏ šalmu nidrẖ u-napqa	Wenn sie ihr Gelübde erfüllt und abscheidet,
la-šiha l-bit hiia	ist sie nicht würdig für das Haus des Lebens,
u-la-mqaima l-daura taqna	und sie wird nicht Bestand haben in der dauerhaften Wohnung.

Die Sonne gilt als männliche Macht und kann deshalb eine Frau zur Unzucht reizen. Doch von der Sonne kann niemand Kinder erwarten, weil es nicht in der Macht der Sonne steht, zu entscheiden, wer ein Kind bekommt und wer nicht. Die Sonne kann auch keine Kinder geben, und so geht die Frau, die sich auf die Macht der Sonne verlässt, ohne Kinder aus. Wenn sie stirbt, wird ihr das Anbeten der Sonne bzw. das Glauben an ihre Macht zum Verhängnis, und ihre Seele kann nicht zum Lichtort emporsteigen. Eventuell kann man hier einen Zusammenhang mit dem Beginn des Kapitels sehen: bei Mondfinsternis sollen keine Kinder gezeugt werden (s. o.). Dass in diesem Abschnitt Johannes als Lichtgestalt in direkten Gegensatz zur Sonne mit ihrem negativen Aspekt gerückt wird, könnte einen konkreten historischen Hintergrund in der mandäischen Religion haben. Lady Drower berichtet von einer mandäischen Schrift, die hierzu einen Hinweis enthält:

> The writer (…) describes how, eighty-six years before the Moslem invasion, one Qiqel, a *rish ʿama* (religious chief) of the Nasurai [Mandäer], was deluded by Ruha disguised as a spirit of light, so that he, together with his priests and many others, fell away from the true faith and wrote 'writings' inspired by the powers of darkness. That this was still a powerfull heresy appears from the exhortations of the writer to avoid contact with these schismatics and to burn and destroy their works.[115]

In einer mandäischen Legende, die ebenfalls von Lady Drower schriftlich festgehalten wurde, wird ausführlicher über Qiqel berichtet.[116] Er wird als besonders lernbegieriger Mandäer dargestellt, der die Gemeinschaft verlässt, um zusammen mit einem *darwish*[117] zu leben. Dieser hat sein Haus so gebaut, dass man zu jeder Stunde des Tages

114 Ebd., S. 75.

115 Vgl. ebd., S. 8, Erklärungen in eckigen Klammern von mir; das Zitat ist aus dem *Haran Gawaitha* entnommen, dort S. 8.

116 Vgl. Drower: *MII*, S. 273–282.

117 Vgl. ebd., S. 273.

durch ein Fenster die Sonne sehen kann. Beide verehren die Sonne, sind in der Lage, die Planeten sprechen zu hören und haben Visionen; sie machen sogar Abbilder von den Sternen, nur von der Sonne nicht. Die Legende schließt mit der Taufe des Manda ḏ-Haije durch Johannes den Täufer. Qiqel und sein Lehrer werden in dieser Legende nicht verurteilt oder negativ dargestellt, sondern als Mandäer betrachtet, die eine außergewöhnliche Lebensform haben. Dass es bei den Mandäern auch die Verehrung der Sonne gab, machen weitere Legenden deutlich.[118]

Johannes spricht sich im Text des Johannesbuches jedoch klar gegen eine Verehrung der Sonne aus. Die Sonne hat zwar Licht, und er gesteht ihr auch eine begrenzte Macht zu, doch seine Macht ist größer, ebenso wie sein Glanz, und sein Licht strahlt heller in der Welt als das der Sonne. Deshalb sollen die Mandäer die Verehrung der Sonne einstellen und auf seine Worte hören, denn er kommt direkt von der Gottheit, dem einzig wahren Licht ohne jeden Anteil von Finsternis.

Der Name Qiqel ist vermutlich ein Wortspiel mit der Wendung *bit qiqlia* – ‚Haus des Mistes'. Das Verbum *azal* ist hier wie an anderen Stellen[119] im Sinne von ‚hingehen, sterben' zu übersetzen. Die vorgestellte Szene spielt also nach dem Tod der Frau. Weil sie die Sonne angebetet hat, darf sie nicht zum Lichtreich aufsteigen, sondern muss zum „Haus des Mistes" gehen, vermutlich eine der *maṭarata.* Dort wird sie festgehalten, und auch das Gelübde, das sie vor ihrer Hochzeit abgelegt und erfüllt hat, kann sie nicht retten. So wird auch die thematische Einheit des Kapitels gewahrt, wenngleich der letzte Abschnitt eventuell auch ein späterer Zusatz sein könnte. So ist dieser letzte Abschnitt ein klarer Appell an die Mandäer, die Sonne nicht zu verehren. Die kurze Schlussformel beschließt dieses kurze Kapitel.

---

118 Vgl. ebd., S. 288 f.

119 Vgl. den Abschnitt *Bemerkungen zu Textkritik und Übersetzung* zu diesem Kapitel und zu *J* 31.

Kapitel 21

Umschrift

80,9 *Iahia dariš b-liluia Iuhana b-ramšia ḏ-lilia*
80,10 *Iahia dariš b-liluia u-amar ḏ-lau b-alhudai ana*
80,11 *azilna u-atina mahu nbiha ḏ-damilia l-dilia u-man*
80,12 *dariš b-drabšai u-man mamlil b-qalai šania*
80,13 *kḏ hazin amar Iahia tartin ʿnšia bakian*
80,14 *Miriai u-ʿnišbai bakian u-dimaihin ḏ-tartinin*
80,15 *natran u-amran anin nizal u-anat tipuš hzia*
81,1 *ʿdilma makšilatlia ana ʿzal u-anat tipuš hzia*
81,2 *ʿdilma makšilatlia ana ʿzal u-anat tipuš hazin*
81,3 *ʿdilma malia malgiṭatlia Iahia l-pumẖ pihtẖ u-ʿl*
81,4 *ʿnišbai ḏ-nimarlẖ b-ʿurašlam miaka ḏ-hilpan*
81,5 *b-ʿmrum miaka ḏ-hilpan bit rurbia miaka ḏ-*
81,6 *hilpan b-ʿmrum ḏ-anat l-dilia zabnatlia ʿu*
81,7 *mṣiit l-mizibnan aitai hilik u-zubnin ʿu mṣiit*
81,8 *l-mizibnan aitai marganiatik u-zubnin ʿu mṣiit*
81,9 *l-mizibnan aitai zahbik u-zubnin ʿnišbai l-pumẖ*
81,10 *aptahtẖ u-lẖ l-Iahia ḏ-timarlẖ b-ʿurašlam*
81,11 *man damilak l-dilak b-iahud u-man damilak l-dilak*
81,12 *b-ʿurašlam ḏ-ana ʿhizia u-l-dilak ʿnišiak manu*
81,13 *l-dilia damia man damia ʿl dilia ḏ-anat haziatlia*
82,1 *u-minšiatlia ḏ-mn qalai u-qal drašai ʿuraita*
82,2 *biṭlat b-ʿurašlam mn qalaihun ḏ-ʿnianai*
82,3 *qaruiia la-qrun b-ʿurašlam gaiaria šbaq*
82,4 *gauraiun u-ʿnšia l-zubia la-napqan hidutata*
82,5 *b-klilaihin atian u-dimaihun maṭian arqa ialda*
82,6 *b-kras ʿmẖ šimẖ l-qalai u-bka tangaria la-zabnia*
82,7 *b-iahud u-ṣaiadia la-ṣaidia b-ʿurašlam ʿnšia*
82,8 *ḏ-abnia asraiil mania ḏ-ṣiba la-labšan hidutata*
82,9 *la-ramian zahba u-harata humria la-ramian*
82,10 *u-halin ʿnšia u-gubria la-hazin anpaihun b-naura*
82,11 *mn qalai u-qal drašai mia b-ʿṣṭunia ʿṣṭunia*
82,12 *qam mn qalai u-qal drašai nunia šlama šalmun*
82,13 *mn qalai u-qal drašai ṣipar gadpa sigudta*
82,14 *asgid u-amar ṭubak u-tum ṭubak Iahia u-ṭubẖ*

83,1 *l-gabra ḏ-sagdatlẖ ʿtparaqt u-ʿštauzabt*
83,2 *Iahia u-riqan šbaqtẖ l-alma la-garuk ʿnšia*
83,3 *b-gauraihun u-la-minilaihun la-šarhizuk*
83,4 *u-brihania u-busmania la-nšaitẖ l-marak mn ʿuṣrak*
83,5 *la-ruit b-hamra u-la-badt ʿubadia ḏ-ʿula la-ligṭak*
83,6 *siṭia b-ʿurašlam ʿtparaqt u-ʿštauzabt*
83,7 *u-kursiak atriṣlak bit hiia u-hiia zakʿin*
83,8 *sa.*

Poetische Struktur und Übersetzung

*Iahia dariš b-lilu**ia***	Jahja lehrt in den Nächten,
*Iuhana b-ramšia ḏ-lil**ia***	Johannes an den Abenden der Nacht.
*Iahia dariš b-lilu**ia***	Jahja lehrt in den Nächten
u-amar	und spricht:
*ḏ-lau b-alhudai an**a***	Bin ich nicht allein?
*azilna u-atin**a***	Ich komme, und ich gehe.
*mahu nbiha ḏ-damilia l-dil**ia***	Wo ist ein Prophet, der mir gleichkommt?
u-man dariš b-drabšai	Und wer lehrt in meinem Glanz?
*u-man mamlil b-qalai šan**ia***	Und wer spricht mit meiner erhabenen Stimme?
kḏ hazin amar Iahia	Als Jahja dies sprach,
tartin ʿnšia ***bakian***	weinten die beiden Frauen.
Miriai u-ʿnišbai ***bakian***	Mirjai und ʿnišbai weinten,
*u-dimaihin ḏ-tartinin natr**an***	und ihrer beider Tränen flossen.
u-amran	Und sie sprachen:
anin nizal u-anat ***tipuš***	Wir werden gehen, und du wirst bleiben!
*hzia ʿdilma makšilatl**ia***	Sieh, dass du mich nicht straucheln machst.
ana ʿzal u-anat ***tipuš***	Ich werde gehen, und du wirst bleiben!
*hzia ʿdilma makšilatl**ia***	Sieh, dass du mich nicht straucheln machst.
ana ʿzal u-anat ***tipuš***	Ich werde gehen, und du wirst bleiben!
*hazin ʿdilma malia malgiṭatl**ia***	So machst du, dass mich Klage ergreift.
Iahia l-pumẖ pihtẖ	Jahja öffnete seinen Mund
u-ʿl ʿnišbai ḏ-nimarlẖ b-ʿurašlam	und sprach zu ʿnišbai in Jerusalem:
miaka ḏ-hilpan ***b-ʿmrum***	Gibt es jemanden, der mich übertrifft in den Himmelshöhen?
*miaka ḏ-hilpan bit rurb**ia***	Gibt es jemanden, der mich übertrifft
	im Haus des Gewaltigen?
miaka ḏ-hilpan ***b-ʿmrum***	Gibt es jemanden, der mich übertrifft in den Himmelshöhen,
*ḏ-anat l-dilia zabnatl**ia***	dass du mich loskaufst?
ʿu mṣiit ***l-mizibnan***	Wenn du imstande bist, mich loszukaufen,
aitai hilik ***uzubnin***	bringe dein Vermögen und kaufe mich los.
ʿu mṣiit ***l-mizibnan***	Wenn du imstande bist, mich loszukaufen,

aitai marganiatik ***u-zubnin***	bringe deine Perlen und kaufe mich los.
ʿu mṣiit ***l-mizibnan***	Wenn du imstande bist, mich loszukaufen,
aitai zahbik ***u-zubnin***	bringe dein Gold und kaufe mich los.
ʿnišbai l-pumẖ aptahtẖ	ʿnišbai öffnete ihren Mund
u-lẖ l-Iahia ḏ-timarlẖ ***b-ʿurašlam***	und sprach zu Jahja in Jerusalem:
man damilak l-dilak b-iahud	Wer kommt dir gleich in Judäa,
u-man damilak l-dilak ***b-ʿurašlam***	und wer kommt dir gleich in Jerusalem,
ḏ-ana ʿhizia u-l-dilak ʿnišiak	dass ich ihn sehe und dich vergesse ich?
*manu l-dilia dam**ia***	Wer ist es, der mir gleichkommt?
*man damia ʿl dil**ia***	Wer kommt mir gleich,
*ḏ-anat haziatlia u-minšiatl**ia***	dass du ihn siehst, und mich vergisst du?
*ḏ-mn qalai u-qal draš**ai***	Vor meiner Stimme und dem Klang meiner Lehren
ʿuraita biṭlat ***b-ʿurašlam***	verlor die Thora ihre Geltung in Jerusalem.
*mn qalaihun ḏ-ʿnian**ai***	Vor dem Klang meiner Rezitationen
qaruiia la-qrun ***b-ʿurašlam***	lasen die Leser nicht [mehr] in Jerusalem.
gaiaria šbaq gauraiun	Die Ehebrecher ließen ihre Unzucht,
*u-ʿnšia l-zubia la-napq**an***	und die Frauen haben keine Menstruation mehr.
*hidutata b-klilaihin ati**an***	Die Bräute kommen mit ihren Kränzen,
*u-dimaihun maṭian arq**a***	und ihre Tränen tropfen auf die Erde.
*ialda b-kras ʿm**ẖ***	Das Kind im Bauch seiner Mutter
*šimẖ l-qalai u-bk**a***	hört meine Stimme und weint.
tangaria la-zabnia b-iahud	Die Händler verkaufen nicht in Judäa,
u-ṣaiadia la-ṣaidia b-ʿurašlam	und die Fischer fangen nichts in Jerusalem.
ʿnšia ḏ-abnia asraiil	Die Frauen der Israeliten
mania ḏ-ṣiba la-labšan	tragen nichts Gefärbtes [mehr].
hidutata la-ramian zahba	Die Bräute legen kein Gold an,
u-harata humria la-ramian	und die Damen legen keine Halsketten an.
u-halin ʿnšia u-gubria	Und diese Männer und Frauen
la-hazin anpaihun b-naura	sehen ihre Gesichter nicht mehr an im Spiegel.
*mn qalai u-qal draš**ai***	Vor meiner Stimme und vor dem Klang meiner Lehren
mia b-ʿṣṭunia ʿṣṭunia qam	stand das Wasser in Säulenreihen.
*mn qalai u-qal draš**ai***	Vor meiner Stimme und dem Klang meiner Lehren
nunia šlama šalmun	entboten die Fische mir ihren Friedensgruß.
*mn qalai u-qal draš**ai***	Vor meiner Stimme und dem Klang meiner Lehren
ṣipar gadpa sigudta asgid	verbeugten sich die gefiederten Vögel vor mir
u-amar	und sprachen:
ṭubak u-tum ṭubak Iahia	Wohl dir und abermals wohl dir, Jahja,
u-ṭubẖ l-gabra ḏ-sagdatlẖ	und wohl dem Mann, den du anbetest.
ʿtparaqt u-ʿštauzabt Iahia	Du hast dich befreit, Jahja, und du hast dich errettet,
u-riqan šbaqtẖ l-alma	und leer verlässt du die Welt.
la-garuk ʿnšia b-gauraihun	Die Frauen haben dich nicht verführt mit ihrer Unzucht,

u-la-minilaihun la-šarhizuk	und ihre Worte machten dich nicht wanken.
u-brihania u-busmania	Durch Wohlgerüche und Düfte
la-nšaitẖ l-marak mn ʿuṣrak	hast du nicht deinen Herrn aus deinem Sinn vergessen.
la-ruit b-hamra	Du hast dich nicht mit Wein betrunken,
u-la-badt ʿubadia ḏ-ʿula	und du hast nicht schlechte Taten vollbracht.
la-ligṭak siṭia b-ʿurašlam	Dich hat nicht Abfall ergriffen in Jerusalem.
ʿtparaqt u-ʿštauzabt	Du hast dich befreit, und du hast dich errettet,
u-kursiak atriṣlak bit hiia	und dein Thron ist aufgestellt für dich im Haus des Lebens.
u-hiia zakʿin	Und das Leben ist siegreich.
sa.	

Bemerkungen zu Textkritik und Übersetzung

80,10 *ana* – ‚ich' ist durch die Schlussstellung im Satz stark betont;

80,11 *u-atina* – ‚ich gehe' ist hier im Sinne von ‚ich gehe hin / weg' gebraucht;

80,12 *drabšai* – ‚mein Glanz', hier ist m. E. die Bedeutung ‚Glanz, Strahl' von *drabša* gemeint, vgl. *Dict.*, S. 114, die Übersetzung ‚Predigt' von Lidzbarski würde eine Verschreibung von *drašia* in *drabšai* voraussetzen; er erwähnt jedoch keine Textänderung, vgl. Lidzbarski: *Johannesbuch*, S. 85; sie ist auch nicht notwendig und deshalb von mir unterlassen.

Gliederung des Textes

Nach der dreizeiligen sich reimenden Einleitung zu den *Nachtgesängen* des Jahja leitet das Rubrum *u-amar* über zu einem Fünfzeiler, in welchem sich die ersten beiden Zeilen und die letzten drei Zeilen reimen. Ein Vierzeiler, ebenfalls mit Endreimen, und das Rubrum *u-amran* leiten über zu einem Sechszeiler, der einen durchgehenden Kreuzreim aufweist. Danach folgt ein längerer Abschnitt, in dem Johannes in den Dialog eingreift. Elisabeth antwortet in einem Fünfzeiler. Darauf folgt ein Dreizeiler mit durchgehendem Reim auf *e* [*ia*] und danach wieder eine längere Rede des Johannes mit nur gelegentlichen Reimen. Das Rubrum *u-amar* leitet eine ebenfalls längere Rede der Vögel ein, bevor die kurze Schlussformel dieses Kapitel beschließt.

Interpretation

Iahia dariš b-liluia	Jahja lehrt in den Nächten,
Iuhana b-ramšia ḏ-lilia	Johannes an den Abenden der Nacht.
Iahia dariš b-liluia	Jahja lehrt in den Nächten
u-amar	und spricht:

Die Einleitungsformel der *Nachtgesänge* des Jahja steht auch in diesem Kapitel am Beginn. Danach leitet ein Rubrum zu einem Abschnitt über, der das Thema des Kapitels umschreibt. Dieses Thema ist gleichzeitig eine Art Zusammenfassung der vorangegangenen Kapitel.

ḏ-lau b-alhudai ana	Bin ich nicht allein?
azilna u-atina	Ich komme, und ich gehe.
mahu nbiha ḏ-damilia l-dilia	Wo ist ein Prophet, der mir gleichkommt?
u-man dariš b-drabšai	Und wer lehrt in meinem Glanz?
u-man mamlil b-qalai šanai	Und wer spricht mit meiner erhabenen Stimme?

Schon die erste auf das Rubrum folgende Zeile spricht die Einmaligkeit des Johannes aus. Was in den Kapiteln 18 und 19 in vielfältigen Legitimationen implizit bereits ausgedrückt wurde, wird hier zum ersten Mal explizit ausgesagt. Das Himmelskind, das zwar in, aber nicht von dieser Welt kommt, ist, wie in der Traumdeutung in Kapitel 18 prophezeit, zum Propheten herangewachsen, und zwar zu einem einzigartigen, der über allen anderen Propheten steht. Dies beschreiben die letzten drei Zeilen dieses Abschnittes. Glanz und Stimme sind ihm von der Gottheit verliehen und haben deshalb auf der Welt nicht ihresgleichen. Wenn Johannes als der einzig wahre Prophet dargestellt wird, rückt er damit in direkte Konkurrenz zu Mohammed. So wird der Islam als ‚falsche' Religion abqualifiziert. Es könnte sein, dass dies eine Reflexion von Diskussionen zwischen Mandäern und Muslimen widerspiegelt.[120]

Die vorhergehende Zeile *azilna u-atina* spricht an, was im folgenden Gespräch mit Maria und Elisabeth noch deutlicher zur Sprache kommen wird: Johannes wird in naher Zukunft diese Welt verlassen, d. h. sterben. In diesem Sinne ist hier das Verbum *u-atina* zu verstehen.[121] Die Reaktion der beiden Frauen auf diese Ankündigung wird wie folgt beschrieben:

kḏ hazin amar Iahia	Als Jahja dies sprach,
tartin ʿnšia bakian	weinten die beiden Frauen.
Miriai u-ʿnišbai bakian	Mirjai und ʿnišbai weinten,
u-dimaihin ḏ-tartinin natran	und ihrer beider Tränen flossen.
u-amran	Und sie sprachen:
anin nizal u-anat tipuš	Wir werden gehen, und du wirst bleiben!
hzia ʿdilma makšilatlia	Sieh, dass du mich nicht straucheln machst.
ana ʿzal u-anat tipuš	Wir werden gehen, und du wirst bleiben!
hzia ʿdilma makšilatlia	Sieh, dass du mich nicht straucheln machst.
ana ʿzal u-anat tipuš	Ich werde gehen, und du wirst bleiben!
hazin ʿdilma malia malgiṭatlia	So machst du, dass mich Klage ergreift.

120 Zu dem Verhältnis Johannes–Mohammed vgl. die Thesen hierzu im Anschluss an den Kommentar zu Kap. 22 und Kap. 27: „Gibt es einen, der größer ist als ich?"

121 Vgl. den Abschnitt *Bemerkungen zu Textkritik und Übersetzung* zu diesem Kapitel.

Die Frauen, Maria und Elisabeth, begreifen, dass Johannes von seinem bevorstehenden Tod spricht. Sie sind darüber traurig und wollen ihn noch länger auf der Erde halten. Sie bieten an, für ihn zu sterben, damit er in der Welt noch lehren kann. Doch dies ist nicht möglich, weil er einzigartig ist und niemand ihn ersetzen oder mit einem noch so kostbaren Schatz loskaufen kann.

Die Rede der Frauen nach dem Rubrum *u-amran* – ‚und sie sprachen' lässt sich in drei Zweizeiler aufteilen. Der erste Zweizeiler spricht in der ersten Person Plural und wird vielleicht von beiden Frauen gesprochen. Die folgenden beiden sind in der ersten Person Singular verfasst. Es ist daran zu denken, dass jede der beiden Frauen dies einzeln noch einmal wiederholt. So soll gezeigt werden, wie dringend sie nach Johannes verlangen. Sein Tod wird sie in Trauer und Klage versetzen. Das Thema des Todes des Johannes wird in den Kapiteln 26 und 31 noch einmal aufgegriffen. Der nun folgende Dialog erwähnt Mirjai nicht mehr; Jahja spricht nur noch mit seiner Mutter.

Iahia l-pumẖ pihtẖ	Jahja öffnete seinen Mund
u-ʿl ʿnišbai ḏ-nimarlẖ b-ʿurašlam	und sprach zu ʿnišbai in Jerusalem:
miaka ḏ-hilpan	Gibt es jemanden, der mich übertrifft
b-ʿmrum	in den Himmelshöhen?
miaka ḏ-hilpan	Gibt es jemanden, der mich übertrifft
bit rurbia	im Haus des Gewaltigen?
miaka ḏ-hilpan	Gibt es jemanden, der mich übertrifft
b-ʿmrum	in den Himmelshöhen,
ḏ-anat l-dilia zabnatlia	dass du mich loskaufst?
ʿu mṣiit l-mizibnan	Wenn du imstande bist, mich loszukaufen,
aitai hilik u-zubnin	bringe dein Vermögen und kaufe mich los.
ʿu mṣiit l-mizibnan	Wenn du imstande bist, mich loszukaufen,
aitai marganiatik u-zubnin	bringe deine Perlen und kaufe mich los.
ʿu mṣiit l-mizibnan	Wenn du imstande bist, mich loszukaufen,
aitai zahbik u-zubnin	bringe dein Gold und kaufe mich los.

Johannes wendet sich mit seiner Antwort vor allem an seine Mutter Elisabeth. In drei rhetorischen Fragen verdeutlicht er, was schon vorher das Thema des Kapitels war: Seine Einzigartigkeit. Nicht nur auf der Erde, sondern auch im Himmel gibt es niemanden, der ihn übertrifft. Seine singuläre Stellung in den Himmelshöhen könnte eventuell eine Anspielung auf die Himmelsreise Mohammeds sein. So kann ihn auch niemand ersetzen; er ist und bleibt der allein wahre Prophet und Lehrer. Niemand kann für ihn sterben, und niemand kann ihn von seinem Tod loskaufen. Alle Schätze der Welt würden hierzu nicht ausreichen. Dies bringt er in den drei sich anschließenden Zweizeilern zum Ausdruck. Auch seine eigene Mutter wird ihn nicht auf der Erde zurückhalten können, wenn der Zeitpunkt seines Todes gekommen sein wird, wenn seine reine Seele den nutzlosen Leib verlassen und zum Lichtreich aufsteigen wird.

ʿnišbai l-pumẖ aptahtẖ	ʿnišbai öffnete ihren Mund
u-lẖ l-Iahia ḏ-timarlẖ b-ʿurašlam	und sprach zu Jahja in Jerusalem:

man damilak l-dilak b-iahud	Wer kommt dir gleich in Judäa,
u-man damilak l-dilak b-ʿurašlam	und wer kommt dir gleich in Jerusalem,
ḏ-ana ʿhizia u-l-dilak ʿnišiak	dass ich ihn sehe, und dich vergesse ich?

Elisabeth begreift nun die Einzigartigkeit des Johannes und sieht ein, dass sie ihn nicht bei sich auf der Erde behalten kann. Von den jüdischen Autoritäten reicht keine auch nur annähernd an ihn heran. Der mandäische Prophet ist allen anderen überlegen, und so ist auch die mandäische Religion die einzig wahre. Der Mandäismus ersetzt – jedenfalls im Selbstverständnis – das Judentum, wie weiter unten noch deutlich werden wird und auch schon in Kapitel 18 angedeutet wurde. Da sie seinen Tod nicht wird verhindern können, verspricht sie Johannes, ihn nie zu vergessen. Wenn er nach seinem Tod zur Lichtgestalt in den göttlichen Sphären wird, kann er ihrer Seele beim Aufstieg in die Lichtwelt nach ihrem eigenen Tod helfen. Damit sie ihn um Hilfe anrufen kann, muss sie jedoch seinen Namen im Gedächtnis behalten, und mit seinem Namen wohl auch seine Lehre. In diesem Sinn ist sicher auch die Diskussion zwischen Johannes und seiner Frau Anhar zu verstehen: Auch hier[122] wird das Scheiden des Johannes von der *Tibil* thematisiert, und auch Anhar wird eindrücklich davor gewarnt, Johannes zu vergessen. Ebenso verspricht Johannes seinerseits Anhar, sie nicht zu vergessen.

manu l-dilia damia	Wer ist es, der mir gleichkommt?
man damia ʿl dilia	Wer kommt mir gleich,
ḏ-anat haziatlia u-minšiatlia	dass du ihn siehst, und mich vergisst du?

Johannes nimmt die Worte Elisabeths wieder auf und beschreibt noch einmal, wie zu Beginn des Kapitels, seine Einmaligkeit. Gegenüber dem Beginn des Kapitels kommt hier das Motiv dazu, Johannes nicht zu vergessen, das Elisabeth in ihrer Rede schon erwähnt hatte. Dies ist eine implizite Ermahnung an alle Mandäer, Name, Autorität und Lehre des Johannes im Gedächtnis zu behalten. Es gilt, nur der mandäischen Religion anzuhängen, deren Vertreter Johannes ist, um am Tag des Gerichts nicht bestraft oder verurteilt zu werden.

ḏ-mn qalai u-qal drašai	Vor meiner Stimme und vor dem Klang meiner Lehren
ʿuraita biṭlat b-ʿurašlam	verlor die Thora ihre Geltung in Jerusalem.
mn qalaihun ḏ-ʿnianai	Vor meiner Stimme und vor dem Klang meiner Lehren
qaruiia la-qrun b-ʿurašlam	lasen die Leser nicht [mehr] in Jerusalem.
gaiaria šbaq gauraiun	Die Ehebrecher ließen ihre Unzucht,
u-ʿnšia l-zubia la-napqan	und die Frauen haben keine Menstruation [mehr].
hidutata b-klilaihin atian	Die Bräute kommen mit ihren Kränzen,
u-dimaihun maṭian arqa	und ihre Tränen tropfen auf die Erde.
ialda b-kras ʿmẖ	Das Kind im Bauch seiner Mutter
šimẖ l-qalai u-bka	hört meine Stimme und weint.
tangaria la-zabnia b-iahud	Die Händler verkaufen nicht [mehr] in Judäa,
u-ṣaiadia la-ṣaidia b-ʿurašlam	und die Fischer fangen nichts [mehr] in Jerusalem.

122 Vgl. *J* 31.

ʿnšia ḏ-abnia asraiil	Die Frauen der Israeliten
mania ḏ-ṣiba la-labšan	ziehen nichts Gefärbtes [mehr] an,
hidutata la-ramian zahba	die Bräute legen kein Gold [mehr] an,
u-harata humria la-ramian	und die Damen legen keine Halsketten [mehr] an.
u-halin ʿnšia u-gubria	Und diese Männer und Frauen
la-hazin anpaihun b-naura	sehen ihr Gesicht nicht mehr an im Spiegel.

Dieser Abschnitt macht deutlich, dass der Ausdruck ‚Johannes nicht vergessen' mit einschließt, dass man seine Lehren nicht vergisst, denn hier werden die Auswirkungen seiner Reden berichtet. Die ersten beiden Zweizeiler beziehen sich auf den religiösen Aspekt: Die Thora ist ungültig geworden – der Mandäismus hat das Judentum als Religion abgelöst. Es werden auch keine jüdischen Schriften mehr vorgelesen, denn die Rezitationen des Johannes ließen alle anderen Rezitatoren, auch die Leser, verstummen. Hier wird möglicherweise auch Johannes' Vorrangstellung gegenüber Mohammed betont: Seine Stimme und Rezitationen übertreffen auch die Lehren des Islam, die oft auch als Rezitationen oder Vorträge bezeichnet werden können. So kann man unter Qurʾān sowohl das Vortragen eines Offenbarungstextes an Mohammed als auch das öffentliche Vortragen dieses Textes durch Mohammed, den vorgetragenen Text und die Gesamtheit der vorgetragenen Texte, also den Koran als Textsammlung verstehen.[123] Johannes' Stimme hat ihre eigene Macht. Im *Ginza* wird berichtet, die Stimme Manda ḏ-Haijes fesselt und bezwingt so das Böse.[124] Die Lehre kann sowohl antijüdische[125] wie auch antichristliche Züge aufweisen.[126] Die ‚erste Lehre' wird Adam gegeben bei der Erschaffung der Welt,[127] dies ist die reine „lebendige Lehre",[128] die von den Gläubigen angenommen wird und ihnen Kraft verleiht. Sowohl in Judentum wie auch im Christentum wird diese nur noch verfälscht weitergegeben (s. o.).

Im Folgenden werden, stets in Zweizeilern, ungewöhnliche Dinge aufgezählt, die durch die Lehre des Johannes ausgelöst wurden. Selbst die Ehebrecher lassen von ihrem Laster, alle Gewohnheiten und alle bisherigen Ordnungen werden verkehrt.[129] Bräute trauern, anstatt ihren Festtag zu genießen, oder sie kommen ohne Schmuck. Der Handel ist eingestellt; selbst das Kind im Mutterleib spürt die Folgen dieser Reden.[130] So werden die Auswirkungen der Lehre des Johannes auf die Menschen beschrieben: Sie lassen ab von ihren gewohnten Handlungen, Verwirrung scheint sie zu befallen.

mn qalai u-qal drašai	Vor meiner Stimme und vor dem Klang meiner Lehren
mia b-ʿṣṭunia ʿṣṭunia qam	stand das Wasser in Säulenreihen.

123 Vgl. H. Bobzin: *Der Koran. Eine Einführung*, München [10]2018, S. 20.
124 Vgl. Lidzbarski: *G*, S. 93,25 ff.
125 Vgl. ebd., S. 25,15 ff.; 44,1 ff.
126 Vgl. ebd., S. 46,33; 51,33.
127 Vgl. ebd., S. 78,15.
128 Vgl. ebd., S. 240,12; 360,32.
129 Vgl. den Kommentar zu Kapitel 18.
130 Vgl. Lk 1,39 ff.: Maria besucht Elisabeth, und das Kind (Johannes) hüpft vor Freude in ihrem Leib.

mn qalai u-qal drašai	Vor meiner Stimme und vor dem Klang meiner Lehren
nunia šlama šalmun	entboten die Fische mir ihren Friedensgruß.
mn qalai u-qal drašai	Vor meiner Stimme und vor dem Klang meiner Lehren
ṣipar gadpa sigudta asgid	verbeugten sich die gefiederten Vögel vor mir
u-amar	und sprachen:
ṭubak u-tum ṭubak Iahia	Wohl dir und abermals wohl dir, Jahja,
u-ṭubẖ l-gabra ḏ-sagdatlẖ	und wohl dem Mann, den du anbetest.

Auch die Natur reagiert auf ihre Weise auf die Lehren des Johannes: Wasser und Tiere erstarren vor Johannes; die Natur reagiert auf den Propheten und unterwirft sich ihm. Vom Wasser wird im Alten Testament eine ähnliche Reaktion, hier jedoch auf das Wort Moses hin, berichtet:

> Als nun Mose seine Hand über das Meer reckte, ließ es der HERR zurückweichen durch einen starken Ostwind die ganze Nacht und machte das Meer trocken. Und die Kinder Israel gingen hinein mitten ins Meer auf dem Trockenen, und das Wasser war ihnen eine Mauer zur Rechten und zur Linken.[131]

Im Buch Josua wird Ähnliches beschrieben: Das Wasser des Jordan geht auf Josuas Gebieten bei der Überquerung ins Gelobte Land zurück und lässt die Bundeslade und die Israeliten trockenen Fußes den Fluss durchschreiten.[132] Es ist anzunehmen, dass der Verfasser des Johannesbuches die Erzählungen vom Exodus Israels kannte. Dieses Wasserphänomen beim Auszug der Israeliten aus Ägypten wurde später auch allegorisch-eschatologisch gedeutet als Flucht aus der körperlichen in die geistige Welt.[133] Diese Deutung hielt sich in gnostischen Kreisen noch länger und findet sich auch bei den Syrern.[134] Von einem ‚hohen Wasserdurchbruch' wird im Johannesbuch noch in Kapitel I gesprochen,[135] hier jedoch im Zusammenhang mit der Erschaffung der Welt.[136] Das Wasser gilt als älter als die Finsternis[137] und hat auch zerstörerische Gewalt.[138] Im *Qolasta* begegnet das Wasser ebenfalls als Teil der Schöpfung: Negativ als ‚schwarzes Wasser', aus dem Unheil entsteht[139] und positiv als ‚lebendes Wasser' in den mandäischen Riten.[140] Johannes nutzt das lebende Wasser; aber er ist größer als die Elemente der Schöpfung, und sie erkennen seine Macht an und verehren ihn. Die Vögel preisen ihn als Einzigartigen, verneigen sich vor ihm und preisen den ‚Mann', d. h. die Gottheit,[141] die Johannes anbetet.

131 Vgl. Ex 14,21f; Ps 78,13.
132 Vgl. Jos 3,1–17.
133 Vgl. Lidzbarski: *Johannesbuch*, S. XXI.
134 Vgl. ebd.
135 Vgl. ebd., S. 7,4; 9,8.
136 Vgl. Lidzbarski: *G*, S. 264 f.; 408,38.
137 Vgl. ebd., S. 75,22 ff.; 200,10 ff.
138 Vgl. ebd., S. 45 f.
139 Vgl. Lidzbarski: *Qol*, S. 4.
140 Vgl. ebd., S. 7.35.40.51.62 f. etc., siehe ebd., S. 294.
141 Vgl. den Kommentar zu Kapitel 19.

ʿtparaqt u-ʿštauzabt Iahia	Du hast dich befreit, und du hast dich errettet, Jahja,
u-riqan šbaqtẖ l-alma	und leer wirst du die Welt verlassen.
la-garuk ʿnšia b-gauraihun	Die Frauen haben dich nicht verführt mit ihrer Unzucht,
u-la-minaihun la-šarhizuk	und ihre Worte machten dich nicht wanken.
u-brihania u-busmania	Durch Wohlgerüche und Düfte
la-nšaitẖ l-marak mn ʿuṣrak	hast du nicht deinen Herrn aus deinem Sinn vergessen.
la-ruit b-hamra	Du hast dich nicht betrunken mit Wein,
u-la-badt ʿubadia ḏ-ʿula	und du hast nicht schlechte Taten vollbracht.
la-ligṭak siṭia b-ʿurašlam	Abfall ergriff dich nicht in Jerusalem.

Der Lobgesang auf Johannes wird hier fortgesetzt: Er wird gepriesen als einer, der sich von der Welt befreit und sie leer, d. h. unbelastet, verlassen hat bzw. dies noch tun wird. Nun wird auch der Blick von der Natur wieder auf den Menschen gerichtet: Johannes hat sich nicht verführen lassen, weder durch Frauen noch durch Worte. Auch anderen Versuchungen wie dem Genuss von Wohlgerüchen, der bei den Mandäern als verwerflich gilt, oder Wein ist er nicht erlegen.[142] Vor den Folgen übermäßigen Weingenusses warnt auch das AT:

> Der Wein macht Spötter, und starkes Getränk macht wild; wer davon taumelt, wird niemals weise.[143]

Hier gilt Wein aber ebenso als Mittel gegen die Schwermut:

> Gebt starkes Getränk denen, die am Umkommen sind, und Wein den betrübten Seelen, dass sie trinken und ihres Elends vergessen und ihres Unglücks nicht mehr gedenken.[144]

Im mandäischen Schrifttum wird das Trinken von Wein generell negativ bewertet. Im *Ginza* rechts ist z. B. zu lesen: „(in einer Reihe von Weherufen) … O die des Morgens jungen Wein und des Abends alten trinken und durch Gesang, Zither und Flöte gefangen genommen werden!“[145] und: „Wer Wein in der Schenke trinkt, den wird man mit Sägen von [… ?] zersägen.“[146]

In der Polemik gegen die Christen wird auch das Anbieten und Trinken vor allem von verunreinigtem Wein erwähnt.[147] Das Trinken von Alkohol wird häufig im Zusammenhang mit (ebenfalls negativ bewerteter) Musik genannt.[148] Doch Johannes hat all diesen Versuchungen widerstanden, und man bestätigt ihm hier ein makelloses

142 Vgl. *J* 28 und den Kommentar hierzu.
143 Spr 20,1; ausführlicher noch Spr 23,29–35; Hos 4,11.
144 So Spr 31,6.
145 Vgl. Lidzbarski: *G*, S. 180.
146 Vgl. ebd., S. 298.
147 Vgl. ebd., S. 227; 229.
148 Vgl. ebd., S. 180; 221.

Leben frei von Verfehlungen. Der letzte Satz bezeugt Johannes als tadellosen Gläubigen, denn auch in Jerusalem, der Hochburg des Judentums und des Islam, hat er sich nicht einer dieser Religionen zugewandt.

Einige dieser Tugenden spricht Johannes selbst bereits in Kapitel 19 an. Nun wird ihm die Wahrheit seiner Rede bescheinigt. So ist Johannes nicht nur von der Gottheit wie in Kapitel 20, sondern auch innerhalb der Welt von den Vögeln als Glückseliger gepriesen. Er gehört in den Machtbereich des Lebens.

ʿtparaqt u-ʿštauzabt	Du hast dich befreit, und du hast dich errettet,
u-kursiak atrišlak	und dein Thron ist für dich aufgestellt
bit hiia	im Haus des Lebens.
u-hiia zakʿin	Und das Leben ist siegreich.
sa.	

Dieser abschließende Zweizeiler fasst das Vorhergehende zusammen: Mit seinem frommen und korrekten Leben hat Johannes sich in der Welt rein erhalten und wird nach seinem Tod zur Lichtwelt aufsteigen.[149] Für ihn steht dies beim Gedanken an den Tod im Vordergrund; unter diesem Aspekt betrachtet, ist die Trauer der beiden Frauen über seinen Tod nicht begründet. Vielmehr sollten sie sich mit ihm freuen, dass er nicht mehr den Anfechtungen der Welt ausgesetzt ist, sondern am Ende siegreich sein wird wie die Gottheit, wie auch die kurze Schlussformel dies ausdrückt. Für ihn steht in der göttlichen Welt ein Thron bereit. Deshalb verzichtet Johannes auf einen Thron, auf Macht, Herrschaft und Prunk in dieser Welt: So wird in Kapitel 19 berichtet, er habe kein Haus in Judäa gebaut und keinen (irdischen) Thron in Jerusalem aufgerichtet. Sein Leben ist ganz auf das Dasein in der Lichtwelt ausgerichtet.

149 Vgl. *Qol*, S. 157 f.

Kapitel 22

Umschrift

83,9 *Iahia dariš b-liluia Iuhana b-ramšia ḏ-lilia*
83,10 *Iahia dariš b-liluia kaluza qrabẖ b-alma*
83,11 *u-amar ia ḏ-qaimia b- ʿula atun ʿuhra*
83,12 *l-qudamaikun zbun ia ḏ-aklia hbulia u-hbul hbulia*
83,13 *atun ʿuhra l-qudamaikun zbun ia ḏ-šakbia*
83,14 *bi-klilia busma qum ʿuhra l-qudamaikun zbun*
83,15 *ia ḏ-labšia uarda u-šaraia qum ʿuhra l-qudamaikun*
84,1 *zbun ia ḏ-šakbia bi-špur anpia qum ʿuhra*
84,2 *l-qudamaikun zbun aminṭul ḏ-salqia bnia b-hiria*
84,3 *zidqa u-qala ḏ-hiia la-mitiqribẖ b-alma salqan*
84,4 *masqata u-la-mitriṣ dakia burzinqa salqa*
84,5 *maṣbuta haita u-la-hauia ḏ-šanai rušuma kḏ*
84,6 *hazin amar Iahia malil Iaqip u-Bnia Amin u-Miriai*
84,7 *ḏ-nimarulẖ l-Iahia b- ʿurašlam ia Iahia ab-hiia*
84,8 *ḏ-sagdatlun tum mauminalak Iahia b-anpia iuma*
84,9 *ḏ-iaqir šumẖ m ʿsalqia abnia bhiria zidqa*
84,10 *u-qala ḏ-hiia la-mitiqribẖ b-alma m ʿ salqan*
84,11 *masqata u-la-mitriṣ dakia burzinqa m ʿ salqa*
84,12 *maṣbuta haita u-la-hauia ḏ-šanai rušuma kḏ*
84,13 *hazin amar Iaqip u-Bnia Amin u-Miriai malil*
84,14 *Iahia ḏ-nimarlun b- ʿurašlam kḏ mitgiṭlia*
84,15 *kulhun kahnia u-la-hauin abnia asraiil*
85,1 *mitgiṭlia u-mitlid Mhamad arbaia br amtẖ ḏ-*
85,2 *عAbdalh qarilẖ l-alma masiqlun l-kulhun mašknia*
85,3 *u-masgdia napšia b-alma masqilẖ l-tuqna u-šalma*
85,4 *u-kadba u- ʿula napuš b-alma masqilun l-hilulia*
85,5 *u-zamanata mn tibil masqilẖ l-haimanuta u-ṣurta*
85,6 *l-haita la-ṣairia u-la-mqarqaš zanga b-tibil*
85,7 *u-la-mqarqišia kulhun abnia kadba ḏ-hikumta*
85,8 *ḏ- ʿula ramibẖ b-alma šania gaura u-gairia*
85,9 *u-šania gnubta u-ganbia u-šania hbulia hbul*
85,10 *hbulia u-iahbia hda u-šaqlia tša ṣalilin*
85,11 *l-zbaniatun u-mrauribilun l-mitqalun minaihun*
86,1 *ḏ-gairia rišaihun u-minaihun manziaihun šabqia*

86,2 *minaihun diqnaihun b-hina ṣabia minaihun*
86,3 *ṣabia diqnaihun b-hina u-qaimia u-mṣalia bit*
86,4 *mazgdaihun kḏ haziḻẖ l-gabra ḏ-ʿsirlẖ*
86,5 *himiana qirsa rba la-bišlẖ l-kulẖ qumtaihun*
86,6 *qaimia u-mšaililun u-amrilun nbihak man amarlan*
86,7 *man anbihak u-amarlan kdabak man u-amarlan*
86,8 *l-manu sagdatlẖ la-iadia u-la-paršia liṭia u-bhiṭia*
86,9 *la-iadia u-la-paršia ḏ-maraian malka ḏ-nhura*
86,10 *b-ʿmruma hda hu u-hiia zakʿin*
86,11 *sa.*

Poetische Struktur und Übersetzung

Iahia dariš b-liluia	Jahja lehrt in den Nächten,
Iuhana b-ramšia ḏ-lilia	Johannes an den Abenden der Nacht.
Iahia dariš b-liluia	Jahja lehrt in den Nächten:
kaluza qrabẖ b-alma	Eine Stimme rief in die Welt
u-amar	und sprach:
ia ḏ-qaimia b-ʿula atun	O die ihr in Schlechtigkeit dasteht,
ʿuhra l-qudamaikun zbun	kauft einen Weg für euch!
ia ḏ-aklia hbulia u-hbul hbulia atun	O die ihr verzehrt Zins und Zinseszins,
	kommt her,
ʿuhra l-qudamaikun zbun	kauft einen Weg für euch!
ia ḏ-šakbia bi-klilia busma ***qum***	O die ihr liegt mit Kränzen des Wohlgeruchs,
ʿuhra l-qudamaikun zbun	kauft einen Weg für euch!
ia ḏ-labšia uarda u-šaraia ***qum***	O die ihr euch bekleidet mit Blumen und Seide,
ʿuhra l-qudamaikun zbun	kauft einen Weg für euch!
ia ḏ-šakbia bi-špur anpia ***qum***	O die ihr liegt in Schönheit des Gesichtes,
ʿuhra l-qudamaikun zbun	kauft einen Weg für euch!
aminṭul ḏ-salqia	Denn es entschwinden
bnia b-hiria zidqa	die auserwählten Söhne der Wohltätigkeit,
u-qala ḏ-hiia	und der Ruf des Lebens
la-mitiqribẖ b-alma	wird nicht [mehr] gerufen in der Welt.
salqan masqata	Es entschwinden die *masqata*,
u-la-mitriṣ dakia burzinqa	und ein reines *burzinqa* wird nicht mehr aufgesetzt.
salqa maṣbuta haita	Es entschwindet die lebendige *maṣbuta*,
u-la-hauia ḏ-šanai rušuma	und das erhabene Zeichen wird es nicht [mehr] geben.
kḏ hazin amar Iahia	Als Jahja dies gesagt hatte,
malil Iaqip u-Bnia Amin u-Miriai	redeten Jaqif, Bnia-Amin und Mirjai,
ḏ-nimarulẖ l-Iahia b-ʿurašlam	in dem sie zu Jahja sprachen in Jerusalem:

ia Iahia ab-hiia ḏ-sagdatlun	O Jahja, beim Leben, das du anbetest,
*tum mauminalak Iah**ia***	und nochmals beschwören wir dich, Jahja,
*b-anpia iuma ḏ-iaqir šum**ẖ***	beim Anbruch des Tages, dessen Name teuer ist,
m῾ salqia	Entschwinden [wirklich]
*abnia bhiria zidq**a***	die erwählten Söhne der Wohltätigkeit,
u-qala ḏ-hiia	und der Ruf des Lebens
*la-mitiqribẖ b-alm**a***	wird nicht [mehr] gerufen in der Welt?
*m῾ salqan masqat**a***	Entschwinden [wirklich] die masqata,
*u-la-mitriṣ dakia burzinq**a***	und ein reines burzinqa wird nicht mehr aufgesetzt?
*m῾ salqa maṣbuta hait**a***	Entschwindet [wirklich] die lebendige maṣbuta,
*u-la-hauia ḏ-šanai rušum**a***	und das erhabene Zeichen wird es nicht [mehr] geben?
kḏ hazin amar Iaqip	Als dies gesagt hatten Jaqif
u-Bnia Amin u-Miriai	und Bnia-Amin und Mirjai,
malil Iahia ḏ-nimarlun b-῾urašlam	sprach Jahja zu ihnen in Jerusalem:
*kḏ mitgiṭlia kulhun kahn**ia***	Wenn alle Priester getötet sind
*u-la-hauin abnia asraiil mitgiṭ**lia***	und die Israeliten nicht [mehr] da sind,
*u-mitlid Mhamad arbai**a***	wird Muhammad der Araber geboren,
*br amtẖ ḏ-ʿAbdal**h***	der Sohn der Sklavin des ʿAbdallah.
*qarilẖ l-alm**a***	Er ruft der Welt zu:
masiqlun l-kulhun mašknia	er beseitigt alle Tempel,
*u-masgdia napšia b-al**ma***	und Moscheen sind zahlreich in der Welt.
*masqilẖ l-tuqna u-šal**ma***	Man beseitigt die Ordnung und den Frieden,
*u-kadba u-῾ula napuš b-al**ma***	und Lüge und Schlechtigkeit sind viel in der Welt.
*masqilun l-hilulia u-zamanat**a***	Man beseitigt die Hochzeitsfeiern und Feste
mn tibil	von der Erde.
*masqilẖ l-haimanut**a***	Man beseitigt den Glauben,
*u-ṣurta l-haita la-ṣairi**a***	und ein Bild von Lebendigem malt man nicht,
u-la-mqarqaš zanga b-tibil	und man schlägt nicht die Glocke auf der Erde.
u-la-mqarqišia kulhun	Und es schlagen nicht [die Glocke]
*abnia kadb**a***	alle Söhne der Lüge,
ḏ-hikumta ḏ-῾ula ramibẖ	die die Weisheit des Frevels
*b-alm**a***	in die Welt gebracht haben.
*šania gaura u-gairi**a***	Sie hassen Unzucht und treiben [doch] Unzucht,
*u-šania gnubta u-ganb**ia***	und sie verwerfen den Diebstahl und stehlen [doch].
*u-šania hbulia hbul hbul**ia***	Und sie verwerfen Zins und Zinseszins,
*u-iahbia hda u-šaqlia tš**a***	und sie geben eins und nehmen neun.
*ṣalilin l-zbaniat**un***	Sie drücken ihre Waagen,
*u-mrauribilun l-mitqal**un***	und sie machen ihre Gewichte groß.
*minaihun ḏ-gairia rišaih**un***	Einige von ihnen scheren sich den Kopf,
*u-minaihun manziaihun šabq**ia***	und einige von ihnen lassen ihr Haar [wachsen].
*minaihun diqnaihun b-hina ṣab**ia***	Einige von ihnen tauchen ihren Bart in Henna,

*minaihun ṣabia diqnaihun b-hin***a**	einige von ihnen tauchen ihren Bart in Henna,
*u-qaimia u-mṣalia bit mazgdaih***un**	und sie stehen in ihren Moscheen und beten.
*kḏ hazilẖ l-gabr***a**	Wenn sie einen Mann sehen,
*ḏ-ʿsirlẖ himian***a**	dem der *himiana* umgebunden ist,
qirsa rba la-bišlẖ l-kulẖ qumtaihun	packt eine große Abscheu ihren ganzen Körper.
*qaimia u-mšaililun u-amril***un**	Sie stehen und fragen und sprechen zu ihnen:
nbihak ***man***	Wer ist euer Prophet?
amarlan man anbihak	Sage uns, wer dein Prophet ist!
u-amarlan kdabak ***man***	Sage uns, was deine [heilige] Schrift ist!
u-amarlan l-manu sagdatlẖ	Sage uns, wen du anbetest!
la-iadia u-la-paršia	Sie wissen und verstehen nicht,
liṭia u-bhiṭia	die Verfluchten und Verwirrten,
la-iadia u-la-paršia ḏ-maraian	sie wissen und verstehen nicht, dass unser Herr
malka ḏ-nhura b-ʿmruma	der Lichtkönig in den Himmelshöhen ist.
hda hu	Er ist einer.
u-hiia zakʿin	Und das Leben ist siegreich.
sa.	

Bemerkungen zu Textkritik und Übersetzung

83,10 *kaluza*, syr. *Karuza* – ‚Stimme, Ruf'; zum Wechsel zwischen *r* und *l* vgl. *Handbook*, S. 53;

84,15 *u-la-hauin* – ‚sie sind nicht [mehr] da' könnte ein späterer Einschub sein; ohne ihn ergibt sich ein Endreim auf *e*, falls man nicht auch

84,15 f. *abnia asraiil mitgiṭlia* – ‚(wenn) die Israeliten getötet sind' als späteren Zusatz erkennen will;

85,6 *haita* heißt nicht nur ‚Wöchnerin, Schwangere', vgl. *Dict.*, S. 120 zu *haita* II, sondern kann auch das Femininum von *haia* – ‚lebendig' sein; die feminine Form steht hier für das Abstractum;

86,1 *ḏ-gairia*, hier von der Wurzel *GRR* – ‚scheren, rasieren', vgl. *Dict.*, S. 97 und nicht von *GUR* – ‚Unzucht treiben, Ehebruch begehen', vgl. *Dict.*, S. 85;

86,4 *mazgdaihun* – ‚ihre Moscheen', Pl. von *masgda* mit Suffix der 3. Person Plural, arab. *masǧid*, hier mit Assimilation des *s* an das *g* im Gegensatz zu

85,3 *u-masgdia*, vgl. *Dict.*, S. 249;

86,5 *qirsa* kann auch bedeuten ‚Krankheit, Unglück', vgl. *Dict.*, S. 412;

86,7 *kdabak* – ‚deine [heilige] Schrift' mit *d* statt *t* wie im sonstigen Semitisch, z. B. Heb. und Arab., vgl. *Dict.*, S. 204 unter *KDB* II

Gliederung des Textes

Der Text beginnt mit der dreizeiligen, sich reimenden Einleitung der Nachtgesänge des Jahja, auf die hier nicht wie sonst ein Rubrum, sondern ein Einzeiler folgt. Von diesem leitet das Rubrum *u-amar* – ‚und er prach' zu einem zehnzeiligen Abschnitt über, in welchem sich in Zeile eins bis vier Reime auf *-un* finden und danach die Endsilben -*un* und *-qum* einen Kreuzreim bilden. Der Zehnzeiler gliedert sich in fünf Zweizeiler, deren erste Zeile jeweils eine Anrede an verschiedene Personengruppen enthält, während sich die Aufforderung der zweiten Zeile im gesamten Abschnitt stereotyp wiederholt. Die ersten Zeilen sind alle nach dem gleichen Schema gebaut. An diesen Zehnzeiler schließt sich in sechs Zeilen mit durchgehendem Endreim auf *-a* die Begründung der fünf Aufrufe an. Der folgende Dreizeiler nennt erst jetzt Johannes als Redner, der auch sofort nach einer Erklärung seiner Verkündigung gefragt wird. Die Rede der Fragenden beginnt mit einem Dreizeiler, in dem Johannes beschworen wird, eine Antwort zu geben. Darauf folgt die Wiederholung des begründenden Sechszeilers in Frageform, ebenfalls mit durchgehendem Endreim auf *-a*. Die Wiederholung ist bis auf die Umgestaltung der Sätze in Fragen wörtlich durchgeführt. Ein Zweizeiler leitet die Antwort des Johannes ein, die unregelmäßig Endreime aufweist. In vier Zeilen wird die Geburt Muhammads vorausgesagt. Muhammad wird als ‚Araber' bezeichnet; das Gentilizium wird unterstrichen durch ein arabisches ع vor dem Namen seines Vaters. In drei Zeilen werden die Taten Muhammads beschrieben, in weiteren acht Zeilen verwerfliche Taten seiner Anhänger, der Muslime, auch der Christen, und es werden die Folgen dieser Werke genannt. Sechs sich anschließende Zeilen erheben weitere, allgemeinere Vorwürfe gegen die Muslime; ein abschließender Fünfzeiler gibt eine kleine Schilderung der islamischen Gebräuche dieser Zeit und Gegend. Der folgende Achtzeiler beschreibt das Zusammentreffen eines Muslims mit einem Mandäer. Der abschließende Vierzeiler, in welchem die letzte Zeile ein späterer Einschub sein könnte, zieht die Konsequenz für die Mandäer und nennt ausdrücklich die mandäische Gottheit. Die kurze Schlussformel beendet das Kapitel.

Interpretation

Nach der Einleitung zu den *Nachtgesängen* des Jahja beginnt ein Aufruf an alle Menschen, sich zur rechten Religion und Lebensweise zu bekehren bzw. sich von dieser nicht abbringen zu lassen. Dies wird von einer Stimme ausgesprochen, die zunächst nicht näher erläutert wird. Die Stimme erklingt vermutlich aus der Lichtwelt, um die Gläubigen vor kommenden schlechten Zeiten zu warnen. Eine ähnliche Wendung im Zusammenhang mit Johannes dem Täufer wird auch in den Evangelien berichtet: „Es ist die Stimme eines Predigers in der Wüste: Bereitet den Weg des Herrn, macht seine Steige eben!"[150] Auch hier wird etwas angekündigt, das bald anbrechen wird. Es wird

150 So Mk 1,3 par.

dabei eine Stelle aus dem Alten Testament zitiert[151] und so das Kommen des Herrn vorausgesagt. Dies ist jedoch ein positives Ereignis, während im mandäischen Text die Stimme vor kommender Bedrängnis warnt.

kaluza qrabẖ b-alma	Es ruft eine Stimme in die Welt
u-amar	und spricht:
ia ḏ-qaimia b-ʿula atun	O die ihr in Schlechtigkeit dasteht, kommt her!
ʿuhra l-qudamaikun zbun	Kauft einen Weg für euch!
ia ḏ-aklia hbulia u-hbul hbulia atun	O die ihr verzehrt Zins und Zinseszins, kommt her,
ʿuhra l-qudamaikun zbun	kauft einen Weg für euch!
ia ḏ-šakbia bi-klilia busma qum	O die ihr liegt mit Kränzen des Wohlgeruchs, steht auf,
ʿuhra l-qudamaikun zbun	kauft einen Weg für euch!
ia ḏ-labšia uarda u-šaraia	O die ihr euch kleidet mit Blumen und Seide,
qum ʿuhra l-qudamaikun zbun	steht auf, kauft einen Weg für euch!
ia ḏ-šakbia bi-špur anpia qum	O die ihr liegt in Schönheit des Gesichtes, steht auf,
ʿuhra l-qudamaikun zbun	kauft einen Weg für euch!

Angesprochen werden Personen, die aus mandäischer Sicht Schlechtes tun, sodass der erste Zweizeiler wie eine Art Überschrift gesetzt ist.

Gegen Zinsnehmen spricht sich das Johannesbuch mehrfach aus, so z. B. [in einer längeren Paränese] in Kapitel 47:

> Meine Söhne! Seht zu, daß ihr nicht Zins und Zinseszins verzehret, sonst werdet ihr im Finsterberge gerichtet.[152]

Ähnliche Ermahnungen finden sich auch im Koran:

> O die ihr glaubt, wahrlich, viele der Schriftgelehrten und Mönche verzehren das Gut der Menschen durch Falsches und machen abwendig von Allahs Weg. Und jene, die Gold und Silber anhäufen und es nicht aufwenden auf den Weg Allahs – ihnen verheiße schmerzliche Strafen.[153]

Und auch die Vergänglichkeit des Körpers mit seinen Genüssen und der Welt mit ihrem Reichtum wird wiederholt thematisiert und als verwerflich dargestellt.[154] Alle werden aufgefordert, einen Weg vor sich her zu kaufen. Damit ist der Weg gemeint, den die Seele nach dem Tod vorbei an den Wachtstationen zurücklegen muss, bevor sie zum Lichtreich kommt. Dieser Weg wird als lang und schwierig beschrieben: Die Seele begegnet bösen Mächten, die sie aufhalten und ihr so den Aufstieg ins Lichtreich versperren wollen:

---

151 Vgl. Jes 40,3; Mal 3,1.
152 So *J* 47, S. 174 in der Übersetzung Lidzbarskis.
153 Sure 9,34.
154 Vgl. *J* 29, S. 176 f., 179 f.

> Der Weg, den wir zu gehen haben, ist weit und endlos. Auf ihm sind keine Meilen abgemessen, keine Meilensteine nach dem Maß aufgestellt. Vögte sind an ihm zurückgelassen, und Wachthäusler und Zöllner sitzen an ihm. Die Waffe ist geschmiedet und bereitgelegt, poliert und bereitgelegt ist das Eisen. Die Kessel brodeln, die die Seelen der Bösen bergen.[155]

Doch am Ende dieses Weges wartet die Glückseligkeit auf die gläubigen Mandäer:

> Täglich blicken meine Augen zu dem Wege empor, den meine Brüder gehen, und zu dem Pfade, auf dem Manda dHaije kommt. Ich schaue hin und sehe, daß sich die Pforte des Himmels öffnete …[156]

Der Weg wird als von Lichtwesen erschaffen vorgestellt, und es gibt für die Seele Helfer, die sie beim Aufstieg in die Lichtwelt unterstützen und die man um Hilfe bitten kann:

> Helfer, zeige mir meinen Weg, den alle meine Brüder gehen.[157]

> Er [der Mana] erlöste mich aus der Hand und den Werken der Sieben. Allzeit zeigte er mir den Weg und schuf mir einen Pfad zum Lichtort.[158]

> Denn du [Manda ḏ-Haije] bist es, der du die Uthras in Ordnung hältst, einen Weg aufwirfst und einen Wegstein aufrichtest.[159]

> Manda ḏHaije brachte uns mit Glanz in Fülle und mit Licht in Menge unser *mana*, unser Zeichen, unseren Weg, unseren Jordan, unsere Taufe …[160]

Hilfreich auf diesem Wege sind auch gute Taten, die man während des irdischen Lebens vollbracht hat sowie der korrekte Vollzug der mandäischen Riten:

> Einen jeden, der mit dem Zeichen des Lebens gezeichnet, über den der Name des Lichtkönigs gesprochen, der fest und standhaft an der Taufe hält und gute Werke übt, wird niemand auf seinem Wege hemmen.[161]

Deshalb wird auch dazu ermahnt, gute Werke zu tun:

> Meine Auserwählten! Tuet gute Werke und besorget Reisezehrung für euren Weg. Sehet, höret und seid gläubig und nehmet das Wort eures Herrn an. Sehet mit euren Augen, sprechet mit eurem Munde, höret mit euren Ohren, glaubet mit eurem Herzen, übet mit euren Händen Almosenspende und Wohltat und handelt nach dem Willen eures Herrn, doch nach dem Willen des Satans handelt nicht.[162]

---

155 Siehe *G*, S. 433,9 ff.; 554,23; *G*, S. 582,24 ff.
156 Vgl. ebd., S. 264,7.
157 Vgl. ebd., S. 479,4.
158 Vgl. ebd., S. 500,28.
159 Vgl. ebd., S. 68,10.
160 Vgl. *Qol*, S. 44; weiter zum Begriff ‚Weg' in *Qol*, S. 38, 41, 44, 68, 89, 97 f., 101, 106, 128, 132, 134.
161 Siehe *G*, S. 20,3; vgl. auch *G*, S. 23,2.
162 Vgl. ebd., S. 23,1 ff.

Die guten Werke werden wie folgt konkretisiert:

> Lohn und Almosen werden auf diesem Weg gefordert, wie die Hand, die dem Munde reichen soll (…) wie ein Unterdrückter, der einen Retter sucht.[163]

> Seele, wappne dich mit deiner Lohnspende, deinen Werken und deinem Almosen.[164]

Gleichzeitig wird vor dem Abfall vom mandäischen Glauben gewarnt, ohne den die Seele nicht wird aufsteigen können:

> Manda dHaije (…) spricht über diejenigen, die sterben und zugrunde gehen, über diejenigen, die gefesselt werden (…) Ein jeder Naṣoräer, der die Rede des Lebens verläßt und eine andere Rede der Verfehlungen redet, der den Weg des Lebens verläßt und den Weg der Finsternis wandelt: auch ihnen wird es so ergehen."[165]

Diese Warnung begegnet auch im Zusammenhang mit Polemik gegen das Christentum:

> Die dort in die Finsternis geworfen sind und nach mir rufen, die mit dem Zeichen des Lebens gezeichnet wurden, aber den Weg des Lebens verließen und im Namen der Ruha und des Christus zum Jordan hinabstiegen – wer soll ihnen die Sünden erlassen?[166]

Dabei zählt nicht nur der korrekte Vollzug der Riten; auch die richtige Einstellung dazu ist wichtig:

> Ein jeder, der diesen Traktat betet und ihn nicht mit aufrichtigem Herzen und gläubigen Lippen rezitiert, wird vom Wege vor ihm abgeschnitten werden.[167]

Die Grenze zum Lichtreich wird meist als *Suf-Meer,*[168] das ‚Meer des Endes' bezeichnet, über welches die Seele eine Brücke braucht, um ins Lichtreich zu gelangen. Um dorthin gelangen zu können, braucht ein Mensch auch Nachkommen, die für ihn die Totenzeremonien halten und seine Seele mit Wegzehrung bis hin zum Lichtreich versorgen.[169]

Im folgenden Abschnitt wird dieser Aufruf dramatisiert, indem die Vorzeichen des baldigen Weltendes angekündigt werden:

aminṭul ḏ-salqia bnia bhiria zidqa	Denn es entschwinden die auserwählten Söhne der Wohltätigkeit,
u-qala ḏ-hiia la-mitiqribẖ b-alma	und der Ruf des Lebens wird nicht [mehr] gerufen in der Welt.
salqan masqata	Es entschwinden die *masqata*,

163 Siehe *J* 29, S. 102,1 ff.
164 Siehe *G*, S. 519,11.
165 Siehe *G*, S. 254, 19 ff.26.
166 Siehe *G*, S. 255,3.32 ff.
167 Siehe *G*, S. 148,10.
168 Erklärung zum *Suf-Meer* siehe Kommentar zu Kapitel 23.
169 Vgl. ebd., den Traktat über Šum br Nu, bes. S. 59 und 61 sowie den Kommentar zu Kapitel 31.

u-la-mitriṣ dakia burzinqa	und ein reines *burzinqa* wird nicht [mehr] aufgesetzt.
salqa maṣbuta haita	Es entschwindet die lebendige *maṣbuta*,
u-la-hauia ḏ-šanai rušuma	und das erhabene Zeichen wird es nicht[mehr] geben.

Die Gerechten werden weniger werden auf der Erde, und die Bedingungen für die Mandäer, die noch auf der Erde leben, werden sich verschlechtern. Es wird zu einem Verfall in der Ausübung der mandäischen Riten kommen. Doch wenn die Riten nicht korrekt vollzogen werden, sind sie ungültig, und die sie vollzogen haben, werden nach dem großen Gerichtstag[170] nicht ins Lichtreich aufsteigen können. Dies ist die Prophezeiung des Johannes, und er wird sofort von Jakob, Benjamin und Maria gefragt, ob sich dies wirklich so entwickeln würde. Wie im Verlauf des Kapitels noch deutlich wird, hat die kommende Bedrängnis einen Grund: die Ausbreitung des Islam.

kḏ hazin amar Iahia	Als Jahja dies gesagt hatte,
malil Iaqip u-Bnia Amin u-Miriai	redeten Jaqif, Bnia-Amin und Mirjai,
ḏ-nimarulẖ l-Iahia b-ʿurašlam	indem sie zu Jahja sprachen in Jerusalem:
ia Iahia ab-hiia ḏ-sagdatlun	O Jahja, beim Leben, das du anbetest,
tum mauminalak Iahia	und nochmals beschwören wir dich, Jahja,
b-anpia iuma ḏ-iaqir šumẖ	beim Anbruch des Tages, dessen Name teuer ist:
mʿ salqia abnia	Entschwinden [wirklich] die erwählten Söhne
bhiria zidqa	der Wohltätigkeit,
u-qala ḏ-hiia	und der Ruf des Lebens wird nicht [mehr]
la-mitiqribẖ b-alma	gerufen in der Welt?
mʿ salqan masqata	Entschwinden [wirklich] die *masqata*,
u-la-mitriṣ dakia burzinqa	und ein reines *burzinqa* wird nicht [mehr] aufgesetzt?
mʿ salqa maṣbuta haita	Entschwindet [wirklich] die lebendige *maṣbuta*,
u-la-hauia ḏ-šanai rušuma	und das erhabene Zeichen wird es nicht [mehr] geben?

Sie wiederholen seine Prophezeiungen wörtlich in der Frageform, doch die Fragen erhalten durch die einleitenden Worte einen sehr ernsten Charakter, der an eine Beschwörung erinnert: Bei der Gottheit selbst und beim Anbruch des Tages, dessen Name teuer ist – gemeint ist wohl der Gerichtstag –, soll Johannes ihnen die richtige Antwort geben. Die genannten Dinge und Vorgänge sind heilsnotwendig für den mandäischen Glauben und deshalb unverzichtbar. Wenn der Ruf des Lebens nicht mehr erschallt, fehlt den gläubigen Mandäern die Unterstützung auf dem rechten Weg, und es können keine neuen Gläubigen dazukommen. Werden die Seelenaufstiegszeremonien (*masqata*) nicht korrekt oder gar nicht vollzogen, können die Seelen nicht zum Lichtreich aufsteigen. Auch die *maṣbuta* (‚Taufe‘) ist heilsnotwendig, ohne sie wird es ebenfalls kein Erreichen der Lichtwelt geben.

kḏ hazin amar Iaqip	Als dies gesprochen hatten Jaqif
u-Bnia Amin u-Miriai	und Bnia-Amin und Mirjai.
malil Iahia ḏ-nimarlun	sprach Jahja zu ihnen

170 Zum Gerichtstag vgl. den Kommentar zu Kapitel 25.

b-ʿurašlam	in Jerusalem:
kḏ mitgiṭlia kulhun kahnia	Wenn alle Priester getötet sind
u-la-hauin abnia asraiil mitgiṭlia	und die Israeliten nicht [mehr] da sind,
u-mitlid Mhamad arbaia	wird Muhammad der Araber geboren werden,
br amtẖ ḏ-ʿAbdalh	der Sohn der Sklavin des ʿAbdallah.
qarilẖ l-alma	Er ruft der Welt zu,
masiqlun l-kulhun mašknia	er beseitigt alle Tempel,
u-masgdia napšia b-alma	und Moscheen sind zahlreich in der Welt.
masqilẖ l-tuqna u-šalma	Man beseitigt die Ordnung und den Frieden,
u-kadba u-ʿula napuš b-alma	und Lüge und Schlechtigkeit sind viel in der Welt.
masqilun l-hilulia	Man beseitigt die Hochzeitsfeiern
u-zamanata mn tibil	und Feste von der Erde,
masqilẖ l-haimanuta	man beseitigt den Glauben,
u-ṣurta l-haita la-ṣairia	und ein Bild vom Lebendigem malen sie nicht.
u-la-mqarqaš zanga b-tibil	Und man schlägt nicht die Glocke auf der Erde,
u-la-mqarqišia	und es schlagen nicht
kulhun abnia kadba	alle Söhne der Lüge [die
ḏ-hikumta ḏ-ʿula	Glocke], die die Weisheit des Frevels
ramibẖ b-alma	in die Welt gebracht haben.
šania gaura u-gairia	Sie hassen die Unzucht und treiben [doch] Unzucht,
u-šania gnubta u-ganbia	und sie verwerfen den Diebstahl und stehlen [doch].
u-šania hbulia hbul hbulia	Und sie verwerfen Zins und Zinseszins,
u-iahbia hda u-šaqlia tša	und sie geben eins und nehmen neun.
ṣalilin l-zbaniatun	Sie drücken ihre Waagen,
u-mrauribilun l-mitqalun	und ihre Gewichte machen sie groß.
minaihun ḏ-gairia rišaihun	Einige von ihnen scheren sich den Kopf,
u-minaihun manziahun šabqia	und einige von ihnen lassen ihr Haar [wachsen].
minaihun diqnaihun b-hina ṣabia	Einige von ihnen tauchen ihren Bart in Henna,
minaihun ṣabia diqnaihun b-hina	einige von ihnen tauchen ihren Bart in Henna,
u-qaimia u-mṣalia bit mazgdaihun	und sie stehen und beten in ihren Moscheen.

Auf ihre Fragen hält Johannes eine lange Rede, in der er das Hereinbrechen des Islam voraussagt. In seiner Prophezeiung liefert er eine recht genaue Beschreibung des Islam. Er weiß bereits von Moscheen und von Kriegen, die der Ausbreitung des Islam dienen sollten, sowie von der Änderung der Feste und davon, dass in einer Moschee kein Lebewesen abgebildet sein darf. Ich halte diese Übersetzung hier für besser, weil sie sich ohne thematischen Sprung in den Kontext einfügt.[171] Auch über verschiedene Gebetsgewohnheiten ist man unterrichtet. Abgelehnt wird hier ein Beten, das in irgendeiner Weise – z. B. im Zusammenhang mit Farben – auffällig ist und deshalb von den Anderen gesehen werden soll.[172]

171 Vgl. den Abschnitt *Bemerkungen zu Textkritik und Übersetzung* zu diesem Kapitel.
172 Ähnlich in der Bergpredigt, Mt 6,5–8.

Auch im *Ginza* wird das Auftreten Mohammeds vorhergesagt:

> Lügenpropheten treten auf, die in Lüge und Täuschung einhergehen. (…) Sie nennen sich Gott und werfen sich zu ‚Gesandten‘ auf. Sie ziehen einen Körper an und nehmen die Gestalt von Männern an. Sie schreiben ein Buch des Truges, stellen Warnungen für sie auf und lassen sie falsches Gebet verrichten. Lüsternheit, Wollust und Leidenschaft werfen sie über das Antlitz der Erde und nennen sich Propheten.[173]

Direkt im Anschluss werden die Mandäer ermahnt, bei ihrem Glauben zu bleiben:

> Ich nun, der erste Gesandte, lehre und sage allen Naṣoräern, die jetzt sind und die noch geboren werden sollen: Höret nicht auf ihre Rede und irret nicht vom Wege des Lebens ab.[174]

Auch hier wird der Islam als eine Gefahr für die mandäischen Gläubigen gesehen. Daneben stehen die üblichen Vorwürfe an die Anhänger einer Fremdreligion, die sich überall finden, wo Polemik betrieben wird: Man unterstellt ihnen Unzucht und Diebstahl sowie Betrug, um sie zu diffamieren. Zum Thema Zinsen nehmen sei hier der Koran zitiert:

> O die ihr glaubt, fürchtet Allah, und lasst den Rest des Zinses fahren, wenn ihr Gläubige seid.

und:

> Die Zins verschlingen, stehen nicht anders auf. als einer aufsteht, den Satan mit Wahnsinn geschlagen hat. Dies, weil sie sagen: „Handel ist gleich Zinsnehmen“, während Allah doch Handel erlaubt und Zinsnehmen untersagt hat. Wer also eine Ermahnung von seinem Herrn bekommt und dann verzichtet, dem soll das Vergangene verbleiben; und seine Sache ist bei Allah. Die aber rückfällig werden, die sind des Feuers Bewohner; darin müssen sie bleiben.[175]

Mohammed wird hier „Sohn einer Sklavin“ genannt, wohl um seine Herkunft in Frage zu stellen. Vergleichbar damit ist die jüdische Polemik gegen Ismael, den Ahnherrn der Araber: Er wird ebenfalls verächtlich als Sohn der Magd Hagar bezeichnet.[176]

Besonders lebendig ist die Beschreibung vom Zusammentreffen eines Moslems mit einem Mandäer.

kḏ hazilẖ l-gabra	Wenn sie einen Mann sehen,
ḏ-ʿsirlẖ himiana	dem der *himiana* umgebunden ist,
qirsa rba la-bišlẖ l-kulẖ qumtaihun	packt eine große Abscheu ihren ganzen Körper.
qaimia u-mšaililun u-amrilun	Sie stehen und fragen und sprechen zu ihnen:
nbihak man	Wer ist dein Prophet?

173 So *G*, S. 25 f. in der Übersetzung Lidzbarskis.
174 Ebd., S. 26; ebenso *G*, S. 44.
175 So Sure 2,276 ff.
176 Vgl. Gen 16; *J*, S. 88.

amarlan man anbihak	Sage uns, wer dein Prophet ist!
u-amarlan kdabak man	Sage uns, was deine [heilige] Schrift ist!
u-amarlan l-manu sagdatlẖ	Und sage uns, wen du anbetest!
la-iadia u-la-paršia	Sie wissen nicht und verstehen nicht,
liṭia u-bhiṭia	die Verfluchten und Verwirrten,
la-iadia u-la-paršia ḏ-maraian	sie wissen und verstehen nicht, dass unser Herr
malka ḏ-nhura b-ʿmruma	der Lichtkönig in den Himmelshöhen ist.
hda hu	Er ist einer.
u-hiia zakʿin	Und das Leben ist siegreich.
sa.	

Wenn ein Moslem auf einen Mann trifft, der den Gürtel der Mandäer trägt und damit als Mandäer zu erkennen ist, befragt er ihn sofort nach dem Propheten, an den er glaubt, nach seiner heiligen Schrift und nach seiner Gottheit. Der Islam war für die Mandäer der Grund, ihre Texte zu sammeln, niederzuschreiben und zu Büchern zusammenzufassen.[177] Allerdings können einige kürzere Texte durchaus schon früher schriftlich fixiert worden sein, im Bestreben, die eigene Religion deutlich von den sie umgebenden Religionen (Judentum, Christentum, Islam) abzusetzen. So waren die Mandäer Vertreter einer eigenen Religion, und durch die Existenz Heiliger Schriften von den Muslimen als Anhänger einer Buchreligion (*ahl al-kitab*) neben Juden und Christen geduldet. Im Koran werden sie als ‚Ṣabier' bzw. ‚Ṣubba' – ‚Täufer' bezeichnet.

Johannes wirft den Muslimen vor, die mandäische Gottheit, den wahren Gott also, nicht zu kennen und nichts zu verstehen. Das Bekenntnis *hda hu* – ‚er ist einer' erinnert an das Schmaʿ Jisrael und könnte ein späterer Zusatz sein, um die mandäische Religion als monotheistisch auszuweisen. Nur so konnte ihr Glaube in Zeiten des Islam Duldung finden. Johannes gilt als der Prophet der Mandäer. Lidzbarski vermutet, die Mandäer hätten ihre Schriften absichtlich nach Propheten benannt, die auch dem Islam bekannt sind, um die Legitimation ihrer eigenen Texte zu steigern.[178]

Polemik gegen den Islam und die Muslime findet sich auch an anderen Stellen im *Ginza* und im Johannesbuch: So wird Muhammad auch als der Dämon Bizbaṭ bezeichnet;[179] Dämonen gelten insofern als gefährlich, als dass sie die rechtgläubigen Mandäer bedrängen und sie dazu bewegen wollen, sich von ihrer Religion zu lösen. So schließt sich auch direkt die Ermahnung an, den eigenen Glauben nicht zu verleugnen.[180] Dass Muhammad außerdem als Sohn einer Sklavin bezeichnet wird (s. o.), zeigt die Geringschätzung seiner Person. Im *Ginza* wird Muhammad mit Nerig (dem Mars) in Verbindung gebracht. Nerig begegnet als Anführer der Muslime, der durch seine Dews die Menschen überfällt und sie schindet,[181] z. B. indem er sie zum Diebstahl

177 Vgl. Lidzbarski: *Johannesbuch*, S. VI.
178 Vgl. ebd.
179 Vgl. *J* 54, S. 193 f; *G*, S. 30, 54.
180 Vgl. ebd.
181 Vgl. *G*, S. 28 f.

verführt. Das Zeitalter des Islam gilt den Mandäern als das letzte Zeitalter der Welt; die Bedrohung durch den Islam wird als sehr hoch eingeschätzt:

> Nach allen Propheten wird ein Prophet von der Erde aufstehen. Der arabische Prophet kommt und herrscht über alle Völker. Dann ist die Not groß in der Welt. Nach jener Herrschaft wird die Welt in Wirrsal dastehen. Nach dem Araber Mohammed, dem Sohne des Bizbaṭ, wird kein Prophet mehr in der Welt auftreten, und der Glaube wird von der Erde verschwinden.[182]

Es wird prophezeit, die Araber würden sich aus jedem Landbezirk erheben, der König der Araber würde sterben, und danach würden die Araber gegenseitig über sich herfallen.[183] Mit dem Mars (Nerig) werden Lüge und Krieg assoziiert.[184]

Das Kapitel wird mit der kurzen Schlussformel abgeschlossen.

Thesen zu Johannes und Mohammed im Johannesbuch

(1) Bereits in Kapitel 18 des Johannesbuches, zu Beginn des Traktates über Johannes den Täufer, wird Johannes als ein Prophet vorgestellt: Die Vorzeichen seiner Geburt (Stern, Feuer, Himmelslichter) machen deutlich, dass er ein Gesandter des Himmels, ein Kind aus Himmelshöhen, ist und damit ein herausragender Vertreter seiner Religion. Von Mohammed wird im Koran hingegen betont, er sei nur ein Gesandter, dem die Offenbarung zuteil wurde, jede Qualifizierung durch Erzählungen wundersamer Dinge bei bzw. vor seiner Geburt wird vermieden: Im Koran ist Mohammed ganz und gar nur Mensch.[185] Allerdings berichtet Ibn Ishâq von einem Licht um Abdallah, den Vater Mohammeds, das nach der Zeugung des Propheten wieder verschwindet, und während der Schwangerschaft mit dem Propheten geht von seiner Mutter Amina ein Licht aus.[186]

Doch Johannes ist mit größerer Macht ausgestattet als Mohammed, zahlreiche Zeichen erscheinen, darunter auch drei Lichter an Zacharias.[187] So gewinnen die Lehren des Johannes größere Autorität.

(2) In Kapitel 19 wird Johannes als makellos und von Sünden rein dargestellt. Er ist stärker als widrige Mächte, z. B. *die Sieben* und *die Zwölf*, die die Mandäer verführen können. Auch die Stimme des Johannes wird gepriesen; dies und die Macht seiner Predigten werden in Kapitel 21 noch näher beschrieben: Auf diese Stimme reagieren nicht nur die Menschen, auch die Natur, das Wasser sowie Fische und Vögel ehren Johannes. Sowohl auf der Erde als auch in himmlischen Sphären ist er einzigartig, niemand anders kann seine Rolle übernehmen.

---

182 Vgl. *G*, S. 54,12 ff.
183 Vgl. *G*, S. 412 ff.
184 Vgl. *G*, S. 28,30; 124,21; 137,12.
185 So z. B. Sure 3,144.
186 So Ibn Ishâq: *Das Leben des Propheten*, aus dem Arabischen übertragen und bearbeitet von Gernot Rotter, Tübingen / Basel ^{2}1979, S. 27 f.
187 Vgl. Kapitel 18.

So wird Johannes auch als unersetzlicher Lehrer qualifiziert und tritt hiermit wiederum in Konkurrenz zu Mohammed.

Johannes wird mit dieser Reaktion auf seine Stimme auch in die Nähe Manda ḏ-Haijes, eines Heilsbringers der Mandäer, gerückt. Im *Ginza* wird berichtet, dass der Jordan vor Manda ḏ-Haije hüpfte und das Wasser vor ihm zurückwich. Auch ihn preisen Fische und Vögel und segnen ihn. Von der Stimme und den Reden Mohammeds werden keine derartigen Phänomene berichtet.

(3) In Kapitel 22 findet sich eine kurze Schilderung einer Begegnung zwischen Mandäern und Muslimen. Mohammed wird abfällig als Sohn einer Sklavin bezeichnet;[188] das Auftreten des Islam wird mit endzeitlichen Phänomenen assoziiert (mandäische Riten verschwinden oder nehmen ab, und der Glaube wird „beseitigt")[189]. Im *Ginza* wird eine andere Abstammung Mohammeds angeführt: Er sei der Sohn des Zauberers Bizbaṭ.[190] Gleichzeitig werden die Mandäer ermahnt, einen ‚Weg' für sich zu kaufen, auf dem ihre Seelen nach dem Tod in die Lichtwelt aufsteigen können. Während das Judentum als veraltete Religion abqualifiziert wird,[191] ist der Islam die gegenwärtige Bedrohung der Mandäer. Die Muslime werden als ‚verflucht' und ‚beschämenswert' bezeichnet, unfähig, die mandäische Religion zu verstehen. Nicht nur wird Johannes Mohammed deutlich vorgezogen, der Mandäismus ist auch die überlegene Religion.

(4) Der Brief der Kušṭa in Kapitel 26 thematisiert den Aufstieg der Seele des Johannes in die Lichtwelt. Auf dieses Ereignis hat Johannes hingelebt; er hat sein Ziel erreicht. Nach seinem Erscheinen in dieser Welt wird er wieder in die himmlische Welt aufgenommen. Bereits in Kapitel 24 wird dies angedeutet: Johannes war im ‚Haus seines Bildes'. Dies ist als ein kurzzeitiger Aufenthalt in der Lichtwelt zu verstehen, in dem Johannes feststellen kann, dass er sein Erdenleben ohne Fehl und Tadel absolviert hat.

Johannes rückt so wieder in Konkurrenz zu Mohammed, denn dessen Himmelsreise ist nun kein Alleinstellungsmerkmal mehr, sondern auch von Johannes vollzogen worden. Im anschließenden Kapitel 27 wird Johannes noch einmal als einzigartig und sogar als unzerstörbar (durch Feuer oder Schwert) dargestellt. In den Kapiteln 28 und 29 tritt Johannes noch einmal als der einzig wahre Lehrer und Vorbild der Mandäer auf.

(5) Johannes als der rechte Lehrer wird in Kapitel 30 in Konkurrenz zu Jesus Christus gerückt. Auch hier ist er überlegen: Christus wird als Lügner bezeichnet, der Apostel Paulus wird als Lehrer der Gemeinden als Verfälscher der wahren Religion dargestellt.[192]

(6) Kapitel 31 greift vermutlich Kritik an Johannes auf: Er ist nicht verheiratet und hat so weder Frau noch Kinder. Er sollte jedoch „einen Stamm bilden", und die „Tibil

188 Im Gegensatz zu Ibn Ishâq, S. 27: „So aber war der Gesandte Gottes der edelste und vornehmste seines Volkes sowohl von seines Vaters wie von seiner Mutter Seite".

189 So auch *G*, S. 30,15; 54,12 ff.; 300,10 ff.; 4,30.

190 Ebd., S. 54,12 ff.; 30,15.

191 Vgl. die Thesen zu Mandäismus und Judentum im Anschluss an Kapitel 32.

192 Vgl. hierzu die Thesen zu Johannes und Jesus im Anschluss an Kapitel 30.

nicht eingehen lassen“, d. h. seine Kinder sollen weiter die mandäische Religion vertreten. Die Ehe wird den Mandäern dringend empfohlen,[193] und es ist erwünscht, dass mandäische Familien Kinder bekommen.[194] Damit ergibt sich auch die Pflicht, die Kinder im Glauben zu unterweisen.[195] Es wird in Kapitel 31 berichtet, dass Johannes seine Söhne belehrt, wohingegen seine Frau Anhar die Töchter anleitet. Somit hat Johannes auch hier seine Verpflichtung erfüllt. Die Familien haben nach dem Tod eines Verwandten die Pflicht, für die Verstorbenen Gebete und Hymnen vorzutragen, um deren Seele beim Aufstieg in die Lichtwelt zu unterstützen.[196]

(7) Kapitel 32 rückt noch einmal die Geburt bzw. Entstehung des Johannes in den Blick[197] und betont, dass auch sein Name von dem (Großen) Leben bestimmt wurde. Auch sind Himmelswesen damit beauftragt, Johannes zu schützen, bis er wieder in die Lichtwelt zurückkehrt. Johannes rückt hier deutlich in die Nähe dieser himmlischen Gestalten, was wiederum seine Einzigartigkeit unterstreicht.

(8) Kapitel 33 spricht die Beschaffenheit der Seele an und das Geschehen beim Tod eines Menschen. Noch einmal erweist sich Johannes als Verfechter der reinen Lehre und setzt sich so gegenüber Jesus Christus durch.

Der Traktat über Johannes den Täufer beschreibt Johannes als den einzig wahren Propheten und Lehrer und stellt ihn sowohl gegenüber Christus als auch Mohammed als weit überlegen dar. Seine himmlische Herkunft und sein tadelloses Leben rechtfertigen und verteidigen die Mandäer gegenüber den monotheistischen Großreligionen. Dabei ist zu beachten, dass sowohl Johannes als auch Jesus sowohl im Neuen Testament als auch im Koran erwähnt werden. Doch nur im mandäischen Glauben sind die Religionsstifter richtig und unverfälscht dargestellt. So wie Johannes allen anderen Propheten überlegen ist, so ist auch der Mandäismus die überlegene und deshalb einzig wahre Religion.

193 Vgl. *G*, S. 61 f.; S. 23.
194 Vgl. ebd., S. 24.
195 Siehe ebd.
196 Vgl. ebd., S. 37.
197 Vgl. Kapitel 18.

Kapitel 23

Umschrift

86,12 *Iahia dariš b-liluia Iuhana b-ramšia ḏ-lilia*
86,13 *Iahia dariš b-liluia u-amar ʿzdahrulia ahai*
86,14 *u-ʿzdahrulia rahmai ʿzdahrulia ahai mn*
86,15 *nangria ḏ-karian ʿnšia kulhun nangria*
87,1 *mṭamamia u-kulhun kamaṣia mištadkia nangria*
87,2 *ḏ-karian ʿnšia l-alip alip šnia la-mṭamamia*
87,3 *ḏ-mṭanpa u-la-mkauna balalẖ ṭura haška*
87,4 *ḏ-mṭanpa u-la-mkauna la-bralẖ l-iama rba ḏ-sup*
87,5 *ḏ-mṭanpa u-la-mkauna šipulia sriqia hauilẖ*
87,6 *ḏ-mṭanpa u-la-mkauna abnia mitia hauilẖ tiliṯẖ*
87,7 *ʿšumia u-arqa aminṭul ḏ-ṭanpat mia taqnia*
87,8 *u-razia kasiia galalat u-apqat ašdaṯẖ l-qiqilta*
87,9 *šamiš u-sira luṭta bišta laṭuia kḏ*
87,10 *barsaikun šakbitun mia ʿlauaikun armun mn*
87,11 *qudam ḏ-ramitun ʿlauaikun mia b-riš rišaikun*
87,12 *hup aminṭul ʿu zimta paiša b-rišaikun la-mritun*
87.13 *ḏ-mia siainin b-hazin alma u-hiia zakin*
87,14 *sa.*

Poetische Struktur und Übersetzung

*Iahia dariš b-lilu**ia***	Jahja lehrt in den Nächten,
*Iuhana b-ramšia ḏ-lili**a***	Juhana an den Abenden der Nacht.
*Iahia dariš b-lilu**ia***	Jahja lehrt in den Nächten
u-amar	und spricht:
*ʿzdahrulia ah**ai***	Lasst euch warnen durch mich, meine Brüder,
*u-ʿzdahrulia rahm**ai***	und lasst euch warnen durch mich, meine Freunde.
*ʿzdahrulia ah**ai***	Lasst euch warnen durch mich, meine Brüder,
*mn nangria ḏ-karian ʿnš**ia***	vor den Gruben, die die Frauen graben.
*kulhun nangria mṭamam**ia***	Alle Gruben werden aufgefüllt,
*u-kulhun kamaṣia mištadk**ia***	und alle Abgründe werden eingeebnet.
*nangria ḏ-karian ʿnš**ia***	Die Gruben, die die Frauen graben –

l-alip alip šnia	in tausend mal tausend Jahren
*la-mṭamam**ia***	werden sie nicht eingeebnet.
ḏ-mṭanpa u-la-mkauna	Die unrein ist und nicht Bestand hat –
balalẖ ṭura haška	verschlingen wird sie der finstere Berg.
ḏ-mṭanpa u-la-mkauna	Die unrein ist und nicht Bestand hat –
la-bralẖ l-iama rba ḏ-sup	sie wird nicht das große Suf-Meer überschreiten.
*ḏ-mṭanpa u-la-**mkauna***	Die unrein ist und nicht Bestand hat –
*šipulia sriqia **hauilẖ***	unfruchtbare Geschlechtsteile wird sie haben.
*ḏ-mṭanpa u-la-**mkauna***	Die unrein ist und nicht Bestand hat –
*abnia mitia **hauilẖ***	tote Söhne werden ihr zuteil werden.
tiliṭẖ ʿšumia u-arqa	Verfluchen werden sie Himmel und Erde,
aminṭul ḏ-ṭanpat mia taqnia	weil sie das klare Wasser verunreinigt hat
u-razia kasiia galalat	und weil sie verborgene Geheimnisse aufgedeckt hat
u-apqat ašdatẖ l-qiqilta	und sie profaniert hat und in den Schmutz geworfen.
šamiš u-sira luṭta bišta laṭuia	Sonne und Mond – einen bösen Fluch
	haben sie auf sie gelegt.
*kḏ barsaikun šakbit**un***	Wenn ihr auf eurem Bett liegt,
*mia ʿlauaikun arm**un***	sollt ihr Wasser über euch gießen.
*mn qudam ḏ-ramit**un***	Bevor ihr Wasser
ʿlauaikun mia	über euch gießt,
b-riš rišaikun hup	sollt ihr zuerst eure Köpfe waschen.
aminṭul ʿu zimta	Wenn auch nur ein Haar auf eurem Kopf
paiša b-rišaikun	[trocken] geblieben ist,
la-mritun ḏ-mia	sollt ihr nicht sagen: „Mit Wasser
siainin b-hazin alma	haben wir uns gewaschen in dieser Welt“.
u-hiia zakin	Und das Leben ist siegreich.
sa.	

Bemerkungen zu Textkritik und Übersetzung

86,13 *ʿzdahrulia* von *ZHR* I – ‚vorsichtig sein, auf der Hut sein‘, vgl. *Dict.*, S. 163 im Ethpaal mit Suffix 1. c. Sg., evtl auch zu übersetzen mit ‚Seid mir auf der Hut!‘;

86,15 *nangria* von *NGR*, vgl. *Dict.*, S. 289, mit der Nebenbedeutung ‚zimmern, bauen‘, das Wort *nangria* begegnet nur im Plural;
ʿnšia ist der Plural von *ʿnta* – ‚Frau‘;

87,1 *la-mṭamamia* von *ṬMM* – ‚füllen, auffüllen‘, vgl. *Dict.*, S. 180, Pael Partizip mit Negation *la-*;
kamaṣia – ‚Abgründe, Gruben‘, im Hebr. und Syr. mit *g*, vgl. die Wurzel *gmṣ* – ‚graben, höhlen‘, Gesenius, S. 144 und im Syr. die Wurzel *GMṢ* – ‚in

eine Grube werfen‘, im Ethpeal ‚in eine Grube fallen‘, vgl. Payne-Smith, S. 72; *mištadkia* von *ŠDK* – ‚ruhig sein, friedlich sein‘, vgl. *Dict.*, S. 449, Partizip im Etpa. mit Metathesis, das Verbum hat die Nebenbedeutung ‚heiraten‘;

87,2 zur Art und Weise der Multiplikation vgl. Macuch, Handbook, S. 414;

87,3–6 *ḏ-mṭanpa* von *ṬNP* – ‚unrein sein‘, Pael, Partizip Passiv feminin;

87,3–6 *-ẖ* das Personalsuffix 3. m. Sg. steht für die feminine Form, vgl. Handbook, S. 158;

87,4 *la-bralẖ* von *ABR* I – ‚überqueren, hindurchkommen‘, vgl. *Dict.*, S. 4;

87,5 *šipulia* von *ŠPL* – ‚niedrig sein, hinabsinken‘, vgl. *Dict.*, S. 472, bedeutet z. B. im späteren Hebr. ‚Saum eines Kleides‘, in der Verbindung *šipole meʿayim* – ‚Labien der weiblichen Scham‘, vgl. Dalman, S. 432;

87,8 *galalat* von *GLL* im Peal, vgl. Macuch, Handbook, S. 319 zur Bildung der Form analog zum Verb *MLL*;
u-apqat von *NPQ̣* – ‚hinausgehen‘, hier im Afel ‚hinausgehen lassen‘, vgl. *Dict.*, S. 304, im Afel;

87,12 *hup* von *HUP* – ‚waschen, säubern‘, vgl. *Dict.*, S. 136, Imperativ Sg., steht für Imperativ Pl.;

87,13 *ḏ-* führt direkte Rede ein; *siainin* von *SAA* – ‚waschen‘, Pe. Perf., 1. P. Pl.

Gliederung des Textes

Am Beginn des Kapitels steht die Einleitungsformel für die Nachtgesänge des Jahja.

Das Wort *u-amar* – ‚und er spricht‘ ist als Leseanweisung für den Vortragenden zu verstehen, eher ein Rubrum als zum Text selbst gehörend und ist deshalb in der Transkription nach außen gerückt. Es fügt sich auch nicht in die poetische Struktur des Kapitels ein. Es leitet über zu einem Dreizeiler, dessen Endsilben sich reimen und dessen Mittelzeile durch die Kopula *u-* eingeleitet wird.

Auf diesen folgt die Nennung des eigentlichen Themas des Kapitels: Es geht um das rechte Verhalten gegenüber Frauen. Der auf die Themazeile folgende Zweizeiler ist durch einen Endreim und parallele Satzstruktur zusammengehalten.[198] Die Warnung vor den „Gruben, die die Frauen graben“ wird im Zweizeiler darauf gesteigert: Diese Gruben werden im Gegensatz zu allen anderen niemals aufgefüllt werden.

Es folgen vier parallel gebaute Sätze, die Tatsachen schildern sollen, wobei durchgängig das maskuline Personalsuffix das feminine ersetzt und die beiden letzten Sätze einen Endreim aufweisen.

Ein sich anschließender Fünfzeiler enthält sowohl eine Feststellung sowie den Grund der Tatsachen, die oben beschrieben wurden: Eine unreine Frau steht unter einem Fluch. Zu beachten ist der Chiasmus zwischen erster und letzter Zeile des Fünfzeilers: Werden in Zeile eins zuerst der Fluch und dann die kosmischen Mächte, die ihn aussprechen, genannt, ist die Reihenfolge in Zeile fünf umgekehrt.

---

198 Vgl. der parallele Aufbau des Anfangs von Kapitel 25.

Auf den Fünfzeiler folgt in einem Zweizeiler die Konsequenz, die aus dem Beschriebenen zu ziehen ist, in Form einer allgemeinen Regel. Der Zweizeiler weist einen Endreim auf.

Diese Regel wird in den abschließenden vier Zeilen des Kapitels präzisiert durch die Aufforderung, zuerst den Kopf zu waschen. Die kurze Schlussformel *u-hiia zakin* – ‚Und das Leben ist siegreich' beendet Kapitel 23.

Interpretation

Nach der üblichen Einleitungsformel der Nachtgesänge des Jahja beginnt Kapitel 23 mit einem zur Warnung gestalteten Anruf.

ʿzdahrulia ahai	Lasst euch durch mich warnen, meine Brüder,
u-ʿzdahrulia rahmai	und lasst euch durch mich warnen, meine Freunde.
ʿzdahrulia ahai	Lasst euch durch mich warnen, meine Brüder,

Die dreimalige Wiederholung der gleichen Verbform *ʿzdahrulia* – ‚lasst euch warnen durch mich' zu Beginn der Zeile soll die Ernsthaftigkeit der Warnung unterstreichen. Sie richtet sich an die mandäische Kultgemeinde, die hier mit „meine Freunde' (*rahmai*) und „meine Brüder" (*ahai*) direkt angesprochen wird. Da Johannes der Sprecher ist, handelt es sich vermutlich konkret um seine Anhänger. Nach der eindringlichen Anrede, die noch kein Thema nennt, wird gesagt, wovor die Mandäer sich hüten sollen:

mn nangria ḏ-karian ʿnšia	vor den Gruben, die die Frauen graben.
kulhun nangria mṭamamia	Alle Gruben werden aufgefüllt,
u-kulhun kamaṣia mištadkia	und alle Abgründe werden eingeebnet.
nangria ḏ-karian ʿnšia	Die Gruben, die die Frauen graben –
l-alip alip šnia	in tausend mal tausend Jahren
la-mṭamamia	werden sie nicht eingeebnet.

In einem fünfzeiligen Abschnitt wird vor dem Umgang mit Frauen gewarnt.[199] Eine ähnlich pauschale Warnung an die Männer findet sich auch im *Ginza*:

> Doch will ich euch über die häßlichen Werke belehren, die die Frauen begehen: über jede Frau, die Unzucht treibt, über jede Frau, die Diebstahl begeht, über [jede] Frau, die Zauberwerk übt und die Seele im Körper beklemmt: ein Tun, das Gott nicht genehm und für die Menschen nicht schön ist. Denn es gleicht den schlimmen Leiden, für die es keine Heilung gibt.[200]

199 Vgl. die Warnung in *J* 67: „Liebe nicht wohlriechende Kränze und finde kein Gefallen an einem lieblichen Weibe. Liebe nicht Wohlgerüche und vernachlässige nicht das Gebet der Nacht. Liebe nicht täuschende Schatten, nicht den Verkehr mit lieblichen Frauen, nicht lügnerische Schattenbilder." S. 225 in der Übersetzung Lidzbarskis.

200 Vgl. *G* 23,28 ff.

Es wird hier keine Drohung ausgesprochen, der Abschnitt findet sich jedoch in einem paränetischen Zusammenhang, und es ist anzunehmen, dass Frauen, die die genannten Taten begangen haben, im Gericht dafür zur Rechenschaft gezogen werden. Gewarnt wird vor allem davor, eine Sklavin zu heiraten:

> Nehmet zur Frau keine Sklavin, die nicht freigelassen ist, und bringet somit eure Kinder nicht in ein Herrenhaus.[201]

Gemeint sind hier offensichtlich nichtmandäische Frauen. Diese These kann durch mehrere Argumente belegt werden. Eine mandäische Frau vollzieht die Reinigungsriten korrekt und ist deshalb nicht unrein, wie in der folgenden Beschreibung angenommen wird. Ein genereller Aufruf an die mandäischen Männer, sich nicht mit Frauen einzulassen, kann ebenfalls nicht gemeint sein, denn es ist bei den Mandäern sozusagen Pflicht, dass ein Mann heiratet und Kinder zeugt:[202]

> O ihr Männer, die ihr Frauen nehmt, o ihr Frauen, die ihr an Männer kommet [...] Zeuget und bekommet Kinder. Wenn ihr keine zeugt und bekommt, so ertraget die Krankheit am Lager.[203]

Dieses mandäische Gebot wird auch in *J* 31, Johannes selbst betreffend, erörtert:

> Er (ein himmlisches Wesen) spricht: „Jahja, du gleichst einem verbrannten Berge, der in der Tibil keine Weinblüten hervorbringt. Du gleichst einem ausgetrockneten Flusse, an dem man keine Pflanzen zieht. Du gleichst einem verödeten Hause, vor dem ein jeder, der es erblickt, sich fürchtet. Ein Land wurdest du ohne Herrn, ein Haus ohne Ansehen. Ein falscher Prophet wurdest du, der du keinen hinterlässest, der deines Namens gedenke. Wer wird dich mit Vorrat, wer mit Proviant versehen, Jahja, und wer dir nach dem Begräbnisorte folgen?“[204]

In Kapitel 31 wird geschildert, dass Johannes eine Frau nimmt, Anhar, und Kinder mit ihr zeugt.[205] Damit ist die Legitimation des Johannes wieder hergestellt und der Vorwurf, er sei ein falscher Prophet, abgewehrt. Möglicherweise geht die Erinnerung an Johannes als Asketen auf christliche Traditionen zurück.[206] Allerdings wird auch in seinem Stammbaum in Kapitel 18 erwähnt, dass diese Männer weder Frau noch Kind hatten – „aber in ihrem Alter hatte doch jeder einen Sohn“.[207]

---

201 Ebd.

202 Vgl. hierzu z. B. Drower: *MII*, S. 59: „If a man has no wife, there will be no Paradise for him hereafter and no Paradise on earth“ und „Children make a man's name great in the next world“.

203 So *G*, S. 23,25 f.

204 Vgl. Lidzbarski: *Johannesbuch*, S. 109 f.; zu den Stichworten ‚Proviant / Wegzehrung‘ vgl. den Kommentar zu Kapitel 31.

205 Vgl. ebd., S. 109–111.

206 Vgl. Mt 3,1–12 par.

207 Vgl. meinen Kommentar zu Kapitel 18.

Die Aufgabe der Kinder ist in erster Linie, beim Tod der Eltern für eine korrekte Bestattung zu sorgen. Dies begegnet, positiv gewendet und noch etwas deutlicher ausgedrückt, auch in *J* 14:

> Du (Sem) hast Kinder großgezogen, damit auf der Welt jemand da sei, der deines Namens gedenke. Sie versehen deinen Körper mit Wegzehrung nach dem Sheol, sie folgen dir nach der Grabstätte, sie rezitieren Totenmessen für dich am Tage, da du die Welt verlässest. Sie geben Almosen nach deinem Tode, damit nicht das Urteil gegen dich gefällt werde.[208]

Die Kinder sollen nach dem Tod des Vaters die Seelenaufstiegszeremonien vollziehen und so der Seele des Vaters auf ihrem Weg ins Lichtreich helfen. Mit rituellen Mahlzeiten, bei denen der Verstorbene als gegenwärtig vorgestellt ist, erhalten nicht nur die Hinterbliebenen, sondern auch die Armen, die zu diesen Mahlzeiten eingeladen werden sollen, Nahrung; auch der Verstorbene wird durch das rituelle Mahl gestärkt: Er erhält „Wegzehrung", „Proviant" (s. o.).

Daneben bedeuten Kinder in der kleinen mandäischen Kultgemeinde die Chance der Erhaltung der Gemeinde: Die Mandäer betrieben nie Mission; dass ein Andersgläubiger zum Mandäismus übertrat, wie in *J* 34–36 am Beispiel Marias beschrieben, wird faktisch nur höchst selten vorgekommen sein. Die einzige Chance der Mandäer, das Aussterben ihrer Gemeinde zu verhindern, war also, selbst Kinder zur Welt zu bringen und sie im mandäischen Glauben zu erziehen:

> Jahja öffnete den Mund und sprach zu Anhar in Jerusalem: „Unterrichte du deine Töchter, damit sie nicht zugrunde gehen, und ich will meine Söhne aufklären und belehren, daß sie nicht gehemmt werden (nämlich beim Aufstieg in die Lichtwelt)." Darauf öffnete Anhar ihren Mund und sprach zu Jahja in Jerusalem: „Ich habe Söhne in der Tibil geboren", sagt sie zu ihm, „doch (ihr) Herz habe ich in der Tibil nicht geboren. Wenn sie sich belehren lassen, so werden sie zum Orte des Lichtes emporsteigen; lassen sie sich nicht belehren, so wird sie das lodernde Feuer verzehren."[209]

Eine generelle Warnung vor jeglichem Umgang mit Frauen ist hier also auszuschließen. Das rechte Verhalten gegenüber der eigenen Ehefrau wird im folgenden Kapitel 24 beschrieben.[210] Gewarnt wird hier also eher vor dem Umgang mit nichtmandäischen Frauen und vor daraus möglicherweise entstehenden Mischehen. Das Verbot von Mischehen ist ein Kennzeichen monotheistischer Religionen, man vergleiche das Verbot bzw. die Aufhebung von Mischehen in Esra 9 f. und in Neh 10,31; 13,23–31. Die Warnung vor Mischehen findet sich auch häufig in der zwischentestamentlichen Literatur, so etwa im Test Levi IX, Jub 20,4; JosAs 7. Hinter diesen Warnungen verbirgt sich die Furcht, die mit dem oder der Angehörigen einer fremden Religion verheiratete Person könne

208 Vgl. ebd., S. 61.
209 Vgl. ebd., S. 112.
210 Vgl. den Kommentar zu *J* 24.

die eigene Religion aufgeben und sich der des Partners zuwenden.[211] In monotheistischen Religionen gibt es nur einen wahren Gott, der zu verehren ist. Ein Abfall von der Religion, in der dieser wahre Gott verehrt wird, ist identisch mit der Abwendung von Gott selbst, und damit hätte der abgefallene Mensch sein Leben verwirkt; im Gericht würde er schuldig gesprochen werden und der ewigen Verdammnis anheimfallen. Hier gibt es kein *nicht nur* (diesen Gott) – *sondern auch* (eine andere Gottheit) wie in polytheistischen Religionen, sondern nur ein *entweder* (Entscheidung für den wahren Gott und die entsprechende monotheistische Religion) – *oder* (Abfall vom einzigen Gott und ewige Verdammnis).

Die Warnung vor Frauen, die anderen Religionen angehören, ist besonders für die kleine mandäische Gemeinde geradezu existenziell. Sie will keines ihrer Mitglieder verlieren durch den Abfall vom Mandäismus und ist gleichzeitig von monotheistischen Religionen umgeben, die Mission treiben und mit deren Angehörigen die Mandäer fast zwangsläufig in Kontakt kommen müssen. Deshalb erfährt die Warnung in den letzten beiden Zeilen des Fünfzeilers eine deutliche Steigerung im Hinweis, dass allein die Gruben, die die Frauen graben, in tausend mal tausend Jahren nicht aufgefüllt werden, dass die Versuchung, sich einer Frau mit einer fremden Religion zuzuwenden, also niemals aufhört.

Das Bild von dem, der eine Grube gräbt, ist ein altes Bild der jüdischen Weisheit und kommt schon im Alten Testament vor.[212]

Im folgenden Abschnitt wird vor dem gewarnt, was unreine Frauen nach dem Tode erwartet: Ihre Seele wird nicht zur Lichtwelt aufsteigen.

ḏ-mṭanpa u-la-mkauna	Die unrein ist und nicht Bestand hat –
balalẖ ṭura haška	sie wird der finstere Berg verschlingen.
ḏ-mṭanpa u-la-mkauna	Die unrein ist und nicht Bestand hat –
la-bralẖ l-iama rba ḏ-sup	sie wird nicht das große Suf-Meer überschreiten.
ḏ-mṭanpa u-la-mkauna	Die unrein ist und nicht Bestand hat –
šipulia sriqia hauilẖ	unfruchtbare Geschlechtsteile wird sie haben.
ḏ-mṭanpa u-la-mkauna	Die unrein ist und nicht Bestand hat –
abnia mitia hauilẖ	tote Söhne werden ihr zuteil werden.

Dieser Abschnitt lässt sich in zwei Teile gliedern, indem man ihn in der Mitte teilt. Diese inhaltliche Gliederung ergibt sich aus den Dingen, die diese Frauen treffen: Im ersten Teil wird ihnen vorausgesagt, dass sie die Lichtwelt nicht erreichen werden; entweder sie werden am finsteren Berg[213] festgehalten, oder das Suf-Meer stellt für sie ein unüberwindliches Hindernis auf dem Weg in die Lichtwelt dar. Im Jenseits,

211 Vgl. 1. Kön 11,1–13.
212 Vgl. Ps 7,16; Spr 26,27; Pred 10,8; Jer 18,22.
213 Vgl. Jer 13,16.

nach dem Tod, werden sie keine Chance haben, zur Lichtwelt aufzusteigen. Der finstere Berg und das Suf-Meer[214] sind Straforte für die Seele. Das Suf-Meer stellt sozusagen die Grenze zum Lichtreich dar. Nur der gläubige Mandäer kann es überschreiten:

> Ich (der Schatz des Lebens) spreche zu ihnen: „Der Weinstock, der Früchte trägt, steigt empor, der keine trägt, wird hier abgeschnitten. Wer sich durch mich aufklären und belehren läßt, steigt empor und schaut den Ort des Lichtes, wer sich nicht durch mich aufklären und belehren läßt, der wird abgeschnitten und fällt in das große Suf-Meer.[215]

Die Drohung, im Suf-Meer zu versinken, gilt den Sündern und den Andersgläubigen. Für sie ist das Suf-Meer die Endstation auf ihrem Weg ins Lichtreich:

> Die Bösen hören nicht und versinken in das große Suf-Meer.[216]

> Ein jeder Naṣoräer, der von ihrer (i. e. der Christen) Speise ißt, wird in das große Suf-Meer fallen.[217]

> Denn sie (d. h. die Muslime) achten gering die Perlen und halten sie (d. h. die Jünger) in den Wohnungen der Schwelgerei in Musik gefangen; darum sinken sie in das große Suf-Meer.[218]

Für Mandäer, die Sünden begangen haben und deshalb nach ihrem Tod nicht in die Lichtwelt aufsteigen können, hat das Suf-Meer am Ende der Welt eine purifikatorische Funktion; nach der Reinigung im Suf-Meer können sie in das Lichtreich gelangen:

> Hernach erhebt Hibil-Ziua seine Hand, verdreht den Mund des Ur und packt die Seelen, die das Zeichen des Lebens angenommen, den Namen des Lebens und den Namen des Manda ḏHaije genannt und sich zum Manda ḏHaije bekannt haben. Er nimmt sie aus dem Munde des Ur und wirft sie in das große Suf-Meer, bis ihre Sünden erledigt sind. Dann werden jene Seelen wie weißer Sesam, der in lebendes Wasser geworfen ist. Alsdann tauft er sie mit großer Taufe … Hernach nimmt er jeden einzelnen bei der Rechten, läßt ihn in hoher Ehre Platz nehmen, und leuchtend und erhaben wird ihre Gestalt im hohen Orte, im Hause derVollendung.[219]

Der finstere Berg wird in Jer 13,16 erwähnt und begegnet weiter in einer jüdischen Legende als Strafort, an dem Engel gefesselt werden, die gesündigt haben.[220] In den mandäischen Schriften gilt der Finsterberg (wie das Suf-Meer) als Endpunkt auf dem

---

214 „Meer des Endes“, so Lidzbarski: *Johannesbuch*, S. XXI.
215 So *J* 57, S. 204 f. in der Übersetzung Lidzbarskis.
216 So *J* 203.
217 Vgl. *G*, S. 229,27; *G*, S. 227,29.
218 Vgl. *G*, S. 300,19.
219 Vgl. *J* 74, S. 239 in der Übersetzung Lidzbarskis.
220 Vgl. Louis Ginzberg (Hg.): *The Legends of the Jews*, Philadelphia 1946; Bd. 4, S. 149 f.; Bd. 5, S. 170.

Weg ins Lichtreich; Sünder und Andersgläubige müssen dort bleiben oder werden vom finsteren Berg verschlungen:

> Einen jeden, der Zins und Zinseszins an Gold und Silber verzehrt, wird man auf dem Berge, dem Finsterberge, stehen lassen.[221]
>
> Die Frevler, die gehört, aber nicht gläubig geworden sind, die richten ihr Antlitz zum Orte der Finsternis; sie verschlingt der Finsterberg.[222]
>
> Wer sein Gewand am Halse zerreißt (d. h. wie Juden und Muslime) wird den Fehler an seinem Gewande behalten. Wer sich die Haare um den Toten ausrauft, den wird man in den Berg, in den Finsterberg, einschließen.[223]
>
> Einen jeden, der für die Ekurs und Götzen Opfergaben bereitet, wird man den finsteren Berg hinaufsteigen lassen.[224]

Im zweiten Teil werden den Frauen Unfruchtbarkeit bzw. tote Nachkommen vorausgesagt. Also auch im Diesseits, im irdischen Leben, können sie nicht bestehen. Der Grund dafür wird im folgenden Fünfzeiler angegeben:

tilṭtẖ ʿšumia u-arqa	Verfluchen werden sie Himmel und Erde,
aminṭul ḏ-ṭanpat mia taqnia	weil sie das klare Wasser verunreinigt hat
u-razia kasiia	und [weil] sie die verborgenen Geheimnisse
galalat	aufgedeckt hat
u-apqat ašdatẖ l-qiqilta	und sie profaniert und sie in den Schmutz geworfen hat.
šamiš u-sira luṭta	Sonne und Mond – einen bösen Fluch haben sie
bišta laṭuia	auf sie gelegt.

Dieser Fünfzeiler enthält eine Begründung für das vorher Geschilderte und gleichzeitig eine implizite Warnung an Mandäer, sich mit Nichtmandäerinnen einzulassen: Sie stehen unter einem Fluch. Himmel und Erde, Sonne und Mond, also der ganze Kosmos, Jenseits und Diesseits, oben und unten, Licht und Finsternis, Tag und Nacht haben sie verflucht, damit ist ihr Unheil von allen Mächten besiegelt; die Totalität der Verfluchung soll zum Ausdruck gebracht werden. Es wird ihr vorgeworfen, sie habe das klare Wasser verunreinigt. Dies kann wörtlich gemeint sein, z. B. indem sie einen mandäischen Ritus falsch vollzog. Wahrscheinlicher scheint hier aber eine übertragene Bedeutung: Ihr Verhalten ist so, als wenn sie das Verbrechen begangen hätte, das klare Wasser zu verunreinigen, d. h. das zum Leben notwendige Wasser zu verschmutzen, was bei den Mandäern, aber auch in der Religion des alten Iran streng verboten ist. Das hieße, sie hätte durch ihre Unreinheit Lebensbedingungen zerstört und würde deshalb verurteilt werden. Möglicherweise ist hier auch angesprochen, dass in unreinem

221 Vgl. *J* 28, S. 100,6; *J* 47, S. 174,30.
222 Vgl. *J* 50, S. 180,15; *J* 55, S. 199,28.
223 Vgl. *G*, S. 21,11; zum Verbot der Totenklage siehe auch *G*, S. 37,6; 538,32.
224 Vgl. *G*, S. 391,32 f.

Wasser vollzogene mandäische Riten nicht wirksam sind. Der Vorwurf, sie habe Geheimnisse verraten, kann folgendermaßen erklärt werden: Ihr Partner kann ihr vom mandäischen Glauben erzählt haben, worauf sie diese Kenntnisse an Außenstehende weitergab. Die Warnung vor Verbindungen mit Frauen, die anderen Religionen angehören, wird auch im *Ginza* deutlich:

> O ihr Männer, die ihr ein Weib nehmet! Warum wollet ihr ein Weib aus ihrer (i. e. der Zwölf Pforten, also Fremdreligionen) nehmen?[225]

Auch das Tragen farbiger Kleidung wird bestraft werden; die Mandäer sollen sich ausschließlich in Weiß kleiden:

> Ein jeder Naṣoräer, der weiße Gewänder färbt, ihr Aussehen verändert, seine Frau damit kleidet und sie vor sich hinstellt, wird Schlag um Schlag erhalten, (…) vom teuren Licht abgeschnitten werden, in die Wachthäuser der sieben Planeten fallen und dem Hause des Abathur nicht nahekommen. (…) eine jede Frau, die im Jordan getauft und mit dem Zeichen des Lebens gezeichnet ist und farbige Gewänder trägt, wird auf Feuergeräten gepeinigt werden.[226]

Gewarnt wird auch vor der Heirat mit einer Sklavin, so im Johannesbuch in einer Reihe von Ermahnungen:

> Meine Söhne! Sehet zu, daß ihr nicht (zur Frau) eine Magd nehmet, die nicht freigelassen ist …[227]

Es wird befürchtet, dass die Kinder, die aus einer solchen Ehe hervorgehen, in fremden Häusern als Diener arbeiten müssen. Denn wenn der Diener Fehler begeht, wird man den Vater des Dieners auch bestrafen:

> Nehmet zur Frau keine Sklavin, die nicht freigelassen ist, und bringet eure Kinder nicht in ein Herrenhaus. Denn am Tage da der Diener fehlt und das Herz des Herrn auf ihn zürnt, werden die Sünden, die der Diener begeht, über das Haupt seines Vaters kommen.[228]

Es ist anzunehmen, dass diese Furcht auf konkrete Erlebnisse der mandäischen Gemeinde zurückgeht, denn auch sonst wird an den Reichen und Mächtigen Kritik geübt bzw. angenommen, dass sie ihre Macht ausnutzen könnten, um Arme und Wehrlose zu unterdrücken. Es herrscht wohl generell Misstrauen ihnen gegenüber:

225 Vgl. *G*, S. 20,10 f.
226 Vgl. *G*, S. 230,11 ff.
227 So *J* 47, S. 174,20 f.
228 Vgl. *G*, S. 23,34 ff.

> Meine Söhne! Sehet zu, daß ihr nicht den Diener den Händen seines Herrn und die Magd den Händen ihrer Herrin ausliefert; den Schwachen überlasset nicht dem Mächtigen.[229]

Im abschließenden Abschnitt wird dann auf die korrekte Waschung eingegangen.

kḏ barsaikun šakbitun	Wenn ihr auf eurem Bett liegt –
mia ʿlauaikun armun	Wasser sollt ihr über euch gießen.
mn qudam ḏ-ramitun ʿlauaikun mia	Bevor ihr Wasser über euch gießt,
b-riš rišaikun hup	sollt ihr zuerst eure Köpfe waschen.
aminṭul ʿu zimta paiša b-rišaikun	Wenn auch nur ein Haar auf eurem Kopf [trocken] geblieben ist,
la-mritun ḏ-mia	sollt ihr nicht sagen: "Mit Wasser
siainin b-hazin alma	haben wir uns gewaschen in dieser Welt".

Der thematische Übergang ist auf den ersten Blick nicht ganz klar. Bedenkt man jedoch den Kontext, so kann man sagen, dass hier die Ermahnung, die zu Beginn des Kapitels als eindringliche Warnung steht, wieder aufgenommen wird. Der Umgang mit Nichtmandäerinnen könnte zur Verunreinigung des klaren Wassers führen, sodass Tauchbäder darin ungültig wären. Vor allem aber könnte er zur Konsequenz haben, dass die betroffenen Mandäer ihre Wasserriten nicht mehr korrekt vollziehen (s. o.). Deshalb wird am Ende des Kapitels eine allgemeine Regel aufgestellt: „Wenn ihr auf eurem Bett liegt – Wasser sollt ihr über euch gießen." In den beiden darauffolgenden Zeilen wird der allgemeinen Regel eine Spezialregel hinzugefügt oder die allgemeine Regel wird präzisiert und verfeinert: Zuerst ist der Kopf zu waschen.[230] „Wenn auch nur ein Haar auf eurem Kopf bleibt, sollt ihr nicht sagen: Mit Wasser haben wir uns gewaschen in dieser Welt." Gemeint ist vermutlich: Wenn auch nur ein Haar *trocken* bleibt, ist die Waschung ungültig. Der Satz „Mit Wasser haben wir uns gewaschen in dieser Welt" könnte ein mandäisches Zitat sein, das entweder nach dem Untertauchen als mandäisches Bekenntnis oder als Rechtfertigung vor dem Gericht gesprochen werden könnte. Auch die Frauen sollen sich den Reinigungsriten unterziehen:

> Jede Frau, die sich nicht mit Wasser wäscht, wird Schlag auf Schlag erhalten. Der Hüter des Lichtes wird sie schlagen, und sie wird vom Lichtorte abgeschnitten werden. Verfluchen wird sie der reine Name und die Ader (lebenden Wassers), die endlos ist.[231]

Den Abschluss des Kapitels bildet die kurze Schlussformel *u- hiia zakin* – ‚Und das Leben ist siegreich'.

---

229 Vgl. *J* 47, S. 174,14 ff.
230 Vgl. Joh 13,9.
231 Vgl. *G*, S. 298.

Kapitel 24

Umschrift

87,15 *Iahia dariš b-liluia Iuhana b-ramšia ḏ-lilia*
88,1 *Iahia dariš b-liluia u-amar bit ṣurtai huit*
88,2 *u-amar la-hisrit u-la-biṣrit u-la-nsabtẖ muma*
88,3 *l-ʿuṣrai b-ʿubadaihun la-ʿstakrit b-ʿuhraihun*
88,4 *la-zilna qarina u-maprišna u-maprišnalun l-rahmai*
88,5 *ḏ-dairin b-alma bhirai la-tihisrun u-la-tibiṣrun*
88,6 *u-la-nihuia kadba b-mamlalkun ʿtparaq mn tibil*
88,7 *u-minẖ ḏ-daura baṭla b-hur zaua u-lguṭ zaua*
88,8 *u-zaua pt bišia la-tiligṭun la-tiligṭun zaua ḏ-bit*
88,9 *bišia ḏ-la-klalkun nura ḏ-iaqda ḏ-mkanpa u-la-mkauna*
88,10 *aklalẖ nura ḏ-iaqda ḏ-mkanpa u-la-mkauna kanpia*
88,11 *sriqia natnulẖ ḏ-mkanpa u-la-mkauna bnia mitia*
88,12 *u-hauilẖ ḏ-mkanpa u-la-mkauna tiliṭẖ ʿšumia u-arqa*
88,13 *aminṭul ḏ-ṭanpat mia taqnia u-razia kasiia*
88,14 *galalat u-azlat ašdatẖ b-qiqlia ata šamiš*
89,1 *u-sira dna ʿlẖ u-luṭta rabtia laṭuia bhirai*
89,2 *pariq napšaikun minẖ ḏ-daura baṭla kḏ luat*
89,3 *zauaikun qarbitun siun mia u-dakun napšaikun*
89,4 *b-riš rišaikun hup ʿu zimta paiša b-rišaikun*
89,5 *akandit la-ʿdakitun ahai pariq napšaikun mn*
89,6 *nangria ḏ-karian ʿnšia kulhun nangria miṭamamin*
89,7 *u-kulhun kumaiṣa mištadkia nangria ḏ-karian*
89,8 *ʿnšia l-alip alip ʿnšia la-miṭamamin u-hiia*
89,9 *zakʿin sa.*

Poetische Struktur und Übersetzung

*Iahia dariš b-lilu**ia***	Jahja lehrt in den Nächten,
*Iuhana b-ramšia ḏ-lil**ia***	Juhana an den Abenden der Nacht.
*Iahia dariš b-lilu**ia***	Jahja lehrt in den Nächten
u-amar	und spricht:
*bit ṣurtai hu**it***	Ich war im Haus meines Bildes.

u-amar	Und er spricht:
*la-hisrit u-la-biṣr**it***	Ich war nicht unvollkommen und nicht fehlerhaft,
u-la-nsabtẖ	und Unvollkommenheit habe ich nicht
muma l-ʿuṣrai	aufgenommen in meinen Sinn.
*b-ʿubadaihun la-ʿstakr**it***	Durch ihre Werke werde ich nicht zurückgehalten,
*b-ʿuhraihun la-ziln**a***	und auf ihren Wegen gehe ich nicht.
*qarina u-maprišn**a***	Ich rufe und lehre,
*u-maprišnalun l-rahm**ai***	und ich lehre meine Freunde,
*ḏ-dairin b-alm**a***	die in der Welt wohnen:
*bhir**ai***	Meine Auserwählten!
*la-tihisrun u-la-tibiṣr**un***	Seid nicht unvollkommen und seid nicht fehlerhaft,
*u-la-nihuia kadba b-mamlalk**un***	und Lüge soll nicht in eurer Rede sein.
ʿtparaq mn tibil	Befreit euch von der Welt
*u-minẖ ḏ-daura baṭl**a***	und von dem Wohnsitz der Nichtigkeit.
*bhur zaua u-lguṭ zau**a***	Wählt eine Frau aus und nehmt eine Frau,
u-zaua pt bišia la-tiligṭun	aber eine Frau, die eine Tochter von Bösen ist, nehmt nicht.
la-tiligṭun zaua ḏ-bit bišia	Nehmt nicht eine Frau aus dem Haus der Bösen,
*ḏ-la-klalkun nura ḏ-iaqd**a***	dass euch nicht das brennende Feuer verzehre.
*ḏ-mkanpa u-la-mkaun**a***	Die unrein ist und nicht ordentlich
*aklalẖ nura ḏ-iaqd**a***	wird das brennende Feuer verzehren.
*ḏ-mkanpa u-la-mkaun**a***	Die unrein ist und nicht ordentlich –
*kanpia sriqia natnul**ẖ***	einen leeren Schoß wird man ihr geben.
*ḏ-mkanpa u-la-mkaun**a***	Die unrein ist und nicht ordentlich
*bnia mitia u-hauil**ẖ***	wird tote Söhne haben.
*ḏ-mkanpa u-la-mkaun**a***	Die unrein ist und nicht ordentlich:
*tiliṭẖ ʿšumia u-arq**a***	Himmel und Erde werden sie verfluchen,
aminṭul ḏ-ṭanpat	weil sie verunreinigt hat
*mia taqn**ia***	das klare Wasser.
u-razia kasiia	und [weil] sie die verborgenen Geheimnisse
galalat	aufgedeckt hat
*u-azlat ašdatẖ b-qiql**ia***	und hingegangen ist und sie in den Schmutz geworfen.
ata šamiš	Es kam die Sonne,
u-sira dna ʿlẖ	und der Mond ging auf über ihr,
u-luṭta rabtia laṭuia	und sie sprachen einen schweren Fluch aus.
bhirai	Meine Auserwählten!
*pariq napšaik**un***	Befreit eure Seelen
minẖ ḏ-daura baṭla	von dem Wohnsitz der Nichtigkeit.
*kḏ luat zauaikun qarbit**un***	Wenn ihr euch euren Frauen nähert,
siun mia	wascht euch mit Wasser
*u-dakun napšaik**un***	und reinigt eure Seelen.
b-riš rišaikun hup	Vor allem den Kopf sollt ihr waschen.

*ʿu zimta paiša b-rišai**kun***	Wenn ein Haar auf eurem Kopf [trocken] bleibt –
*akandit la-ʿdakit**un***	solange seid ihr nicht rein.
ahai	Meine Brüder!
pariq napšaikun	Befreit eure Seelen
*mn nangria ḏ-karian ʿn**šia***	von den Gruben, die die Frauen graben.
kulhun nangria miṭamamin	Alle Gruben werden aufgefüllt
*u-kulhun kumaṣia mištadk**ia***	und alle Abgründe eingeebnet,
*nangria ḏ-karian ʿn**šia***	doch die Gruben, die die Frauen graben,
l-alip alip ʿšnia la-miṭamamin	werden in tausend mal tausend Jahren nicht eingeebnet.
u-hiia zakʿin	Und das Leben ist siegreich.
sa.	

Bemerkungen zu Textkritik und Übersetzung

88,3 *ʿuṣrai* hat eigentlich die Grundbedeutung ‚Schatz'; bei den Worten *b-ʿubadaihun* und *b-ʿuhraihun* ist nicht deutlich, worauf sich das Personalsuffix -*hun* bezieht;

88,6 *ʿtparaq*, Imperativ Pl.;

88,8 *pt* ist ein literarisches Wort, im späteren Mandäisch wird es nicht mehr gebraucht, vgl. *Handbook*, S. 227;

88,9 *ḏ-mkanpa* bezieht sich nur auf verheiratete Frauen, vgl. im späteren Hebr. *KNP* – ‚jemanden beschützen; das vom Vater berührte Weib berühren, ehebrechen', vgl. Dalman, S. 202;

89,2 *kḏ* könnte hier auch ‚nachdem' bedeuten; dann wäre zu übersetzen ‚nachdem ihr euch euren Frauen genähert habt …'; in diesem Fall würde die hier geforderte Waschung übereinstimmen mit der Forderung, nach dem Geschlechtsverkehr eine rituelle Waschung zu vollziehen, vgl. Drower: *MII*, S. 101 f.

Gliederung des Textes

Nach der Einleitungsformel der *Nachtgesänge* des Jahja leitet das Rubrum *u-amar* – ‚und er sprach' zu einer einzeiligen Feststellung über. Ein weiteres Rubrum leitet eine sich an den Einzeiler anschließende vierzeilige Rechtfertigung des Johannes ein. Darauf folgt in zwei Zeilen die Überleitung zur Lehre des Johannes. Dieser Abschnitt enthält einige Endreime. In einem Vierzeiler mit Anrede, dessen erste und zweite Zeile sich reimen, folgt die Aufforderung, Johannes nachzuahmen. In einem anschließenden Vierzeiler wird zur Ehe mit mandäischen Frauen gemahnt. Darauf folgt, ähnlich wie in Kapitel 23, in sieben Zeilen mit Endreimen im Kreuzreimschema eine Aussagereihe über unreine Frauen, der sich in weiteren sieben Zeilen der Fluch über sie anschließt. Es folgt die Abschlussermahnung in zwei Stufen, deren erste sich auf Ehe und Reinigungsriten bezieht und deren zweite die allgemeine Warnung vor Frauen aus Kapitel 23 wieder aufnimmt. Die kurze Schlussformel bildet den Abschluss des Kapitels.

Interpretation

Die Kapitel 23 und 24 sind sowohl durch ähnlich lautende Sätze, gleiches Thema und die zu Beginn von Kapitel 23 stehende und am Ende von Kapitel 24 wiederholte Ermahnung miteinander verbunden. Die poetische Struktur dieser beiden Kapitel ist hier nicht so fein ausgearbeitet wie in den Einzelanalysen.

Der charakteristische Unterschied von Kapitel 24 gegenüber dem vorhergehenden ist an einem Wort festzumachen, das in Kapitel 23 vermieden, in Kapitel 24 dagegen bewusst eingesetzt wird. Das Wort *zaua* begegnet nur in Kapitel 24 und heißt ‚Ehefrau'. Wird in Kapitel 23 also allgemein vor dem Umgang mit (vermutlich nichtmandäischen) Frauen und Mischehen gewarnt, so bezieht sich Kapitel 24 auf die Ehe. Diese These wird gestützt durch die Tatsache, dass das in Kapitel 23 gebrauchte Verbum *ṬNP* – ‚unrein sein' in Kapitel 24 durch das Verbum *KNP* (zur Bedeutung s. o. unter *Bemerkungen zu Textkritik und Übersetzung*) ersetzt wird.

Nach der Einleitungsformel der Nachtgesänge des Jahja führt das Rubrum *u-amar* einen für sich allein stehenden Satz ein.

bit ṣurtai huit	Ich war im Haus meines Bildes.

Dies wird im Text nicht näher expliziert; der Versuch einer Erklärung soll hier erfolgen.

Johannes spricht: „Ich war im Haus meines Bildes" und beteuert unmittelbar danach seine Vollkommenheit. Beides hängt miteinander zusammen. Der erste Satz kann durch ein Zitat aus dem syrischen Text des Römerbriefes und ein Logion aus dem Thomasevangelium erhellt werden.

Das Zitat aus dem Römerbrief, Röm 8,29, lautet in deutscher Übersetzung:

> Denn die er ausersehen hat, die hat er auch vorherbestimmt, dass sie dem Bild (syr. Text: „der Gestalt des *Bildes*", syr. *bdmuta dṣurta*) seines Sohnes gleich sein sollten, damit dieser der Erstgeborene unter vielen Brüdern sei.

Vorausgesetzt ist ein Urbild-Abbild-Zusammenhang. Hierbei ist die Gottheit, das Licht, das Urbild.[232] In Röm 8 ist es das Ziel, dass die Gläubigen der Gestalt Jesu Christi ähnlich werden. Vergleichen sie sich mit ihm, werden ihnen ihre eigenen Fehler und Mängel bewusst. Je ähnlicher sie dem Bild Christi werden, desto weniger Mängel werden an ihnen sein. Ein verwandtes Verständnis von Urbild und Abbild begegnet im Thomasevangelium, Logion 84:

232 Vgl. hierzu Michael Fieger: *Das Thomasevangelium. Einleitung, Kommentar und Systematik*, Neutestamentliche Abhandlungen NF 22, Münster 1991, S. 224–226.

> Jesus sprach: Heute (wenn) ihr seht das, was euch gleicht, freut ihr euch. Wenn ihr aber sehet eure Bilder, die vor euch sind – weder sterben sie noch erscheinen sie – wieviel werdet ihr ertragen?[233]

Der charakteristische Unterschied zum Neuen Testament besteht darin, dass im Thomasevangelium, aber auch in gnostischen Texten und im Mandäismus, vorausgesetzt wird, dass jeder Mensch sein eigenes Urbild im Himmel hat. Nur sein Abbild ist auf der Erde. Wenn die Abbilder, also die real in der Welt lebenden Menschen, ihr himmlisches Urbild sehen, sehen sie zugleich ihr Idealbild. Dadurch werden sie sich ihrer Sünden bewusst. Deshalb wird im Thomasevangelium gefragt: „Wieviel werdet ihr ertragen?" Die Urbilder sind unsterblich; der Tod ist quasi die Vereinigung der Seele des Abbildes mit dem Urbild, das in der Nähe der Gottheit lebt.

Im *Corpus Mandaicum* finden sich für diesen Zusammenhang u. a. folgende Belegstellen: Das Abbild des Menschen wird in der himmlischen Welt aufbewahrt und kann so nicht zu Schaden kommen:

> Gebildet wurde er (ein geliebter Sohn) aus dem Schoße des Glanzes, und sein Abbild ist an seinem Orte wohlbewahrt.[234]

> Das Leben wußte, [daß die Söhne seines erschaffenen Sohnes] ihm, den das Leben aus seinem eigenen Herzen sich als Stütze geschaffen, als sein Abbild hingestellt und in der Škina hat wohnen lassen.[235]

Johannes wird so in die Nähe des mandäischen Heilsbringers, Manda ḏ-Haije, gerückt:

> Das Leben ruft Jozaṭaq Manda dHaije, der aus dem Abbild der Herrlichkeit im Verborgenen entstanden war ...[236]

> (im Gebet zu Manda ḏ-Haije) Du bist das Abbild des Lebens, der du von jeher warst.[237]

Die Vereinigung des Bildes auf der Erde mit seinem himmlischen Abbild findet bei oder nach dem Tode statt. So betet Johana um den Seelenaufstieg anderer:

> Ich richte eine Bitte an das erste Leben (...), die die Pflanzung des Lichtes pflanzen und das erste Abbild im Hause des Lebens gründen ...[238]

---

233 Zitiert nach Kurt Aland (Hg.): *Synopsis quattuor evangeliorum. Locis parallelis evangeliorum apocryphorum et patrum adhibitis*, editio tertia decima revisa, Stuttgart 1985, S. 527.

234 So *G*, S. 91,14 in der Übersetzung Lidzbarskis.

235 Ebd., S. 240,32.

236 Ebd., S. 242,6.

237 Vgl. *Qol*, S. 68,8.

238 So *G*, S. 196,15 in der Übersetzung Lidzbarskis.

Im *Qolasta* wird dies erläutert:

> Wenn diese Seele des NN das körperliche Gewand abstreift, zieht sie das Gewand des Lebens an und wird ein Abbild des großen Lebens im Lichte.[239]

Dies wird wie folgt beschrieben:

> Er (der Geleiter des Lebens) faßte sie (die Seele) bei der Fläche der Rechten, er führte sie hin, und man sützte sie auf das Abbild des Lebens.[240]

Auf diesem Hintergrund wird auch der Text aus dem Johannesbuch Kapitel 24 verständlich. Johannes, d. h. sein in der Welt lebendes Abbild, war im Haus, also in der Nähe seines Urbildes und damit in der Nähe der Gottheit. Der Vergleich zwischen Urbild und Abbild erwies, dass sich das Abbild in der Welt nicht befleckt und keine Sünden begangen hat. Deshalb kann Johannes gleich im Anschluss folgendes sagen:

u-amar	Und er spricht:
la-hisrit u-la-biṣrit	Ich war nicht unvollkommen und nicht fehlerhaft,
u-la-nsabtẖ	und Unvollkommenheit habe ich nicht
muma l-ʿuṣrai	in meinen Sinn aufgenommen.
b-ʿubadaihun la-ʿstakrit	Durch ihre Werke werde ich nicht zurückgehalten,
b-ʿuhraihun la-zilna	und auf ihren Wegen gehe ich nicht.

Er berichtet hier lediglich das Ergebnis des Vergleichs zwischen Urbild und Abbild. Er hat an sich keine Mangelhaftigkeit entdeckt und hat sich weder an den Werken der Welt beteiligt oder sich durch sie verführen lassen, noch ist er auf ihren Wegen gegangen, d. h. hat ihren Lebenswandel geteilt. Dieser Abschnitt hat zwei Funktionen: Er stellt zum einen Johannes den Mandäern als Vorbild vor Augen, zum anderen legitimiert er den Täufer in seiner Funktion als Lehrer.

Die Lehre schließt sich folgerichtig gleich an diese Zeilen an.

qarina u-maprišna u-maprišnalun	Ich rufe und lehre, und ich lehre
l-rahmai ḏ-dairin b-alma	meine Freunde, die in der Welt wohnen:

Zunächst erfolgt die Anrede an die Adressaten der Lehre: es sind die Auserwählten, die Mandäer, auf jeden Fall Anhänger des Täufers, die in der Welt leben. Es folgt die Ermahnung an die Mandäer.

bhirai	Meine Auserwählten!
la-tihisrun u-la-tibiṣrun	Seid nicht unvollkommen und nicht fehlerhaft,
u-la-nihuia kadba b-mamlalkun	und Lüge soll nicht in eurer Rede sein.
ʿtparaq mn tibil	Befreit euch von der Welt
u-minẖ ḏ-daura baṭla	und von dem Wohnsitz der Nichtigkeit.

239 So *Qol*, S. 86,5 in der Übersetzung Lidzbarskis.
240 Ebd., S. 113,24.

Genau wie Johannes (es werden dieselben Verben eingesetzt!) sollen die angesprochenen Mandäer nicht unvollkommen oder fehlerhaft sein. Das ist die Aufforderung zur konsequenten Nachfolge im Sinne des Täufers; die Mandäer sollen genauso sein wie er, das große Vorbild. Hinzugefügt wird die Ermahnung, nicht zu lügen und sich von der Welt zu befreien (die beiden letzten Sätze sind als *parallelismus membrorum* aufzufassen). Wiederum wie Johannes sollen die Mandäer weder Werke noch Lebenswandel der sie umgebenden Menschen teilen. Sie haben ihre eigenen Riten und ihr eigenes Ethos (vgl. Kapitel 28). Diesen gilt es in Abgrenzung gegenüber jeglichem Fremden zu folgen.

Die Seele von der Welt zu befreien, heißt, sich vollkommen der Lichtwelt zuzuwenden und das eigene Leben auf der Erde rein zu erhalten. Das bedeutet vor allem, sich nicht an den Werken dieser Welt und der negativen Mächte zu beteiligen. So ist etwa ein Hymnus im *Qolasta* zu verstehen:

> Heil dem, den kennet das [große] Leben, der sich der Welt entfremdet, der Welt des Mangels, in der die Planeten sitzen.[241]

Diese Wendung wird häufig im Zusammenhang mit dem Tod des Mandäers und der Seelenaufstiegszeremonie gebraucht. So verneint ein weiteres Vorbild der Mandäer, Šum bar Nu (i. e. Sem, Noahs Sohn) vor seinem Tod, schlechte Taten begangen zu haben[242], und Manda ḏ-Haije warnt vor verwerflichen Werken.[243] Hier werden diese Werke auch konkret benannt. Johannes als Vorbild spricht von sich, er habe seine Seele von der Welt befreit,[244] indem er diese Werke nicht begangen hat, und seine Jünger sollen es ihm nachtun.

Nach dieser allgemeinen Ermahnung kehrt der Text zum Oberthema von Kapitel 23 und 24 zurück. Die Warnung vor Frauen in Kapitel 23 hat ein Thema offengelassen, das nun angesprochen wird: die Ehe und damit die Ehefrau.

bhur zaua u-lguṭ zaua	Wählt eine Frau aus und nehmt eine Frau,
u-zaua pt bišia la-tiligṭun	doch eine Frau, die die Tochter von Bösen ist, nehmt nicht.
la-tiligṭun zaua ḏ-bit bišia	Nehmt nicht eine Frau aus dem Haus der Bösen,
ḏ-la-klalkun nura ḏ-iaqda	dass euch das brennende Feuer nicht verzehre.

Der Warnung vor den Frauen wird das Gebot beigefügt, eine Frau zu heiraten. Dies steht nicht im Widerspruch zueinander, denn hier sind mandäische Frauen gemeint, nicht ‚Frauen aus dem Haus der Bösen', d. h. der Gottlosen, der Andersgläubigen. Es ist den

241 So *Qol*, S. 227,1 ff. in der Übersetzung Lidzbarskis.
242 So *J*, S. 63,10 ff.
243 Ebd., S. 174,3 ff.
244 Ebd., S. 82,21 f.

Mandäern generell geboten, zu heiraten und Kinder hervorzubringen.[245] Dieses Problem wird in Bezug auf Johannes in *J*31 reflektiert.[246] Zweimal wird davor gewarnt, eine Nichtmandäerin zu heiraten und denen, die dies tun, mit der Strafe des Feuers nach dem Tod gedroht,[247] weil zu befürchten ist, dass derjenige, der eine Mischehe eingeht, zur Religion seiner Partnerin übertritt. Wie in Kapitel 23 folgen nun Feststellungen über die unreinen Frauen mit der oben genannten Abweichung, was das Verbum KNP anbelangt.

ḏ-mkanpa u-la-mkauna	Die unrein ist und nicht ordentlich,
aklalẖ nura ḏ-iaqda	die wird das brennende Feuer verzehren.
ḏ-mkanpa u-la-mkauna	Die unrein ist und nicht ordentlich,
kanpia sriqia natnulẖ	der wird man einen leeren Schoß geben.
ḏ-mkanpa u-la-mkauna	Die unrein ist und nicht ordentlich,
bnia mitia u-hauilẖ	wird tote Söhne haben.

Die erstgenannte Strafe ist angeglichen an die Strafe, die dem Mann, der die Mischehe eingeht, angedroht wird: Beide werden im Feuer bestraft werden. Die nächstgenannten beiden Strafen stimmen mit den in Kapitel 23 angedrohten überein; der letzte Relativsatz ist nicht zu Ende geführt. Auch hier werden sowohl Strafen für das Jenseits als auch für das Diesseits angedroht. Der Grund hierfür wird wie in Kapitel 23 in einem Fluch gesehen, der auf diesen Frauen liegt.

ḏ-mkanpa u-la-mkauna	Die unrein ist und nicht ordentlich,
tiliṯẖ ʿšumia u-arqa	die werden Himmel und Erde verfluchen,
amintul ḏ-ṭanpat mia taqnia	weil sie das klare Wasser verunreinigt hat
u-razia kasiia galalat	und [weil] sie die verborgenen Geheimnisse aufgedeckt hat
u-azlat ašdaṯẖ b-qiqlia	und hingegangen ist und sie in den Schmutz geworfen hat.
ata šamiš	Es kam die Sonne,
u-sira dna ʿlẖ	und der Mond ging auf über ihr,
u-luṭta rabtia laṭuia	und sie sprachen einen schweren Fluch über sie aus.

Gleichen die ersten vier Zeilen des Fluches denen in Kapitel 23, so liegt in den letzten drei Zeilen eine Steigerung der Strafe für die Frau vor: Sonne und Mond sprechen den Fluch nicht nur aus, sie kommen und gehen auf über der Frau. Es wird hell über ihr, ihre Verfehlung wird damit ans Licht gebracht und ihre Schande öffentlich. Das Vergehen einer (mandäischen) Ehefrau wiegt demnach schwerer als das Vergehen einer (nichtmandäischen) Frau, die nicht mit einem Mandäer verheiratet ist. Der Grund hierfür ist wohl darin zu suchen, dass die mandäische Frau die Reinheitsgebote und die

245 Siehe Drower: *MII*, S. 41, 59.
246 Vgl. den Kommentar zu Kapitel 23.
247 Vgl. hierzu den Kommentar zu Kapitel 28.

mandäischen Vorschriften für das Verhalten in der Ehe kennt und sie bewusst missachten würde, während dies von einer Nichtmandäerin nicht gesagt werden kann, weil sie die mandäischen Vorschriften nicht kennt.

Das Kapitel schließt mit einer zweifachen Ermahnung, die die Vorschriften zur korrekten Reinigung in der ersten Ermahnung und die allgemeine Warnung vor den „Gruben, die die Frauen graben" im zweiten Mahnruf wieder aufnimmt. So entsteht eine Art Rahmen um die beiden Kapitel, der deren Zusammengehörigkeit deutlich werden lässt.

bhirai	Meine Auserwählten!
pariq napšaikun	Befreit eure Seelen
minh̲ d̲-daura baṭla	von dem Wohnsitz der Nichtigkeit.
kd̲ luat zauaikun qarbitun	Wenn ihr euch euren Frauen nähert,
siun mia	wascht euch mit Wasser
u-dakun napšaikun	und reinigt eure Seelen.
b-riš rišaikun hup	Vor allem den Kopf sollt ihr waschen.
ʿu zimta paiša b-rišaikun	Wenn ein Haar auf eurem Kopf [trocken] bleibt,
akandit la-ʿdakitun	solange seid ihr nicht rein.

Der erste Mahnruf kombiniert Elemente aus Kapitel 23 und 24. Nach der Anrede nimmt er sinngemäß, aber nicht wörtlich die Anfangsermahnung aus Kapitel 24 auf *(ʿtparaq mn tibil u-minh̲ d̲-daura baṭla)* und fügt die Schlussermahnung aus Kapitel 23 an. Auch hier zeigen sich Veränderungen, die zeigen, dass Kapitel 24 sich nicht auf den Umgang mit Frauen allgemein, sondern auf die Ehe bezieht. Die entscheidende Abweichung ist die Ersetzung der Zeile *kd̲ b-arsaikun šakbitun* – ‚wenn ihr auf eurem Bett liegt' aus Kapitel 23 durch die Zeile *kd̲ luat zauaikun qarbitun* – ‚wenn ihr euch euren Frauen nähert'. Die Vorschrift für den Reinigungsritus ist die gleiche wie in Kapitel 23.

Es folgt die zweite Schlussermahnung.

ahai	Meine Brüder!
pariq napšaikun	Befreit eure Seelen
mn nangria d̲-karian ʿnsia	von den Gruben, die die Frauen graben.
kulhun nangria miṭamamin	Alle Gruben werden aufgefüllt
u-kulhun kumaṣia mištadkia	und alle Abgründe eingeebnet,
nangria d̲-karian ʿnšia	doch die Gruben, die die Frauen graben,
l-alip alip ʿšnia la-miṭamamin	werden in tausend mal tausend Jahren nicht aufgefüllt.
u-hiia zakʿin	Und das Leben ist siegreich.
sa.	

Wiederum wird, dieses Mal in verkürzter Form, die Anfangsermahnung aus Kapitel 24 (s. o.) aufgenommen und nun mit der Anfangsermahnung aus Kapitel 23 kombiniert. Der Kreis der Komposition schließt sich, indem das Anfangsthema am Ende noch einmal aufgenommen wird. Am Ende steht, wie in Kapitel 23, die kurze Schlussformel.

Kapitel 25

Umschrift

89,10 *Iahia dariš b-liluia Iuhana b-ramšia ḏ-lilia*
89,11 *Iahia dariš b-liluia u-amar ia haria ḏ-šakbia*
89,12 *u-ia harata ḏ-la-mitiran ia haria ḏ-šabkia*
89,13 *l-iuma ḏ-dina mahu tibdun kḏ šahlalẖ l-pagra*
90,1 *nišimta l-iuma ḏ-dina mahu tibdun ia alma*
90,2 *blila u-mbalala u-mhambla ḏ-gubrak maitia*
90,3 *u-siprak ḏ-zipa mistakria kahu Adam gabra*
90,4 *qadmaia ḏ-haka riša ḏ-dara hua kahu*
90,5 *Haua zauẖ ḏ-minaihun ʿtiaiar alma kahu*
90,6 *Šitil br Adam ḏ-almia u-daria minẖ ahun*
90,7 *kahu Ram u-Rud ḏ-mn dara ḏ-hirba hun*
90,8 *kahu Šurbai u-Šarhabʿil ḏ-mn dara ḏ-nura*
90,9 *hun kahu Šum br Nu ḏ-mn dara ḏ-ṭupania*
90,10 *ḏ-mia hun kulhun anpaq u-la-ʿtkamar u-ʿtibiun*
90,11 *naṭria b-tibil damia l-iuma ṭaba ḏ-almia*
90,12 *u-daria msakilẖ šibiahia tauria ḏ-piṭra*
90,13 *ḏ-qaimia l-iuma ḏ-nikusta abnia tibil dakria*
90,14 *ḏ-šumna ḏ-qaimia b-šuqia u-mizdabnia rahmai*
90,15 *ḏ-sagdia l-hiia haṭaiun u-haubun*
91,1 *ništbiqlun u-hiia zakʿin*
91,2 *sa.*

Poetische Struktur und Übersetzung

*Iahia dariš b-lilu**ia***	Jahja lehrt in den Nächten,
*Iuhana b-ramšia ḏ-lil**ia***	Johannes in der Abendzeit.
*Iahia dariš b-lilu**ia***	Jahja lehrt in den Nächten
u-amar	und spricht:
*ia haria ḏ-šakb**ia***	O ihr Männer, die ihr schlaft,
u-ia harata ḏ-la-mitiran	o ihr Frauen, die ihr nicht wacht,
*ia haria ḏ-šakb**ia***	o ihr Männer, die ihr schlaft!
l-iuma ḏ-dina mahu tibdun	Am Tage des Gerichts – was werdet ihr tun?

kḏ šahlalẖ l-pagra nišimta	Wenn die Seele den Körper abstreift,
l-iuma ḏ-dina mahu tibdun	am Tage des Gerichts – was werdet ihr tun?
*ia alma blil***a**	O Welt, verwirrt,
*u-mbalala u-mhambl***a**	verworren und verdorben,
*ḏ-gubrak mait***ia**	deine Männer sterben
*u-siprak ḏ-zipa mistakr***ia**	und deine Schriften des Betrugs werden geschlossen!
*kahu Adam gabra qadma***ia**	Wo ist Adam, der erste Mann,
*ḏ-haka riša ḏ-dara hu***a**	der hier das Haupt des Zeitalters war?
*kahu Haua zau***ẖ**	Wo ist Eva, seine Frau,
*ḏ-minaihun ʿtiaiar alm***a**	von denen die Welt zum Leben erwachte?
kahu Šitil br Adam	Wo ist Seth, Adams Sohn,
*ḏ-almia u-daria minẖ a***hun**	von dem Welten und Zeitalter herkommen?
kahu Ram u-Rud	Wo sind Ram und Rud,
ḏ-mn dara ḏ-hirba **hun**	die zum Zeitalter des Schwertes gehören?
kahu Šurbai u-Šarhabʿil	Wo sind Šurbai und Šarhabel,
ḏ-mn dara ḏ-nura **hun**	die zum Zeitalter des Feuers gehören?
kahu Šum br Nu	Wo ist Sem, Noahs Sohn,
ḏ-mn dara ḏ-ṭupania ḏ-mia **hun**	der zum Zeitalter der Wasserfluten gehörte?
kulhun anpaq u-la-ʿtkamar	Sie alle sind weggegangen
	und nicht zurückgekommen
u-ʿtibiun naṭria b-tibil	und haben sich gesetzt als Hüter über die Erde.
damia l-iuma ṭaba	Er gleicht einem guten Tag,
ḏ-almia u-daria msakilẖ	nach dem Welten und Zeitalter Ausschau halten.
*šibiahia tauria ḏ-piṭr***a**	Die sieben Planeten sind fette Widder,
*ḏ-qaimia l-iuma ḏ-nikust***a**	die für den Tag der Schlachtung dastehen.
*abnia tibil dakria ḏ-šumn***a**	Die Söhne der Erde sind fette Mastochsen,
*ḏ-qaimia b-šuqia u-mizdabn***ia**	die auf den Märkten stehen, um verkauft zu werden.
*rahmai ḏ-sagdia l-hi***ia**	Meinen Freunden, die das Leben verehren,
haṭaiun u-haubun ništbiqlun	werden ihre Sünden und Übertretungen vergeben.
u-hiia zakʿin	Und das Leben ist siegreich.
sa.	

Bemerkungen zu Textkritik und Übersetzung

89,10 *b-liluia* – seltene Pluralform von *lilia* – ‚die Nacht‘, gebräuchlich ist der Plural *lilauata*;

89,11 lese ich mit der Handschrift E *ḏ-šakbia* statt *ḏ-šakbin*, so wird die parallele Satzstruktur in Zeile 11 und 12 deutlich und die grammatikalisch korrekte Verbform eingesetzt;

89,12 *ḏ-la-mitiran* – ‚die nicht wachen‘ von *ʿUR* im Ethpaal;

89,13 *l-iuma* – die Präposition *l-* kann auch lediglich als Akkussativzeichen aufgefasst werden oder übersetzt werden mit ‚am Tag des Gerichts', zur Mehrdeutigkeit semitischer und insbesondere mandäischer Präpositionen vgl. *Handbook*, S. 234, schon festgestellt von Nöldeke: *Mandäische Grammatik*, S. 193; die Rede vom Weltuntergang in diesem Kapitel legt die oben gewählte Übersetzung nahe; *šahlalh̲* von *ŠHL* – ‚ausziehen, abstreifen';

90,2 *blila u-mbalala u-mhambla* von den Verben *BLL* und *HMBL* sind als Wortspiel zu verstehen: ähnlich lautende Worte wurden bewusst nebeneinander gestellt, außerdem lässt sich ein Anklang an die Volksethymologie von Babel Gen 11,9 erkennen;

90,3 *u-siprak* lese ich als Kollektiv: ‚deine Schriften'; das Wort selbst steht m. E. im Singular, doch das zugehörige Verb im Plural;

90,4 ich lese gegen Lidzbarski mit den HSS A, B, C und D *kahu* statt *kahia*;

90,5 das Personalsuffix 3. m. Sg. *h̲* lässt sich in der mandäischen Schrift nur schlecht vom Buchstaben *a* (*halqa*) am Ende eines Wortes unterscheiden. An dieser Stelle lese ich mit Lidzbarski *zauh̲* – ‚seine Frau'; um einen Endreim herzustellen (s. u.), könnte man jedoch auch *zaua* – ‚die Frau' lesen;

90,10 *anpaq* von *NPQ* kann sowohl ‚weggehen' als auch ‚sterben' heißen;

90,11 *damia l-iuma ṭaba* – ‚er gleicht (*DMA* Pe. Pf.) einem guten Tag'; die Übersetzung Lidzbarskis mit ‚Festtag' ist m. E. nicht haltbar; *DMA* nimmt die Thematik des Gerichtstages wieder auf, eine Ergänzung nach Lidzbarski scheint mir überflüssig;

90,12 *msakilh̲* von *SKA* – ‚Ausschau halten';

90,14 *u-mizdabnia* von *ZBN* – ‚verkaufen' im Ethpaal mit regressiver Assimilation des *t* an das *z*;

91,1 *zakʿin* – ‚siegreich', z. T. auch geschrieben *zakin.*

Gliederung des Textes

Gliederung und Struktur des Textes werden schon in der letzten Transskription deutlich. Auf die feststehende dreizeilige Einleitungsformel,[248] deren Zeilen sich jeweils auf *e* reimen,[249] folgt ein ebenfalls dreizeiliger Anruf, der über das Wort *u-amar* (‚und er spricht') mit der Einleitungsformel verknüpft ist. *u-amar* ist m. E. eher als Rubrum, also als Leseanweisung für den Vortragenden, denn als direkter Bestandteil des Textes zu verstehen und erscheint deshalb in meiner Transskription nach außen gerückt. Der Anruf enthält in seiner ersten und dritten Zeile den gleichen Text; beide Zeilen reimen

248 Diese so in den Kapiteln 19–25 und 27–33.

249 Es ist zu beachten, dass die Aussprache des Mandäischen nicht genau seiner Schreibweise entspricht.

sich deshalb auch am Satzende. Die Einleitung der mittleren Zeile mit der Kopula *u-* ist wohl bewusst gestaltet.[250]

Die Kopula ist deswegen beizubehalten. Nach dem Anruf wird das eigentliche Thema des Kapitels genannt: der Gerichtstag. Dies geschieht wiederum in einem dreizeiligen Abschnitt, dessen erste und letzte Zeile ebenfalls einen Endreim aufweisen. Die mittlere Zeile erläutert hierbei das mandäische Verständnis vom Tag des Gerichts.

Auf diese drei dreizeiligen Elemente folgt ein vierzeiliger Weheruf auf die Welt, bei dem sich sowohl die erste auf die zweite Zeile als auch die dritte auf die vierte Zeile reimt. Die ersten beiden Zeilen enthalten deutlich ein bewusst konstruiertes Wortspiel,[251] die letzten beiden Zeilen sagen der Welt den vollständigen Untergang am Gerichtstag voraus.

Die sich daran anschließenden sechs rhetorischen Fragen nehmen in gewisser Weise das Dreierschema des Eingangsteiles wieder auf: Teilt man die Fragen in zwei Dreiergruppen ein, so ergibt sich, dass beide Dreiergruppen mit einem Menschenpaar bzw. mit zwei Menschenpaaren beginnen und mit einem einzelnen Menschen beendet werden. Auch hier weisen die ersten beiden Zeilen einen Endreim auf *a* auf; die erste Dreiergruppe ist mit der zweiten über den Endreim auf *hun* in jeder zweiten Zeile verbunden.

Nun folgen fünf zweizeilige Elemente: Die erste dieser Gruppen zieht die Konsequenz aus den rhetorischen Fragen, die zweite führt deren Thematik fort, indem sie die Worte *ḏ-almia u-daria* (‚Welten und Zeitalter') in ihrer letzten Zeile nochmals nennt. Daneben nimmt die zweite Zweiergruppe das eigentliche Hauptthema des Gerichtstages wieder auf. Dabei wird hier eine Verheißung an die Gläubigen ausgesprochen: der Gerichtstag wird mit einem guten Tag verglichen *(damia l-iuma ṭaba)*. Die thematische Verbindung der ersten mit der zweiten Zweiergruppe deutet an, dass sich diese beiden Gruppen wie auch die folgenden beiden zu Vierergruppen zusammenfassen lassen könnten. Der Genauigkeit wegen ziehe ich jedoch die Gliederung in Zweierelemente vor.

An die Verheißung an die Gläubigen in den ersten beiden Zweiergruppen schließt sich erneut eine Absage an die Welt und ihre Mächte an: Weder Gestirne noch Menschen werden am Gerichtstag Bestand haben. Die ersten beiden Zeilen weisen einen Endreim auf *a* auf, über den sie mit der ersten Zeile des zweiten Zweierelements verbunden sind. Ein letztes Zweierelement verheißt den Gläubigen nun explizit das Heil, das im zweiten Zweierelement nur kurz angedeutet worden war. Die Gläubigen, hier als ‚meine Geliebten' (*rahmai*) angesprochen, werden damit in deutlichen Kontrast zu Welt und Ungläubigen, d. h. Nichtmandäern gerückt. Den Abschluss dieses Kapitels bildet die häufig gebrauchte kurze Schlussformel[252] *u-hiia zakʿin* (‚und das Leben

250 Vgl. Kapitel 23 in den Zeilen 86,13 f.

251 Siehe oben im Abschnitt *Bemerkungen zu Textkritik und Übersetzung*.

252 Im Gegensatz zur langen Schlussformel *u-hiia zakin u-zakia gabra ḏ-asgia lka* (‚und das Leben ist siegreich, und siegreich ist der Mann, der bis hierher gelangt ist').

ist siegreich'); das folgende *sa* ist als Schlusspunkt zu verstehen und deshalb nicht mit zu übersetzen.

Interpretation

Das Kapitel beginnt mit der stereotypen Einleitungsformel der Nachtgesänge des Jahja.

Iahia dariš b-liluia	Jahja lehrt in den Nächten,
Iuhana b-ramšia ḏ-lilia	Johannes an den Abenden der Nacht.
Iahia dariš b-liluia	Jahja lehrt in den Nächten
u-amar	und spricht:

Diese Formel bildet durch die gleichen Sätze in Zeile eins und drei sowie durch die Endreime[253] eine geschlossene Einheit. Das Verbum *DRŠ* erinnert mehr an die jüdische Tradition der Drosche bzw. des Darschan als an die im christlichen Gottesdienst übliche Predigt.

Dass hier vermutlich ‚Nacht' im übertragenen Sinn zu verstehen ist als die Finsternis dieser Welt im Gegensatz zur göttlichen Lichtwelt, in der es keine Finsternis gibt, wurde schon erläutert. Dies entspricht der übertragenen Rede von der Wachsamkeit, die im Folgenden, mit dem Rubrum *u-amar* – ‚und er spricht'[254] eingeleiteten Dreizeiler anklingt.

ia haria ḏ-šakbia	O ihr Männer, die ihr schlaft,
u-ia harata ḏ-la-mitiran	o ihr Frauen, die ihr nicht wacht,
ia haria ḏ-šakbia	o ihr Männer, die ihr schlaft!

Ähnliche Weherufe finden sich im *Ginza*,[255] hier im Zusammenhang mit einer längeren Paränese.

Die Rede von der Wachsamkeit hat – gerade im jüdisch-christlich geprägten Kulturkreis, aber auch darüber hinaus – eine lange Tradition. Ich möchte mich hier auf die Tradition des Alten Testaments, die im Judentum und im Neuen Testament fortgeführt wird, beschränken. Im Alten Testament und im Judentum begegnet das Motiv des Wachens oder des nicht Schlafens in verschiedenen Kontexten: Der Schlaf wird vor allem in den Proverbien als Ausdruck der Faulheit interpretiert, so z. B. in Prov 6,9 f.:

> Wie lange, du Fauler, willst du noch daliegen, wann willst du aufstehen von deinem Schlaf? Noch ein wenig schlafen, noch ein wenig schlummern, noch ein wenig die Arme verschränken, um auszuruhen.

253 Vgl. die Umschrift und den Abschnitt *Gliederung des Textes*.
254 Vgl. die Bemerkungen zu diesem Rubrum im Kommentar zu Kapitel 23.
255 So *G*, S. 180,20 ff.

oder auch in Prov 26,14: „Wie sich die Tür in der Angel dreht, so dreht sich der Faule in seinem Bett.“[256] Daneben wird der Schlaf dem Toren zugeordnet. Seine Unfähigkeit zu lernen bzw. zu verstehen wird in Sir 22,9 f. mit dem Zustand eines tief Schlafenden verglichen:

> Wer einen Toren belehrt, leimt Scherben zusammen, er sucht einen Schlafenden aus dem Tiefschlaf zu wecken. Wer mit einem Toren redet, redet einen Schlafenden an; schließlich fragt dieser: Was ist denn?

Durch diese Zuordnung erhält der Zustand des Schlafens eine negative Konnotation. Das Wachen bzw. nicht Schlafen wird im natürlichen Gegensatz dazu positiv bewertet: Wer wach bleibt oder früh aufsteht, wacht um der Weisheit willen oder für den Herrn selbst: „Wohl dem, der auf mich (i. e. die Weisheit) hört, der Tag für Tag an meinen Toren wacht und meine Türpfosten bewacht.“ (Prov 8,34). Das Streben nach Weisheit ist auch der Grund des früh Aufstehens in Sap Sal 6,14 f.:

> Wer in der Morgendämmerung für sie (i. e. die Weisheit) aufsteht, braucht sich nicht abzumühen. Er wird sie an seiner Türschwelle sitzend finden. Über sie nachdenken ist vollendete Einsicht, und wer um ihretwillen wacht, ist bald von allen Sorgen frei.

Wenn das Streben nach Weisheit das Wachen voraussetzt, ist klar, aus welchem Grund der Schlaf als Inbegriff für das Wesen und Tun des Toren gilt.

Auch die Suche nach Gott selbst setzt die Wachsamkeit voraus: „Wer den Herrn fürchtet, empfängt seine Lehre, und die für ihn wach bleiben, werden Segen finden.“ (Sir 32,18).[257] Die Bedeutung des Wachens kann hier sowohl wörtlich als auch metaphorisch aufzufassen sein; die Grenze zwischen metaphorischer und wörtlicher Bedeutung ist nicht scharf gezogen.

Nicht immer meint das Wachen den physischen Verzicht auf Schlaf.

Die Rede von der Wachsamkeit findet sich auch im Neuen Testament an zahlreichen Stellen. Während sie im Alten Testament und im Judentum meist in weisheitlichen Mahnsprüchen oder Makarismen begegnet, kennt das Neue Testament auch direkte Aufforderungen zur Wachsamkeit, so z. B. in Eph 5,14: „Wach auf, der du schläfst, und steh auf von den Toten, so wird dich Christus erleuchten!“ Dieser als Zitat gekennzeichnete Weckruf wird häufig auf gnostische Quellen zurückgeführt, ist jedoch im Kontext von Eph 5 wohl als Bekehrungsruf zu verstehen.[258] In engem Zusammenhang mit diesem Weckruf steht in Eph 5 die Rede von Finsternis und Licht, wobei auch hier die Finsternis negativ qualifiziert wird: „Denn ihr wart früher Finsternis; nun aber seid ihr Licht im Herrn. Lebt als Kinder des Lichtes (…) und habt keine Gemeinschaft mit den unfruchtbaren Werken der Finsternis“ (Eph 5,8–14). Hier, wie im vorliegenden mandäischen Text, sind Finsternis und Licht, denen Schlafen und Wachen zugeordnet werden, nicht durchgehend wörtlich gemeint. Physisches Wachen wird dagegen von

256 Vgl. außerdem Prov 6,4; 24,33; Sir 6,36.
257 Vgl. außerdem Jes 26,8 f.; Hos 5,15; Ps 62,2.7; 77,34; 127,1 f.; Sir 39,6.
258 Vgl. Berger: *Theologiegeschichte*, S. 303.

den Jüngern im Garten Gethsemane gefordert (Mk 14,38 par). Zur metaphorischen Aufforderung zur Wachsamkeit lassen sich zahlreiche neutestamentliche Stellen anführen, die hier nicht im einzelnen erörtert werden sollen.[259] Wichtig zu erwähnen ist noch, dass diese Mahnungen zur Wachsamkeit stets, auch im mandäischen Text, nicht an Außenstehende, sondern an die eigene Gemeinde bzw. Mitgläubige gerichtet sind. So sind auch in *J* 25 Mitglieder der mandäischen Glaubensgemeinschaft angesprochen.

Auch in der griechischen Philosophie wird der Schlaf zum Teil negativ bewertet, so z. B. bei Heraklit,[260] Diogenes von Apollonia,[261] Anaxarch[262] und Demokrit.[263]

Die Aufforderung zur Wachsamkeit hängt im 25. Kapitel des mandäischen Johannesbuches eng zusammen mit dem bevorstehenden Gerichtstag.

l-iuma ḏ-dina mahu tibdun	Am Tag des Gerichts – was werdet ihr tun?
kḏ šahlalẖ l-pagra nišimta	Wenn die Seele den Körper abstreift,
l-iuma ḏ-dina mahu tibdun	am Tag des Gerichts, was werdet ihr tun?

Im gleichen Dreisatzschema wie oben warnt Johannes die Gläubigen vor ihrem eigenen Tod und damit auch zugleich vor dem Ende der Welt, dem Gerichtstag. Der Tag des Gerichtes ist als das Hauptthema dieses Kapitels anzusehen.[264] Diese Verbindung begegnet ebenfalls im Neuen Testament: „Gebt acht, seid wachsam! denn ihr wisst nicht, wann die Zeit da ist.“ (Mk 13,33 ff. par). Der Tag des Herrn wird kommen „wie ein Dieb in der Nacht“ (1. Thess 5,2; Mt 24,42–44 par). Den Schlafenden wird er überfallen; der Wachende dagegen wird vorbereitet sein. Auch hier ist mit „Wachen“ nicht der physische Entzug von Schlaf gemeint, wie das Gleichnis der zehn Jungfrauen (Mt 25,1–13) verdeutlicht: Als der Bräutigam kam, schliefen (physisch) alle zehn Brautjungfern; dennoch waren fünf von ihnen „wachsam“ und hatten Öl für ihre Lampen mitgebracht, fünf von ihnen jedoch hatten „geschlafen“, das Öl vergessen und werden zur Feier nicht eingelassen. Besondere Ähnlichkeiten zu unserem mandäischen Text weist 1. Thess 5,1–11 auf: Wie in *J* 25 begegnen hier sowohl die metaphorische Rede von Licht und Finsternis, die Mahnung zur Wachsamkeit und die Warnung vor dem Tag des Gerichts.

Im mandäischen Text, der wie die Einleitungsformel aus zwei gleichen Rahmensätzen mit Endreim und einem Mittelsatz besteht, wird der Gerichtstag nun noch genauer spezifiziert: Der Tag des Gerichtes ist für die Mandäer dann, wenn die Seele den Körper verlässt, d. h. wenn der Mensch stirbt. Seine Seele tritt danach einen mehrtägigen Weg ins Lichtreich an, auf dem sie zahlreiche Hindernisse überwinden muss. Ist die Seele nicht makellos, kann sie nicht in die göttliche Lichtwelt aufsteigen, sondern wird in den sogenannten ‚Wachtstationen‘, die von bösen Dämonen besetzt sind,

259 Vgl. z. B. 1. Kor 16,13; Kol 4,2; 1. Petr 5,8; 1. Thess 5,6.
260 *Lehre* 129; fr. I,150 ff. 167 f. 170,10–171,4.
261 *Lehre* 19 (II, 56,14).
262 *Lehre* 16 (II, 239,15).
263 *Lehre* 77 (II, 103,23).
264 Vgl. den ähnlichen Aufbau in *J* 23.

festgehalten und gequält. Gute Taten in der Welt wie z. B. die Almosenspende und der korrekte Vollzug der mandäischen Riten sollen der Seele bei ihrem Aufstieg in die Lichtwelt helfen.[265] So wird z. B. Adam vor seinem Tod gewarnt:

> Dort (im Hause des Lebens) wird jeder einzelne nur nach seinen Handlungen, nach Lohnzahlung und Almosenspende, dem Zeichen und der Taufe und den Werken, die er geübt, geprüft. Wenn sie den Körper verlassen, werden sie an den Wachtstationen geprüft.[266]

Während den Seelen der gläubigen, treuen Mandäer Lichtwesen an den Wachthäusern vorbeihelfen:

> Boten des Lebens werden ihm zur Rechten, Engel des Lichtes zur Linken sein, und sie (die Seelen) werden von den Wachthäusern und den siedenden Kesseln erlöst werden.[267]

werden die, die gesündigt haben, in den Wachthäusern bestraft:

> Mit sieben Schlägen werden sie (Mandäer, die gesündigt haben) geschlagen werden und in die Wachthäuser der sieben Sterne fallen.[268]

Auch hier ist Wachsamkeit wichtig, um dem Gericht zu entkommen:

> Wenn sie wach und wachsam sind und der Mana, der in ihnen wohnt, erweckt ist, so werden sie in den Wachthäusern der Planeten, dem Gerichtshofe, nicht zur Rechenschaft gezogen werden.[269]

Jeder Mandäer muss darauf achten, die Riten korrekt zu vollziehen und gute Werke zu vollbringen, damit seine Seele nach seinem Tode, seinem persönlichen Gerichtstag, in die Lichtwelt aufsteigen kann. Diese individuelle Eschatologie ist charakteristisch für mandäische Texte. Von einem allgemeinen Weltgericht wird nur selten gesprochen, es wird gleichgesetzt mit dem endgültigen Untergang der Erde:

> Für immer wird die Tibil untergehen, und die Werke des Hauses werden dem Verderben anheimfallen. In Verwirrung geraten werden die Himmelsräder, gesprengt die Ketten der trüben, lichtlosen Erde. (…) Wenn das Haus zerstört wird und der Geist der Sieben endet, wird die Gestalt der zwölf Sterne verderben, die den Stamm des Lebens verfolgten. Die Werke der ganzen Tibil werden in Verwirrung geraten, und das ganze Firmament wird erschüttert werden. (…) An jenem großen Gerichtstage wird über Jošamin, Abathur und Ptahil das Urteil gesprochen werden …[270]

---

265 Vgl. *J* 29, S. 102 in der Übersetzung Lidzbarskis, ebenso die Kapitel 14–17 des Johannesbuches, zum Wortspiel vgl. den Abschnitt *Gliederung des Textes*, außerdem vgl. *J* 54.

266 So *G*, S. 433,4 ff. in der Übersetzung Lidzbarskis.

267 Ebd., S. 21,23 ff.

268 Ebd., S. 385,18 ff.

269 Ebd., S. 287,9 ff.

270 Ebd., S. 311,11 ff.

Dabei werden alle Mächte, die der göttlichen Macht entgegengesetzt sind, und auch die ungläubigen Menschen der Vernichtung preisgegeben, wie gegen Ende von Kapitel 25 bei der Wiederaufnahme der Gerichtsthematik beschrieben wird. Deshalb schließt sich sinnvoll an die Rede vom Gerichtstag hier ein Weheruf über die Welt an.

ia alma blila	O Welt, verwirrt,
u-mbalala u-mhambla	verworren und verdorben –
ḏ-gubrak maitia	deine Männer sterben,
u-siprak ḏ-zipa mistakria	und deine Schriften des Betruges werden geschlossen.

Der erste Vierzeiler dieses Kapitels, in dem sich jeweils zwei Zeilen reimen, kündigt nach dem Wortspiel ‚verwirrt, verworren und verdorben' der Welt den totalen Untergang an: Wird mit den Männern sozusagen die physische Existenz der Erde vernichtet, so mit den ‚Schriften des Betruges' gleichsam die metaphysische Existenz. Mit diesen Schriften sind vermutlich die Texte anderer Religionen gemeint. Sie können deshalb nur betrügerisch sein, weil die Mandäer allein über die Kenntnis der Wahrheit verfügen und nur ihre Schriften die reine Wahrheit wiedergeben. Die Thora z. B. ist nach mandäischer Auffassung von bösen Dämonen verfasst, der Koran ist aus ihr abgeschrieben.

Mit der Thora werden Ruha und Mose in Verbindung gebracht, aber auch Abraham:

> Sie (die Juden) verleugnen Moses, den Propheten der Ruha, der ihnen das Gesetz gebracht. Sie verfälschen es, sie verfälschen die Werke Abrahams, des Propheten der Ruha auf dem Berge Sinai.[271]

Auch hier begegnet der Vorwurf, die reine Lehre verfälscht zu haben.[272]

Beide Bücher sind von den bösen Mächten gemacht, um Menschen zu fangen und sie am wahren Glauben zu hindern; sie enthalten Frevel und Betrug. Die Vernichtung der physischen und der metaphysischen Existenz der Welt soll die Totalität ihres Unterganges veranschaulichen. Auf den Weheruf folgen sechs rhetorische Fragen.

kahu Adam gabra qadmaia	Wo ist Adam, der erste Mann,
ḏ-haka riša ḏ-dara hua	der hier das Haupt des Zeitalters war?
kahu Haua zauẖ	Wo ist Eva, seine Frau,
ḏ-minaihun ʿtiaiar alma	von denen die Welt zum Leben erwachte?
kahu Šitil br Adam	Wo ist Seth, Adams Sohn,
ḏ-almia u-daria minẖ ahun	von dem Welten und Zeitalter herkommen?
kahu Ram u-Rud	Wo sind Ram und Rud,
ḏ-mn dara ḏ-hirba hun	die zum Zeitalter des Schwertes gehören?
kahu Šurbai u-Šarhabʿil	Wo sind Šurbai und Šarhabiel,
ḏ-mn dara ḏ-nura hun	die zum Zeitalter des Feuers gehören?
kahu Šum br Nu	Wo ist Sem, Noahs Sohn,
ḏ-mn dara ḏ-ṭupania ḏ-mia hun	der zum Zeitalter der Wasserfluten gehörte?

271 Vgl. *G*, S. 43,21 ff.
272 Ebd., S. 26,16 ff.

Dieser Abschnitt setzt die mandäische Zeitalterlehre voraus. Sie wird im Johannesbuch nicht expliziert; an zwei Stellen, nämlich hier und in Kapitel 19 wird sie jedoch eingesetzt, um Johannes, der in der Reihe direkt auf Sem, Noahs Sohn (Šum br Nu), folgt, in seiner Funktion als Lehrer und Prophet zu legitimieren. Dazu ist anzumerken, dass im Johannesbuch der Abschnitt über Sem (die Kapitel 14–17) direkt vor dem Abschnitt über Johannes eingefügt ist. So wird die Reihenfolge der Häupter der Zeitalter auch in der Struktur des Johannesbuches gewahrt.

Die Zeitalterlehre wird im *Rechten Ginza* öfter entfaltet;[273] ich erläutere sie hier nach dem Text in *GR* II, 1. Abschnitt 117 ff.; S. 45 ff. Danach folgen verschiedene Zeitalter aufeinander, die jeweils ihre ‚Häupter' in einer oder zwei Personen haben. Das erste Zeitalter ist nach *Adam* und *Eva* (*Haua*) benannt. Adam soll 1000 Jahre in der Welt wohnen und dann ‚zum Licht emporsteigen', d. h. sterben. Eva stirbt kurz nach Adam, nach ihr sterben all ihre Nachkommen bis auf zwei Menschen: *Ram* und *Rud* bleiben übrig, und aus ihnen entstehen von neuem Menschen. Nach Ende ihres Zeitalters sterben *Ram* und *Rud* sowie ihre Nachkommen; ihr Zeitalter wird als das des Schwertes beschrieben, weil an seinem Ende die Menschen durch das Schwert sterben sollen. Nach fünfundzwanzig Zeitaltern wird dann die Welt bzw. werden die Lebewesen auf ihr durch Wasser vernichtet werden. Auch hier bleibt ein Menschenpaar übrig, *Šurbai* und *Šarhab'il*, aus denen wiederum Menschen entstehen. Sie leben über „fünfzehn Generationen" bis zum Ende ihres Zeitalters durch das Feuer. Das Feuer vernichtet alle Lebewesen auf der Erde bis auf Noah und seine Familie.

Dieser Geschichtsaufriss wird im *Ginza* an dieser Stelle weiterverfolgt über Abraham und Salomo bis zu Mose und endet mit der Ankündigung vom Auftreten falscher Lehrer, unter denen Gestirne, Christus und Mohammed die wichtigsten sind. Ab Abraham wird jedoch nicht mehr in Zeitalter eingeteilt, weil er den Mandäern schon als falscher Prophet gilt. Die eigentliche Zeitalterlehre findet hier also ihr Ende mit dem Paar Šurbai und Šarhab'il.[274]

Im Johannesbuch sind zusätzlich Seth und Sem ein- bzw. angefügt. Seth als Sohn Adams könnte noch zum Zeitalter von Adam und Eva, den Häuptern des ersten Zeitalters, gerechnet werden. Von Adam und Eva wird im Johannesbuch gesagt, von ihnen stamme die Welt ab, von *Seth* dagegen, von ihm stammten Welten und Zeitalter (Plural!) ab. Man könnte hier einen Gegensatz sehen: Eventuell ist gemeint, dass von *Adam* und *Eva* diese vergängliche Welt bzw. die Menschen in ihr abstammen, von *Seth* dagegen Welten und Zeitalter, die in die Nähe der göttlichen Welt gerückt werden könnten. *Ram* und *Rud* werden konventionell dem Zeitalter des Schwertes zugeordnet, ebenso wie *Šurbai* und *Šarhab'il* dem Zeitalter des Feuers (s. o.). Nun wird die Zeitalterlehre fortgesetzt um das Zeitalter des Sem, der hier anstelle seines Vaters Noah genannt wird. Ihm wird, entsprechend der Zeitalterlehre des *Ginza*, die Zeit der Wasserfluten zugeordnet. Die genannten Namen können nur zum Teil vom Alten Tes-

273 So *G*, S. 27 ff., 408 ff.
274 Vgl. hierzu *G*, S. 181 ff.

tament her erklärt werden; die Namen *Ram, Rud, Šurbai* und *Šarhab ʿil* begegnen offensichtlich nur in der mandäischen Mythologie; aus den Texten anderer Religionen sind sie nicht bekannt. Was die Mandäer mit diesen Namen bzw. Personen genau verbinden, ist deshalb noch nicht zu klären. Lidzbarski bringt die Namen *Šurbai* und *Šarhab ʿil* mit der Wendung *šarhib šurbata* – ‚Stämme verbreiten; gründen' in Verbindung.[275]

Die Zeitalterlehre ist in unserem Abschnitt nicht expliziert und in rhetorische Fragen gefasst.[276] Diese haben zum Ziel, die Vergänglichkeit menschlichen Daseins zu verdeutlichen, was auch im mandäischen Text in einem zweizeiligen Abschnitt als Konsequenz aus den rhetorischen Fragen folgendermaßen formuliert wird.

kulhun anpaq u-la ʿtkamar	Sie alle sind weggegangen und nicht zurückgekommen
u-ʿtibiun naṭria b-tibil	und haben sich gesetzt als Hüter über die Erde.

„Sie alle sind weggegangen und nicht zurückgekommen". Von der Lichtwelt gibt es kein Zurück in die irdische Welt.[277] Die Häupter der Zeitalter sind hingegangen und wachen nun über die Welt, vermutlich, um die Mandäer, die in ihr wohnen, zu beschützen. Dies soll für die verunsicherte mandäische Glaubensgemeinschaft[278] eine gewisse Sicherheit vermitteln. Der folgende Zweizeiler greift das Hauptthema des Kapitels wieder auf.

damia l-iuma ṭaba	Er gleicht einem guten Tag,
ḏ-almia u-daria msakilẖ	nach dem Welten und Zeitalter Ausschau halten.

Der Gerichtstag gleicht – für die Mandäer – einem guten Tag, denn an ihm werden sie aus der Bedrängnis der Welt erlöst und steigen zur Lichtwelt empor. Auch Welten und Zeitalter, von denen oben gesagt wurde, sie stammten von Seth ab, erwarten den Gerichtstag. Dies könnte eine Parallele in Röm 8,18–22 haben: Auch hier wartet die Welt auf Erlösung. Das Motiv, die Schöpfung warte auf den Gerichtstag, findet sich auch in den *Oracula Sibyllina* III 675 ff. 619[279] und wahrscheinlich von dort übernommen in Vergils *Eclogen*[280]. Hier ist jedoch jeweils die Schöpfung, die irdische Welt

275 Vgl. Lidzbarski: *G*, S. VII.

276 Ähnliche Reihen rhetorischer Fragen in Test Hiob XXXII und XXXIII,4.

277 So *J* 31, S. 114 in der Übersetzung Lidzbarskis: „Gäbe es ein Hingehen und Wiederkommen, so fände sich keine Witwe in der Tibil. Gäbe es ein Hingehen und Wiederkommen, so fänden sich keine Waisen in der Tibil. Gäbe es ein Hingehen und Wiederkommen, so fänden sich keine Meister und Lehrer in der Tibil. Gäbe es ein Hingehen und Wiederkommen, so fänden sich keine Nasoräer in der Tibil."

278 Zu Zeiten der Abfassung des Johannesbuches war die mandäische Gemeinde hauptsächlich durch die Auseinandersetzung mit dem Christentum und das Aufkommen des Islam verunsichert.

279 Vgl. J. H. Friedlieb (Hg.): *Die sibyllinischen Weissagungen vollständig gesammelt*, nach neuer Handschriften Vergleichung, mit kritischem Commentare und methrischer deutscher Übersetzung, Leipzig 1852, S. 83 f.

280 Vergil: *Eclogen* 4,52. Vgl. hierzu H. Hommel: *Schöpfer und Erhalter. Studien zum Problem Christentum und Antike*, Berlin 1956, S. 19 f.

gemeint, während m. E. bei den Mandäern hier Welten und Zeiten angesprochen werden, die nicht nur mit der im Mandäismus negativ bewerteten vergänglichen Welt identisch sind.

Noch einmal wird in den folgenden Zweizeilern, wie nach der ersten Erwähnung des Gerichtstages, der Welt der vollkommene Untergang vorausgesagt.

šibiahia tauria ḏ-piṭra	Die sieben Planeten sind fette Widder,
ḏ-qaimia l-iuma ḏ-nikusta	die für den Tag der Schlachtung dastehen.
abnia tibil dakria ḏ-šumna	Die Söhne der Erde sind fette Mastochsen,
ḏ-qaimia b-šuqia u-mizdabnia	die auf den Märkten stehen, um verkauft zu werden.

Der Gerichtstag ist gleichzeitig der Tag, an dem Gestirne wie Widder geschlachtet und die Menschen getötet werden sollen. Die Vorstellung der Schlachtung von Lebewesen und Mächten am Gerichtstag begegnet auch in der jüdischen Vorstellung von der Schlachtung des Leviathans am Jüngsten Tag.[281]

Die Schlachtung am Gerichtstag kann m. E. drei Motiven folgen: Sie kann wie im letztgenannten Fall den Menschen zugute kommen, sie kann zum Zweiten dazu dienen, die Menschen mit Nahrung zu versorgen, wie bei der Schlachtung des Leviathan, oder sie kann die Menschen in Sicherheit bringen, indem sie bedrohliche Mächte vernichtet. Letzteres ist im vorliegenden mandäischen Text der Fall. Einmal mehr soll der mandäischen Gemeinde Sicherheit, zumindest nach dem Gerichtstag, verheißen werden. Die Macht der Gestirne und der Menschen, die jetzt noch die Mandäer bedrängen, ist zeitlich begrenzt, aber auch in ihrer Qualität eingeschränkt: Jemand muss über sie Macht haben, um sie am Ende schlachten zu lassen. Gestirne und Menschen haben deshalb nicht die absolute Macht über die Mandäer. Dass kosmische Mächte und Menschen auf der Erde der Vernichtung anheimfallen, soll noch einmal die Totalität des Unterganges der ungläubigen Welt verdeutlichen.

Im *Ginza* wird der Vergleich der Menschen mit ‚fetten Widdern', die geschlachtet werden sollen, an einer Stelle kurz erläutert:

> Der Araber Abdallah spricht zu seinen Dienern und allen Pforten, die sich zu ihm bekannt haben: Als ich euch mit dem großen Raubzug betört, die ganze Tibil euch unterworfen, Geißel und Herrschermacht euch verliehen, die ganze Gottheit unter euch gebeugt und alle Völker, Grenzen und Zungen ausgeplündert habe, da habe ich und meine Mutter Ruha euch gemeinsam betört. (…) Jetzt, am großen Gerichtstage, findet ihr bei mir keine Auskunft. Weil ich euch mit … und Honig gespeiset, ihr euch mit wohlriechenden Kränzen (…) verzärtelt, ich euch in kostbaren Gewändern einhergehen (…) ließ, (…) euch zu fetten Widdern machte, soll euch niemand jetzt aus meinen Händen befreien und erlösen und zum Lichte emporbringen.[282]

281 Vgl. 4 Esra 6,44–52; syr. Bar. 29,4–7.
282 Vgl. Lidzbarski: *G*, S. 234.

Auch die Seelen der Menschen, die hässliche Werke getan haben, werden als „fette Böcke“ bezeichnet:

> Ich fragte und sprach: Welchem Dinge gleichen jene Seelen mit den häßlichen Werken, die sie in der Welt üben? Ich fragte, und sie sprachen zu mir: Jene Seelen gleichen den fetten Böcken, die man plötzlich packt und auf Kohlen wirft.[283]

Die Bestrafung mit dem Tod für die Menschen wird hier explizit mit der Ausübung der ‚falschen‘ Religion begründet und die Verführung auf Abdallah, den Vater des Muhammad, zurückgeführt. Seine angebliche Abstammung von *Ruha* qualifiziert ihn zusätzlich als böse ab, erklärt seine Macht und bedeutet einen polemischen Seitenhieb gegen den Islam. Die Verheißung an die gläubigen Mandäer, die bis jetzt nur implizit mitschwang, wird in den letzten beiden Zeilen ausgesprochen.

rahmai ḏ-sagdia l-hiia	Meinen Freunden, die das Leben verehren,
haṭaiun u-haubun ništbiqlun	werden ihre Sünden und Übertretungen vergeben.

Am Gerichtstag wird den Mandäern die Schuld vergeben werden, so dass sie Aufnahme in die Lichtwelt finden können. Der Gerichtstag ist deshalb ein guter Tag und kein Grund für Furcht. Die mandäische Gemeinde kann ihm getrost entgegensehen, und diese Verheißung ist damit das Aussageziel des Kapitels, das die Mandäer wachrütteln will, damit sie am Tage des Gerichts im Gegensatz zur Welt Bestand haben.

Dann wird endgültig, wie in der Schlussformel bestätigt, das Leben, also Gott, den Sieg über seine Feinde und damit über die Feinde der Mandäer davontragen.

283 Ebd., S. 186,26 ff.

Kapitel 26

Umschrift

91,3 *la-ṣbubia daria u-la-ṣbubia kulhun almia la-*
91,4 *ṣbubia daria b-ʿngar kušṭa ḏ-atat lka*
91,5 *nisbu l-ʿngirta u-ʿl iad iahuṭaiia rimiuia*
91,6 *pahtia u-qaribẖ u-haiza ḏ-bẖ ḏ-la-hua ḏ-hinun*
91,7 *baiia u-la-hua ḏ-nišmatun ṣabia nisbu*
91,8 *l-ʿngirta u-ʿl iad Iuhana rimiuia amrilẖ sab*
91,9 *Rab Iuhana b-ʿngar kušṭa ḏ-atalak mn*
91,10 *abahatak pahta u-qaria Iuhana u-hazia b-gauẖ*
91,11 *sipra šania pahta u-qaribẖ u-b-hiia ʿtimlia*
91,12 *u-amar hazin hu ḏ-baiina u-haza nišmat ṣabia*
91,13 *Iuhana npaq mn pagrẖ ahẖ daršia drašia*
91,14 *ahẖ daršilẖ b-ẖ b-ṭura ṭur karimla nisbu*
92,1 *l-ʿngirta u-asqu l-ṭura ṭur karimla qarilun*
92,2 *b-ʿngirta u-maprišilun l-šapta l-Iaqip u-Bnia Amin*
92,3 *u-Šumʿil kanpia b-ṭura ṭur karimla Manda ḏ-*
92,4 *hiia ḏ-rahiq mn ʿmruma atit ʿlik dilik*
92,5 *nišimta ḏ-hiia ʿlauia tibil šihluk b-albušia*
92,6 *ḏ-manda asgit b-gauẖ ḏ-alma ana b-albuša ḏ-*
92,7 *hiia asgit atit l-gauẖ ḏ-alma ʿl lbuša ḏ-*
92,8 *šuba atit ʿl tmania asgit lka lbuša ḏ-šuba*
92,9 *nisbit u-tmania [b-har] b-iad nsabtẖ u-nasbinalẖ*
92,10 *u-nisbẖ u-la-ʿšibqẖ ansabtẖ u-nasbinalun*
92,11 *u-sahria b-ṭabia nihun mahu bakitun daria*
93,1 *u-mahu bakitun amamia alma auda giutaikun ʿl*
93,2 *dilkun ana l-dmutai atit asgit ʿl gauẖ ḏ-alma*
93,3 *u-hiia zakʿin sa.*

Poetische Struktur und Übersetzung

*la-ṣbubia dar**ia***	Es fanden nicht Gefallen an ihm die Zeitalter,
*u-la-ṣbubia kulhun alm**ia***	und es fanden nicht Gefallen an ihm alle Welten.
*la-ṣbubia dar**ia***	Es fanden nicht Gefallen an ihm die Zeitalter

*b-ʿngar kušṭ**a***	an dem Brief der Kušṭa,
*ḏ-atat lk**a***	der hierher gekommen ist.
*nisbu l-ʿngirt**a***	Sie nahmen den Brief
*u-ʿl iad iahuṭaiia rimiui**a***	und legten ihn in die Hand der Juden.
*pahtia u-qaribẖ b-hazia ḏ-b**ẖ***	Sie öffneten und lasen ihn, und sie sahen in ihm
*ḏ-la-hua ḏ-hinun bai**ia***	nicht das, was sie wollten,
*u-la-hua ḏ-nišmatun ṣab**ia***	und nicht das, was ihre Seelen wollten.
*nisbu l-ʿngirt**a***	Sie nahmen den Brief
*u-ʿl iad Iuhana rimiui**a***	und legten ihn in die Hand des Iuhana
amrilẖ	und sagten zu ihm:
sab Rab Iuhana b-ʿngar kušṭa	Nimm, Rab Iuhana, den Brief der Kušṭa,
ḏ-atalak mn abahatak	der zu dir gekommen ist von deinem Vater.
pahta u-qaria Iuhana	Iuhana öffnete und las ihn
*hazia b-gauẖ sipra šan**ia***	und sah in ihm eine schöne Schrift.
*pahta u-qaribẖ u-b-hiia ʿtiml**ia***	Er öffnete und las ihn und wurde mit Leben erfüllt.
u-amar	Und er sprach:
hazin hu ḏ-baiina	Das ist, was ich will,
u-haza nišmat ṣabia	und das will meine Seele:
Iuhana npaq mn pagrẖ	Iuhana verlässt seinen Körper,
ahẖ daršia drašia	seine Brüder halten Lehrvorträge,
ahẖ daršilẖ b-ẖ b-ṭura	seine Brüder lehren über ihn auf dem Berg,
ṭur karimla	dem Berg Karmel.
*nisbu b-ʿngirt**a***	Sie nahmen den Brief
*nasqu l-ṭura ṭur kariml**a***	und brachten ihn hinauf auf den Berg,
	den Berg Karmel.
*qarilun b-ʿngirt**a***	Sie lesen den Brief,
*u-maprišilun l-šapt**a***	und sie lehren sie die Schrift,
l-Iaqip u-Bnia Amin u-Šumʿl	den Iaqip und Benjamin und Šumiel,
*kanpia b-ṭura ṭur kariml**a***	die versammelt sind auf dem Berg, dem Berg Karmel.
*Manda ḏ-hiia ḏ-rahiq mn ʿmrum**a***	Manda ḏ-Haije, der fern
	von den Himmelshöhen her ist, [spricht:]
*atit ʿlik dilik nišimt**a***	Gerade zu dir bin ich gekommen, Seele,
ḏ-hiia ʿlauia tibil šihluk	die das Leben auf die Erde geschickt hat.
*b-albušia ḏ-mand**a***	In Kleidern der Erkenntnis
*asgit b-gauẖ ḏ-alm**a***	kam ich in die Welt.
*ana b-albuša ḏ-hiia asg**it***	Ich, in Kleidern des Lebens kam ich,
*atit l-gauẖ ḏ-alm**a***	und ich bin in die Welt gelangt.
*ʿl l-buša ḏ-šuba at**it***	Mit dem Kleid der Sieben kam ich,
*ʿl tmania asgit lk**a***	mit dem der Acht bin ich hierher gekommen.
*l-buša ḏ-šuba nis**bit***	Das Kleid der Sieben habe ich genommen,

*u-tmania b-iad nsabt**ẖ***	und das der Acht habe ich in die Hand genommen.
u-nasbinalẖ u-ʿnisbẖ	Ich habe es genommen, und ich nehme es,
u-la-ʿšibqẖ	und ich werde es nicht loslassen.
*ansabtẖ u-nasbinal**un***	Ich habe es genommen, und ich nehme sie,
*u-sahria b-ṭabia nih**un***	und die Dämonen werden zu Guten werden.
*mahu bakitun dar**ia***	Warum weint ihr, Zeitalter,
*u-mahu bakitun amam**ia***	und warum weint ihr, Völker?
alma auda giutaikun	Warum geht euer Ruhm zugrunde?
ʿl dilkun ana l-dmutai atit	Gerade für euch habe ich mein Abbild gebracht,
asgit ʿl gauẖ ḏ-alma	in sie, in die Welt ist es gelangt.
u-hiia zakʿin	Und das Leben ist siegreich.
sa.	

Bemerkungen zu Textkritik und Übersetzung

91,3 *la-ṣbubia* von *ṢBA* I – ‚wünschen, gefallen' mit Akkusativsuffix der 3. Person Singular, vgl. *Handbook*, S. 163; nicht, wie Lidzbarski annahm, mit Personalsuffix der 1. Person Singular, vgl. Lidzbarski: *Johannesbuch*, S. 94, ebenso Macuch: *Dict.*, S. 388;

91,4 *b-ʿngar* setzt den Satz fort, *ṢBA* kann mit der Präposition *b-* konstruiert werden; die Lücke, die Lidzbarski an dieser Stelle seiner Übersetzung lässt, ist somit ohne Veränderung des Textes aufgehoben;

91,5 zu *iahuṭaiia* vgl. den Abschnitt *Bemerkungen zu Textkritik und Übersetzung* zu Kapitel 28;

91,6 *pahtia* von *PHT* – ‚öffnen' mit dem gleichen Akkussativsuffix *-ia* wie in 91,3 *la-ṣbubia*; dieser Suffix wird in diesem Kapitel noch häufiger gebraucht; *ḏ-bẖ* zum instrumentalen Gebrauch der Präposition *b-* vgl. *Handbook*, S. 421;

91,7 lese ich mit den HSS ABCD *baiia* statt *baiin*, so ist ein Endreim zur folgenden Zeile herzustellen;

91,8 zur Form *amrilẖ* vgl. die Erklärung im Abschnitt *Bemerkungen zu Textkritik und Übersetzung* zu Kapitel 28;

91,10 *abahatak* ist eine Pluralform von *ab* – ‚Vater', vgl. *Dict.*, S. 1, muss jedoch hier singularisch übersetzt werden, der Vater des Johannes ist das Leben *hiia*, dieses Wort begegnet nur im Plural, sodass die Pluralform hier von dort her erklärt werden kann;

91,13 *ahẖ* – ‚seine Brüder' ist eine Pluralform, vgl. *Dict.*, S. 8 unter *aha* 1;

92,1 hier verbessere ich mit Lidzbarski: *Johannesbuch*, S. 94, Anm. 5 den Text von *kadbilun* – ‚sie schrieben' zu *qarilun* – ‚sie lasen'; ersteres ergibt hier keinen Sinn;

92,4 *ʿlik dilik:* die Doppelung dient der Verstärkung ‚gerade zu dir, genau zu dir', ebenso in 93,1 f.; vgl. *Handbook*, S. 405;

92,6 *ḏ-mania* ist eventuell zu verbessern in *ḏ-manda*; Lidzbarski ergänzt zu *ḏ-tmania* – ‚der Acht': „die Ähnlichkeit der Buchstaben *i* und *d* legt jedoch eher eine Verschreibung nahe", und *ḏ-manda* – ‚der Erkenntnis' ergibt die sinnvolle Parallele zur folgenden Zeile;

92,9 *b-har* steht in eckigen Klammern und wird nicht übersetzt, weil es offensichtlich eine Verschreibung des folgenden *b-iad* ist; vgl. Lidzbarski: *Johannesbuch*, S. 95, Anm. 3;

92,13 lese ich mit den HSS A und D *u-sahria* statt *l-sahria*;

93,1 *alma* 3 – ‚was, warum', vgl. *Dict.*, S. 21.

Gliederung des Textes

Das Kapitel beginnt ähnlich wie die Nachtgesänge des Jahja mit einem Dreizeiler, dessen erste und letzte Zeile gleich sind und der durchgehend Endreime aufweist. An ihn schließt sich ein Zweizeiler, ebenfalls mit Endreim, an. Der folgende Teil des Kapitels wird durch das dreifach wiederholte *nisbu l-ʿngirta* – ‚sie nahmen den Brief' gegliedert. Dieser Satz leitet hier stets einen neuen Abschnitt ein. Der erste dieser Abschnitte besteht aus fünf Zeilen, die sich teilweise reimen und deren letzte zwei Zeilen parallel gebaut sind. Der folgende zweite Abschnitt nennt nach der Einleitung *nisbu l-ʿngirta* in einer Zeile den neuen Adressaten des Briefes. Das Rubrum *amrilẖ* leitet über zur zweizeiligen Anrede der Juden an Johannes. Die folgenden sechs Zeilen schildern die Reaktion des Johannes auf den Brief. In diesem Abschnitt begegnen auch wieder Endreime. Der folgende Dreizeiler geht auf die Folgen dieses Briefes ein und scheint ein wenig den Zusammenhang zu unterbrechen. Die Reaktion des Johannes steht in genauem Gegensatz zur Reaktion der Juden. Der letzte dieser mit *nisbu l-ʿngirta* eingeleiteten Abschnitte nimmt jedoch das Thema des Dreizeilers auf und führt es weiter aus. Seine ersten vier Zeilen und die letzte reimen sich auf *a*. In einem Vierzeiler wird anschließend die Ankunft des Manda ḏ-Haije aus den Himmelshöhen berichtet, dem in zehn Zeilen der Inhalt des Briefes der Kušṭa folgt. Der Brief weist im Gegensatz zum vorhergehenden Vierzeiler Endreime auf, und zwar zu Beginn Kreuzreime, d. h. Zeile 1, 3 und 5 und die Zeilen 2, 4 und 6 reimen sich. Danach folgen zwei Zweizeiler, die sich aufeinander reimen. Den Abschluss bildet ein Fünfzeiler, dessen erste beiden Zeilen sich reimen. Die kurze Schlussformel beendet das Kapitel.

Interpretation

Das Kapitel 26 gehört nicht zu den Nachtgesängen des Jahja; es hat eine eigene Einleitungsformel und könnte die Überschrift *Der Brief der Kušṭa* tragen.

la-ṣbubia daria	Es fanden nicht Gefallen an ihm die Zeitalter,
u-la-ṣbubia kulhun almia	und es fanden nicht Gefallen an ihm alle Welten.

la-ṣbubia daria	Es fanden nicht Gefallen die Zeitalter
b-ʿngar kušṭa	an dem Brief der Kušṭa,
ḏ-atat lka	der hierher gekommen ist.

Kušṭa wird hier personifiziert vorgestellt, als positive Macht, die die Mandäer verehren.

Ein Brief der Kušṭa wird auch erwähnt in *GL* 108 f.[284] In diesem Text wird deutlich, dass der Brief der Kušṭa ein Schriftstück ist, das der Seele nach dem Tod das Überwinden aller Hindernisse und den leichten Aufstieg zur Lichtwelt ermöglicht. Der Brief wird der Seele um den Hals gehängt und zum Tor des Lebens gesandt. So gelangt die Seele an den sieben Wachstationen bzw. Planeten vorbei und ist auch in der Lage, das Wasser, das die Grenze zur Lichtwelt bildet, zu überschreiten,[285] um in die göttliche Sphäre zu gelangen.

Der Brief gefällt den Zeitaltern und Welten nicht, weil sie als negative Mächte die Seelen der gläubigen Mandäer auf der Erde zurückhalten wollen. Auch in den Liturgien begegnet das Paar ‚Welten und Zeitalter' (Lidzbarski: „Welten und Äonen")[286]. Sie gehören zum widergöttlichen Bereich und werden mit Finsternis und Lüge assoziiert:

> Wie lieblich der Duft [für den Vater der Uthras] (…) Er sieht und versteht, was die Welten und Äonen in den Welten der Finsternis treiben.[287]

> [im Gebet zu Manda ḏ-Haije:] Richte uns nicht nach dem Gerichte der Welten, verachte uns nicht wegen unserer Torheiten und mache uns nicht der Lügenwerke, die die Welten und Äonen treiben, teilhaftig.[288]

Bei Beginn des Erdenlebens wird die Seele dem Einfluss der bösen Mächte ausgesetzt:

> Ein vollkommenes (…) [Wesen] bin ich, der ich mitten in die Welten und Äonen hinein geworfen bin.[289]

Wenn das irdische Leben endet, wird die Seele vom Körper getrennt und darf wieder in die Lichtwelt emporsteigen:

> Du [Seele] hast deinen Platz aus der Tibil heraus erwählt, und dein Los ist aus den Äonen herausgesprungen. Herausgesprungen aus den Äonen ist dein Los, über aller Welt stehst du.[290]

Gegen den Brief der Kušṭa haben diese Mächte jedoch keine Macht und müssen die Seele freigeben zum Aufstieg in die Lichtwelt.

---

284 Siehe *G*, S. 553 f. in der Übersetzung Lidzbarskis.
285 Vgl. meinen Kommenter zu Kapitel 23.
286 Vgl. *J* 26.
287 Vgl. *Qol*, S. 12,7.
288 Ebd., S. 66,6.
289 Siehe *Qol*, S. 23,11.
290 Ebd., S. 157,5 f.

nisbu l-ʿngirta	Sie nahmen den Brief
u-ʿl iad iahuṭaiia rimiuia	und legten ihn in die Hand der Juden.
pahtia u-qaribẖ b-hazia ḏ-bẖ	Sie öffneten ihn und lasen, und sie sahen in ihm
ḏ-la-hua ḏ-hinun baiia	nicht das, was sie wollten,
u-la-hua ḏ-nišmatun ṣabia	und nicht, was ihre Seelen wollten.

Der Brief der Kušṭa, der zuerst von der Lichtwelt in die Welten und Zeitalter gelangen musste, wird von diesen, die ebenfalls personifiziert vorgestellt werden, an die Juden weitergegeben. Dies ist die erste von insgesamt drei Stufen der Weitergabe des Briefes. Die Weitergabe wird im mandäischen Text immer mit den Worten *nisbu l-ʿngirta* – ‚sie nahmen den Brief' eingeleitet.[291] Zunächst gelangt der Brief zu den Juden. Sie öffnen und lesen ihn, doch sein Inhalt entspricht nicht ihren Wünschen. Dies wird verständlich, wenn man den Inhalt des Briefes bedenkt: Manda ḏ-Haije ist zu der Seele gekommen, um sie in sein Reich zu holen. Das bedeutet gleichzeitig den Tod des Menschen, der für die Mandäer Anlass zur Freude sein soll, für die Juden hingegen Anlass zur Trauer ist. So geben sie den Brief an Johannes den Täufer weiter.

nisbu l-ʿngirta	Sie nahmen den Brief
u-ʿl iad Iuhana rimiuia	und legten ihn in die Hand des Johannes
amrilẖ	und sprachen zu ihm:
sab Rab Iuhana b-ʿngar kušṭa	„Nimm, Rab Juhana, den Brief der Kušṭa,
ḏ-atalak mn abahatak	der zu dir von deinem Vater gekommen ist."
pahta u-qaria Iuhana	Johannes öffnete und las ihn,
hazia b-gauẖ sipra šania	und er sah in ihm eine schöne Schrift.
pahta u-qaribẖ	Er öffnete ihn und las ihn
u-b-hiia ʿtimlia	und wurde mit Leben erfüllt.
u-amar	Und er sprach:
hazin hu ḏ-baiina	Dies ist, was ich will,
u-haza nišmat ṣabia	und das will meine Seele.

Der Täufer ist in zweiter Stufe Empfänger des Briefes; an ihn ist er auch gerichtet. Das haben die Juden erkannt, ebenso wie die Tatsache, dass es ein Brief ist, der von der Kušṭa geschrieben wurde. Johannes liest den Brief und nimmt den Inhalt mit Freude auf: „Dies ist es, was ich will, und dies will meine Seele". Er möchte gern aus dieser Welt erlöst werden, seine Seele befreien vom Körper und den Versuchungen, die ihn umgeben.[292] Dies ist das eigentliche Ziel des Mandäers: Zu sterben, um zur Lichtwelt aufsteigen zu dürfen. Die folgenden drei Zeilen schildern Dinge, die sich nach dem Empfang des Briefes ereignen.

Iuhana npaq mn pagrẖ	Juhana verlässt seinen Körper.
ahẖ daršia drašia	Seine Brüder halten Lehrvorträge,

291 Vgl. oben im Abschnitt *Gliederung des Textes*.

292 Vgl. *J* 21: „Du hast dich von der Welt befreit, und du hast dich errettet, Jahja, und leer hast du die Welt verlasssen."

ah̲h̲ daršilh̲ b-h̲ b-ṭura	seine Brüder lehren über ihn auf dem Berg,
ṭur karimla	dem Berg Karmel.

Johannes verlässt aufgrund des Inhaltes des Briefes der Kušṭa seinen Körper, d. h. er stirbt, und seine Seele steigt empor. Durch den Brief der Kušṭa ist seine Seele vor allen Gefahren auf dem Weg in die Lichtwelt sicher. Seine Brüder setzen seine Lehrtätigkeit fort, indem sie auf dem Berg Vorträge halten. Hier sind nicht leibliche Brüder des Johannes gemeint, sondern seine Schüler, Jünger, die ihm besonders nahestanden. Die genaue Benennung des Berges als Berg Karmel scheint hier eine sekundäre Einfügung zu sein. Der Satz wird dadurch im Vergleich zu den anderen Zeilen deutlich zu lang, und vorerst hätte die Ortsangabe ‚Berg' genügt, ohne den Namen des Berges zu nennen. Vermutlich ist dieser von der zweiten folgenden Zeile später hier eingetragen worden. Nun folgt die dritte Stufe der Weitergabe des Briefes.

nisbu b-ʿngirta	Sie nahmen den Brief
nasqu l-ṭura ṭur karimla	und brachten ihn hinauf auf den Berg, den Berg Karmel.
qarilun b-ʿngirta	Sie lesen den Brief,
u-maprišilun l-šapta	und sie lehren sie die Schrift,
l-Iaqip u-Bnia Amin u-Šumiʿl	Jaqif und Bnia-Amin und Šumiel,
kanpia b-ṭura ṭur karimla	die versammelt sind auf dem Berg, dem Berg Karmel.

Der Brief wird nun weitergegeben an die Jünger des Johannes. Sie belehren auf dem Berg Karmel jüdische Autoritäten über den Inhalt der Schrift. Jakob, Benjamin und Samuel werden als Zuhörer genannt. Jakob und Benjamin begegnen im Johannesbuch häufiger als Vertreter des Judentums, so z. B. in *J* 18 und im folgenden Kapitel 27. Samuel wird sonst nur im Stammbaum des Johannes in Kapitel 18 genannt. Der letzte Satz ist als asyndetischer Relativsatz zu verstehen; so entsteht ein zusammenhängender Text.[293] Vertreter des Judentums haben sich auf dem Berg Karmel versammelt, um von mandäischen Autoritäten zu lernen. In diesem Kapitel, das im paränetischen Mittelteil des Traktats über Johannes den Täufer die zentrale Stellung einnimmt und von je drei Kapiteln davor und danach gerahmt wird, werden die Juden als Gesprächspartner eingeführt. Sie nehmen diese Rolle auch in den folgenden Kapiteln 27 und 28 ein. Ziel dieser Einführung der Juden ist zweifellos, die mandäische Religion als die dem Judentum überlegene darzustellen.[294] Hier benötigen Vertreter des Judentums Belehrung durch Mandäer; in Kapitel 27 wird Johannes als der wahre Prophet dargestellt, dessen Größe niemand sonst in der Welt erreicht, und in Kapitel 28 werden die mandäischen Gesetze als elitäres Ethos über das jüdische Gesetz gestellt.[295]

Die mandäische Religion steht außerdem in Konkurrenz zum Christentum. Christus wird hier als Lügenprophet gesehen, der die Lehre des Jahja verdrehte. Bereits in

293 Anders als in der Übersetzung Lidzbarskis, vgl. Lidzbarski: *Johannesbuch*, S. 95.

294 Vgl. den Kommentar zu Kapitel 27.

295 Vgl. den Kommentar zu Kapitel 28.

Kapitel 18 wird Johannes im Gegensatz zu Jesus Christus als himmlisches Kind verkündet. Betrachtet man die Erzählung von der Verklärung Jesu, so tritt auch hier Johannes an dessen Stelle:

> Nach sechs Tagen nahm Jesus Petrus, Jakobus und Johannes mit sich und führte sie auf einen hohen Berg, nur sie allein. Da wurde er vor ihnen verklärt, und seine Kleider wurden hell und leuchtend weiß, wie sie kein Bleicher auf Erden so weiß machen kann. Und es erschien ihnen Elia mit Mose, und sie redeten mit Jesus.[296]

Auch hier fällt der Name Jakob (Jaqif), und Mose und Elia erscheinen als die herausragenden Lehrer des Judentums. Jesu Gewand wird weiß wie das eines Mandäers sein soll. Tritt nun Johannes an Jesu Stelle, wird er einmal mehr als der wahre Prophet gegenüber dem falschen Propheten Christus dargestellt. Ein weiterer Unterschied fällt auf: An Johannes gerichtet und über ihn berichtet ein Brief (*ʿngirta)*. Die Schriften, die über Jesus berichten und im Zusammenhang mit ihm erwähnt werden, werden hingegen *prudqai* – ‚mein Schreiben' oder *šaptak* – ‚dein Blatt' genannt. Der Brief (*ʿngirta)* ist also eine Nachricht der Lichtwesen, die in die Welt gesandt werden, um etwas Großes anzukündigen oder etwas zu legitimieren.

Kapitel 26 fährt fort mit dem Inhalt des Briefes der Kušṭa, in dem Manda ḏ-Haije, die mandäische Erlösergestalt, spricht. Er ist der Bote, der zu Johannes gesandt ist, um ihn aus seinem Körper zu holen und seine Seele, mit dem Brief der Kušṭa versehen, in die Lichtwelt zu geleiten.[297]

Manda ḏ-hiia	Manda ḏ-Haije,
ḏ-rahiq mn ʿmruma	der fern von den Himmelshöhen ist [spricht]:
atit ʿlik dilik nišimta	Gerade zu dir bin ich gekommen, Seele,
ḏ-hiia ʿlauia tibil šihluk	die das Leben auf die Erde geschickt hat.

Noch einmal, bevor der Inhalt des Briefes verlesen wird, wird betont, dass das Leben die Seele in die Welt geschickt hat. Aus dieser soll Johannes erlöst werden, wenn sich bei seinem Tod die Seele vom Körper trennt und zur Lichtwelt aufsteigt, der Körper dagegen auf der Erde zurückbleibt.[298] Dass nun noch Manda ḏ-Haije als mandäischer Heilsbringer erscheint, verstärkt die Konkurrenz zu Christus einmal mehr. Der Brief der Kušṭa enthält folgendes.

b-albušia ḏ-manda	In Kleidern der Erkenntnis
asgit b-gauẖ ḏ-alma	kam ich in die Welt.
ana b-albuša ḏ-hiia asgit	Ich, in Kleidern des Lebens kam ich,
atit l-gauẖ ḏ-alma	und ich bin in die Welt gelangt.
ʿl lbuša ḏ-šuba atit	Mit dem Kleid der Sieben kam ich,
ʿl tmania asgit lka	mit dem der Acht kam ich hierher.

296 So Mk 9,21 ff. par.
297 Vgl. *G*; S. 190 ff. in der Übersetzung Lidzbarskis.
298 Vgl. den Kommentar zu *J* 25.

lbuša d̲-šuba nisbit	Das Kleid der Sieben nahm ich,
u-tmania b-iad nsabth̲	und das der Acht nahm ich in die Hand.
u-nasbinalh̲	Ich nahm es, und ich nehme es,
u-ʿnisbh̲ u-la-ʿšibqh̲	und ich werde es nicht loslassen.
ansabth̲ u-nasbinalun	Ich habe es genommen, und ich nehme sie,
u-sahria b-ṭabia nihun	und die Dämonen werden zu Guten werden.

Der Brief enthält Selbstaussagen der Kušṭa, die ihre Macht verdeutlichen sollen. In der ersten Zeile des Briefes scheint das *b-gauh̲ d̲-alma* – ,in sie, in die Welt' in der dritten Zeile später eingesetzt worden zu sein. Lässt man es weg, so ergibt sich ein Endreim, und es wird ersichtlich, dass die beiden ersten Zeilen parallel gebaut sind. Die Präzisierung in Zeile drei reicht aus, so dass anzunehmen ist, dass es sich bei diesen beiden Worten in der ersten Zeile um einen später eingefügten erläuternden Zusatz handelt.

Im Kleid der Erkenntnis und des Lebens ist Kušṭa bzw. Manda d̲-Haije in die Welt gekommen. Die Erkenntnis (*manda*) korrespondiert mit dem Namen der Erlösergestalt; das Leben ist die Gottheit selbst. Die Kušṭa ist also von höchster Stelle und mit größter Macht in die Welt gekommen, um die Seele des Johannes zu holen. Der Sprecher, Manda d̲-Haije, als ihr Bote ist somit mit allen Vollmachten ausgestattet, die er benötigt, wenn er die Seele des Johannes unbeschadet in die Lichtwelt bringen soll. Die Kleider der sieben gefürchteten Planeten und der Acht (die Planeten und der Waagemann *Abatur* zusammengenommen), die der Seele den Aufstieg verwehren könnten, hat der Bote in der Hand. Damit hat er Macht über diese Gewalten und kann die Seele vor ihnen schützen. Wiederholt wird betont, dass er deren Gewänder in Händen hält und sie nicht loslässt. Hier nimmt der Text beinahe die Form einer Beschwörung an. Am Ende steht die Voraussage, dass die Dämonen sich in gute Wesen verwandeln werden. Sie werden dann den Mandäern nicht mehr schaden und ihre Seelen auch nicht auf dem Weg zur Lichtwelt bedrängen. Damit wird nicht nur Johannes, sondern allen Mandäern die Glückseligkeit verheißen.

Das Gewand schützt nicht nur denjenigen, der es trägt, es stellt auch die religiöse Identität von Mächten und Menschen dar. So tragen die Planeten beschmutzte Gewänder und die Erde als Synonym für die vergängliche Welt trägt das Gewand des Ur, einer negativen Macht:

> Ich [Ptahil] will die Erde bilden, und das Gewand wollen wir von Ur bringen.[299]

> Mit dem ersten Worte sprach er [i. e. Ptahil] und rief hervor, und es kamen empor und stiegen vor ihm die sieben Planeten auf, die Verderber und Verdorbenen, an deren Gewand Blut und Röte ist. Ihr Gewand gleicht der roten Farbe, es leuchtet nicht und ist nicht weiß.[300]

Ein gefärbtes Gewand gilt den Mandäern als problematisch; ihre Kleider sollen weiß sein, auch als Zeichen der Reinheit. Das Gewand hat eine wichtige Funktion beim

299 Vgl. *J* 62, S. 215,16; auch Fußnote 3.
300 So *G*, S. 294,9 in der Übersetzung Lidzbarskis.

Seelenaufstieg. Nur ein reines, makelloses Gewand wird in die Lichtwelt mit aufgenommen:

> Ich liege eingehüllt da in einem Gewande, an dem kein Fehler ist. In einem Gewande, an dem ist kein Fehler, nicht ist an ihm Mangel und Fehl.[301]
>
> Denn wer in mich [Manda ḏ-Haije] eintritt und mich trägt, dessen Gewand wird im Hause der Vollendung aufgerichtet.[302]

Näher konkretisiert wird das Gewand als positive Macht:

> Das Große [Leben] machte mich [i. e. der Schatz des Lebens] klar und hellte mich auf und machte mich zum Gewande, und tagtäglich preist es den Äther über die Maßen.[303]

Darüber hinaus verweist ein solches Gewand auch auf die Sündlosigkeit; so verlieren Adam und Eva ihr Gewand nach dem Sündenfall.[304]

Das Ende des Kapitels 26 bezieht sich m. E. auf den Tod des Johannes. Wird der Tod als Befreiung vom Leib und Aufstieg in himmlische Sphären begriffen, ist er kein trauriges Ereignis, sondern wird von den Gläubigen herbeigesehnt.[305] Der Tod des Jahja wird auch in Kapitel 31 thematisiert, hier im Dialog mit Jahjas Frau Anhar.[306]

mahu bakitun daria	Warum weint ihr, Zeitalter,
u-mahu bakitun amamia	und warum weint ihr, Völker?
alma auda giutaikun	Warum geht euer Ruhm zugrunde?
ʿl dilkun ana l-dmutai atit	Gerade für euch habe ich mein Abbild gebracht,
asgit ʿl gauḫ ḏ-alma	es ist in die Welt gelangt.
u-hiia zakʿin	Und das Leben ist siegreich.
sa.	

Welten und Zeitalter trauern um jemanden, der gestorben ist bzw. diese Welt verlässt. Doch dies ist kein Grund zur Trauer: Für sie, gemeint sind vermutlich die Menschen, die in der Welt wohnen, ist das Abbild des Johannes auf die Erde gekommen, um sie zu belehren und ihnen beizustehen. Sein Abbild, das in der Welt ist, entspricht einem Urbild im Himmel.[307] Das Abbild gelangt in die Welt, und nachdem es seinen Auftrag erfüllt hat, wird es in die Lichtwelt zurückkehren, um sich dort mit seinem himmlischen Urbild wieder zu vereinigen. Der Abschied des Johannes scheint hier entweder nur vorläufig oder nur vorhergesagt zu sein, denn in den folgenden Kapiteln wird davon ausgegangen, dass er auf der Erde lehrt. Es beinhaltet jedoch nicht nur eine Botschaft

---

301 Vgl. *Qol*, S. 96,10 f.
302 Ebd., S. 153,18.
303 Vgl. *J* 57, S. 203,5 in der Übersetzung Lidzbarskis.
304 Vgl. *G*, S. 243,35.
305 Siehe oben: „Dies will meine Seele."
306 Vgl. meinen Kommentar zu Kapitel 31.
307 Vgl. den Kommentar zu Kapitel 24.

an ihn, sondern an alle Mandäer: Die Verheißung des Seelenaufstiegs nach dem Tod. Dann ist nach der individuellen Eschatologie des Mandäismus für den Einzelnen das Leben siegreich über seine Feinde, wie die kurze Schlussformel des Kapitels auch ausführt.

Kapitel 27

Umschrift

93,4 *Iahia dariš b-liluia Iuhana b-ramšia ḏ-lilia*
93,5 *Iahia dariš b-liluia u-amar miaka ḏ-rab minai*
93,6 *mikal kalia ʿubadia mihšib agrai*
93,7 *u-klilai u-tušbihtai masqalia b-hadua ligṭtai*
93,8 *Iaqip šbaq bit ama u-Bnia Amin šibquia l-bit*
93,9 *mqadšia ʿlizar baita rba šibqẖ l-qumba*
93,10 *ḏ-kahnia malil ḏ-nimarlẖ kahnia l-Iahia*
93,11 *b-ʿurašlam Iahia puq mn matan Iuhana*
93,12 *puq mn mdintan mn qalak nad bit ama u-mn qal*
93,13 *drašak nad bit mqadšia mn qalaihun ḏ-ʿnianak*
93,14 *nadat qumba ḏ-kahnia malil ḏ-nimarlun Iahia*
93,15 *l-kahnia b-ʿurašlam aitun nura u-quliun u-aitun*
94,1 *sipa u-pusqun malil ḏ-nimarlẖ kahnia l-Iahia*
94,2 *b-ʿurašlam nura la-klalak Iahia ḏ-šuma ḏ-*
94,3 *hiia madkar ʿlak sipa la-pasiqlak Iahia ḏ-br*
94,4 *hiia haka šria ʿlak u-hiia zakʿin*
94,5 *sa.*

Poetische Struktur und Übersetzung

*Iahia dariš b-lilu**ia***	Jahja lehrt in den Nächten,
*Iuhana b-ramšia ḏ-lil**ia***	Johannes an den Abenden der Nacht.
*Iahia dariš b-lilu**ia***	Jahja lehrt in den Nächten
u-amar	und spricht:
*miaka ḏ-rab min**ai***	Gibt es jemanden, der größer ist als ich?
*mikal kalia ʿubad**ia***	Sie messen meine Werke,
*mihšib agrai u-klil**ai***	berechnet ist mein Lohn und meine Krone.
*u-tušbihtai masqal**ia***	Und mein Lobpreis lässt
*b-hadua ligṭt**ai***	meine Anhängerschaft in Freude hinaufsteigen.
Iaqip šbaq bit ama	Jakob verlässt das Lehrhaus,
*u-Bnia Amin šibquia l-bit mqadš**ia***	und Benjamin – sie verlassen den Tempel.
ʿlizar baita rba šibqẖ	Elizar, das große Haus,
*l-qumba ḏ-kahn**ia***	verlässt das Gewölbe der Priester.

malil ḏ-nimarlẖ	Sie sprachen zu ihm,
kahnia l-Iahia b-ʿurašlam	die Priester zu Jahja in Jerusalem:
*Iahia puq mn mat**an***	Jahja, geh hinaus aus unserem Gebiet!
*Iuhana puq mn mdint**an***	Johannes, geh hinaus aus unserer Stadt!
mn qalak nad bit ama	Vor deiner Stimme erbebt das Lehrhaus,
u-mn qal drašak	und vor der Stimme deines Vortrages
*nad bit mqadš**ia***	erbebt der Tempel,
mn qalaihun ḏ-ʿnianak nadat	und von dem Laut deiner Rezitationen erbebt
*qumba ḏ-kahn**ia***	das Gewölbe der Priester.
malil ḏ-nimarlun	Er sprach zu ihnen,
Iahia l-kahnia b-ʿurašlam	Jahja zu den Priestern in Jerusalem:
*aitun nura u-quli**un***	Bringt Feuer und verbrennt mich!
*u-aitun sipa u-pusq**un***	Und bringt ein Schwert und zerstückelt mich!
malil ḏ-nimarlẖ	Sie sprachen zu ihm,
kahnia l-Iahia b-ʿurašlam	die Priester zu Jahja in Jerusalem:
*nura la-klalak Iah**ia***	Feuer verzehrt dich nicht, Jahja,
ḏ-šuma ḏ-hiia madkar ***ʿlak***	denn der Name des Lebens ist über dir genannt.
*sipa la-pasiqlak Iah**ia***	Ein Schwert zerschneidet dich nicht, Jahja,
ḏ-br hiia haka šria ***ʿlak***	denn der Sohn des Lebens wohnt über dir.
u-hiia zakʿin	Und das Leben ist siegreich.
sa.	

Bemerkungen zu Textkritik und Übersetzung

93,5 *miaka* aus *mi* + *aka* I, *Dict.*, S. 266;

93,6 *mikal* von *KLL* I / *KLA* II, Infinitiv Pe., *Dict.*, S. 216 f.; *mikal kalia* ist als *figura etymologica* zu verstehen; *mihšib* von *HŠB*, Infinitiv Pe., *Dict.*, S. 154; *ʿubadia* ist als Plural und/oder als Form mit Suffix zu lesen, zum Suffix vgl. *Handbook*, S. 157;

93,7 *masqalia* von *SLQ* I, Af. Pt. Act. mit Enklitikon, *Dict.*, S. 332; *HSS* BE *masqilia*; C *masqlia*; *b-hadua* von *haduta* – ‚Freude', hier im stat. abs. mit Präp. *b-*, *Dict.* S. 116; *ligṭtai* – ‚meine Anhängerschaft', *Dict.* S. 235;

93,8 *bit ama*, wörtlich ‚Volkshaus', zu übersetzen mit ‚Lehrhaus' oder ‚Synagoge', vgl. Dalman, S. 315, Alcalay, *Dict.*, S. 235;[308] *šibquia* von *ŠBQ* – ‚hinausgehen, verlassen', Pe. Pf., *Dict.*, S. 447, die Verbform ist vermutlich wegen des *bnia* pluralisch konstruiert, zu *bnia*, vgl. *Dict.*, S. 67;

93,9 *baita rba* – ‚großes Haus' ist als Titel zu verstehen;

308 Reuben Alcalay, *The Complete Hebrew-English Dictionary*, Hartford, Conn. 1965.

93,10 *malil ḏ-nimarlẖ* ist als Lesehilfe für den Vortragenden zu verstehen, eine Kombination von *MLL* I und *AMR* I, vgl. zu *AMR* I und zu dieser Verbindung, *Dict.*, S. 23, zu *MLL* I, *Dict.*, S. 273;

93,13 *ḏ-ʿnianak* von *ʿniana* mit Relativpartikel *ḏ-* und Personalsuffix 2. m. Sg., Wurzel *ANA* I bzw. *ʿNA* I, vgl. *Dict.*, S. 353; gemeint sind Responsen, Hymnen, die vermutlich nur die Priester kannten;

93,14 *qumba* – ‚Kuppel, Gewölbe', wohl die Bezeichnung der Priesterversammlung; da hier die jüdische Priesterversammlung gemeint ist, ist von mandäischer Seite evtl. auf die abfällige Bedeutung des Wortes als ‚Zelt, Bordell' unterschwellig angespielt;

94,3f. *ḏ-br hiia* – ‚Sohn des Lebens', hier mit Relativpartikel *ḏ-*, der Ausdruck legt eine personale Deutung nahe, die m. E. nicht zutrifft; *br* könnte man hier eher verstehen als ‚ein Teil von', ‚von der Gattung …';

94,4 *šria* von *ŠRA* I – ‚anfangen, wohnen, einen Wohnort finden', *Dict.*, S. 474.

Gliederung des Textes

Nach der Einleitungsformel der Nachtgesänge des Jahja leitet das Rubrum *u-amar* zu einer einzeiligen Frage des Johannes über, die gleichzeitig das Thema des Kapitels angibt. Im folgenden Dreizeiler, dessen Endsilben sich reimen, werden Taten und Lohn des Johannes genannt. Lidzbarski übersah die poetische Textstruktur und übersetzt deshalb m. E. falsch. Es folgt nun ein neuer Abschnitt, der an Kapitel 26 anknüpfen könnte. Ein weiterer Dreizeiler, dessen beide letzten Zeilen sich reimen, schildert das Verlassen von Gebäuden durch jüdische Autoritäten.

Der Text wird nun durch die Rubren, die in der Umschrift jeweils an den Rand gerückt sind, in drei Teile gegliedert. Im ersten dieser Teile sprechen die Juden zu Johannes und fordern ihn auf, ihr Gebiet zu verlassen. Wie alle drei Teile weist dieser erste Endreime auf. Im zweiten Teil antwortet Johannes den Juden; seine Antwort bedeutet eine Ablehnung der Bitten, die sie an ihn gestellt hatten. Auf den Endreim der letzten beiden Zeilen dieses Teiles bleibt hinzuweisen. Der dritte Teil beinhaltet die Reaktion der Juden auf die Antwort des Johannes und weist einen Kreuzreim auf (*Iahia* in Zeile 3 und 5 des Teils – das Rubrum mitgerechnet –, und *ʿlak* in den Zeilen 4 und 6). Konstatiert wird die Ohnmacht der Juden gegenüber der Macht des Johannes in Wiederaufnahme der Anfangsfrage des Johannes. Das Kapitel wird durch die kurze Schlussformel *u-hiia zakʿin* abgeschlossen.

Interpretation

Das Thema dieses Kapitels ist in der ersten Frage nach Einleitungsformel und Rubrum angesprochen.

miaka ḏ-rab minai	Gibt es jemanden, der größer ist als ich?

Die Größe des Johannes und seine Erhabenheit über alle anderen Lehrer und Propheten soll betont werden. Die Frage ist eine rhetorische; vorausgesetzt wird selbstverständlich die Antwort: „Es gibt niemanden, der größer ist als du.“ Ähnliche rhetorische Fragen, die die Einzigartigkeit des Johannes zum Inhalt haben, werden in Kapitel 21 gestellt:

> (Johannes spricht:) Stehe ich nicht allein da? (…) Wo gibt es einen Propheten, der mir gleicht? Wer predigt gleich meinen Predigten, und wer redet mit meiner wundersamen Stimme?"[309]

Auch dieses Kapitel stellt Johannes als den wahren Propheten dar. Kapitel 33, das eine Auseinandersetzung des Johannes mit Jesus schildert, beginnt ähnlich und hebt ebenfalls die Stimme des Johannes hervor. Es werden auch hier kosmische Reaktionen beschrieben, hier, um Johannes größer als Jesus darzustellen. Die in Kapitel 27 nun folgenden drei Zeilen schließen sich thematisch an diese Frage an.

mikal kalia ʿubadia	Sie messen meine Werke,
mihšib agrai u-klilai	berechnet ist mein Lohn und meine Krone,
u-tušbihtai masqalia b-hadua ligṭtai	und meinen Lobpreis; lässt meine Anhängerschaft in Freude hinaufsteigen.

Die Werke des Johannes werden ‚gemessen‘ und offensichtlich für recht befunden. Zu diesen Werken gehören der korrekte Vollzug der mandäischen Riten ebenso wie die guten Werke, die auch im *Ginza* genannt werden, z. B. das Almosengeben, Barmherzigkeit gegen den Nächsten zu üben und sich nicht auf Geld oder irdische Macht zu verlassen,[310] ebenso das Tragen von weißer Kleidung.[311] Auch die Mandäer kennen und achten die Goldene Regel:

> O ihr Vollkommenen und Gläubigen! Alles, was euch unlieb und verhaßt ist, tuet auch eurem Nächsten nicht an. Alles, was euch gut scheint, tuet, wenn eure Kraft hinreicht, und stützet einander.[312]

Zusammenfassend wird gelehrt:

> Wer den Willen des hohen Lichtkönigs tut, wird in dieser Welt nicht erniedrigt. Wenn sein Maß voll ist, gehen Lichtengel ihm entgegen. Mit Lichtengeln steigt er empor, und sein Antlitz leuchtet und strahlt. Ein jeder reicht ihm von seinem Glanze, bedeckt ihn mit seinem eigenen Lichte, Siegeskränze von seinen eigenen legt er ihm um das Haupt, und so wird er den Engel des Glanzes gleich.[313]

---

309 Siehe *J* 21, S. 85 in der Übersetzung Lidzbarskis.
310 So z. B. *G*, S. 36 ff.
311 Ebd., S. 26, 29 ff.
312 Ebd., S. 38, 32 ff.
313 Ebd., S. 42.

Lohn und Krone bestehen schon. Sie sollen der Seele beim Aufstieg in die Lichtwelt helfen bzw. ihr in der Lichtwelt zuteil werden. Lohn und Almosen muss die Seele auf dem Weg zur göttlichen Sphäre aufweisen, sonst kann sie die Grenze zur Lichtwelt nicht überschreiten.[314] Die Krone wird der Seele des Gläubigen in der Lichtwelt gegeben zum Zeichen ihres Sieges über Welt und Dämonen. Krone ist im Mandäismus gleichbedeutend mit Kranz. Bei den Riten der Mandäer wird häufig ein Myrtenkranz verwendet, der den Gläubigen um den Finger oder auf den Kopf gelegt wird. Die Krone wird oft im Zusammenhang mit dem Vollzug mandäischer Riten genannt.[315] In der Lichtwelt ist der Kranz bzw. die Krone das Zeichen, zu den Erlösten zu gehören und das Leben auf der Erde endgültig hinter sich gelassen zu haben:

> Ziehe hinaus, du scheidest, Seele, man wird dich vor den Richter hineinbringen. Steh auf, gehe mit ihm, mit dem König des großen (Lebens), der zu dir gekommen ist. Der Weg, den ich gehe, ist weit und endlos. Durch die Durchfahrt, durch die ich hindurchziehe, dringt kein Steuer. (…) Die Männer, die dort sind, legen sich prangende Kränze auf. Mit einem Glanze sind sie bekleidet, ein Licht ist über alle gebreitet …[316]

Die herrlichste Krone ist dem Lichtkönig, der Gottheit, zu eigen:

> Die Sonne geht nicht vor ihm unter, die Leuchten seiner Stadt erlöschen nicht. Nicht verwelken die Kronen auf seinem Haupte, und nicht fallen die Blätter seines Kranzes ab (…) Der Lichtkönig ist mit seiner Krone als König für die Ewigkeit eingesetzt.[317]

Feindliche Mächte nehmen sich eine Krone als Zeichen ihrer Herrschaft, doch diese Krone wird ihnen genommen.[318]

Wenn Johannes die Lichtwelt erreicht, bleiben seine Anhänger in der Welt zurück. Sie rezitieren seine Hymnen; der Lobpreis, den er geprägt hat, steigt in die göttliche Welt hinauf. Der Aufstieg in die Lichtwelt ist ihm gesichert durch den Brief der Kušṭa, der ihn erreicht hat.[319] Doch der Inhalt des Briefes löst nur bei den Mandäern, nicht aber bei den Juden Freude aus.

Iaqip šbaq bit ama	Jaqif verlässt das Lehrhaus,
u-Bnia Amin šibquia	und Bnia-Amin; sie verlassen
l-bit mqadšia	den Tempel.
'lizar baita rba šibqh̲	Elizar, das große Haus, verlässt
l-qumba ḏ-kahnia	das Gewölbe der Priester.

Die Vertreter des Judentums verlassen ihre Gebäude, *Jakob* das Lehrhaus, *Bnia-Amin* den Tempel und *Elizar* das Gewölbe, in dem sich die Priester versammeln. Lidzbarski

314 Vgl. den Kommentar zu *J* 29.
315 So *Qol*, S. 10,11. 53,16.116, 9 u. a.
316 Vgl. *G*; S. 554 in der Übersetzung Lidzbarskis.
317 So *G*, S. 9 in der Übersetzung Lidzbarskis.
318 Ebd., S. 83,31 f. 133,8 f. 171,13. 285,6 u. a.
319 Vgl. den Kommentar zu *J* 26.

vermutet, das ‚Gewölbe der Priester' (er übersetzt „Kuppel der Priester") könne ein Anklang an den Bau des Felsendomes sein.[320] Ich halte dies für eher unwahrscheinlich, denn die Mandäer unterscheiden klar zwischen Judentum und Islam. Andere Vertauschungen dieser Art finden sich sonst nicht. Möglicherweise liegt hier eine Erinnerung an jüdische Gebäude vor; so könnte z. B. das Synhedrium in einem Raum mit gewölbter Decke getagt haben. Dann wäre der Raum als Versammlungsort der jüdischen Priester korrekt bezeichnet.

Die jüdischen Autoritäten verlassen diese Gebäude. Der Grund dafür wird im folgenden Abschnitt angegeben:

malil ḏ-nimarlẖ	Sie sprachen zu ihm,
kahnia l-Iahia b-ʿurašlam	die Priester zu Jahja in Jerusalem:
Iahia puq mn matan	Jahja, geh hinaus aus unserem Gebiet!
Iuhana puq mn mdintan	Juhana, geh hinaus aus unserer Stadt!
mn qalak nad bit ama	Von deiner Stimme erbebt das Lehrhaus,
u-mn qal drašak	und von der Stimme deiner Lehre
nad bit mqadšia	erbebt der Tempel,
mn qalaihun ḏ-ʿnianak	und von dem Laut deiner Rezitationen
nadat qumba ḏ-kahnia	erbebt das Gewölbe der Priester.

Ähnlich wie in Kapitel 18 Zacharias gebeten wird, Judäa zu verlassen, soll nun Johannes sich entfernen. Die Priester fürchten seine Predigten, denn die Stimme des Johannes, eventuell auch des Manda ḏ-Haije, der den Brief der Kušṭa verliest,[321] ist so gewaltig, dass sie die Gebäude, in denen sich die Juden befinden, erschüttern. Sie sind an ihren Aufenthaltsorten nicht mehr sicher, müssen vielleicht gar mit dem Einsturz der Häuser rechnen und verlassen sie deshalb (s. o.). Eine ähnlich gewaltige Macht wird der Stimme und den Predigten des Johannes in Kapitel 21 zugeschrieben:

> Vor meiner Stimme und der Stimme meiner Predigten verschwand die Thora in Jerusalem. Vor der Stimme meiner Reden lasen die Leser nicht mehr in Jerusalem. (…) Vor meiner Stimme und der Stimme meiner Predigten erhob sich das Wasser zu Säulenreihen. Vor meiner Stimme und der Stimme meiner Predigten brachten mir die Fische ihre Grüße dar …[322]

Die Reaktion der Juden ist verständlich: Aus Angst vor der Macht dieser Stimme fordern sie Johannes auf, das Gebiet zu verlassen.[323] Der wiederholte Imperativ *puq* – ‚geh hinaus!' zeigt die Dringlichkeit ihrer Aufforderung. Wie in Kapitel 21 wird auch hier Jerusalem als Ort des Geschehens angegeben, was damit zusammenhängen dürfte, dass jüdische Autoritäten genannt werden und Jerusalem den Mandäern als die Stadt der Juden gilt. Hier klingt schon an, dass der Mandäismus das Judentum als gültige

320 So im Johannesbuch, in den Vorbemerkungen zu *J* 18, S. 72.
321 Vgl. ebd.
322 Siehe *J* 21, S. 86 in der Übersetzung Lidzbarskis.
323 Vgl. Mk 5,17 par.

Religion ablösen wird.[324] Verliert die jüdische Religion ihre Bedeutung, sind auch die jüdischen Priester entmachtet, sie verlieren so ihre Autorität.

Doch Johannes ist nicht gewillt, der Aufforderung nachzukommen.

malil ḏ-nimarlun	Er sprach zu ihnen,
Iahia l-kahnia b-ʿurašlam	Jahja zu den Priestern in Jerusalem:
aitun nura u-quliun	Bringt Feuer und verbrennt mich!
u-aitun sipa u-pusqun	Und bringt ein Schwert und zerstückelt mich!

Anstatt zu gehen, erklärt er indirekt, dass er bleiben wird, indem er die Juden auffordert, ihn mit Gewalt zu vertreiben. Er kann das tun, weil er weiß, dass er ihre Gewalt nicht zu fürchten braucht. So beinhaltet seine Aussage zum einen den Entschluss, zu bleiben, zum anderen stellt sie die Ohnmacht der Juden ihm gegenüber dar, die diese jedoch ebenfalls erkannt haben.

malil ḏ-nimarlẖ	Sie sprachen zu ihm,
kahnia l-Iahia b-ʿurašlam	die Priester zu Jahja in Jerusalem:
nura la-klalak Iahia	Feuer verzehrt dich nicht, Jahja,
ḏ-šuma ḏ-hiia madkar ʿlak	denn der Name des Lebens ist über dir genannt.
sipa la-pasiqlak Iahia	Ein Schwert zerschneidet dich nicht, Jahja,
ḏ-br hiia haka šria ʿlak	denn der Sohn des Lebens wohnt hier in dir.

In ihrer Antwort wird der Grund der Unverletzlichkeit des Johannes genannt: Der Name bzw. ein Teil des Lebens ruht auf ihm. Die wörtliche Übersetzung ‚denn der Sohn des Lebens wohnt hier in dir' sollte nicht personalistisch verstanden werden, etwa in dem Sinne einer Inkarnation des Lebens in Johannes,[325] sondern als Teil des Lebens, das bei Johannes ist und ihn zum größten Meister macht, wie schon die Anfangsfrage des Kapitels konstatiert. Deshalb sind auch die Juden machtlos gegen ihn.[326] Johannes wird hier als derjenige dargestellt, der das Judentum samt seinen Autoritäten übertrifft und besiegt. In diesem Sinne könnte auch die kurze Schlussformel (*u hiia zakʿin*) interpretiert werden: Nicht nur das Leben hat gesiegt, sondern auch der Mandäismus über eine Fremdreligion, der Mandäer über die Vertreter des Judentums.

---

324 Vgl. hierzu meine Thesen zu Mandäismus und Judentum im Anschluss an Kapitel 32.

325 Vgl. oben unter dem Abschnitt *Bemerkungen zu Textkritik und Übersetzung*.

326 Die Unverletzlichkeit der Boten Gottes begegnet auch im Alten Testament, z. B. Jes 11,6. 43,1–3; und im Neuen Testament wird berichtet, Paulus habe den Biss einer Schlange überlebt, siehe Apg 28,3–6.

Kapitel 28

Umschrift

94,6	*Iahia dariš b-liluia Iuhana b-ramšia ḏ-lilia*
94,7	*Iahia dariš b-liluia u-amar aqria ḏ-ramia*
94,8	*naplia u-batia ḏ-mdalia mitpasasia lika ḏ-amarulẖ*
94,9	*ṭubak ḏ-lau ligal amarulẖ uailak ab-gauẖ ḏ-hazin*
94,10	*alma ʿtkanapiun iahuṭaiia u-luatẖ ḏ-Iahia azlia*
94,11	*amrulẖ mauminalak Iahia b-malka ḏ-nhura*
94,12	*ḏ-sagdatlẖ tum mauminalak Iahia b-habšaba*
94,13	*u-anpia iuma ḏ-iaqir u-kabir šumẖ ḏ-b-gaura*
94,14	*hasar šaialtẖ b-mahu hauia ḏ-b-gunba*
94,15	*hauia hasar ab-mahu dina dainilẖ ḏ-mn ʿnta*
95,1	*ḏ-habrẖ gaiar ab-mahu dina dainilẖ kulman*
95,2	*ḏ-šabiq ahda u-lagiṭ ahda ab-mahu dina*
95,3	*dainilẖ kul atuat ḏ-gaira gaura ab-mahu dina*
95,4	*dainilẖ man ḏ-azil aluat kaṣumia u-kaldaiia*
95,5	*ḏ-šiqra ab-mahu dina dainilẖ kul man ḏ-šatia*
95,6	*hamra b-hanuta u-ruita u-husrana b-gauẖ abid*
95,7	*ab-mahu dina dainilẖ ḏ-azil aluat zamarta*
95, 8	*u-zira zara ḏ-kadba u-minẖ baṭna u-sama šaqla*
95,9	*u-azla b-šuqia šadialẖ u-ainẖ ḏ-ialda hazialẖ l-ʿmẖ*
95,10	*u-ʿma l-ialda la-hazialẖ ab-mahu dina dainilẖ*
95,11	*kulman ḏ-šakib aluat zauẖ u-mia la-saiia b-mahu*
95,12	*dina dainilẖ atuat ḏ-la-saia mia b-mahu dina*
95,13	*dainilẖ kulman ḏ-hanatẖ iuma qadmaia ḏ-saia*
96,1	*zauẖ mn aṭnupia u-daštana u-luatẖ šakib b-mahu*
96,2	*dina dainilẖ kul man ḏ-akil hbulia u-hbul hbulia*
96,3	*ḏ-zahba u-kaspa b-mahu dina dainilẖ kulman ḏ-*
96,4	*nirham zahba u-kaspa b-mahu dina dainilẖ kul*
96,5	*man nirham zahba u-kaspa u-ṭabuta b-guaẖ*
96,6	*la-nibad b-mahu dina dainilẖ kulman ḏ-narha*
96,7	*briha ḏ-hiia u-šuma ḏ-hiia la-nadkar ʿlẖ*
96,8	*b-mahu dina dainilẖ kulman ḏ-nibad ʿbidata*
96,9	*sainata b-mahu dina dainilẖ kulman ḏ-niṣba*
96,10	*ʿdẖ u-ligrẖ u-nipkẖ l-dmuta ḏ-marẖ*
96,11	*paqid ʿlẖ b-mahu dina dainilẖ kul man ḏ-nirhum*

96,12 *ṣiba u-ṣibuta b-mahu dina dainilẖ kḏ hazin*
96,13 *amar iahuṭaiia ašla Iahia b-qidihtẖ u-qra*
97,1 *u-amar haslẖ l-nhura rba kabira ḏ-nibia*
97,2 *amnata mn durdia kulman ḏ-b-gaura hasar*
97,3 *šaialtẖ b-nura hauia kulman ḏ-b-gunba hasar*
97,4 *mitiabaṭ ab-ṭura haška kulman ḏ-mn ʿnta ḏ-*
97,5 *habrẖ gaiar nura hauia daianẖ alma ḏ-ruhẖ*
97,6 *šalma kulman ḏ-mn ʿnta armalta gaiar*
97,7 *nitiabaṭ b-ṭura haška kulman ḏ-mn hiduta*
97,8 *gaiar ʿl mahunia taumia mitnangar u-ainẖ*
97,9 *b-abatur la-nimlia kulman ḏ-šabiq hda u-lagiṭ*
97,10 *hda ʿl mania ḏ-nura mitnangar atuat ḏ-*
97,11 *gaira gaura ṣibia ḏ-atunia hauia u-ainẖ*
97,12 *l-bit hiia la-timlia kulman ḏ-azil luat kaṣumia*
97,13 *u-kaldaiia ḏ-šiqra ʿl mania ḏ-barda mitnangar*
97,14 *kulman ḏ-šatia hamra b-hanuta u-ruita rauia*
97,15 *b-ṭablia u-zimuria u-zaniuta b-gauẖ abid b-masirqia*
98,1 *qublia nisriqunẖ u-ainẖ b-Abatur la-nimlia kulman*
98,2 *ḏ-azil aluat zamarta u-zira zara ḏ-kadba u-minẖ*
98,3 *baṭna u-sama šaqla u-azla b-qiqlia šadialẖ*
98,4 *u-hapra bira u-qabralẖ u-mihidra b-ʿqbẖ daišalẖ*
98,5 *u-ainẖ ḏ-ialda hazilẖ l-ʿmẖ u-ʿma l-ialda la-*
98,6 *hazialẖ ialda maiit b-qiqlia u-ʿmẖ bakialẖ*
98,7 *b-gnub gnub mištaila b-hanatẖ maṭarta*
98,8 *ḏ-kalbia šihania mšargizania algia ṭrušia*
98,9 *tištaial u-ainẖ b-Abatur la-timlia u-šumẖ*
98,10 *nitikpar mn bit hiia kulman ḏ-niqrub luat*
98,11 *zauẖ u-mia la-nisiia b-giutẖ ḏ-liuiatin mištkin*
98,12 *atuat ḏ-la-saia mia mhita b-gu mhita titimhia*
98,13 *u-niliṭẖ šuma dakia u-širiana ḏ-saka litlẖ*
99,1 *nimihia naṭra ḏ-nhura u-šumẖ nitikpar mn*
99,2 *bit hiia gabra ḏ-hanatẖ iuma qadmaia kḏ*
99,3 *saia zauẖ mia mn ṭnupia u-daštana luatẖ šakib*
99,4 *b-ʿrpilia ḏ-hšuka naqmunẖ kulman ḏ-nikul*
99,5 *hbulia u-hbul hbulia ḏ-zahba u-kaspa naqmunẖ*
99,6 *b-ṭura ṭur haška kulman ḏ-nirhum zahba*
99,7 *u-kaspa u-ṭabuta b-gauẖ la-nibad nimut atrin*
99,8 *mutia b-had u-nistakar kulman ḏ-narha b-riha*
99,9 *ḏ-hiia u-šuma ḏ-hiia la-nadkar ʿlẖ l-bit Abatur*
99,10 *ništaial kulman ḏ-nibad ʿbidata sainata*
99,11 *b-hirba u-sipa ḏ-šibiahia mitinsib kulman ḏ-*
99,12 *niṣba ʿdẖ u-ligrẖ u-nipkẖ l-dmuta ḏ-marẖ paqid*
99,13 *ʿlẖ b-ʿdẖ lagiṭ gumria u-b-ispihatẖ msarsip*

100,1 *iaqdana šaiil muta u-la-maiit hiia aluatẖ la-*
100,2 *qarbia u-la-šabqilẖ l-mimat u-la-maruilẖ mn*
100,3 *ʿulṣanẖ l-misaq mihzia l-atar nhur aminṭul*
100,4 *l-maṣbuta ḏ-ʿṣṭbabẖ b-iardna la-tagzar ʿlẖ*
100,5 *b-dur haṭia kul man ḏ-nirhum ṣiba u-ṣibuta*
100,6 *malbišilẖ hšuka u-aṭpia habara mkasilẖ*
100,7 *u-sandlia iaqdana saimilẖ b-ligrẖ hšuka azil*
100,8 *aqamẖ u-habara mn abatrẖ šidia hinun daiuia*
100,9 *hinun hauin bi-luatẖ aminṭul ḏ-rham ṣiba*
100,10 *u-ṣibuta mitiabaṭ b-maṭarata alma ḏ-ruhẖ*
100,11 *šalma ʿlkun amarna u-maprišna nišmata ḏ-*
100,12 *bhiria zidqa ḏ-b-hiia sahdin la-tibdun ʿbidata*
100,13 *sainata u-la-tišiplun l-atar hšuk mištaiin hiia*
101,1 *zakin u-zakia gabra ḏ-asgia lka*
101,2 *sa.*

Poetische Struktur und Übersetzung

*Iahia dariš b-lilu**ia***	Jahja lehrt in den Nächten,
*Iuhana b-ramšia ḏ-lili**a***	Johannes an den Abenden der Nacht.
*Iahia dariš b-lilu**ia***	Jahja lehrt in den Nächten
u-amar	und spricht:
*aqria ḏ-ramia napl**ia***	Die stolzen Zitadellen fallen,
*u-batia ḏ-mdalia mitpasas**ia***	und die hoch gebauten Häuser werden zerstört werden.
*lika ḏ-amarulẖ ṭub**ak***	Es gibt nicht einen, dem man sagt: „Wohl dir“
*ḏ-lau ligal amarulẖ uail**ak***	und dem man nicht schnell sagt: „Wehe dir“
ab-gauẖ ḏ-hazin alma	in dieser Welt.
*ʿtkanapiun iahuṭai**ia***	Die Juden versammelten sich
*u-luatẖ ḏ-Iahia azl**ia***	und gingen zu Jahja:
*amrulẖ mauminalak Iah**ia***	Wir beschwören dich, Jahja,
*b-malka ḏ-nhura ḏ-sagdatl**ẖ***	beim König des Lichts, den du anbetest;
*tum mauminalak Iah**ia***	wiederum beschwören wir dich, Jahja,
b-habšaba u-anpia iuma	beim Sonntag und beim Anbruch des Tages,
*ḏ-iaqir u-kabir šum**ẖ***	dessen Name geehrt und herrlich ist:
*ḏ-b-gaura **hasar***	Verfehlt sich jemand durch Unzucht –
*šaialtẖ b-mahu hau**ia***	was wird seine Prüfung sein?
*ḏ-b-gunba hauia **hasar***	Verfehlt sich jemand durch Diebstahl –
*ab-mahu dina daini**lẖ***	mit welchem Urteil wird man ihn richten?
*ḏ-mn ʿnta ḏ-habrẖ gai**ar***	Treibt jemand Unzucht mit der Frau seines Nächsten –
*ab-mahu dina daini**lẖ***	mit welchem Gericht wird man ihn richten?
kulman ḏ-šabiq ahda	Jeder, der eine (Frau) verlässt

*u-lagiṭ ahd**a***	und eine (andere) nimmt,
*ab-mahu dina daini**lẖ***	mit welchem Urteil wird man ihn richten?
*kul atuat ḏ-gaira gaur**a***	Jede Frau, die Unzucht treibt –
*ab-mahu dina daini**lẖ***	mit welchem Urteil wird man sie richten?
man ḏ-azil aluat kaṣumia	Wer zu Wahrsagern
*u-kaldaiia ḏ-šiqr**a***	und Chaldäern der Lüge geht –
*ab-mahu dina daini**lẖ***	mit welchem Urteil wird man ihn richten?
*kul man ḏ-šatia hamra b-hanut**a***	Jeder, der Wein trinkt in der Schenke und
u-ruita u-husrana b-gauẖ abid	Trunkenheit und Fehlerhaftigkeit darin tut –
*ab-mahu dina daini**lẖ***	mit welchem Urteil wird man ihn richten?
*ḏ-azil aluat zamart**a***	Wer zu einem Singmädchen geht
u-zira zara ḏ-kadba	und sät Samen der Lüge,
*u-minẖ baṭn**a***	und sie wird schwanger von ihm,
u-sama šaqla	und sie nimmt ein Medikament
*u-azla b-šuqia šadial**ẖ***	und geht auf die Marktplätze und wirft es weg –
*u-ainẖ ḏ-ialda hazialẖ l-ʿm**ẖ***	und die Augen des Kindes sehen auf seine Mutter
*u-ʿma l-ialda la-hazial**ẖ***	und die Mutter sieht das Kind nicht an –
*ab-mahu dina daini**lẖ***	mit welchem Urteil wird man sie richten?
*kulman ḏ-šakib aluat zau**ẖ***	Jeder, der bei seiner Frau liegt
*u-mia la-sai**ia***	und sich nicht mit Wasser wäscht –
*b-mahu dina daini**lẖ***	mit welchem Urteil wird man ihn richten?
*atuat ḏ-la-saia m**ia***	Eine Frau, die sich nicht mit Wasser wäscht –
*b-mahu dina daini**lẖ***	mit welchem Urteil wird man sie richten?
*kulman ḏ-hanatẖ iuma qadmai**a***	Jeder, der an jenem ersten Tag,
ḏ-saia zauẖ	an dem sich seine Frau wäscht
*mn aṭnupia u-daštan**a***	von ihrer Unreinheit und Menstruation
u-luatẖ šakib	bei ihr liegt –
b-mahu dina ***dainilẖ***	mit welchem Urteil wird man ihn richten?
kul man ḏ-akil hbulia	Jeder, der Zins
*u-hbul hbulia ḏ-zahba u-kasp**a***	und Zinseszins von Gold und Silber nimmt –
*b-mahu dina daini**lẖ***	mit welchem Urteil wird man ihn richten?
*kulman ḏ-nirham zahba u-kasp**a***	Jeder, der Gold und Silber liebt –
b-mahu dina ***dainilẖ***	mit welchem Urteil wird man ihn richten?
*kul man ḏ-nirham zahba u-kasp**a***	Jeder, der Gold und Silber liebt
u-ṭabuta b-gauẖ la-nibad	und nichts Gutes damit tut –
b-mahu dina ***dainilẖ***	mit welchem Urteil wird man ihn richten?
kulman ḏ-narha briha ḏ-hiia	Jeder, der den Duft des Lebens riecht
*u-šuma ḏ-hiia la-nadkar ʿl**ẖ***	und darüber nicht den Namen des Lebens ausspricht –
b-mahu dina ***dainilẖ***	mit welchem Urteil wird man ihn richten?
*kulman ḏ-nibad ʿbidata sainat**a***	Jeder, der hässliche Taten begeht –
b-mahu dina ***dainilẖ***	mit welchem Urteil wird man ihn richten?
*kulman ḏ-niṣba ʿdẖ u-ligr**ẖ***	Jeder, der seine Hände und Füße färbt
u-nipkẖ l-dmuta	und die Gestalt pervertiert,

*ḏ-marẖ paqid ʿl*_**ẖ**_	die sein Herr ihm gegeben hat –
b-mahu dina _**dainilẖ**_	mit welchem Urteil wird man ihn richten?
kul man ḏ-nirhum ṣiba u-ṣibuta	Jeder, der gefärbten Stoff und das Färben liebt –
b-mahu dina _**dainilẖ**_	mit welchem Urteil wird man ihn richten?
kḏ hazin amar iahuṭaiia	Als die Juden dies sprachen,
ašla Iahia b-qidihtẖ u-qra	stieß Jahja einen Schrei aus und rief
u-amar	und sprach:
haslẖ l-nhura rba kabira	Bewahre, dass das große und herrliche Licht
ḏ-nibia amnata mn durdia	nicht Anteile von Trübungen suche!
kulman ḏ-b-gaura _**hasar**_	Jeder, der sich bei Unzucht verfehlt –
šaialtẖ b-nura hauia	seine Prüfung wird im Feuer sein.
kulman ḏ-b-gunba _**hasar**_	Jeder, der sich beim Diebstahl verfehlt –
*mitiabaṭ ab-ṭura hašk*_**a**_	wird am finsteren Berg gefesselt werden.
kulman ḏ-mn ʿnta ḏ-habrh _**gaiar**_	Jeder, der mit der Frau seines Nächsten Unzucht treibt –
nura hauia daianẖ	das Feuer wird sein Richter sein,
*alma ḏ-ruhẖ šalm*_**a**_	bis sein Geist aufhört.
kulman ḏ-mn ʿnta armalta _**gaiar**_	Jeder, der mit einer Frau,
	[und zwar] einer Witwe, Unzucht treibt
*nitiabat b-ṭura hašk*_**a**_	wird am finsteren Berg gefesselt werden.
kulman ḏ-mn hiduta _**gaiar**_	Jeder, der mit einer Braut Unzucht treibt –
*ʿl mahunia taumia mitnang*_**ar**_	wird am Grenzstein gequält werden
u-ainẖ b-Abatur la-nimlia	und seine Augen werden sich an Abatur nicht sättigen.
kulman ḏ-šabiq hda u-lagiṭ hda	Jeder, der eine (Frau) verlässt und eine (Frau) nimmt –
*ʿl mania ḏ-nura mitnang*_**ar**_	wird in einem Gefäß aus Feuer gequält werden.
atuat ḏ-gaira gaura	Eine Frau, die Unzucht treibt –
ṣibia ḏ-atunia hauia	sie wird Brennholz sein
*u-ainẖ l-bit hiia la-timl*_**ia**_	und ihre Augen werden nicht auf das Haus des Lebens fallen.
*kulman ḏ-azil luat kaṣum*_**ia**_	Jeder, der zu Wahrsagern
u-kaldaiia ḏ-šiqra	und Chaldäern der Lüge geht –
ʿl mania ḏ-barda mitnangar	wird in Gefäßen aus Eis gequält werden.
kulman ḏ-šatia hamra b-hanuta	Jeder, der in der Schenke Wein trinkt
u-ruita rauia	und sich (bis zur) Trunkenheit betrinkt
b-ṭablia u-zimaria	bei Handpauken und Liedern –
u-zaniuta b-gauẖ abid	und in ihr Unzucht treibt,
b-masirqia qublia	wird mit eisernen Zinken des Rechens
nisriqunẖ	gekämmt werden
u-ainẖ b-Abatur la-nimlia	und seine Augen werden nicht auf Abatur fallen.
*kulman ḏ-azil aluat zamart*_**a**_	Jeder, der zu einem Singmädchen geht
u-zira zara ḏ-kadba	und sät Samen der Lüge,
*u-minẖ baṭn*_**a**_	und sie wird schwanger von ihm –
*u-sama šaqla u-azla b-qiqlia šadial*_**ẖ**_	und sie treibt mit einem Medikament ab
*u-hapra bira u-qabral*_**ẖ**_	und wirft es auf den Misthaufen

*u-mihidra b-ʿqbh̲ daišal**h̲***	und sie gräbt ein Loch und verscharrt es,
	und sie dreht sich um und tritt mit der Ferse darauf,
*u-ainh̲ ḏ-ialda hazilh̲ l-ʿm**h̲***	und die Augen des Kindes sehen nach seiner Mutter,
*u-ʿma l-ialda la-hazial**h̲***	und die Mutter sieht das Kind nicht an,
*ialda maiit b-qiql**ia***	das Kind stirbt im Mist
u-ʿmh̲ bakialh̲ b-gnub gnub	und seine Mutter weint heimlich über es –
*mištaila b-hanath̲ maṭarta ḏ-kalb**ia***	in diesem Wachthaus der Hunde,
šihania mšargizania	der wütenden, gierigen, bellenden
algia ṭrušia tištaial	und nicht hörenden Hunde wird sie befragt werden
*u-ainh̲ b-Abatur la-timl**ia***	und ihre Augen werden nicht auf Abatur fallen
u-šumh̲ nitikpar	und ihr Name wird ausgelöscht
*mn bit hi**ia***	aus dem Haus des Lebens.
kulman ḏ-niqrub luat zauh̲	Jeder, der sich seiner Frau nähert
u-mia la-nisiia	und sich nicht mit Wasser wäscht,
b-giuth̲ ḏ-liuiatin mištkin	wird im Inneren des Leviathan wohnen.
*atuat ḏ-la-saia m**ia***	Eine Frau, die sich nicht mit Wasser wäscht,
*mhita b-gu mhita titimh**ia***	wird Schlag auf Schlag treffen
*u-niliṭh̲ šuma dak**ia***	und der reine Name wird sie verfluchen
*u-širiana ḏ-saka litlh̲ nimih**ia***	und mit einem Geschiedensein ohne Ende
naṭra ḏ-nhura	wird sie der Hüter des Lichtes schlagen
u-šumh̲ nitikpar	und ihr Name wird ausgelöscht werden aus dem
mn bit hiia	Haus des Lebens.
*gabra ḏ-hanath̲ iuma qadmai**a***	Ein Mann, der an jenem ersten Tag,
kḏ saia zauh̲ mia	an dem sich seine Frau mit Wasser
*mn ṭnupia u-daštan**a***	von der Unreinheit und Menstruation wäscht,
luath̲ šakib	bei ihr liegt –
b-rpilia ḏ-hšuka naqmunh̲	in Wolken der Dunkelheit wird man ihn stehenlassen.
kulman ḏ-nikul hbulia	Jeder, der Zins
*u-hbul hbulia ḏ-zahba u-kasp**a***	und Zinseszins von Gold und Silber verzehrt –
naqmunh̲ b-ṭura	man wird ihn stehen lassen am Berg,
*ṭur hašk**a***	am finsteren Berg.
*kulman ḏ-nirhum zahba u-kasp**a***	Jeder, der Gold und Silber liebt
*u-ṭabuta b-gauh̲ la-nib**ad***	und nichts Gutes damit tut,
*nimut atrin mutia b-h**ad***	wird zwei Tode in einem sterben
u-nistakar	und wird abgeschnitten werden.
kulman ḏ-narha b-riha ḏ-hiia	Jeder, der den Duft des Lebens riecht
u-šuma ḏ-hiia la-nadkar ʿlh̲	und den Namen des Lebens nicht über ihm ausspricht,
l-bit Abatur ništaial	wird im Haus des Abatur befragt werden.
kulman ḏ-nibad ʿbidata sainata	Jeder, der hässliche Taten begeht,
b-hirba u-sipa	wird durch das Schwert und den Säbel
ḏ-šibiahia mitinsib	der Planeten weggenommen werden.
*kulman ḏ-niṣba ʿdh̲ u-ligr**h̲***	Jeder, der seine Hände und Füße färbt

u-nipkẖ l-dmuta	und die Gestalt pervertiert,
ḏ-marẖ paqid ʿlẖ	die sein Herr für ihn festgesetzt hat,
b-ʿdẖ lagiṭ gumria	wird mit seinen Händen glühende Kohlen nehmen
u-bi-spihatẖ msarsip iaqdana	und mit seinen Lippen in die Flamme blasen.
šaiil muta u-la-maiit	Er wünscht den Tod und stirbt nicht;
hiia aluatẖ la-qarbia	das Leben nähert sich ihm nicht
u-la-šabqilẖ l-mimat	und lässt nicht zu, dass er stirbt
u-la-maruilẖ	und es spricht nicht zu ihm,
mn ʿulṣanẖ l-misaq	dass er sich erhebe von seiner Qual,
mihzia l-atar nhur	um den Ort des Lichts zu sehen:
aminṭul l-maṣbuta	Wegen der *maṣbuta*,
ḏ-ʿṣṭbabẖ b-iardna	mit der er im Jordan getauft ist,
la-tagzar ʿlẖ b-dur haṭia	wird kein Urteil über ihn gesprochen am Ort der Sünder.
kul man ḏ-nirhum ṣiba u-ṣibuta	Jeden, der gefärbten Stoff und Farben liebt
malbišilẖ hšuka	wird man mit Finsternis bekleiden,
u-aṭpia habara mkasilẖ	und Hüllen der Dunkelheit werden ihn bedecken,
u-sandlia iaqdana saimilẖ	und glühende Sandalen wird man
b-ligrẖ	an seine Füße legen.
hšuka azil aqamẖ	Dunkelheit geht vor ihm her
u-habara mn abatrẖ	und Finsternis hinter ihm.
šidia u-hinun daiuia hinun	Diese sind Dämonen und böse Geister,
hauin bi-luatẖ	sie sind bei ihm.
aminṭul ḏ-rham ṣiba u-ṣibuta	Weil er gefärbten Stoff und Farben geliebt hat,
mitiabaṭ b-maṭarata	wird er in den Wachtstationen gefesselt werden,
alma ḏ-ruhẖ šalma	bis sein Geist aufhört.
ʿlkun amarna u-maprišna	Euch sage und lehre ich,
nišmata ḏ-bhiria zidqa	Seelen der rechtschaffenen Auserwählten,
ḏ-b-hiia sahdin	die das Leben bezeugen:
la-tibdun ʿbidata sainata	Begeht nicht hässliche Taten,
u-la-tišiplun	und ihr werdet nicht hinabsinken
l-atar hšuk	an den Ort der Finsternis.
mištaiin hiia zakin	Herrlich ist das Leben und siegreich
u-zakia gabra ḏ-asgia lka	und siegreich der Mann, der bis hierher gegangen ist.
sa.	

Bemerkungen zu Textkritik und Übersetzung

94,7 *aqria ḏ-ramia* – ‚stolze Zitadellen'; in vielen orientalischen Städten wird das Stadtbild von der großen, hoch aufragenden Zitadelle beherrscht, so z. B. in Aleppo;

94,8 *u-batia ḏ-mdalia* – ‚hoch gebaute Häuser'; *ḏ-mdalia* von *DLA*, *DLL*, Pa. Pt. Act., vgl. *Dict.*, S. 110 f.; gemeint ist vermutlich eine befestigte Stadt;

94,8 *mitpasasia* von *PSS*, Ethpaal Pt. Pl.; dieselbe Form in *GR* 388, 2f.; *GL* 17,1; *J* 27,5;

Qol, S. 206,2, vgl. *Dict.*, S. 375; *lika* – ‚es gibt nicht', entstanden aus *lit* + *ka*, vgl. *Dict.*, S. 236;

94,9 *ligal*, entstanden aus der Präposition *l-* und Syr. / Arab. *ʿgl* – ‚schnell';

94,10 *ʿtkanapiun* von *KNP*, Ethpaal Pf 3. Pl., hier mit der vollen Pluralendung *-iun*, *KNP* außerdem mit der Nebenbedeutung ‚Flügel'; vgl. *Handbook*, S. 266; *iahuṭaiia* verändert von z. B. syr. *yahūdayē*, um die Anhänger des Judentums durch die so gegebene Assoziation zu *iahṭa* – ‚Fehlgeburt; Abtreibung' und zur Wurzel *HṬA* – ‚sündigen' zu diffamieren;

94,11 *amrilẖ* – ‚sie sagten zu ihm', Pe. Pt. Präs. mit Assimilation des *n* an das *l*; *mauminalak* von *YMA* Af. Pt. Präs. mit Enkl., vgl. *Dict.*, S. 192, zur Bildung der Form vgl. *Handbook*, S. 269,21;

94,13 *u-anpia iuma* – ‚beim Tagesanbruch', d. h.in der Morgendämmerung, vgl. *Dict.*, S. 29; Brandt übersetzt wörtlich ‚im Antlitz des Tages', Lidzbarski etwas irreführend ‚Vorabend des Tages', vgl. z. B. Lidzbarski: *Johannesbuch*, S. 97;

95,2 *ahda* – ‚eine', feminine Form von *hda* – ‚eines, einer';

95,3 *atuat*, stat. abs. von *ʿnta* – ‚Frau';

95,8 *šaqla* von *ŠQL* I Pe. Pf., 3. f. Sg. – ‚wegnehmen, entfernen', gemeint ist Abtreibung;

95,9 *šadialẖ* von *ŠDA* I Pe. Pt. Act. mit Enkl., vgl. *Dict.*, S. 449;

95,10 *l-ialda*, die Präposition *l-* ist hier lediglich Akkussativzeichen;

95,18 *ḏ-hanatẖ* – ‚an jenem', zur Bildung vgl. *Handbook*, S. 407;

96,9 *ḏ-niṣba* von *ṢBA* II – ‚untertauchen' Pe. Impf., vgl. *Dict.*, S. 388;

96,10 *u-nipkẖ* von *APK* / *ʿPK* – ‚drehen, verdrehen, pervertieren';

97,1 *haslẖ* – ‚bewahre es, Gott behüte es', entstanden aus *has* und Enkl. *-l-* mit Personalsuffix 3. m. Sg., vgl. *Handbook*, S. 460;

97,3 *šaialtẖ* – ‚seine Prüfung', nom. act. von *ŠAL* – ‚befragen'; im Ethpaal ‚unter Folter verhört werden', vgl. *Dict.*, S. 441;

97,5 *alma ḏ-* – ‚bis', entstanden aus *ʿd* + *lma*, vgl. *Dict.*, S. 20;

97,8 *mitnangar* von *NGR* I – ‚quälen' Ethpaal Pt. mit Nasalierung;

97,8 *mahunia*, im späteren Heb. ‚Lager, Feldlager', Syr. ‚Feldgrenze, Anzeiger der Grenze'; *taumia* – ‚Grenze', vgl. *Dict.*, S. 477, daher meine Übersetzung ‚Grenzstein', gemeint ist die Grenze zur Lichtwelt;

97,9 *la-nimlia* von *MLA* I – ‚füllen', Pe. Impf mit Negation *la-*, vgl. *Dict.*, S. 272;

97,15 *b-ṭablia* – ‚bei Handpauken', vgl. *Dict.*, S. 173; *u-zimuria* – ‚Lieder', Doppelform zu *zmara*, vgl. *Dict.*, S. 167, gemeint sind gemeinsam gesungene Lieder, evtl. mit Flötenbegleitung; *b-masirqia*, Plural von *masirqa* – ‚Kamm, Rechen, Egge' mit Präposition *b-*, vgl. *Dict.*, S. 250;

98,1 *qublia*, Plural von *qubla* – ‚Kette (aus Eisen)', in der Bedeutung ist hier vermutlich das Material betont: etwas aus Eisen; Metall; daher meine Übersetzung ‚eiserne Zinken des Rechens'; *nisriqunḇ* von *SRQ* – ‚kämmen, strählen', Pe Impf mit Pronominalsuffix 3. m. Sg.;

98,8 *mšargizania* von *RGZ* im Šafel – ‚jmdn wütend machen, rasend machen'; *algia* von der Wurzel *ALG* – ‚stumm sein, stammeln, stottern', vgl. *Dict.*, S. 19, hier interpretiert als ‚abgehackte Laute von sich geben', daher die Übersetzung ‚bellend';
trusia, Plural von *trusa* – ‚taub', vgl. *Dict.*, S. 182, hier interpretiert als ‚nicht hörend';

98,11 *b-giuthḇ* von *giuta* I – ‚Körper, Inneres, Innenseite' mit Präposition *b-* und Personalsuffix 3. m. Sg., vgl. *Dict.*, S. 89;

98,13 *u-širiana* von *ŠRA* I – ‚lösen, aufbinden', vgl. den syr. Text von Mt 5,31 f. *šare* – ‚scheiden, Ehe scheiden', daher meine Übersetzung ‚Geschiedensein';

100,12 *zidqa* von *ZDQ* – ‚recht sein, richtig sein', vgl. *Dict.*, S. 162, entstanden aus der Wurzel *SDQ*, vgl. *Handbook*, S. 70.

Gliederung des Textes

Kapitel 28 wird, wie alle *Nachtgesänge des Jahja*, mit der dreizeiligen Formel *Iahia dariš b-liluia* ..., deren erste und letzte Zeile gleich sind, eingeleitet. Das Rubrum *u-amar* leitet über zu einem von Johannes ausgestoßenen Weheruf über die Welt. In einem Zweizeiler, der einen Endreim aufweist, wird festgestellt, dass die Welt zugrundegeht; sogar ihre Festungen haben keinen Bestand. Der folgende Dreizeiler, dessen erste beiden Zeilen sich reimen, zieht daraus die Konsequenz für die Menschen, die in der Welt leben. Die sieben Zeilen nach diesem Weheruf leiten den eigentlichen Hauptteil des Kapitels ein, der aus einem Frage- und Antwortteil besteht. Zunächst stellen die Juden Johannes Fragen zu mandäischen Gesetzen. Er reagiert darauf mit einem Schrei des Entsetzens und beantwortet dann die gestellten Fragen. Frage- und Antwortteil korrespondieren nicht genau miteinander: Auf einige Fragen wird keine Antwort gegeben, und die Antworten auf viele Fragen sind ausführlicher als nötig; weiterhin gibt Johannes Antworten auf Fragen, die gar nicht gestellt wurden. Im Frageteil ist die stereotype Frage *(a)b-mahu dina dainilḇ* (‚mit welchem Urteil wird man ihn richten?') auffällig und stellt immer wieder Endreime auf. Auf den Antwortteil folgt die Schlussermahnung an die Mandäer mit einer zweizeiligen Anrede und einer ebenfalls zweizeiligen Mahnung. Das Kapitel schließt mit der Schlussformel *mištaiin hiia zakin* (‚herrlich ist das Leben und siegreich'), an die sich eine einzeilige Verheißung anschließt, die die Mandäer noch einmal direkt anspricht.

Interpretation

Nach der Einleitungsformel der Nachtgesänge des Jahja und dem Rubrum *u-amar* beginnt das Kapitel mit einem Weheruf über die Welt.

aqria d̲-ramia naplia	Die stolzen Zitadellen fallen,
u-batia d̲-mdalia mitpasasia	und die hoch gebauten Häuser werden zerstört werden.
lika d̲-amarulh̲ ṭubak	Es gibt nicht einen, dem man sagt „Wohl dir!“
d̲-lau ligal amarulh uailak	und dem man nicht schnell sagt „Wehe dir!
ab-gauh̲ d̲-hazin alma	in dieser Welt.

In den ersten beiden Zeilen wird – ähnlich wie in Kapitel 25 – der Welt der Untergang vorhergesagt: Noch nicht einmal ihre Festungen, kein noch so hoch und stabil gebautes Haus wird der Vernichtung entgehen. Fallen die befestigten Städte, so werden auch die Dörfer zerstört werden; es gibt kein sicheres Gebäude mehr, in das man sich flüchten könnte. Die Konsequenz daraus ziehen die folgenden drei Zeilen: Niemandem in der Welt kann man unbeschränkt Heil wünschen. Der Untergang steht unmittelbar bevor, deshalb gilt auch dem, dem sonst das Heil gilt, der Weheruf. Auf der Welt kann es kein Heil ohne Unheil geben, weil die irdische Welt selbst das Werk des Demiurgen ist und unter der Herrschaft der Planeten und Dämonen steht. Der folgende Abschnitt leitet zum Hauptteil des Kapitels über; hier beginnt sozusagen eine Art Rahmenerzählung.

ʿtkanapiun iahuṭaiia	Die Juden versammelten sich
u-luath̲ d̲-Iahia azlia	und gingen zu Jahja hin.
amrulh̲	Sie sprachen zu ihm:
mauminalak Iahia	Wir beschwören dich, Jahja,
b-malka d̲-nhura d̲-sagdatlh̲	beim König des Lichtes, den du anbetest.
tum mauminalak Iahia	Auch beschwören wir dich, Jahja,
b-habšaba u-anpia iuma	beim Sonntag und beim Anbruch des Tages,
d̲-iaqir u-kabir šumh̲	dessen Name geehrt und herrlich ist:

Juden gehen zu Johannes, um ihn über religiöse Gesetze zu befragen. Sie beschwören ihn bei all dem, was einem Mandäer heilig sein kann, ihnen Antwort zu geben: beim Lichtkönig, der höchsten Gottheit, beim Sonntag, den die Mandäer als Feiertag heiligen, und beim Tagesanbruch. Mit letzterem kann entweder der Tagesanbruch, also die Morgendämmerung selbst gemeint sein, und damit die Reinigungsriten, die der fromme Mandäer bei Tagesanbruch zu vollziehen hat, sowie die Tatsache, dass die Nacht, die Finsternis dem göttlichen Licht weicht. M. E. liegt hier jedoch ein übertragener Sinn des Wortes ‚Tagesanbruch‘ vor. Ähnlich wie in der Einleitungsformel zu den Nachtgesängen des Jahja wäre dann nicht der Tag im Gegensatz zur Nacht gemeint, sondern der Anfang der Lichtwelt, die nach der Finsternis dieser Welt wie der Beginn eines neuen Tages erscheint. Die Lichtwelt wird für alle Mandäer erst am Tage des Endgerichts wirklicher Wohnort, sodass auch hier der Bezug zur Vernichtung der Welt im Endgericht gegeben wäre, wie dies die beiden ersten Zeilen nahelegen.

Doch die Grenze zwischen metaphorischem und wörtlichem Gebrauch der Begriffe ‚Licht' und ‚Finsternis' ist fließend, was dadurch mitbedingt ist, dass die Erfahrung von Dunkelheit und Licht Grundkonstanten menschlichen Lebens sind. Dies kommt auch in der alttestamentlich-jüdischen Überlieferung zum Ausdruck:

> Als Kategorien, die die Erfahrung von Welt leiten bzw. allererst ermöglichen, sind Licht und Finsternis Kategorien ursprünglicher Daseinsorientierung: Das Licht, das die distinkten Konturen der Dinge, ihre Form und Unterschiedenheit hervortreten läßt, ist nicht einfach die „unbestimmbar allgegenwärtige Helle", sondern die „vordringende Entmachtung der Finsternis", die kosmosschaffende Eingrenzung des Chaos. Diese *kosmische Bedeutung des Lichts*, d. h. die Anschauung, dass „im Licht-Finsternis-Gegensatz sich der von Kosmos und Chaos abbildet" bzw. in ihm wirksam wird, ist von Israel nicht als Mythologem adaptiert, sondern eigenständig herausgearbeitet und z. B. im Horizont des Schöpfungsglaubens reflektiert worden.

Dies zeigt sich am Beispiel von Ps 104,19–23 und in Hiob 38,12–15.[327]

> Was bei diesem Bild des die Welt erschaffenden und erhaltenden Gottes auffällt, ist der Sachverhalt, dass „dieser Kosmos nicht ein für allemal, sondern immer wieder neu geschaffen wird (…). Die Welt ist nach alttestamentlicher Auffassung nicht eine Welt prästabilierter Harmonie, sondern eine Welt, die besonders in der Nacht, aber auch in den kritischen Lebensmomenten wie Krankheit, Feindbedrängnis, Rechtsnot und Todesgeschick ins Chaos zurücksinken kann, die aber jeden Morgen von Jahwes Schöpferwirken neu gefestigt wird.[328]

Die wörtliche und metaphorische Rede von Licht und Finsternis begegnet also bereits in alttestamentlichen Texten und setzt sich in jüdischen sowie in christlichen Traditionen fort.[329] Die ersten beiden Zeilen dieses Abschnittes schildern das Gehen der Juden zu Johannes. Ihre Fragen haben den Charakter einer Beschwörung. Eine ähnliche Beschwörungsformel, auch hier von jüdischen Autoritäten an Johannes gerichtet, begegnet in Kapitel 22:

> Als Jahja dies sagte, sprachen Jaqif und Beni-Amin und Mirjai folgendermaßen zu Jahja in Jerusalem: (Wir beschwören dich), o Jahja, beim Leben, das du anbetest, und abermals beschwören wir dich, Jahja, beim Vorabend des Tages, dessen Name teuer ist …[330]

Die Juden werden als Gesprächspartner freilich nur vorgeschoben. Sie stellen Fragen nach mandäischen Gesetzen, nicht nach jüdischer Gesetzespraxis: Die typisch jüdischen

---

327 B. Janowski: *Rettungsgewißheit und Epiphanie des Heils. Das Motiv der Hilfe Gottes „am Morgen" im Alten Orient und im Alten Testament* I, Alter Orient, WMANT 59, Neukirchen-Vluyn 1989, S. 182 f.

328 Vgl. ebd., S. 184.

329 Vgl. hierzu den Kommentar zu *J* 25.

330 Siehe *J* 22, S. 87 in der Übersetzung Lidzbarskis.

Fragen nach Sabbat, Beschneidung und Qibla nach Jerusalem fehlen, während umgekehrt der Sonntag als zu heiligender Tag betrachtet wird. Sie werden wohl als Fragende eingesetzt, weil die Mandäer sie als Legalisten betrachten. Es könnte auch sein, dass hier einmal mehr thematisiert wird, dass der Mandäismus das Judentum als geltende Religion abgelöst hat.[331]

Der Sinn des Hauptteils dieses Kapitels könnte dann sein, den Juden gegenüber, die für strenge Gesetzeseinhaltung stehen, ein noch strengeres Gesetz aufzustellen, ein elitäres Ethos aufzubauen, über das sich die kleine Gruppe der Mandäer gegenüber den großen Fremdreligionen legitimieren kann. Der nun folgende Hauptteil ist, was Frage- und Antwortteil anbelangt, nicht ganz symmetrisch: Zu beantwortende Fragen werden übergangen, nicht gestellte Fragen werden beantwortet.

In der folgenden Auflistung wird deutlich, dass in diesem Kapitel eine Asymmetrie zwischen Frage und Antwort sowie zwischen Vergehen und Strafe herrscht. Die Fragen werden in den Antworten nicht immer wörtlich aufgenommen; manchmal gebraucht die Antwort andere Termini mit ähnlicher oder gleicher Bedeutung als die Frage. Ich nehme an, dass hier auch mit nachträglich eingefügten Zusätzen zu rechnen ist. Auch entprechen die mandäischen Termini in Frage und Antwort einander nicht genau, wie die Gegenüberstellung in mandäischer Sprache zeigt. Die Teile, die ich als spätere Zusätze betrachte, sind im Folgenden kursiv und fett gedruckt. Die Gründe, aus denen ich sie für sekundär halte, nenne ich genau im anschließenden Kommentar, hier nur soviel: Die Zusätze fügen sich meist nicht in das Schema ein. Das ursprüngliche Schema dürfte gewesen sein: Nennung des Kasus des Vergehens mit einer darauffolgenden Bestrafung. Die Zusätze gehen auch häufig thematisch über den Zusammenhang hinaus, und es entstehen zu lange Sätze, die den Redaktor nötigen, die Verbform oder das Thema noch einmal zu nennen.

ḏ-b-gaura hasar šaialth b-mahu hauia	*kulman ḏ-b-gaura hasar šaialth b-nura hauia*
ḏ-b-gunba hauia hasar ab-mahu dina dainilẖ	*kulman ḏ-bgunba hasar mitiabaṭ ab-ṭura haška*
ḏ-mn ʿnta ḏ-habrẖ gaiar ab-mahu dina dainilẖ	*kulman ḏ-mn ʿnta ḏ-habrẖ gaiar nura hauia daianẖ alma ḏ-ruhẖ šalma*
	kulman ḏ-mn ʿnta armalta gaiar nitiabaṭ b-ṭura haška
	kulman ḏ-mn hiduta gaiar ʿl mahunia taumia mitnangar u-ainẖ b-abatur la-nimlia
kulman ḏ-šabiq ahda u-lagiṭ ahda ab-mahu dina dainilẖ	*kulman ḏ-šabiq hda u-lagit hda ʿl mania ḏ-nura mitnangar*
kul atuat ḏ-gaira gaura ab-mahu dina dainilẖ	*atuat ḏ-gaira gaura ṣibia ḏ-atunia hauia u-ainẖ l-bit hiia la-timlia*
man ḏ-azil aluat kaṣumia u-kaldaiia ḏ-šiqra	*kulman ḏ-azil luat kaṣumia u-kaldaiia ḏ-šiqra*

331 Vgl. meine Thesen zu Mandäismus und Judentum im Anschluss an den Kommentar zu Kapitel 32.

ab-mahu dina dainilẖ	*ʿl mania ḏ-barda mitnangar*
kul man ḏ-šatia hamra b-hanuta	*kulman ḏ-šatia hamra b-hanuta*
u-ruita u-husrana b-gauẖ abid	*u-ruita rauia*
	b-ṭablia u-zimuria
	u-zaniuta b-gauẖ abid
ab-mahu dina dainilẖ	*b-masirqia qublia nisriqunẖ*
	u-ainẖ b-abatur la-nimlia
ḏ-azil aluat zamarta u-zira zara ḏ-kadba	*kulman ḏ-azil aluat zamarta u-zira zara ḏ-kadba*
u-minẖ baṭna u-sama šaqla	*u-minẖ baṭna u-sama šaqla*
u-azla b-šuqia šadialẖ	*u-azla b-qiqlia šadialẖ*
	u-hapra bira u-qabralẖ
	u-mihidra b-ʿqbẖ daišalẖ
*u-ainẖ ḏ-ialda hazialẖ l-ʿm**ẖ***	*u-ainẖ ḏ-ialda hazilẖ **l-ʿmẖ***
*u-ʿma l-ialda la-hazial**ẖ***	*u-ʿma l-ialda la-hazialẖ*
	ialda maiit b-qiqlia
	u-ʿmẖ bakialẖ b-gnub gnub
*ab-mahu dina dainil**ẖ***	*mištaila b-hanatẖ maṭarta ḏ-kalbia*
	šihania mšargizania algia ṭrusia
	tištaial
	u-ainẖ b-abatur la-timlia
	u-šumẖ nitikpar mn bit hiia
*kulman ḏ-šakib aluat zau**ẖ***	*kulman ḏ-niqrub luat zauẖ*
u-mia la-saiia	*u-mia la-nisiia*
*b-mahu dina dainil**ẖ***	*b-giutẖ ḏ-liuiatin mištkin*
atuat ḏ-la-saia mia	*atuat ḏ-la-saia mia*
*b-mahu dina dainil**ẖ***	*mhita b-gu mhita titimhia*
	u-niliṭẖ šuma dakia
	u-širiana ḏ-saka litlẖ nimihia naṭra ḏ-nhura
	u-šumẖ nitikpar mn bit hiia
kulman ḏ-hanatẖ iuma qadmaia	*gabra ḏ-hanatẖ iuma qadmaia*
ḏ-saia zauẖ mn aṭnupia u-daštana	*kḏ saia zauẖ mia mn ṭnupia u-daštana*
u-luatẖ šakib	*luatẖ šakib*
b-mahu dina dainilẖ	*b-rpilia ḏ-hšuka naqmunẖ*
kul man ḏ-akil hbulia	*kulman ḏ-nikul hbulia*
u-hbul hbulia ḏ-zahba u-kaspa	*u-hbul hbulia ḏ-zahba u-kaspa*
b-mahu dina dainilẖ kulman ḏ-nirham zahba u-kaspa b-mahu dina dainilẖ	*naqmunẖ b-ṭura ṭur haška*
kulman ḏ-nirham zahba u-kaspa	*kulman ḏ-nirhum zahba u-kaspa*
u-ṭabuta b-gauẖ la-nibad	*u-ṭabuta b-gauẖ la-nibad*
*b-mahu dina dainil**ẖ***	*nimut atrin mutia b-had u-nistakar*
kulman ḏ-narha briha ḏ-hiia	*kulman ḏ-narha b-riha ḏ-hiia*
*u-šuma ḏ-hiia la-nadkar ʿl**ẖ***	*u-šuma ḏ-hiia la-nadkar ʿlẖ*
*b-mahu dina dainil**ẖ***	*l-bit abatur ništaial*
kulman ḏ-nibad ʿbidata sainata	*kulman ḏ-nibad ʿbidata sainata*
*b-mahu dina dainil**ẖ***	*b-hirba u-sipa ḏ-šibiahia mitinsib*
*kulman ḏ-niṣba ʿdẖ u-ligr**ẖ***	*kulman ḏ-niṣba ʿdẖ u-ligrẖ*

u-nipkẖ l-dmuta ḏ-marẖ paqid ʿlẖ	*u-nipkẖ l-dmuta ḏ-marẖ paqid ʿlẖ*
b-mahu dina dainilẖ	*b-ʿdẖ lagiṭ gumria*
	u-b-ispihatẖ msarsip iaqdana
	šaiil muta u-la-maiit
	hiia aluatẖ la-qarbia
	u-la-šabqilẖ l-mimat u-la-maruilẖ mn ʿulṣanẖ
	l-misaq mihzia l-atar nhur
	aminṭul l-maṣbuta ḏ-ʿṣṭbabẖ b-iardna
	la-tagzar ʿlẖ b-dur haṭia
kul man ḏ-nirhum ṣiba u-ṣibuta	*kul man ḏ-nirhum ṣiba u-ṣibuta*
b-mahu dina dainilẖ	*malbišilẖ hšuka u-atpia habara mkasilẖ*
	u-sandlia iaqdana saimilẖ b-ligrẖ
	hšuka azil aqamẖ u-habara mn abatrẖ
	šidia u-hinun daiuia hinun hauin bi-luatẖ
	aminṭul ḏ-rham ṣiba u-ṣibuta
	mitiabaṭ b-maṭarata alma ḏ-ruhẖ šalma.

In der mandäischen Gegenüberstellung sind sowohl die Zuordnung der Strafen zu den Vergehen als auch Erweiterungen deutlich geworden. Nun soll dieser Teil des Kapitels auch inhaltlich näher betrachtet werden. Ich nehme hierbei stets Frage und Antwort zusammen wie in der oben angefertigten Synopse, um Wiederholungen zu vermeiden.

> Erste Frage: *ḏ-b-gaura hasar šaialtẖ b-mahu hauia*
> Antwort: *kulman ḏ-b-gaura hasar šaialtẖ b-nura hauia*
>
> F: Verfehlt sich jemand durch Unzucht – was wird seine Prüfung sein?
> A: Jeder, der sich bei Unzucht verfehlt – seine Prüfung wird im Feuer sein.

Auf Unzucht steht hier die Strafe des Verhörs im Feuer.[332] Unzucht, Ehebruch und unterlassene Waschungen vor bzw. nach dem Geschlechtsverkehr sind noch häufig in diesem Kapitel Gegenstand der Fragen und Antworten, und das Feuer wird als Strafe nicht nur hier denen angedroht, die sich Vergehen auf diesem Gebiet zuschulden kommen lassen (vgl. die Antworten auf die Fragen 2 und 4). Das Feuer als Strafe begegnet auch in alttestamentlichen Texten: Gott lässt Feuer und Schwefel auf Sodom und Gomorrha regnen, um die beiden Städte zu vernichten (Gen 19,24), der Zorn Gottes wird als Feuer beschrieben (Dtn 5,32; Jer 4,4), der Prophet Elia lässt Feuer vom Himmel fallen, um die Soldaten zu töten, die ihn gefangennehmen sollen (2. Kön 1,10.12), und Feuer Gottes fällt vom Himmel und vernichtet Hiobs Schafe und Knechte (Hi 1,16). In den Psalmen wird Gott u. a. dargestellt als der, von dem verzehrendes Feuer ausgeht (Ps 11,6; 18,9; 50,3; 97,3). Eine ähnliche Vorstellung begegnet in Jes 33,14, bezeichnet hier jedoch die Unmöglichkeit für den Menschen, sich Gott zu nähern. Der Prophet

332 Vgl. ähnliche Jenseitsstrafen in Lidzbarski: *Johannesbuch*, S. 172, 174 f., 178 f., 181.

Amos schaut in einer Vision, wie Gott dem Feuer ruft, um damit die Menschen zu strafen (Am 7,4), kann diese Strafe jedoch durch seine Fürbitte von seinem Volk abwenden. Durch Feuer und Schwert wird Gott zuletzt die Erde richten (Jes 66,15). Diese Strafen durch das Feuer werden jedoch stets auf der Erde, also im Diesseits, vollstreckt, wobei die letztgenannte Textstelle hier eine Randposition einnimmt, und nicht für das Leben nach dem Tod, ein noch zu erwartendes Jenseits, angedroht. Dies wandelt sich im Neuen Testament. Hier wird mit dem Feuer als Strafe gedroht (Mt 3,10.12; 5,22; 18,8; 25,4; Mk 9,44.46.48; Joh 15,6; Apk 14,10; 21,8): Ewiges Feuer erwartet die Sünder nach ihrem Tod als Strafe, es begegnet auch die Vorstellung vom Weltuntergang im Feuer am Tag des Endgerichts (2. Petr 3; vgl. oben Jes 66,15).

Auch in anderen mandäischen Texten wird Feuer als Strafe erwähnt:

> Auch alle Verführer, welche die sieben Planeten in der Welt genannt werden, und die Menschenkinder, die sie bekennen, wandern alle ins Feuer.[333]

Ähnlich in den Liturgien:

> Sie (die Planeten) sind beunruhigt und werfen Streit in sie (die Welt), darum werden sie hingehen und im Feuer sieden.[334]

Besonders Christus, der den Mandäern als Verführer gilt, weil er für eine andere Religion steht, wird mit dem Feuer in Verbindung gebracht:

> Boten sendet er (Šamiš) in die Welt hinaus, Ruha und Christus, und sie beten Sonne und Mond an und verehren das Feuer.[335]

> Ich belehre euch, meine Jünger, über den Lügenmessias. Wenn er das erste Mal erscheint, zeigt er ihnen Wunderwerke im Feuer. Mit Feuer ist er bekleidet (...) Auf Feuer ist sein Wohnsitz, und in einem Feuerwagen sitzt er (...) Er spricht zu euch: „Kommet, tretet zu mir ins Feuer, ohne daß ihr verbrennet. Glaubet an mich."[336]

Für den rechtgläubigen Mandäer jedoch gilt:

> Wer den Willen des Satans nicht getan, wird an der Pforte des Feuers nicht vorbeizugehen brauchen."[337]

und er kann von sich selbst sagen:

> Mein Zeichen war nicht das Feuer, nicht das Christus salbte.[338]

333 Vgl. *G*, S. 52,17.
334 Vgl. *Qol*, S. 227,10.
335 Vgl. *G*, S. 46,39.
336 Ebd., 47,16 ff.
337 Ebd., 39,13.
338 So *Qol*, S. 154,9.

Auch kann das Feuer seine Seele beim Aufstieg in die Lichtwelt nicht aufhalten:

> Ich fliege und zieh hin, bis ich zum Wachthause des Feuers komme. Ich rufe: „Wer wird mich am Wachthause des Feuers vorbeiführen? Deine Lohnspende und deine Werke, dein Almosen und deine Wohltat werden dich am Wachthause des Feuers vorbeiführen.[339]

Feuer wird auch erwähnt in der mandäischen Zeitalterlehre, auch hier als zerstörendes Element:

> Bis daß die Welt durch Feuer hingerafft wurde, sind es 156 000 Jahre. Als 29 000 Jahre vom Anteil des Bel dahingegangen waren, wurde die Welt durch Feuer hingerafft (...) Von dem Tage, da die Welt durch Feuer hingerafft wurde, bis daß sie durch Wasser hingerafft wurde, waren es 100 000 Jahre.[340]

Die Vorstellung vom Feuer als Strafe für Sünder nach ihrem Tod war vermutlich weit verbreitet und ist im Mandäismus kein besonders auffälliges oder seltenes Motiv.[341]

> Zweite Frage: *ḏ-b-gunba hauia hasar ab-mahu dina dainilẖ*
> Antwort: *kulman ḏ-b-gunba hasar mitiabaṭ ab-ṭura haška*
>
> F: Verfehlt sich jemand durch Diebstahl, mit welchem Urteil wird man ihn richten?
> A: Jeder, der sich beim Diebstahl verfehlt, wird am finsteren Berg gefesselt werden.

Wer stiehlt, wird am finsteren Berg gefesselt werden. Auch der finstere Berg als Strafort hat seine Wurzeln vermutlich im Alten Testament (vgl. Jer 13,16) und im Judentum.[342] In der folgenden Frage und der erweiterten Antwort ist wieder die Unzucht das genannte Vergehen, hier spezifiziert auf den Fall der Unzucht mit der Frau des Nächsten:

> Dritte Frage: *ḏ-mn ʿnta ḏ-habrẖ gaiar ab-mahu dina dainilẖ*
> Antwort: *kulman ḏ-mn ʿnta ḏ-habrẖ gaiar nura hauia daianẖ alma ḏ-ruhẖ šalma kulman ḏ-mn ʿnta armalta gaiar nitiabaṭ b-ṭura haška kulman ḏ-mn hiduta gaiar ʿl mahunia taumia mitnangar u-ainẖ b-abatur la-nimlia*
>
> F: Jeder, der eine [Frau][343] verlässt, mit welchem Urteil wird man ihn richten?
> A: Jeder, der mit der Frau seines Nächsten Unzucht treibt – das Feuer wird sein Richter sein, bis sein Geist am Ende ist. Jeder, der mit einer Frau, [und zwar] mit einer Witwe, Unzucht treibt, wird am finsteren Berg gefesselt werden. Jeder, der mit einer Braut Unzucht treibt, wird am Grenzstein gequält werden, und seine Augen werden sich an Abatur nicht sättigen.

339 Vgl. *G*, S. 526,20 ff.
340 Vgl. *G*, S. 408,31 ff.
341 Näheres zu den Höllenstrafen im Anhang zu diesem Kapitel.
342 Vgl. hierzu den Kommentar zu Kapitel 23.
343 Die Frau des Nächsten.

Die Antwort gliedert die Frage in ihre Details auf und stellt für die verschiedenen Vergehen unterschiedliche Strafen auf: Feuer bis zum Tod bestraft den, der Unzucht mit der Frau seines Nächsten begeht, also Ehebruch treibt. Am finsteren Berg wird der gefesselt, der mit einer Witwe Unzucht treibt. Sie gilt auch dann noch als Ehefrau ihres Mannes, wenn ihr Mann schon verstorben ist.[344] Deshalb kann dieser Fall hier mit subsumiert werden. Die härteste Strafe trifft den, der mit einer Braut Unzucht treibt: Er wird an der Grenze zur Lichtwelt gequält, und er wird Abatur nicht sehen. Das bedeutet, dass seine Seele niemals gewogen werden wird, sie wird nicht zum Lichtreich vordringen können. Nur die letztgenannte Strafe ist ausschließlich aus der mandäischen Religion zu verstehen, alle anderen Strafandrohungen haben im jüdisch-christlichen Kontext Parallelen. Zur Verurteilung der Unzucht und die Aufgliederung in verschiedene Vergehen ist Dtn 22,13 ff. zu vergleichen. Hier steht auf Unzucht meist die Todesstrafe.

Vierte Frage: *kulman ḏ-šabiq ahda u-lagiṭ ahda ab-mahu dina dainilẖ*
Antwort: *kulman ḏ-šabiq hda u-lagiṭ hda ʿl mania ḏ-nura mitnangar*

F: Jeder, der eine [Frau] verlässt und eine [andere] nimmt, mit welchem Urteil wird man ihn richten?
A: Jeder, der eine [Frau] verlässt und eine [andere] nimmt – in einem Gefäß des Feuers wird er gequält werden.

Das Thema des Ehebruchs wird noch fortgeführt, doch sind vermutlich hier nicht verheiratete Frauen gemeint. Es ist demnach einem Mann verboten, eine Frau, mit der er verheiratet war, zu verlassen. Sowohl Scheidung als auch Wiederverheiratung werden unter Strafe gestellt:[345] Die Betreffenden werden in Gefäßen aus Feuer gequält werden. Diese Art der Bestrafung gilt anscheinend häufig denen, die Unzucht treiben. Feuer als Strafe in der Hölle wird auch in der Offenbarung des Petrus oft genannt, dort jedoch hauptsächlich denen angedroht, die Christen verfolgt und Märtyrer getötet haben.[346] In der Antwort wird nicht wie in der Frage die feminine Form von *hda* gebraucht, gemeint ist jedoch das gleiche Vergehen wie das, das in der Frage angesprochen wird. Stünde in der Frage auch nicht die feminine Form *ahda*, so wäre das Vergehen die Homosexualität.

Fünfte Frage: *kul atuat ḏ-gaira gaura ab-mahu dina dainilẖ*
Antwort: *atuat ḏ-gaira gaura ṣibia ḏ-atunia hauia u-ainẖ l-bit hiia la-timlia*

344 Im NT gilt die Frau als frei, wenn ihr Mann verstorben ist, vgl. 1 Kor 7,39 f.
345 Vgl. Mt 5,27–32; Mk 10,12; 1 Kor 7,10–16.
346 Vgl. Hennecke / Schneemelcher: *Neutestamentliche Apokryphen* II: *Apostolisches, Apokalypsen und Verwandtes*, Tübingen [5]1989; im Folgenden zitiert mit „Hennecke / Schneemelcher", S. 570 ff.

F: Jede Frau, die Unzucht treibt, mit welchem Gericht wird man sie richten?
A: Eine Frau, die Unzucht treibt, Brennholz wird sie sein, und ihre Augen werden sich am Haus des Lebens nicht sättigen.

Der Themenkomplex Unzucht wird mit der Frage nach der Bestrafung einer unzüchtigen Frau abgeschlossen. Die drohende Strafe ist ungewöhnlich: Die Frau soll zu Holzscheiten für den Ofen werden, also auch ihre Strafe im Feuer finden, und sie wird das Haus des Lebens, den Sitz der Gottheit, nicht zu Gesicht bekommen. Das bedeutet gleichzeitig, dass sie nie in das göttliche Lichtreich gelangen wird. Es trifft sie folglich eine ähnlich schwere Strafe wie den Mann, der mit einer Braut Unzucht treibt (s. o.). Die Offenbarung des Petrus nennt als Strafe für unverheiratete Frauen, die vorehelichen Geschlechtsverkehr hatten, folgendes:

[D]ie bekleiden sich mit Finsternis als Kleidern, und sie werden ernsthaft bestraft, ihr Fleisch wird auseinandergerissen. Das sind die, welche ihre Jungfrauenschaft nicht bewahren bis dahin, wo sie in die Ehe gegeben werden, sie werden mit dieser Strafe bestraft, indem sie (sie) fühlen.[347]

Das Bekleiden mit Finsternis begegnet auch bei den Mandäern als Strafe, und zwar denen, die gefärbte Stoffe lieben (s. u.).

Männer und Frauen, die Unzucht treiben, werden nach der Offenbarung des Petrus wie folgt bestraft:

Und wiederum zwei Weiber: Man hängt sie an ihren Nacken und Haaren auf, in die Grube wirft man sie. Das sind die, welche sich Haarflechten gemacht haben nicht zur Schaffung des Schönen, sondern um sich zur Hurerei zu wenden, damit sie fingen Männerseelen zum Verderben. Und die Männer, die sich mit ihnen in Hurerei niedergelegt haben, hängt man an ihren Schenkeln in diesen brennenden Ort ...[348]

Auch hier wird die Strafe für Unzucht mit dem Feuer in Verbindung gebracht, doch ist in dieser Schrift zusätzlich zu beachten, dass die Bestraften meist an den Körperteilen aufgehängt werden, mit denen sie die Sünde begingen oder zu ihr reizten.

Sechste Frage: *man ḏ-azil aluat kaṣumia u-kaldaiia ḏ-šiqra ab-mahu dina dainilẖ*
Antwort: *kulman ḏ-azil luat kaṣumia u-kaldaiia ḏ-šiqra ʿl mania ḏ-barda mitnangar*

F: Der zu Wahrsagern und Chaldäern der Lüge geht, mit welchem Urteil wird man ihn richten?
A: Jeder, der zu Wahrsagern und Chaldäern der Lüge geht, wird in Gefäßen aus Eis gequält werden.

Wer zu Wahrsagern und Sterndeutern geht, wird in Gefäßen aus Eis gequält werden. Das Eis als kaltes Element steht im Gegensatz zu den vorher angedrohten Strafen im Feuer. Diese Vorstellung einer Strafe im Eis ist auch nicht so weit verbreitet wie die

347 Vgl. ebd., S. 574.
348 Vgl. ebd., S. 570 nach der Übersetzung des äthiopischen Textes.

einer Bestrafung im Feuer; sie begegnet weder im Alten noch im Neuen Testament. Mit der Bestrafung derer, die Wahrsager und Sterndeuter befragen, wird gleichzeitig Polemik gegen die alte Religion Babyloniens betrieben.

Wahrsager und ‚Chaldäer der Lüge' werden häufig zusammen genannt. Es ist den gläubigen Mandäern verboten, sie zu befragen:

> Gehet nicht zu den Wahrsagern und Chaldäern der Lüge, denn in der Finsternis werden sie untergebracht.[349]

> Einen jeden, der den Geruch der Wahrsager und Chaldäer riecht, wird man den Geruch der Verwesung riechen lassen.[350]

> Siebte Frage: *kulman ḏ-šatia hamra b-hanuta u-ruita u-husrana b-gauẖ abid ab-mahu dina dainilẖ*
> Antwort: *kulman ḏ-šatia hamra b-hanuta u-ruita rauia b-ṭablia u-zimuria u-zaniuta b-gauẖ abid b-masirqia qublia nisriqunẖ u-ainẖ b-abatur la-nimlia*

> F: Jeder, der Wein in der Schenke trinkt und Trunkenheit und Fehlerhaftigkeit in ihr tut, mit welchem Urteil wird man ihn richten?
> A: Jeder, der in der Schenke Wein trinkt und [bis zur] Trunkenheit sich betrinkt bei Handpauken und Liedern und Unzucht in ihr tut, wird mit eisernen Zinken des Rechens gekämmt werden, und seine Augen werden sich an Abatur nicht sättigen.

Hier nimmt die Antwort die Frage nicht wortgetreu auf, sondern fügt Dinge hinzu. Das Vergehen ist Trunksucht und darin begangene Untaten. Dass in der Schenke mit Handpauken (*b-ṭablia*) Musik gemacht und Lieder (*zimuria*) gesungen wurden, beschreibt zusätzlich und sicher wahrheitsgetreu die herrschenden Zustände, ist aber nicht notwendig zum Verständnis des Textes und als solches kein Vergehen. Ich halte diese beiden Worte daher für einen sekundären Einschub, der vielleicht auf rigoristische islamische Forderungen eingeht. Die ‚Fehlerhaftigkeit', die der Betrunkene begeht und nach deren Bestrafung gefragt wird, wird in der Antwort allein auf Unzucht beschränkt. Dies stellt eine Verengung des Blickwinkels dar, die noch einmal auf das Thema der vorhergehenden Fragen zurückgreift. Den Betrunkenen trifft eine ähnliche Strafe wie die, die in der Offenbarung des Petrus die unverheiratete Frau mit vorehelichem Geschlechtsverkehr erleidet: Er wird mit eisernen Zinken des Rechens gekämmt werden. Das Resultat dieser Bestrafung dürfte sein, dass sein Fleisch auseinandergerissen wird. Auch wird er nie Abatur sehen, also nicht in die Lichtwelt aufsteigen (s. o.).

349 Vgl. *G*, S. 22,15 in der Übersetzung Lidzbarskis.
350 Ebd., S. 299,20.

Auch im Koran wird der übermäßige Genuss von Wein verboten:

> O die ihr glaubt! Wein und Glücksspiel und Götzenbilder und Lospfeil sind ein Greuel, ein Werk Satans. (…) Satan will durch Wein und Glücksspiel nur Feindschaft und Haß zwischen euch erregen, um euch so vom Gedanken an Allah und vom Gebet abzuhalten.[351]

> Achte Frage: *ḏ-azil aluat zamarta u-zira zara ḏ-kadba u-minẖ baṭna u-sama šaqla u-azla b-šuqia šadialẖ u-ainẖ ḏ-ialda hazialh l-ʿmẖ u-ʿma l-ialda la-hazialẖ ab-mahu dina dainilẖ*
> Antwort: *kulman ḏ-azil aluat zamarta u-zira zara ḏ-kadba u-minẖ baṭna u-sama šaqla u-azla b-qiqlia šadialẖ u-hapra bira u-qabralẖ u-mihidra b-ʿqbẖ daišalẖ u-ainẖ ḏ-ialda hazilẖ l-ʿmẖ u-ʿma l-ialda la-hazialẖ ialda maiit b-qiqlia u-ʿmẖ bakialẖ b-gnub gnub mištaila b-hanatẖ maṭarta ḏ-kalbia šihania mšargizania algia ṭrušia tištaial u-ainẖ b-Abatur la-timlia u-šumẖ nitikpar mn bit hiia*

> F: Der zu einem Singmädchen geht und sät Samen der Lüge, und sie wird von ihm schwanger, und sie nimmt ein Medikament, und sie geht auf die Marktplätze und wirft es weg, und die Augen des Kindes sehen auf seine Mutter, und die Mutter sieht das Kind nicht an – mit welchem Urteil wird man sie richten?
> A: Jeder, der zu einem Singmädchen geht und Samen der Lüge sät, und sie wird schwanger von ihm, und mit einem Medikament treibt sie ab und wirft es auf den Misthaufen, und sie gräbt ein Loch und verscharrt es – und sie dreht sich um und tritt mit der Ferse auf es, und die Augen des Kindes sehen nach seiner Mutter, und die Mutter sieht es nicht an – das Kind stirbt im Mist, und seine Mutter weint heimlich über es – sie wird zur Rechenschaft gezogen in diesem Wachthaus der Hunde, der wütenden, gierigen, bellenden und nicht hörenden, wird sie befragt werden, und ihre Augen werden sich an Abatur nicht sättigen, und ihr Name wird ausgelöscht aus dem Haus des Lebens.

Diese Frage wird am ausführlichsten gestellt und mit einigen Erweiterungen noch ausführlicher beantwortet. Das Thema der Frage ist die Abtreibung; auf diese wird auch in der Offenbarung des Petrus sehr ausführlich eingegangen:

> Und bei dieser Flamme ist eine große und sehr tiefe Grube, und es fließt da hinein (?) alles von überall her: Gericht (?) und Schauderhaftes und Aussonderungen. Und die Weiber (sind) verschlungen (davon) bis an ihren Nacken und werden bestraft mit großem Schmerz. Das sind also die, welche ihre Kinder abtreiben und das Werk Gottes, das er geschaffen hat, verderben. Gegenüber von ihnen ist ein anderer Ort, wo ihre Kinder sitzen; aber beide lebendig, und sie schreien zu Gott. Und Blitze gehen aus (und) von diesen Kindern, welche die Augen derer durchbohren, welche durch diese Hurerei ihren Untergang bewirkt haben.[352]

---

351 So Sure 5,91 f.
352 Vgl. ebd., S. 571 nach der Übersetzung des äthiopischen Textes.

Die hier angesprochenen Singmädchen waren nicht im heutigen Sinne professionelle Sängerinnen. Die Biographie der Singsklavin Scharija aus dem 9. Jahrhundert n. Chr.[353] zeigt, dass die Singmädchen eine Ausbildung absolviert hatten und meist an Herrscherhäusern tätig waren.[354] Zum Teil waren sie Übergriffen ihrer Herren wehrlos ausgesetzt.[355] So kam es vermutlich in einigen Fällen zu Vergewaltigungen oder gewolltem Geschlechtsverkehr, aus denen ein Kind hervorgehen konnte, das die Singsklavin jedoch nicht zur Welt bringen konnte, wenn sie ihren Beruf und damit ihren Lebensunterhalt nicht verlieren wollte. Deshalb griff sie zu Abtreibungsmitteln, was von mandäischer Seite strikt verworfen wurde. Die Antwort auf die Frage zeigt einige Erweiterungen, deren erste die Brutalität der Mutter schildert und deren zweite zunächst den Tod des Kindes feststellt, um danach ein wenig Verständnis für die Mutter zu wecken zu versuchen. Beide Zweizeiler kommen in der Frage nicht vor und dienen nur der genaueren Ausmalung des Geschehens. Zur Strafe nach ihrem Tod wird die Mutter in das Wachthaus der Hunde verbannt, deren Eigenschaften in einem neuerlichen späteren Einschub geschildert werden, um die Abschreckung vor einer solchen Tat zu steigern. Auch sie wird niemals in die göttliche Lichtwelt gelangen, ihr Name wird sogar aus dem Haus des Lebens ausgelöscht werden. Letzteres ist wohl die härteste Strafe, die hier ausgesprochen wird, denn wessen Name nicht mehr im Haus des Lebens steht, hat dort auch keine Fürbitter mehr und keine Chance, nach einer eventuellen Bußzeit in die Lichtwelt aufgenommen zu werden.

Zu der Erwähnung der *zamarta* – ‚Singmädchen' ist hinzuzufügen, dass Singsklavinnen vor allem am Hof der Omayyaden angestellt waren. Das abbassidische Herrscherhaus war rigoristischer eingestellt, und die Vergnügungen mit Singmädchen galten nun als verwerflich. Auch Abbildungen von Singsklavinnen stammen meist aus der ersten Hälfte des neunten Jahrhunderts, was die Entstehung des Johannesbuches ca. 1000 n. Chr. wahrscheinlich macht.

Im Folgenden werden Fragen der Reinheit besprochen:

Neunte Frage: *kulman ḏ-šakib aluat zauẖ u-mia la-saiia b-mahu dina dainilẖ*
Antwort: *kulman ḏ-niqrub luat zauẖ u-mia la-nisiia b-giuṯẖ ḏ-liuiatin mištkin*

F: Jeder, der bei seiner Frau liegt und sich nicht mit Wasser wäscht – mit welchem Urteil wird man ihn richten?
A: Jeder, der sich seiner Frau nähert und sich nicht mit Wasser wäscht, wird im Inneren des Leviathan wohnen.

Auch hier variiert das Verbum zwischen Frage und Antwort. Mit einem späteren Zusatz ist jedoch nicht zu rechnen. Einem Mann, der die Wasserriten für die Ehe nicht einhält, wird gedroht, er werde im Inneren, also im Leib des Leviathan wohnen. Dieses Bild

353 Zitiert nach Abu l-Faradsch: *Und der Kalif beschenkte ihn reichlich. Auszüge aus dem „Buch der Lieder"*, aus dem Arabischen übertragen und bearbeitet von Gernot Rotter, Tübingen / Basel 1977, S. 178–185.
354 Vgl. ebd., S. 179.
355 Vgl. ebd., S. 183.

erinnert als Analogie an Jona im Bauch des Fisches. Dieses Bild wird im NT wieder aufgegriffen und mit der Todesthematik verknüpft:

> (Jesus) antwortete ihnen: Dies böse und abtrünnige Geschlecht fordert ein Zeichen, aber es wird ihm kein anderes Zeichen gegeben werden als das Zeichen des Propheten Jona. Denn wie Jona drei Tage und drei Nächte im Bauch des Fisches war, so wird der Menschensohn drei Tage und drei Nächte im Schoß der Erde sein.[356]

Das Sein im Bauch des Leviathan bedeutet also den Tod.

Der Leviathan ist ein Ungeheuer, das in der Mythologie der babylonischen, kanaanäischen und ugaritischen Kultur erwähnt wird. Im Alten Testament wird ausgesagt, Gott habe den Leviathan erschaffen, um mit ihm zu spielen.[357] Dies hebt die Allmacht Gottes hervor: Kein Mensch kann den Leviathan bezwingen.[358] Am Ende der Zeiten wird Gott den Leviathan töten und damit dessen Bedrohung der Menschen beenden.[359] Auch das erste Buch Henoch spricht vom Leviathan.[360] In der Vorstellung gleicht er einer Art Drachen, der Züge eines Krokodils, eines Wals und einer Schlange tragen kann.

> Zehnte Frage: *atuat ḏ-la-saia mia b-mahu dina dainilẖ*
> Antwort: *atuat ḏ-la-saia mia mhita b-gu mhita titimhia u-niliṯẖ šuma dakia u-širiana ḏ-saka litlẖ nimihia naṭra ḏ-nhura u-šumẖ nitikpar mn bit hiia*
>
> F: Eine Frau, die sich nicht mit Wasser wäscht, mit welchem Urteil wird man sie richten?
> A: Eine Frau, die sich nicht mit Wasser wäscht, wird Schlag auf Schlag treffen, und der reine Name wird sie verfluchen, und mit einem Geschiedensein ohne Ende wird sie der Hüter des Lichts schlagen, und ihr Name wird ausgelöscht aus dem Haus des Lebens.

Den Abschnitt *u-niliṯẖ – bit hiia* halte ich für sekundär, da eigentlich die Frage schon beantwortet ist und die Zusätze alle mit der Kopula *u-* angefügt sind. Die Strafe wird in ihnen deutlich verschärft; die letzten Worte sind eventuell von der Antwort auf das Vergehen der Abtreibung hier noch einmal eingetragen worden.

> Elfte Frage: *kulman ḏ-hanaṯẖ iuma qadmaia ḏ-saia zauẖ mn aṭnupia u-daštana u-luaṯẖ šakib b-mahu dina dainilẖ*
> Antwort: *gabra ḏ-hanaṯẖ iuma qadmaia kḏ saia zauẖ mia mn ṭnupia u-daštana luaṯẖ šakib b-rpilia ḏ-hšuka naqmunẖ*

356 Vgl. Mt 12, 39 f.
357 So Ps 104,26.
358 Siehe Hiob 40, 25–41,26.
359 Vgl. Ps 74,14; Jes 27,1; ebenso Stellen im Talmud.
360 So 1 Hen 59,7 ff.; 60,7.

F: Jeder, der an jenem ersten Tag, an dem sich seine Frau wäscht von der Unreinheit und Menstruation [und] bei ihr liegt, mit welchem Urteil wird man ihn richten?
A: Ein Mann, der an jenem ersten Tag, an dem sich seine Frau mit Wasser wäscht von der Unreinheit und Menstruation, bei ihr liegt – in Wolken der Dunkelheit wird man ihn stehen lassen.

Diese Frage schließt das Thema *Reinheit in der Ehe* ab. Die Worte *mn (a)ṭnupia u-daštana* könnten eine später eingefügte Erklärung sein, da eigentlich schon mit der Nennung des ersten Tages, an dem sich die Frau wäscht, klar ist, von welcher Art Verunreinigung sie sich reinigt. Außerdem wird der Satz etwas zu lang; der Einschub ist grammatikalisch störend, weil er den Satzzusammenhang auseinanderreißt. Der Schuldige wird in dunklen Wolken stehen müssen. Die Dunkelheit der Wolken steht klar im Gegensatz zum strahlenden Glanz der göttlichen Lichtwelt, doch wird hier nicht behauptet, dass diese Strafe ewig dauert.

Zwölfte Frage: *kul man ḏ-akil hbulia u-hbul hbulia ḏ-zahba u-kaspa b-mahu dina dainilẖ*
Antwort: *kulman ḏ-nikul hbulia u-hbul hbulia ḏ-zahba u-kaspa naqmunẖ b-ṭura ṭur haška*

F: Jeder, der Zins und Zinseszins von Gold und Silber genießt, mit welchem Urteil wird man ihn richten?
A: Jeder, der Zins und Zinseszins von Gold und Silber verzehrt – man wird ihn am Berg stehen lassen, am finsteren Berg.

Die Frage des Zinsnehmens wird auch bereits in Kapitel 22 besprochen.[361] Wer Zins nimmt und sich daran bereichert, wird am Finsterberg stehen müssen (zum Finsterberg s. o.). Reichtum wird bei den Mandäern nicht für besonders erstrebenswert gehalten, eher findet man Mahnungen zu bescheidenem Leben. Auch die folgenden Fragen, von denen die erste unbeantwortet bleibt, gehen auf die Frage des Besitzes ein:

Dreizehnte Frage: *kulman ḏ-nirham zahba u-kaspa b-mahu dina dainilẖ*
erneute Frage: *kulman ḏ-nirham zahba u-kaspa u-ṭabuta b-gauẖ la-níbad b-mahu dina dainilẖ*
Antwort: *kulman ḏ-nirhum zahba u-kaspa u-ṭabuta b-gauẖ la-nibad nimut atrin mutia b-had u-nistakar*

F: Jeder, der Gold und Silber liebt, mit welchem Urteil wird man ihn richten? Jeder, der Gold und Silber liebt und mit ihm nichts Gutes tut, mit welchem Urteil wird man ihn richten?
A: Jeder, der Gold und Silber liebt und mit ihm nichts Gutes tut, wird zwei Tode in einem sterben, und er wird abgeschnitten.

361 Vgl. meinen Kommentar dort.

Der Vorwurf richtet sich also in seiner Hauptsache gegen Leute, die zwar über Reichtum verfügen, aber damit nichts Gutes tun, z. B. keine Almosen geben. Dies wird auch in der Offenbarung des Petrus verdammt:

> Und an einem nahe bei ihnen gelegenen Ort, auf dem Stein einer Feuersäule (?), und die Säule ist spitzer als Schwerter – Männer und Weiber, die man kleidet in Plunder und schmutzige Lumpen und darauf wirft, damit sie das Gericht unvergänglicher Qual erleiden. Das sind die, welche vertrauen auf ihren Reichtum und Witwen und das Weib (mit) Waisen … verachtet haben Gott in das Angesicht.[362]

Unvergängliche Qual wird den Reichen, die keine Wohltaten mit ihrem Reichtum vollbrachten, auch im mandäischen Text vorausgesagt: Sie werden zwei Tode in einem sterben, d. h. ihre Seele wird mit ihrem Körper aus der Welt scheiden, dann aber wird sie von der Lichtwelt abgeschnitten werden und ewig von ihr getrennt bleiben. Auch im *Ginza* wird davor gewarnt, Reichtum nur für sich zu behalten:

> Ein jeder, der Almosen spendet und viel Gutes (tut), hernach aber das Almosen abschafft, fällt in den Brand, bis seine Sünden beendet sind.[363]

> Vierzehnte Frage: *kulman ḏ-narha b-riha ḏ-hiia u-šuma ḏ-hiia la-nadkar ʿlẖ b-mahu dina dainilẖ*
> Antwort: *kulman ḏ-narha briha ḏ-hiia u-šuma ḏ-hiia la-nadkar ʿlẖ l-bit abatur ništaial*

> F: Jeder, der den Duft des Lebens riecht und den Namen des Lebens über ihm nicht ausspricht, mit welchem Urteil wird man ihn richten?
> A: Jeder, der den Duft des Lebens riecht und den Namen des Lebens nicht über ihm ausspricht, wird im Haus des Abatur befragt werden.

„Wer den Duft des Lebens riecht, soll den Namen des Lebens über diesem Duft aussprechen." Das kann konkret gemeint sein, etwa in Bezug darauf, dass in mandäischen Riten Weihrauch zur Verwendung kam und jeder Gläubige über diesem Geruch den Namen der Gottheit anrief.[364] Es ist jedoch nicht bezeugt, dass die Mandäer in ihren kultischen Handlungen Weihrauch benutzt hätten, und m. E. ist dies eher im übertragenen Sinn zu verstehen: Riechen lassen ist eine Übermittlung, eine Ausbreitung eines Stoffes, Riechen die Annahme bzw. Aufnahme dieses Stoffes. In *GR*, S. 299,17 ff. wird Riechen in Verbindung mit dem Annehmen der Botschaft gebracht, indem unmittelbar vorher von Verkündigung mandäischer Ideale die Rede ist. Auch im Johannesbuch wird diese Verbindung hergestellt,[365] am deutlichsten in *J* 56:

362 Vgl. Hennecke / Schneemelcher: *Neutestamentliche Apokryphen in deutscher Übersetzung* II, S. 572.
363 Vgl. *G*, S. 36,10 in der Übersetzung Lidzbarskis.
364 So Lidzbarski: *Johannesbuch*, S. 97, Anm. 7.
365 Vgl. *J* 35, S. 134,10 ff.

> Wessen Herz aber erweckt und wessen Sinn erleuchtet ist, der leuchtet mehr als Sonne und Mond. Mehr als Sonne und Mond leuchtet er, und Ruf und Geruch verbreitet er in der Welt. Tagtäglich versammeln sich die Jünger bei ihm, nehmen von ihm das Zeichen an und steigen durch seine Kraft empor. Denn die Kraft seines Vaters (des Lebens) ist bei ihm verwahrt, und das Wort seines Vaters ruht bei ihm.[366]

So könnte hier gemeint sein: Wer die Lehre der Mandäer hört und die mandäische Gottheit nicht anruft, z. B. mit der geläufigen Formel: „Im Namen des großen Lebens", der wird nicht am Wagemann Abatur vorbei in die Lichtwelt gelangen, vermutlich letztendlich deshalb, weil man von ihm annehmen muss, dass er kein Mandäer ist. Der Anruf der mandäischen Gottheit hätte dann zugleich Bekenntnischarakter.

> Fünfzehnte Frage: *kulman ḏ-nibad ʿbidata sainata b-mahu dina dainilẖ*
> Antwort: *kulman ḏ-nibad ʿbidata sainata b-hirba u-sipa ḏ-šibiahia mitinsib*

> F: Jeder, der hässliche Taten begeht, mit welchem Gericht wird man ihn richten?
> A: Jeder, der hässliche Taten begeht – durch das Schwert und den Säbel der Planeten wird er weggenommen werden.

Diese Frage könnte einmal das Ende des Kapitels dargestellt haben. Es fasst – wie Kapitel 29 – alle Vergehen unter dem Terminus ‚hässliche Werke' zusammen. Wer sündigt, wird durch das Schwert der Planeten hingerichtet werden, denn ihn schützt die Gottheit, die Macht auch über die Planeten hat, nicht. Es folgt nun noch ein Anhang über das Färben, Homosexualität und gefärbte Stoffe, der eventuell eine Reaktion auf die vom abbassidischen Herrschaftshaus aufgestellte Kleiderordnung darstellen könnte. Danach war das Tragen weißer Kleidung, das den Mandäern geboten ist, allein den Muslimen vorbehalten; Christen z. B. sollten sich blau, Juden gelb kleiden. Ob diese Regelung jemals ganz durchgesetzt wurde, ist fraglich. Doch Andersgläubige mussten eine bestimmte Art von Gürtel tragen, der sich von denen der Moslems unterschied, und das Tragen verschiedener Kleidungstücke, wie z. B. von bauschigen Hosen, war ihnen untersagt.[367]

> Sechzehnte Frage: *kulman ḏ-niṣba ʿḏẖ u-ligrẖ u-nipkẖ l-dmuta ḏ-marẖ paqid ʿlẖ b-mahu dina dainilẖ*
> Antwort: *kulman ḏ-niṣba ʿḏẖ u-ligrẖ u-nipkẖ l-dmuta ḏ-marẖ paqid ʿlẖ b-ʿḏẖ lagiṭ gumria u-b-ispihatẖ msarsip iaqdana šaiil muta u-la-maiit hiia aluatẖ la-qarbia u-la-šabqilẖ l-mimat u-la-maruilẖ mn ʿulṣanẖ l-misaq mihzia l-atar nhur aminṭul l-maṣbuta ḏ-ʿṣṭbabẖ b-iardna la-tagzar ʿlẖ b-dur*

366 Vgl. Lidzbarski: *Johannesbuch*, S. 200; weiter hierzu ebd., S. 228.
367 Vgl. W. Kallfelz: *Nichtmuslimische Untertanen im Islam. Grundlage, Ideologie und Praxis frühislamischer Herrscher gegenüber ihren nichtmuslimischen Untertanen mit besonderem Blick auf die Dynastie der Abbasiden (749–1248)*, Studies in Oriental Religions 34, hrsg. von W. Heissig und H.-J. Klimkeit, Wiesbaden 1995, S. 60.

F: Jeder, der seine Hände und seine Füße färbt und die Gestalt pervertiert, die sein Herr für ihn festgesetzt hat, mit welchem Urteil wird man ihn richten?
A: Jeder, der seine Hände und Füße färbt und die Gestalt pervertiert, die sein Herr für ihn festgesetzt hat, wird mit seinen Händen glühende Kohlen nehmen und mit seinen Lippen in die Flamme blasen. Er wünscht den Tod und stirbt nicht; ihm nähert sich das Leben nicht, und es lässt nicht zu, dass er stirbt und spricht nicht zu ihm, dass er sich erhebt von seiner Qual, um den Ort des Lichts zu sehen. Wegen der *maṣbuta*, mit der er getauft ist im Jordan, wird kein Urteil über ihn gesprochen am Ort der Sünder.

Das Färben von Körperteilen wird bereits in der Frage mit der Homosexualität verknüpft über die Wendung „die Gestalt pervertieren, die sein Herr für ihn festgesetzt hat". Sie ist das Vergehen, nach dessen Bestrafung gefragt wird. Im Gegensatz zur hellenistisch geprägten Welt war Homosexualität in einigen orientalischen Ländern streng verpönt, so z. B. in Ägypten.[368] Im Alten Testament wird verboten, dass Männer Frauenkleidung tragen und umgekehrt.[369] Besonders scharf wird Homosexualität in Röm 1,27 als Zeichen der Gottlosigkeit der Heiden verurteilt. Auch die Offenbarung des Petrus brandmarkt Homosexualität als Vergehen, das nach dem Tod bestraft wird:

Andere Männer und Frauen, welche von einem hohen Abhang heruntergeworfen wurden, kamen unten an und wurden von ihren Peinigern wieder angetrieben, den Abhang hinaufzusteigen, und wurden dort hinuntergeworfen und hatten keine Ruhe von dieser Qual. Das waren die, welche ihre Leiber befleckt hatten, indem sie sich wie Frauen hingegeben hatten. Aber die Frauen bei ihnen, das waren die, welche untereinander verkehrt hatten wie Männer mit der Frau.[370]

Mit der Verurteilung der Homosexualität stehen die Mandäer also in einer breiten Tradition, die sowohl im Judentum wie auch in der christlichen Religion und gnostischen Gruppen prägend war.

Die Antwort auf die Frage im mandäischen Text weist zahlreiche Erweiterungen auf. Nach der ursprünglichen Fassung des Textes wird Homosexualität wie auch Ehebruch mit Feuer bestraft. Die erste Erweiterung schildert die ewige Qual des Bestraften und verbietet ihm den Aufstieg zur Lichtwelt. Die direkte Fortsetzung ist ein vermutlich noch späterer Zusatz und steht im Widerspruch zur ersten Erweiterung, denn sie verweist auf die heilbringende Taufe, die dem Sünder eine Verurteilung in der Welt erspart. Der Satz ist im Stil der Priesterbelehrung abgefasst, worauf das einleitende

368 Vgl. Totenbuch, Spruch 125: „Ich habe nicht einen Buhlknaben beschlafen, ich habe mich nicht selbst befriedigt", zitiert nach W. Beyerlin (Hg.): *Religionsgeschichtliches Textbuch zum Alten Testament*, Göttingen ^{2}1985, S. 91. Die Übersetzung ist hier jedoch strittig. Hornung übersetzt: „Ich habe nicht geschlechtlich verkehrt und keine Unzucht getrieben an der reinen Stätte meines Stadtgottes." Vgl. E. Hornung: *Das Totenbuch der Ägypter*, Zürich / München 1990, S. 234.

369 Vgl. Dtn 22.

370 Siehe Hennecke / Schneemelcher, S. 573 nach dem griechischen Ahmimtext.

aminṭul hinweist, das häufig in Begründungen in *ATŠ* begegnet.[371] Auch die Hochschätzung der *maṣbuta* als Sakrament weist auf eine spätere Zeit. Auffallend ist die strenge Unterscheidung zwischen (getauften) Mandäern und (nicht mit der *maṣbuta* getauften) Andersgläubigen: Ein Mandäer kann – nach dem späteren Einschub – in der Welt der Sünder nicht verurteilt werden.

Eventuell wurde dieses Thema angefügt, weil es zur Zeit der Abfassung des Johannesbuches gerade ein aktuelles Problem darstellte.

Siebzehnte Frage: *kul man d̲-nirhum ṣiba u-ṣibuta b-mahu dina dainilh̲*
Antwort: *kul man d̲-nirhum ṣiba u-ṣibuta malbišilh̲ hšuka u-atpia habara mkasilh̲ u-sandlia iaqdana saimilh̲ b-ligrh̲ hšuka azil aqamh̲ u-habara mn abatrh̲ šidia hinun daiuia hinun hauin b-iluath̲ aminṭul d̲-rham ṣiba u-ṣibuta mitiabaṭ b-maṭarata alma d̲-ruhh̲ šalma*

F: Jeden, der gefärbten Stoff und Farben liebt, mit welchem Urteil wird man ihn richten?
A: Jeden, der gefärbten Stoff und Farben liebt, wird man mit Finsternis bekleiden, und Hüllen der Dunkelheit werden ihn bedecken, und glühende Sandalen wird man an seine Füße legen. Dunkelheit geht vor ihm und Finsternis hinter ihm. Diese sind Dämonen, diese sind böse Geister, sie sind bei ihm. Weil er gefärbten Stoff und Farben geliebt hat, wird er in den Wachtstationen gefesselt werden, bis sein Geist am Ende ist.

Auch in dieser Antwort finden sich Erweiterungen gegenüber der Frage. Die in der zweiten Zeile der Antwort formulierte Strafe korrespondiert dem Vergehen: Wer sich im Diesseits mit farbigen Stoffen kleidet, der wird im Jenseits dunkle Gewänder tragen müssen. Damit wird seine Unreinheit deutlich, denn es ist den Mandäern geboten, weiße Kleidung zu tragen. In der folgenden Zeile sind nicht mehr die Gewänder, sondern die Schuhe, brennende Sandalen, Mittel der Strafe. Die Assoziation für diese Erweiterung ist vermutlich der Oberbegriff ‚Kleidung', unter den dann nicht nur Kleider, sondern auch Schuhe subsumiert werden. Der dritte Abschnitt der Strafandrohung kommt wieder auf die Bestrafung durch Finsternis zu sprechen: Finsternis und Dunkelheit werden als Dämonen personifiziert vorgestellt, die den Sünder begleiten. Die abschließende Erweiterung nennt, wieder beginnend mit *aminṭul*, noch einmal das Vergehen, das über dem langen Einschub in den Hintergrund getreten war, und nennt eine andere Strafe, nämlich die Bestrafung in den *maṭarata* bis zum Lebensende. Auffällig ist, dass die letzten beiden Erweiterungen sich auf Dinge beziehen, die in Zusammenhang mit dem Islam gebracht werden können. Es könnte sich also um spätere Einschübe handeln, die auf Gebote oder Sitten des Islam reagieren und deshalb dem Text zur Abgrenzung gegenüber dem Islam beigefügt wurden.

---

371 In der Übersetzung Lady Drowers *for* oder *because*, z. B. S. 122 (35) u. a.

Dem Frage- und Antwortteil schließt sich eine Schlussermahnung an:

> *ʿlkun amarna u-maprišna nišmata ḏ-bhiria zidqa ḏ-b-hiia sahdin*
> *la-tibdun ʿbidata sainata u-la-tišiplun l-atar hšuk*
> *mištaiin hiia zakin u-zakia gabra ḏ-asgia lka*

> Euch sage ich und lehre ich, die Seelen der rechtschaffenen Auserwählten, die das Leben bezeugen: Begeht nicht hässliche Taten, und ihr werdet nicht hinabsinken zum Ort der Finsternis.
> Herrlich ist das Leben und siegreich, und siegreich der Mann, der bis hierher gegangen ist.

Die Mandäer werden ermahnt, keine hässlichen Werke zu begehen. Dieser Terminus fasst alles zusammen, was an Vergehen genannt wurde. Das könnte die These bestätigen, die besagt, dass das Kapitel ursprünglich mit Frage und Antwort zu den hässlichen Werken endete (s. o.).

Das Kapitel schließt mit einer etwas erweiterten Schlussformel und einer erneuten Verheißung: Siegreich wird derjenige sein, der „bis hierher“, bis zum Ort des Lichts, gelangt.

Anhang

Auch in der frühchristlichen Apokalyptik herrscht die Auffassung, nach der Wiederkunft Christi folge das Weltgericht. Die Strafen für Sünden und Sünder werden hier ebenfalls einzeln aufgeführt und sind inhaltlich mit den mandäischen Traditionen verwandt, so z. B. in der Petrusapokalypse aus dem 2. Jahrhundert. Im Folgenden zitiere ich den äthiopischen Text der Petrusapokalypse.

> Jesus spricht: Und alle werden sehen, wie ich auf ewig glänzender Wolke komme und die Engel Gottes, die mit mir sitzen werden auf dem Thron der Herrlichkeit zur Rechten meines himmlischen Vaters. Und er wird eine Krone auf mein Haupt setzen. Sobald das die Völker sehen, werden sie weinen, jedes Volk für sich. Und er wird ihnen befehlen, daß sie in den Feuerbach gehen, während die Taten jedes einzelnen vor ihnen stehen. (Es wird vergolten werden) einem jeden nach seinem Tun. Betreffs der Erwählten, die Gutes getan haben, werden sie zu mir kommen, indem sie den Tod verzehrenden Feuers nicht sehen werden. Und die Bösewichte und die Sünder und die Heuchler aber werden in den Tiefen nicht verschwindender Finsternis stehen, und ihre Strafe ist das Feuer (…) Dann werden Männer und Weiber an den ihnen bereiteten Ort kommen. An ihrer Zunge, mit der sie den Weg der Gerechtigkeit gelästert haben, wird man sie aufhängen. Man bereitet ihnen ein nie verlöschendes Feuer (…) Und wiederum zwei Weiber: Man hängt sie an ihren Nacken und Haaren auf, in die Grube wirft man sie. Das sind die, welche sich Haarflechten gemacht haben (…) um sich zur Hurerei zu wenden. (…) Und die Männer, die sich mit ihnen in Hurerei niedergelegt haben, hängt man an ihren Schenkeln in diesen

> brennenden Ort, (...). Und die Mörder (...) wirft man ins Feuer (...). Und die Weiber (sind) verschlungen (von einer Grube) davon bis an ihren Nacken und werden bestraft mit großem Schmerz. Das sind also die, welche ihre Kinder abtreiben (...) Und bei denen, die hier waren, andere Männer und Weiber, (...) man quält sie mit glühenden Eisen und verbrennt ihre Augen.

Weiter bestraft werden die, die ihren Reichtum für sich behielten und die Zinsnehmer. Als Strafe angedroht werden auch glühende Ketten und die Finsternis als Kleid.[372]

In den *Oracula Sibyllina* wird auch denen, „die ihr Fleisch mit Perversion befleckten", Strafe angedroht.[373]

Ähnliche Höllenstrafen wie in Kapitel 28 und in der Petrusapokalypse beschrieben finden sich auch in weiteren neutestamentlichen Apokryphen, die hier zitiert seien:

Dem *Pseudo-Titus*-Brief, vermutlich um 500 n. Chr. entstanden,[374] ist folgender Text entnommen:

> O Mensch, der du an das Geschehen all dieser Dinge glaubst! Du weißt, daß verschiedene Urteile gegen die Frevler gefällt werden. An dem Gliede wird der Mensch gestraft werden, mit dem er gesündigt hat. Der Prophet Elias zeugt von einer Vision, in der er folgendes gesehen zu haben berichtet: Der Engel des Herrn, sagt er, zeigte mir ein tiefes Tal, dessen Name Gehenna ist und wo immer Schwefel und Pech brennen. In diesem Ort wohnen die Seelen vieler Sünder und werden auf verschiedene Weise gequält: Das Leiden einiger von ihnen besteht darin, daß sie an den Geschlechtsteilen bzw. an den Zungen oder an den Augen oder aber kopfüber hängen. Die Frauen werden an ihren Brüsten gefoltert, und die Jungen hängen an ihren Händen. Manche Jungfrauen werden auf dem Rost gebraten, und andere Seelen werden einer immerwährenden Qual unterzogen. Die Mannigfaltigkeit der Qual entspricht der Verschiedenheit der jeweiligen Sünden: an ihren Geschlechtsteilen werden die Ehebrecher und Verführer der Minderjährigen gefoltert. Die an ihren Zungen Hängenden sind die Gotteslästerer und falschen Zeugen. Verbrannt werden die Augen derer, die mit ihren Blicken Anstoß genommen und die sich frevelhafte Dinge mit Begierde angeschaut haben. Kopfüber hängen diejenigen, die die Gerechtigkeit Gottes gehaßt haben, die bösgesinnt, streitsüchtig zu ihren Mitbrüdern gewesen sind. Mit Recht werden sie also nach der ihnen auferlegten Strafe verbrannt. Wenn einige Frauen mit Qual an ihren Brüsten bestraft werden, dann geht es um diejenigen, die den Männern ihre eigenen Körper zum Spott hingegeben haben, und aus diesem Grund werden auch diese an ihren Händen hängen.[375]

Auch hier werden die Vergehen wie im mandäischen Text mit den Strafen in direkte Verbindung gebracht.

---

372 Vgl. Hennecke / Schneemelcher: *Neutestamentliche Apokryphen in deutscher Übersetzung* II, S. 569 ff.

373 Vgl. ebd., S. 599.

374 So ebd., S. 51.

375 Ebd., S. 63.

Aus den jüdischen apokryphen Schriften erwähnt das Gesicht des Esdras[376] ausführlich Höllenstrafen,[377] die ich hier zusammengefasst wiedergebe: Esdras fleht im Jenseits zu dem Herrn:

> Gib mir Vertrauen, Herr, auf daß ich mich nicht fürchte, wenn ich der Sünder Strafgerichte schaue![378]

Daraufhin werden ihm sieben Höllenengel zur Seite gestellt, die ihm die Strafen für die Sünder zeigen. Zunächst schaut Esdras jedoch Gerechte, die unbeschadet die Flamme zweier bedrohlicher Löwen durchschreiten können.[379] Dann folgt die Reihe der Strafen für die Sünder. Sie können die Flamme nicht durchschreiten; die Löwen zerfleischen sie, und das Feuer verbrennt sie. Diese Strafe gilt denen, die ihren Glauben verleugnet und sich am Tag des Herrn mit Frauen versündigt haben.[380] Wer sich mit Ehefrauen eingelassen hat, den treffen Feuergeißeln, und wer sich an seiner Mutter versündigt hat, wird ins Feuer gehängt und von Engeln mit Feuerkeulen geschlagen.[381] Verleumder und Betrüger werden ebenso bestraft wie Unbarmherzige, die keine Fremdlinge aufgenommen und keine Almosen gegeben haben und die, „die voll Schlechtigkeit" waren und ohne Beichte und Buße verstorben sind.[382] Esdras schaut weiter die Strafen für Herodes und für Jungfrauen, die bereits vor der Ehe ihre Jungfräulichkeit verloren; in Qualen sind auch Menschen, die andere in die Sklaverei verschleppten und solche, die ihre z. T. unehelichen Kinder töteten, wobei die Kinder selbst ihre Eltern anklagen.[383] Während die Sünder hart bestraft werden – vor allem auf sexuelle Vergehen wird eingegangen – können die Gerechten unversehrt Bedrohungen durchschreiten und gelangen in den Himmel.

Auch in islamischen Schriften werden einzelnen Vergehen verschiedene Strafen zugeordnet. Am Tag der Auferstehung kommen alle Menschen aus ihren Gräbern hervor. Dann erfolgt das Gericht. Auch hier, wie in Kapitel 28 des Johannesbuches, wird der Prophet gefragt und beantwortet die Fragen der Reihe nach. Seine Reaktion auf die Fragen ähnelt der des Johannes:

> Der Gesandte Allahs wurde über den Sinn Seines Wortes befragt: Am Tage, da die Trompete geblasen wird und ihr in Scharen hervorkommt. Da weinte er, bis die Erde naß von den Tränen seiner Augen war. Alsdann sprach er, der Friede sei mit ihm: O ihr Fragenden! Ihr befragt mich über eine gewaltige Angelegenheit! Die

376 Eine jüdische Schrift mit christlichen Einschüben, evtl. mit essenischen Einflüssen, so Paul Riessler: *Altjüdisches Schrifttum außerhalb der Bibel*, übersetzt und erläutert von Paul Riessler, Heidelberg ^{2}1966, S. 1291.

377 Vgl. ebd., S. 350 ff.

378 Ebd., S. 350.

379 Ebd.

380 Ebd.

381 Ebd., S. 351.

382 Ebd., S. 352.

383 Vgl. ebd., S. 352 f. und die Fragen und Antworten 1 und 3–5, vor allem 7 und 8 in Kapitel 28.

> Menschen meiner Gemeinde werden am Jüngsten Tag in zwölf Abteilungen versammelt sein. Die erste Abteilung wird in der Gestalt von Affen versammelt sein. Es handelt sich hierbei um jene, die andere Menschen verfolgt haben (...) Die zweite Abteilung wird in der Gestalt von Schweinen versammelt sein. Es handelt sich um Menschen mit unrecht erworbenem Besitz (...) Die dritte Abteilung wird blind und verwirrt versammelt sein, mit Menschen, die an sie gebunden sind. Es handelt sich um jene, die zu ihrem eigenen Vorteil urteilten (...) Die vierte Abteilung wird stumm und schweigend versammelt sein. Es handelt sich um jene, die sich ihrer Taten rühmten (...) Die fünfte Abteilung wird aus Menschen bestehen, aus deren Mündern Eiter quillt, und welche ihre eigenen Zungen kauen. Es handelt sich um die *ʿUlama*ʾ[384], deren Worte von ihren Taten verschieden waren (...) Die sechste Abteilung wird aus Menschen bestehen, welche Blasen vom Feuer auf ihren Körpern tragen. Es handelt sich um jene, die mit einem Meineid Zeugnis abgaben. Die siebente Abteilung wird aus Menschen bestehen, deren Füße sich auf ihrer Stirn befinden und an ihren Stirnlocken festgebunden sind. Sie werden die körperlich am weitesten verfaulten sein. Es handelt sich um jene, die sich Lüsten, ihren Vergnügungen und dem *Ḥaram* (Verbotenen) hingaben (...) Die achte Abteilung wird aus Trunkenbolden bestehen, welche nach links und rechts zu Boden fallen. Es handelt sich um jene, die sich selbst daran hinderten, freizügig auf dem Pfade Gottes zu spenden (...) Die neunte Abteilung wird in Hosen von Pech gekleidet sein. Es handelt sich um jene, die sich nicht vor dem Neid hüteten (...) Die zehnte Abteilung wird aus Menschen bestehen, deren Zungen hinten aus ihrem Nacken ragen. Es handelt sich um die Gefährten der Verleumdung. Die elfte Abteilung wird betrunken versammelt sein. Es handelt sich um jene, die in den Moscheen von weltlichen Dingen redeten (...) Die zwölfte Abteilung wird in der Gestalt von Schweinen versammelt sein. Es handelt sich um jene, die Wucher in Anspruch nahmen ...[385]

Auch in einer anderen Überlieferung werden Strafen für die zwölf Abteilungen der Gemeinde genannt. Diejenigen, die ihren Nachbarn Unrecht antaten und ohne Reue starben, werden ohne Hände und Füße versammelt werden; die beim Gebet unachtsam waren, werden „in kriechender Form aus ihren Gräbern versammelt werden. Man wird sie ‚Schweine' nennen".[386] Die kein *Zakāt* gaben, werden mit „riesigen Bäuchen, groß wie Berge, aus ihren Gräbern versammelt werden, welche mit Schlangen und Skorpionen von der Größe von Eseln gefüllt sind".[387] Die Betrüger werden „mit aus ihren

384 Gemeint ist die Gemeinschaft der Wissenden, so Imam ʿAbd ar-Rahim ibn Ahmad al-Qadi: *Das Totenbuch des Islam. „Das Feuer und der Garten" – die Lehren des Propheten Mohammed über das Leben nach dem Tode*, Einzig berechtigte Übersetzung aus dem Englischen von Stefan Makowski und Stephan Schuhmacher. Titel des Originals: *„Islamic Book of the Dead"*. Sonderausgabe 1985. Colegate, Norwich 1977, S. 207.

385 So ebd., S. 106 ff.

386 Ebd., S. 109.

387 Ebd.

Mündern fließendem Blut versammelt werden, mit Gedärmen, welche zu Boden fallen und Feuer, das aus ihren Mündern züngelt".[388] Wer seine ungehorsamen Taten vor den Menschen verbarg und Gott nicht fürchtete, wird mit einem ekelhaften Geruch auferweckt werden, und wer falsches Zeugnis ablegte und log, wird mit vom Nacken her durchgeschnittenen Kehlen auferstehen.[389] Aus den Mündern derjenigen, welche die Bezeugung der Wahrheit verhinderten, wird Blut und Eiter fließen, und wer Unzucht trieb, wird mit gebeugtem Kopf, auf dem sich seine Füße befinden, erscheinen. Außerdem werden „Ströme von Eiter und Fäulnis (...) aus ihren Öffnungen fließen".[390] Diejenigen, die sich am Besitz von Waisen bereicherten, werden mit schwarzen Gesichtern und grünen Augen, die Leiber voll Feuer, auferstehen, und solche, die ihren Eltern nicht gehorchten, mit Aussatz.[391] Die elfte Schar ist die der Weintrinker. Sie „wird blind aus ihren Gräbern versammelt werden, mit Zähnen, die den Hörnern von Bullen gleichen, und Augenlidern, welche auf ihren Bäuchen festhängen, und Zungen auf ihren Bäuchen, und Bäuchen auf ihren Schenkeln, und Schmutz, welcher aus ihren Bäuchen quillt".[392] Die zwölfte Schar schließlich bildet die Gruppe, die keine ungehorsamen Taten vollbrachte, die fünf Gebetszeiten in der Gemeinschaft treu verrichtete und voll Reue starb. Für sie gilt: Sie werden „mit Gesichtern, die dem Vollmond gleichen, aus ihren Gräbern versammelt werden. Diese werden den *Sirat*[393] schnell wie der Blitz überschreiten".[394] Von allen vorherigen Gruppen wird jeweils betont, dass sie ohne Reue starben, und dass nun ihr Aufenthaltsort das Feuer ist.[395]

388 Ebd., S. 109 f.
389 Ebd., S. 110.
390 Ebd., S. 111.
391 Ebd.
392 Ebd., S. 112.
393 Gemeint ist die Brücke, die über das Feuer ins Paradies führt, ebd., S. 207.
394 Ebd., S. 112.
395 Ebd., S. 109 ff.

Kapitel 29

Umschrift

101,3	*b-šumaihun ḏ-hiia rbia mraurab nhura šania*
101,4	*Iahia dariš b-liluia Iuhana b-ramšia ḏ-lilia*
101,5	*Iahia dariš b-liluia u-amar baiarna b-šuta ḏ-*
101,6	*ab baiarna u-nahirna b-tušbihta ḏ-gabra*
101,7	*naṣbai ʿtparaq mn tibil u-minẖ ḏ-daura*
101,8	*baṭla mn aina ḏ-ramza rimza u-mn spihata*
101,9	*ḏ-šiqra amran maran huzian u-parqan*
101,10	*u-šauzban mn ʿbidata ḏ-saina u-la-kašra*
101,11	*ʿzdahrulia ahai u-ʿzdahrulia rahmai ʿzdahrulia*
101,12	*ahai mn ʿbidata ḏ-saina u-la-kašra ʿzdahrulia*
101,13	*tarmidai nihia u-mkikia hun ruhmuia l-habšaba*
102,1	*u-anpia iuma auqruia ʿuhbuia l-zidqa ḏ-iaqir*
102,2	*mn zaua u-bnia agra u-zidqa b-ʿuhra mibia kḏ*
102,3	*ʿda ḏ-l-puma iahba agra u-zidqa b-ʿuhra mibia*
102,4	*kḏ ʿšiqa ḏ-baiia paruanqa ḏ-agra u-zidqa*
102,5	*litlẖ la-mṣirlẖ b-zabia miṣra ḏ-agra u-zidqa*
102,6	*litlẖ litlẖ b-iama mabra ḏ-agra u-zidqa litlẖ*
102,7	*ainẖ b-Abatur la-malia uailinun l-bišia u-kadabia*
102,8	*ḏ-ʿnišiuia l-zidqa u-la-iahbuia ʿnišiuia u-la-*
102,9	*iahbuia l-zidqa u-ʿnišiuia l-gabra ḏ-mpariqlun*
102,10	*bhiriai arhum zidqa u-rhum habšaba ḏ-*
102,11	*b-iama rmilẖ mabra mabra b-iama rmilẖ u-alip*
102,12	*alip l-kipẖ qaimia alip alip qaimia l-kipẖ u-mn*
102,13	*alpa mabar hda mn alpa hda mabar u-mn*
103,1	*atrin alpia mabar ʿtrin mabarlin l-nišmata*
103,2	*ḏ-šiha u-šauia l-atar nhur mšaba šumak*
103,3	*marai nhura ḏ-la-magzar l-rahmia šumẖ*
103,4	*sa.*

Poetische Struktur und Übersetzung

*b-šumaihun ḏ-hiia rb**ia***	Im Namen des großen Lebens,
*mraurab nhura šan**ia***	verherrlicht sei das hehre Licht.

*Iahia dariš b-lilu**ia***	Jahja lehrt in den Nächten,
*Iuhana b-ramšia ḏ-lil**ia***	Johannes an den Abenden der Nacht.
*Iahia dariš b-lilu**ia***	Jahja lehrt in den Nächten
u-amar	und spricht:
baiarna b-šuta ḏ-ab	Ich leuchte durch die Rede des Vaters,
baiarna u-nahirna	ich leuchte und glänze
b-tušbihta ḏ-gabra naṣbai	durch den Lobpreis des Mannes, meines Schöpfers.

ʿtparaq mn tibil	Befreit euch von der Erde
*u-minẖ ḏ-daura baṭl**a***	und von der nichtigen Wohnung,
*mn aina ḏ-ramza rimz**a***	von einem Auge, das zwinkert
*u-mn spihata ḏ-šiqra amr**an***	und von Lippen, die Lüge reden.
*maran huzian u-parq**an***	Unser Herr, sieh uns an und befreie uns
*u-šauzb**an***	und rette uns
*mn ʿbidat**a***	von den Werken,
*ḏ-saina u-la-kašr**a***	die hässlich sind und nicht recht.

*ʿzdahrulia ah**ai***	Lasst euch von mir warnen, meine Brüder,
*u-ʿzdahrulia rahm**ai***	und lasst euch von mir warnen, meine Freunde,
*ʿzdahrulia ah**ai***	lasst euch von mir warnen, meine Brüder
mn ʿbidata ḏ-saina u-la-kašra	vor den Werken, die hässlich sind und nicht recht.
*ʿzdahrulia tarmid**ai***	Lasst euch von mir warnen, meine Schüler!
*nihia u-mkik**ia***	Friedvoll und demütig sollt ihr sein,
*hun ruhmuia l-habšab**a***	liebt den Sonntag,
*u-anpia iuma auqrui**a***	und den Tagesanbruch sollt ihr ehren.
ʿuhbuia l-zidqa ḏ-iaqir	Gebt Almosen, das mehr wert ist
*mn zaua u-bn**ia***	als Ehefrau und Söhne.

agra u-zidqa	Lohn und Almosen –
*b-ʿuhra mib**ia***	auf dem Weg werden sie gefordert
*kḏ ʿda ḏ-l-puma iahb**a***	wie die Hand, die dem Mund gibt.
*agra u-zidqa b-ʿuhra mib**ia***	Lohn und Almosen werden auf dem Weg gefordert
*kḏ ʿšiqa ḏ-baiia paruanq**a***	wie ein Blinder, der einen Führer sucht.

ḏ-agra** u-zidqa litl**ẖ	Wer Lohn und Almosen nicht hat –
*la-mṣirlẖ b-zabia miṣr**a***	ihm wird keine Brücke über den Fluss gespannt.
ḏ-agra** u-zidqa litl**ẖ	Wer Lohn und Almosen nicht hat –
*litlẖ b-iama mabr**a***	für ihn gibt es keinen Übergang bei dem Meer.
ḏ-agra** u-zidqa litl**ẖ	Wer Lohn und Almosen nicht hat –
*ainẖ b-Abatur la-mal**ia***	seine Augen werden sich an Abatur nicht sättigen.

*uainilun l-bišia u-kadab**ia***	Wehe ihnen, den Bösen und Lügnern,
*ḏ-ʿnišiuia l-zidqa u-la-iahbu**ia***	die das Almosen vergessen und es nicht gegeben haben.
*ʿnišiuia u-la-iahbuia l-zidq**a***	Sie haben das Almosen vergessen und es nicht gegeben,
u-ʿnišiuia l-gabra ḏ-mpariqlun	und sie haben den Mann vergessen, der sie erretten wird.

*bhir**ai***	Meine Auserwählten,
*arhum zidq**a***	liebt das Almosen,
*u-rhum habšab**a***	und liebt den Sonntag,
*ḏ-b-iama rmilẖ mabr**a***	damit ihr [der Seele] ein Übergang beim Meer gelegt sei,
*mabra b-iama rmil**ẖ***	ein Übergang über das Meer soll ihr gelegt sein.
*u-alip alip l-kipẖ qaim**ia***	Und tausend mal tausend stehen an einem Ufer,
*alip alip qaimia l-kip**ẖ***	am Ufer stehen tausend mal tausend,
u-mn alpa mabar hda	und von tausend geht einer hinüber,
mn alpa hda mabar	einer geht hinüber von tausend
u-mn atrin alpia mabar ʿtrin	und von zweitausend gehen zwei hinüber.
mabarlin l-nišmata ḏ-šiha	Es gehen die Seelen hinüber, die wert
u-šauia l-atar nhur	und würdig des Lichtorts sind.
mšaba šumak marai nhura	Gelobt sei dein Name, mein Herr des Lichts,
ḏ-la-magzar l-rahmia šumẖ	der nicht die verurteilt, die seinen Namen lieben.

sa.

Bemerkungen zu Textkritik und Übersetzung

101,3 *ḏ-hiia* im stat. det., kommt nur im Plural vor, vgl. *Dict.*, S. 143; daraus erklären sich die im Satz folgenden Pluralformen;

101,5 *baiarna* von *BAR* I, *BHR* II Pe Pt. Präs., vgl. *Dict.*, S. 49; 101, 5 f.
ḏ-ab – ‚des Vaters', nicht ‚meines Vaters', wie Lidzbarski übersetzt, vgl. Lidzbarski: *Johannesbuch*, S. 101, denn hier steht kein Suffix der 1. Person Singular, *ab* kann jedoch auch ‚mein Vater' heißen;

101,6 *u-nahirna* von *NHR* I Pe Pt. Präs., vgl. *Dict.*, S. 291 f. mit Kopula *u-*;

101,7 *naṣbai* – ‚mein Schöpfer' von *NṢB* – ‚pflanzen' Pe mit Suffix der ersten Person Singular, *Dict.*, S. 285;

101,8 *ḏ-ramza rimza* – ‚das Zwinkern zwinkert', *figura etymologica*;

101,10 *u-la-kašra* von *KŠR*, Pt act. im Pe, vgl. *Dict.*, S. 201;

101,13 *hun* von *HUA* – ‚sein', Impt. Pe, vgl. *Dict.*, S. 133 f.;
ruhmuia von *RHM* – ‚lieben' mit Akkussativsuffix der dritten Person Singular *-ia,* vgl. *Dict.*, S. 426;

102,5 *b-zabia zab* ist auch der Name eines konkreten Flusses;

102,6 *mabra* kann sowohl ‚Furt' als auch ‚Fähre' bedeuten, also eine Möglichkeit, ein Gewässer zu überqueren;

102,8 *ʿnišiuia* und

102,9 *ḏ-ʿnišiuia* von *NŠA* I – ‚vergessen' im Ethpeal; vgl. *Dict.*, S. 306 f. mit Akkusativsuffix *-ia*;

102,11 *u-alip alip* zur Art der Multiplikation vgl. *Handbook*, S. 414 f.;

102,13 *mabar* von *ABR* I, *ʿBR* – ‚überschreiten, hinübergelangen', Af Pt., vgl. *Dict.*, S. 4.

Gliederung des Textes

Kapitel 29 wird mit dem mandäischen Votum „Im Namen des großen Lebens, verherrlicht sei das hehre Licht“ eingeleitet. Im Traktat über Johannes den Täufer begegnet dieses sonst nur am Beginn des gesamten Traktates als Einleitung zu Kapitel 18. Die Sätze weisen Endreime auf, sind parallel gebaut und deshalb nicht in Abhängigkeit voneinander zu übersetzen.[396] Darauf folgt die dreizeilige Einleitungsformel zu den Nachtgesängen des Jahja, ebenfalls mit Endreimen konstruiert. Das Rubrum *u-amar* leitet über zu einer zweizeiligen Selbstaussage des Johannes. Darauf folgt eine vierzeilige Ermahnung, deren Mittelzeilen sich reimen und deren letzte Zeile sich auf die des folgenden Gebetsausrufs reimt. Der Gebetsausruf ist ebenfalls vierzeilig konstruiert und weist durchgehend Endreime auf. An ihn schließt sich die den gesamten Mittelteil abschließende allgemeine Schlussermahnung an. Sie beginnt mit einer dreifachen Anrede, deren Zeilen sich reimen, und nennt anschließend in einer Zeile zusammengefasst den Gegenstand, vor dem gewarnt wird. Ein neuerlicher einzeiliger Anruf an die Schüler des Johannes, der sich auf die einleitende Anrede reimt, leitet über vom negativen Verbot zu konkreten, positiv formulierten Geboten, die in vier Zeilen gefasst sind. Danach verlagert sich das Thema; in einem Vierzeiler, der einen Kreuzreim aufweist, wird die Rolle von Lohn und Almosen erörtert, im anschließenden Sechszeiler, der ebenfalls bis auf die letzte Zeile im Kreuzreim abgefasst ist, wird dem Böses prophezeit, der Lohn und Almosen nicht aufweisen kann. Darauf folgt ein vierzeiliger Weheruf über die, die das Almosen vergessen haben. Abschließend werden die Auserwählten noch einmal eindringlich gewarnt. Nach der Anrede folgt ein zweizeiliger Mahnruf, dessen Enden sich reimen mit einem ebenfalls zweizeiligen Hinweis auf die zu erwartende Belohnung. Im folgenden Sechszeiler wird die Situation beim Gericht beschrieben, um die Ernsthaftigkeit der Lage erneut zu betonen. Abschließend steht hier singulär ein preisender Anruf an die Gottheit, ohne dass die übliche Schlussformel gebraucht wird.

Interpretation

Kapitel 29 beginnt mit einer Art Votum, das auch sonst häufig in mandäischen Texten begegnet, im Traktat über Johannes den Täufer jedoch meist durch die Einleitungsformel zu den Nachtgesängen des Jahja verdrängt wurde.

b-šumaihun ḏ-hiia rbia	Im Namen des großen Lebens,
mraurab nhura šania	verherrlicht sei das hehre Licht.

Gesprochen und gehandelt wird im Folgenden im Namen des ‚großen Lebens‘, also im Namen der Gottheit.[397] Diese bewusste Anrede zu Beginn eines Lehrvortrags soll

396 So Lidzbarski: *Johannesbuch*, S. 75 u. a.

397 Vgl. z. B. das christliche Votum zu Beginn eines Gottesdienstes: „Im Namen des Vaters, des

sowohl den Lehrenden als auch die Lernenden unter den Schutz der Gottheit stellen. Da sie als die höchste Macht vorgestellt wird, kann denen kein Unheil geschehen, die in ihrem Namen handeln. Das Licht ist zum Teil Umschreibung für das Wesen der Gottheit, aber auch ihre Eigenschaft und zugleich ihr Wohnsitz, wird doch die göttliche Welt bei den Mandäern meist als ‚Lichtwelt' bezeichnet. In ihr ist alles hell und strahlend, sogar die Flüsse werden weiß vorgestellt:

> Die Jordane der Lichtwelten sind voll weißen Wassers, weißer als Milch, kalt und schmackhaft ...[398]

Kein Teilchen der Finsternis und damit des Unheils gibt es in dieser göttlichen Welt.[399] Die Lichtwelten gelten als Wohnsitz der Gottheit und werden oft erwähnt, wenn im Namen der Gottheit gesprochen wird:

> Im Namen des großen, fremden Lebens aus den Lichtwelten, des erhabenen, das über allen Werken steht ...[400]

Die Gottheit wird in diesem Zusammenhang häufig ‚großes, fremdes Leben' oder ‚Lichtkönig' genannt und gilt als Herrscher über die Lichtwelten:

> Er ist der hohe Lichtkönig, der Herr aller Lichtwelten ...[401]

Auch Manda ḏ-Haije wird als Herrscher der Lichtwelten bezeichnet; er wird ähnlich der Gottheit als Lichtwesen gepriesen; sein Glanz erleuchtet die Lichtwelten:

> Gepriesen sei Manda dHaije, gepriesen sei Jawar-Ziwa (...), gepriesen seien alle gewaltigen, oberen Lichtwelten, gepriesen seien alle jene verborgenen Škinas ...[402];

> Du (Manda ḏ-Haije) bist der König der Uthras, der Herr der Kušṭa, der Schöpfer der Schätze. Über alle Lichtwelten haben wir dich als Herrscher eingesetzt ...[403];

> Am Tage, da Manda ḏ-Haije sein Gewand anzog, ging sein Glanz über den Lichtwelten auf. Über den Lichtwelten ging sein Glanz auf. Als die Lichtwelten seinen Glanz erblickten, versammelten sich alle bei ihm.[404]

Die bösen Mächte kämpfen gegen die Lichtwelten und die zu ihr gehörigen Wesen, können diesen Kampf jedoch nicht gewinnen.[405] Auf der Erde kämpfen die gläubigen

Sohnes und des heiligen Geistes".
398 So *G*, S. 12,15 in der Übersetzung Lidzbarskis.
399 Vgl. die Schilderung der zukünftigen Welt in Apk 22,1–5.
400 So *G*, S. 239,25 in der Übersetzung Lidzbarskis; ferner *Qol*, S. 3,3; 11,9; 25,4; 63,19; 74,17; *G*, S. 5,2; 31,2; 149,2; 150,29; 239,25.
401 Vgl. *G*, S. 6,20; auch 5,22.
402 So *Qol*, S. 41,3 ff.; ebenfalls *G*, S. 283,10.
403 So *G*, S. 68,4 in der Übersetzung Lidzbarskis.
404 Vgl. *Qol*, S. 233,9ff; ähnlich S. 241,14.
405 So *G*, S. 156,35; 157,19; 170 f.; 279,15; 280,7.12.

Mandäer gegen widergöttliche Mächte und deren Versuchungen, doch wer diesen widersteht und die Riten korrekt vollzieht, dessen Seele wird nach dem Tod zu den Lichtwelten emporsteigen:

> Wer nicht mit dem reinen Öl emporsteigt, wird an den Wachtstationen des Ptahil warten müssen, bis er mit einundsechzig Briefen emporsteigt; alsdann wird er in den Lichtwelten aufgerichtet werden.[406]

Andersgläubige können nicht in die Lichtwelt gelangen. So wird Muslimen folgende Klage in den Mund gelegt:

> Die Diener des fremden Mannes (i. e. Mandäer), gegen die wir das Schwert gezückt haben, sind jetzt zu den oberen Lichtwelten emporgestiegen, während wir hier in der Finsternis und dem schwarzen Wasser abgeschnitten sind und weder Linderung noch Seligkeit finden.[407]

und die Mandäer werden ermahnt, ihrem Glauben treu zu bleiben:

> Taufet eure Seele mit der lebendigen Taufe, die ich euch aus den Lichtwelten gebracht, mit der alle Gläubigen und Vollkommenen getauft sind.[408]

Die Entstehung der Lichtwelten wird am ausführlichsten in *Rechten Ginza*, Buch 3 beschrieben. Auch dieser Text ist wie das Traktat über Johannes den Täufer im Johannesbuch mit poetischer Struktur versehen.

Nach der Einleitungsformel zu den Nachtgesängen des Jahja leitet das Rubrum *u-amar* einen Zweizeiler ein.

baiarna b-šuta ḏ-ab	Ich leuchte durch die Rede des Vaters,
baiarna u-nahirna	ich leuchte und glänze
b-tušbihta ḏ-gabra naṣbai	durch den Lobpreis des Mannes, meines Schöpfers.

Diese Selbstaussage des Johannes legitimiert ihn im wörtlichen Sinne als ‚leuchtendes Vorbild' der Mandäer. Den Glanz und das Licht, das er ausstrahlt, führt er auf die Gottheit selbst zurück; seine Lehren sind nicht von ihm selbst, sondern kommen von der Gottheit auf ihn. Dies verleiht seinen Worten, in diesem konkreten Fall seinen Ermahnungen, größeres Gewicht und stärkere Normativität. In der zweiten Zeile könnten die Worte *baiarna* – ‚ich leuchte' und *gabra* – ‚Mann' später eingefügt worden sein. Die zweite Zeile ist deutlich länger als die erste, was der sonst herrschenden Gleichmäßigkeit in der mandäischen Poesie entgegensteht. Die Verbform *baiarna* könnte aus der ersten Zeile wiederholt sein. Dann stünde das synonyme Verbum *nahirna* – ‚ich glänze' in der gleichen Verbalform[409] parallel zu *baiarna*, und die Sätze wären ebenfalls parallel gebaut. Die Hinzufügung *gabra* ist eventuell ein erklärender Einschub

406 Vgl. *G*, S. 326,18; ähnlich *G*, S. 164,15; 237,7; 384,35.
407 S. *G*, S. 234,6 ff.
408 So *G*, S. 19,25.
409 Siehe oben in dem Abschnitt *Bemerkungen zu Textkritik und Übersetzung*.

aus späterer Zeit, denn eigentlich reicht die Aussage *naṣbai* – ‚meines Schöpfers', um den angesprochenen Sachverhalt zu beschreiben. So käme man zu zwei parallel gebauten Sätzen mit je drei Gliedern. Möglicherweise zitiert hier Johannes aus dem *Qolasta* XXXVIII:

> Im Namen des großen Lebens sei verherrlicht das hehre Licht. Ich stehe im Glanze meines Vaters da, in der Lobpreisung des Mannes, meines Schöpfers ...[410]

Hier wird ebenfalls wie bei Johannes von Auswirkungen des Rufes auf die Welt berichtet:

> Die Erde zittert ob meines Rufes, der Himmel wankt ob meines Glanzes. Die Meere trocknen aus (...) Die Burgen werden zerstört, die Gewalthaber der Tibil werden gezüchtigt.[411]

Die Selbstlegitimation des Johannes leitet die allgemeine Schlussermahnung ein.

ʿtparaq mn tibil	Befreit euch von der Erde
u-minẖ ḏ-daura baṭla	und von der nichtigen Wohnung,
mn aina ḏ-ramza rimza	von einem Auge, das zwinkert
u-mn spihata ḏ-šiqra amran	und von Lippen, die Lüge reden.

Der nun zum wiederholten Male begegnende Aufruf an die Mandäer, sich von der Welt zu befreien, die als nichtige Wohnung qualifiziert wird, mahnt zur Trennung der Mandäer von Andersgläubigen sowie von deren Lebenswandel. In einer Zeit der Verunsicherung der mandäischen Gemeinde kann dies dazu beitragen, die Gläubigen in ihrem Glauben und Verhalten zu festigen. Die Warnung vor Augen, die jemandem zuzwinkern, begegnet hier im Johannesbuch zum ersten Mal, ist jedoch im *Ginza* häufiger zu lesen, dort jedoch etwas anders formuliert:

> Euch sage ich, meine Auserwählten, euch erkläre ich, meine Gläubigen: Fastet das große Fasten, das aber nicht ein Fasten vom Essen und Trinken der Welt ist. Fastet mit euren Augen vom Zwinkern und sehet und tuet nichts Böses. Fastet mit euren Ohren vom Horchen an Türen, die nicht euer sind. Fastet mit eurem Munde von frevelhafter Lügenrede und liebet nicht Falschheit und Lug ...[412]

Die Warnung vor Augen, die jemandem zuzwinkern, vermutlich in der Absicht, ihn oder sie zu verführen, kommt im *Ginza* an vielen Stellen vor.[413] Von Leuten, die jemandem zuzwinkern, wird im *Ginza* ebenfalls mehrmals gesprochen.[414]

---

410 Vgl. *Qol*, S. 205, 8 ff. in der Übersetzung Lidzbarskis.

411 Ebd., S. 205 f.

412 Zitiert nach Lidzbarski: *G*, S. 18, Zeile 25 ff.

413 Auf folgenden Seiten der Übersetzung Lidzbarskis: 18,25; 35,31; 39,33; 57,4; 60,10 ff.; 244,30; 252,17; 278,22; 484,21; 510,14; 540,16; 576,7; 594,16 f.

414 Zu finden S. 60, 9; 61,11; 548,14; 595,28 in der Übersetzung Lidzbarskis.

Die Kombination mit anderen Wahrnehmungsorganen wie den Ohren (s. o.) liegt nahe, doch ebenso die Zusammenstellung mit lügnerischer Rede. Es geht hier um die Übermittlung einer Botschaft, gleich, auf welchem Wege diese erfolgt.

Weiter sollen die Gläubigen frei sein von Hass und Eifersucht, nicht stehlen und nicht morden, keinen Ehebruch begehen und nicht den Satan anbeten. Dieses Fasten dauert das ganze Leben lang an bis zum Tode.[415]

Die Rede von einem Fasten im übertragenen Sinn begegnet auch bei christlichen Schriftstellern, von denen Isaak von Antiochien zitiert sei:

> Unser Mund enthalte sich der Speise, aber auch unser Herz der Sünde (…) Während der Mund fastet, möge zugleich auch die Zunge fasten, so dass sie nicht durch unnütze Reden dein Fasten nutzlos mache! (…) Der Mund enthalte sich der Speise, aber auch die Augen sollen sich enthalten; jener möge keinen Wein und diese keine Unkeuschheit einschlürfen![416]

Ebenso finden sich Belege für ein ‚übertragenes' Fasten im Thomasevangelium[417] und bei Clemens von Alexandrien.[418] Die Rede vom übertragenen Fasten begegnet im *Ginza* an zahlreichen Stellen, im Johannesbuch dagegen nicht. Eventuell wurde sie aus Gründen der Abgrenzung gegenüber christlichen Schriften weggelassen.

Die Mahnung, sich von der Erde zu befreien, bedeutet, den mandäischen Glauben korrekt zu leben und keine schlechten Taten zu begehen. Konkret wird vor einigen Vergehen wie Ehebruch, Diebstahl und Zauberei gewarnt. Auch das Zinsnehmen und die Anbetung falscher Götter werden verurteilt: Den Mandäern eigen ist die Mahnung, einen Diener nicht seinem Herrn auszuliefern und keine Magd zu ehelichen, denn wenn diese einen Fehler macht, wird man eventuell die ganze Familie bestrafen, und die Kinder müssen im Haus eines Fremden, der vermutlich einer anderen Religion angehört, aufwachsen.[419]

Ein untadeliges Leben wird genauer im Traktat *Šum-Kušṭa*[420] beschrieben wie auch der Kampf der Seele mit den bösen Mächten. Doch wer sich rein erhalten hat, wer seine Seele von der Welt befreit hat, kann nach dem Tod in die Lichtwelt aufsteigen. Johannes gilt auch hier als Vorbild der Mandäer.[421]

---

415 Ebd., S. 18,42 f.

416 Vgl. Isaak von Antiochien: Ausgewählte Schriften in: *Sämtliche Gedichte des Cyrillonas, Baläus, Isaak von Antiochien und Jakob von Sarug*, übers. von Dr. P. S. Landersdorfer (Benediktiner von Scheyern), Kempten/München 1913, S. 117 f.

417 Logion 27a in der Übersetzung K. Alands in: *Synopsis Quattuor Evangeliorum*: „Jesus sprach: Wenn ihr nicht der Welt gegenüber fastet, werdet ihr das Reich nicht finden (G: „… das Reich Gottes nicht finden")".

418 *Stromateis*, S. 3,15; 99,4: „Selig sind diese, die fasten gegenüber der Welt" (von den Eunuchen um des Himmelreiches willen); ders.: *Ecl.*, 14,1: „Wir müssen gegenüber den weltlichen Dingen fasten, damit wir der Welt sterben und danach himmlische Speise empfangen und so für Gott leben."

419 Vgl. *J*, S. 174 f.

420 *J*, Kap. 14–17.

421 Vgl. *J*, S. 82,20 ff.

Der vierzeiligen Ermahnung folgt ein Gebetsanruf.

maran huzian u-parqan u-šauzban	Unser Herr, sieh uns an und befreie uns und rette uns
mn ʿbidata ḏ-saina u-la-kašra	von den Werken, die hässlich sind und nicht recht.

Das Gebet um Bewahrung vor hässlichen Taten und solchen, die nicht recht sind, also zur Unreinheit führen, wird gleich darauf in einem Mahnruf wieder aufgegriffen.

ʿzdahrulia ahai	Lasst euch von mir warnen, meine Brüder,
u-ʿzdahrulia rahmai	und lasst euch von mir warnen, meine Freunde,
ʿzdahrulia ahai	lasst euch von mir warnen, meine Brüder
mn ʿbidata ḏ-saina u-la-kašra	vor den Werken, die hässlich sind und nicht recht.

Die Warnung vor hässlichen Werken nimmt noch einmal die Thematik des vorangehenden Kapitels 28 auf. So wird innerhalb des Traktats über Johannes den Täufer im Johannesbuch der paränetische Mittelteil abgeschlossen und zu einer Einheit zusammengestellt. Auf die hier negativ formulierte Warnung („tut nicht!“) folgen positiv formulierte Gebote, die an die Schüler des Johannes gerichtet sind.

ʿzdahrulia tarmidai	Lasst euch von mir warnen, meine Schüler!
nihia u-mkikia	Friedvoll und demütig sollt ihr sein,
hun ruhmruia l-habšaba	liebt den Sonntag,
u-anpia iuma auqruia	und den Tagesanbruch sollt ihr ehren.
ʿuhbuia l-zidqa	Gebt Almosen,
ḏ-iaqir mn zaua u-bnia	das mehr wert ist als Ehefrau und Söhne.

Hier wird an mandäische Tugenden erinnert wie das friedvolle Leben, die Verehrung des Sonntags und des Tagesanbruchs.[422]

Der Sonntag gilt den Mandäern ähnlich wie den Christen als wöchentlicher Feiertag.[423] Er ist der Tag, an dem Taufen und Hochzeiten stattfinden.[424] Den Sonntag heilig zu halten und die Riten korrekt zu vollziehen, ist ein Zeichen eines gläubigen Mandäers:

> Im Namen und in der Kraft des gewaltigen, fremden Lebens (...) legen wir Priester dieses Zeugnis ab (...) über alle im Wasser getauften Mandäer und Mandäerinnen, die gläubigen Männer und Frauen, sowie ihre Söhne und Töchter, die bereits ihr Inneres kennen, die ihren Herrn lieben, das gewaltige, erste Leben bezeugen (...), die im Jordan getauft und mit dem Zeichen des Lebens gezeichnet sind, die am Vorabend des Tages und am Sonntag in den Tempel kommen, sich an die schöne Ordnung halten, die Verbeugungen verrichten, hinter den Priestern dastehen, das Pihta nehmen, Kušṭa reichen, die Gemeinschaft miteinander herstellen, ihre Söhne und Töchter taufen, sie das Zeichen des Lebens annehmen lassen, in deren Herzen der Glaube an das gewaltige, erste Leben ruht, die mit den Notleidenden Mitgefühl

422 Zum Tagesanbruch vgl. den Kommentar zu Kapitel 28.
423 So Eric Segelberg in: *Gnostica – Mandaica – Liturgica*, Uppsala 1990, S. 143.
424 Vgl. Alsohairy: *Die irakischen Mandäer in der Gegenwart*, S. 19.

und Erbarmen empfinden, ihre Frauen, Söhne und Töchter am Vorabend des Tages in den Tempel senden, den Gottesdienst verrichten, in deren Haus das Almosen nicht übernachtet, sie es vielmehr in den Tempel bringen.[425]

Es ist aber nicht verboten, am Sonntag zu arbeiten; in einigen Gegenden wird wie bei den Muslimen der Freitag als Feiertag gehalten.[426] Es ist anzunehmen, dass die Mandäer sich hier in ihren Gebräuchen derjenigen Religion annähern, die in der jeweiligen Umgebung die vorherrschende ist. Der Sonntag wird häufig mit dem Tagesanbruch genannt (s. o.), aber auch personifiziert mit der Sammelstelle für Almosen.[427] Der enge Zusammenhang von Sonntag und Almosen wird klarer, wenn der Sonntag nicht nur der Tag des Gottesdienstes ist, sondern auch der Tag, um Almosen zu geben und für Arme und Bedürftige zu spenden (s. o.). Auch als personifizierte Macht wird der Sonntag gesehen und seine Verehrung dringend empfohlen:

Manda ḏHaije spricht zu den Männern von erprobter Gerechtigkeit: „Gebet acht auf den Sonntag, den Erleuchter, den ich zu euch gesandt habe, daß er euch erleuchte, festige, aufrichte und euch Gebet und Lobpreisung bringe. Erlasset ihm seine Sünden und Vergehen und haltet ihn in großer Ehre …“[428]

So ist der Sonntag auch die Personifikation einer Lichtgottheit.[429] Er gilt als das Haupt der Tage,[430] denn an ihm ging der Glanz des Manda ḏ-Haije auf:

Was ist mein Tag unter den Tagen? (…) Mein Tag ist der Sonntag, das Haupt der Tage, der Tag, an dem der Glanz des Manda ḏHaije aufgegangen ist. An meinem Tage ging der Glanz des Sonntags über uns auf und erleuchtete uns über die Maßen.[431]

Ihm gebührt daher eine besondere Verehrung:

Denn Sonntag ist teurer, größer, schöner und erleuchteter als alle Uthras.[432]

Am Sonntag werden auch besondere Gebet verrichtet.[433] Diese Gebete werden auch in anderen mandäischen Riten wie z. B. am mandäischen Fest der Schalttage empfohlen und sollen auch rezitiert werden.[434]

Die letzte Zeile dieser Ermahnung geht auf ein Thema ein, das den Mandäern zwar wichtig ist, vorher jedoch in den Texten dieses Abschnittes kaum vorkam: Es

---

425 So *G*, S. 283 f. in der Übersetzung Lidzbarskis.
426 Vgl. Alsohairy: *Die irakischen Mandäer in der Gegenwart*, S. 19.
427 So Lidzbarski: *Johannesbuch*, S. 5 Fn. 4.
428 So *Qol*, S. 176,15 ff. in der Übersetzung Lidzbarskis.
429 Vgl. Bogdan Burtea: *Das mandäische Fest der Schalttage. Edition, Übersetzung und Kommentierung der Handschrift DC 24 Šarh ḏ-paruanaiia*, Wiesbaden 2005, S. 163.
430 Vgl. *Qol*, S. 183,12.
431 Ebd., S. 186,5 ff.
432 Vgl. *Qol*, 177,3 in der Übersetzung Lidzbarskis.
433 Z. B. *Qol*, S. 175.
434 Vgl. Burtea: *Das mandäische Fest der Schalttage*, S. 15, 17, 47, 99, 123.

wird dazu aufgefordert, Almosen zu geben. Deren Notwendigkeit wird in den nächsten beiden Abschnitten, zuerst positiv, dann negativ formuliert, erklärt.

agra u-zidqa b-ʿuhra mibia	Lohn und Almosen – auf dem Weg werden sie gefordert
kḏ ʿda ḏ-l-puma iahba	wie die Hand, die dem Mund gibt.
agra u-zidqa b-ʿuhra mibia	Lohn und Almosen werden auf dem Weg gefordert
kḏ ʿšiqa ḏ-baiia paruanqa	wie ein Blinder, der einen Führer sucht.

Lohn und Almosen, hier synonym verwendete Begriffe, braucht die Seele auf dem Weg, den sie nach dem Tod zum göttlichen Lichtreich zurücklegen muss. Sie werden ebenso dringend benötigt wie die Hand, die dem Mund das Essen reicht oder wie der Führer, der dem Blinden den Weg weist. Das Stichwort *paruanqa* – ‚Bote' ist gerade hier doppeldeutig. Es bezeichnet zum einen den Führer, in diesem Fall den eines Blinden, hat aber auch die Bedeutung ‚Bote', als des Boten, der die Seele aus dem Körper holt und sie ins Lichtreich geleitet. Nun folgt die negative Explizierung der Notwendigkeit des Almosengebens.

ḏ-agra u-zidqa litlẖ	Wer Lohn und Almosen nicht hat –
la-mṣirlẖ b-zabia miṣra	ihm wird keine Brücke über den Fluss gespannt.
ḏ-agra u-zidqa litlẖ	Wer Lohn und Almosen nicht hat –
litlẖ b-iama mabra	für ihn gibt es keinen Übergang bei dem Meer.
ḏ-agra u-zidqa litlẖ	Wer Lohn und Almosen nicht hat –
ainẖ b-Abatur la-malia	seine Augen werden sich an Abatur nicht sättigen.

Wer im Leben keine Almosen gegeben hat und wessen Kinder nach seinem Tod keine Almosen geben, dessen Seele kann nicht zur Lichtwelt aufsteigen:

> Sie (die Kinder) versehen deinen Körper mit Wegzehrung nach dem Sheol, sie folgen dir nach der Grabstätte, sie rezitieren Totenmessen für dich am Tage, da du die Welt verlässest. Sie geben Almosen nach deinem Tode, damit nicht das Urteil gegen dich gefällt werde.[435]

Die ersten beiden Warnungen besagen, dass jemand ohne Almosen nicht das Grenzgewässer zwischen Erde und Lichtwelt überschreiten kann. In der letzten Warnung wird die Drohung verschärft: Wer das Almosen nicht vorweisen kann, dessen Augen werden nicht einmal Abatur, den Wagemann, sehen. Das bedeutet, dass seine Seele nicht gewogen werden und er nie zur Lichtwelt aufsteigen kann. Die Verschärfung der Drohung wird im folgenden Weheruf fortgesetzt.

uailinun l-bišia u-kadabia	Wehe ihnen, den Bösen und Lügnern,
ḏ-ʿnišiuia l-zidqa u-la-iahbuia	die das Almosen vergessen und es nicht gegeben haben!
ʿnišiuia u-la-iahbuia l-zidqa	Sie haben das Almosen vergessen und nicht gegeben,
u-ʿnišiuia l-gabra ḏ-mpariqlun	und sie haben den Mann vergessen, der sie erretten wird.

435 So *J*, S. 61 in der Übersetzung Lidzbarskis.

Dieser Abschnitt ist an seinem Ende möglicherweise erweitert worden. Denn nun wird denen, die das Almosen vergaßen, vorgeworfen, dass sie mit dem Almosengeben gleichzeitig ihren Retter, also die göttliche Macht, vergessen haben. Dies ist ein weit schwereres Vergehen, als nur die Almosenspende zu vergessen. Außerdem werden sie mit den Lügnern gleichgesetzt (s. o. im gleichen Kapitel) und als ‚Böse' bezeichnet. Das Almosengeben wird hier geradezu zum zentralen Teil des mandäischen Glaubens bzw. des Bekenntnisses zum Mandäismus. Am Schluss des Kapitels werden auch wieder andere mandäische Tugenden genannt.

bhirai arhum zidqa	Meine Auserwählten, liebt das Almosen,
u-rhum habšaba	und liebt den Sonntag,
ḏ-b-iama rmilẖ mabra	damit ihr [der Seele] ein Übergang beim Meer gelegt sei,
mabra b-iama rmilẖ	ein Übergang über das Meer soll ihr gelegt sein.

Die Schlussermahnung nimmt die Motive des Almosengebens, der Sonntagsfeier und des Übergangs über das Grenzgewässer wieder auf und stellt sie in einem Abschnitt zusammen. Deutlich wird die Verheißung an die Mandäer, die diese Gebote befolgen: Sie werden den Grenzfluss bzw. das Meer, das die Lichtwelt von der irdischen Welt trennt, überschreiten können; ihre Seele wird ins Lichtreich und damit in die Glückseligkeit gelangen. Die letzten beiden Zeilen weisen von ihrer Struktur her einen Chiasmus auf. Die Verheißung wird jedoch nicht ohne Warnung ans Ende des Kapitels gestellt.

u-alip alip l-kipẖ qaimia	Und tausend mal tausend stehen an einem Ufer,
alip alip qaimia l-kipẖ	am Ufer stehen tausend mal tausend,
u-mn alpa mabar hda	und von tausend geht einer hinüber,
mn alpa hda mabar	einer geht hinüber von tausend,
u-mn atrin alpia ambar ʿtrin	und von zweitausend gehen zwei hinüber.
mabarlin l-nišmata ḏ-šiha	Es gehen die Seelen hinüber, die wert
u-šauia l-atar nhur	und würdig des Lichtortes sind.

Mit dem ernsten Hinweis, dass nur einer von tausend bzw. zwei von zweitausend das Grenzgewässer werden überschreiten können, wird den gestellten Forderungen und Geboten noch einmal Nachdruck verliehen. Die ersten beiden Zeilenpaare weisen wiederum Chiasmen auf. Die Wiederholung des gleichen Satzes mit anderer Wortstellung ist im *Ginza* häufig zu finden und dient der Betonung des Ausgesagten. Die letzte Zeile fasst den Tatbestand zusammen: In das Lichtreich gelangen nur diejenigen Seelen, die sich im irdischen Leben als seiner würdig erwiesen haben. Das Kapitel schließt mit einem erneuten Gebetsanruf.

mšaba šumak marai nhura	Gelobt sei dein Name, mein Herr des Lichts,
ḏ-la-magzar l-rahmia šumẖ	der die nicht verurteilt, die seinen Namen lieben.

Hier soll nicht nur zum Abschluss des Kapitels und des paränetischen Mittelteils die Gottheit gepriesen werden, sondern auch die Mandäer sollen neuen Mut erhalten. Nach allen Geboten und Verboten steht am Ende die Verheißung, dass Gott die nicht verurteilt, die seinen Namen lieben. Den gläubigen Mandäern soll dies als Trost gelten, denn hiermit wird ausgedrückt: Wer die Gottheit verehrt, wird nicht verurteilt. Er hat somit immer eine Chance, die der Ungläubige nicht hat: Er kann zur Lichtwelt aufsteigen, wenn er sich an die wahre (mandäische) Gottheit hält. Dieses Gebet ist also gleichzeitig ein indirekter Aufruf an die Mandäer, bei ihrem Glauben zu verharren und ihn zu bekennen.

Kapitel 30

Umschrift

103,5	*Iahia dariš b-liluia Iuhana b-ramšia ḏ-lilia*
103,6	*Iahia dariš b-liluia ziua dna ʿl almia l-ʿšu man*
103,7	*amarlẖ l-ʿšu mšiha br miriam l-ʿšu man*
103,8	*amarlẖ ḏ-asgia l-kipẖ ḏ-iardna u-amarlẖ Iahia*
103,9	*ṣuban b-maṣbutak u-mn šuma ḏ-madkirit*
103,10	*adkar ʿlai ʿu hauina u-mitarmadna b-prudqai*
103,11	*madkarna ʿlak ʿu la-hauina u-la-mitarmadna*
103,12	*kuprẖ l-šumai mn šaptak malil ḏ-nimarlẖ*
103,13	*Iahia l-ʿšu mšiha b-ʿurašlam kadibt*
104,1	*b-iahuṭaiia u-šaqirtbun b-gubria kahnia zira*
104,2	*psaqt mn gubria u-iadala u-buṭna mn ʿnšia*
104,3	*šapta ḏ-asrẖ miša anat šraitẖ b-ʿurašlam*
104,4	*kadibtbun b-qarnia u-gunia b-šupria rmit malil*
104,5	*ḏ-nimarlẖ ʿšu mšiha l-Iahia b-ʿurašlam*
104,6	*ʿu kadbit b-iahuṭaiia tiklan nura ḏ-iaqda ʿu*
104,7	*šaqrit b-gubria kahnia ʿmut atrin mutia*
104,8	*b-had ʿu zira pisqit mn gubria la-ʿbrẖ*
104,9	*al-iama rba ḏ-sup ʿu iadala u-buṭna pisqit mn*
104,10	*ʿnšia daiana qudamai atriṣ ʿu šapta ana*
104,11	*šraitẖ tiklan nura ḏ-iaqda ʿu kadbit*
104,12	*b-iahuṭaiia ʿdišẖ l-kuba u-aṭaṭa ʿu gunia rmit*
105,1	*b-šupria ainai b-Abatur la-naplan anat ṣuban*
105,2	*b-maṣbutak u-mn šuma ḏ-madkirit adkar ʿlai*
105,3	*ʿu hauina u-mitarmadna b-prudqai madkarna*
105,4	*ʿlak ʿu la-hauina u-la-mitarmadna kuprẖ l-šumai*
105,5	*mn šaptak malil ḏ-nimarlẖ Iahia l-ʿšu*
105,6	*mšiha b-ʿurašlam alga la-hauia sapra*
105,7	*u-ʿšiqa ʿngirta la-kadib la-dahna baita*
105,8	*haruba u-armalta hiduta la-hauia la-basmin*
105,9	*mia sariia u-glala b-miša la-raṭba malil*
105,10	*ḏ-nimarlẖ ʿšu mšiha l-Iahia b-ʿurašlam*
105,11	*alga hauia sapra u-ʿšiqa ʿngirta kadib*
105,12	*dahna baita haruba u-armalta hiduta hauia*
105,13	*basmin mia sariia u-glala b-miša rṭba malil*

105,14 *ḏ-nimarlẖ Iahia l-ʿšu mšiha b-ʿurašlam*
106,1 *ʿu hazin paršigna iahbatlia mšiha hakima*
106,2 *anat malil ḏ-nimarlẖ ʿšu mšiha l-Iahia*
106,3 *b-ʿurašlam alga hauia sapra ialda ḏ-hauia*
106,4 *mn haita paria u-mitraurab b-agra u-zidqa*
106,5 *mitriṣ mitriṣ b-agra u-zidqa u-saliq hazilẖ*
106,6 *l-atar nhur ʿšiqa ḏ-kadib ʿngirta br*
106,7 *bišia ḏ-br ṭabia hua šbaq gaura u-šbaq*
106,8 *gunba u-ʿthaiman b-hiia rurbia baita haruba*
106,9 *ḏ-dahna br rurbania ḏ-ʿtmakak šbaq*
106,10 *aqria u-šbaq pauria u-baita l-iama bna baita*
106,11 *bna l-iama u-ptalẖ babia trin ḏ-man ḏ-šapil*
106,12 *atiia u-ptalẖ baba u-qablẖ ʿu mikal baiia*
106,13 *patura b-kušṭa traṣlẖ ʿu mištia baiia*
106,14 *agania hamra mziglẖ ʿu miškab baiia*
107,1 *arsa b-kušṭa maklẖ ʿu mizal baiia dirkia ḏ-*
107,2 *kušṭa adriklẖ adriklẖ dirkia ḏ-kušṭa u-haimanuta*
107,3 *u-saliq hazilẖ l-atar nhur armalta ḏ-hauia*
107,4 *hiduta ʿnta ḏ-mn ianquṯẖ armlat ligṭat*
107,5 *šipulẖ u-iatbat alma ḏ-mitrabin bnẖ kḏ azla*
107,6 *l-hatam la-saipilẖ anpẖ mn zauẖ mia sariia*
107,7 *ḏ-basmia pt zamarta ḏ-harta huat mata*
107,8 *salqa u-mata nahta u-klula mn anpẖ la-ramia*
107,9 *glala b-miša raṭba zandiqa ḏ-mn ṭura nhit*
107,10 *šbaq haršia u-šbaq pudria u-ʿthaiman*
107,11 *b-hiia rurbia aškẖ l-iatima u-sabẖ u-kanpẖ*
107,12 *ḏ-armalta mla anat Iahia ṣuban b-maṣbutak*
107,13 *u-mn šuma ḏ-madkirit adkar ʿlai ʿu hauina*
107,14 *u-mitarmadna b-prudqai madkarna ʿlak ʿu*
107,15 *la-hauina u-la-mitarmadna kuprẖ l-šumai mn*
108,1 *šaptak anat b-haṭaiak mištaiilit u-ana*
108,2 *b-haṭaiai mištaialna kḏ hazin amar ʿšu*
108,3 *mšiha ʿngirta mn bit Abatur atat Iahia*
108,4 *ṣubẖ l-kadaba b-iardna ahit b-iardna ṣubẖ*
108,5 *u-asiq l-kipẖ qaimẖ Ruha b-iauna ʿdamiat*
108,6 *u-ṣaliba b-iardna ṣalba ṣaliba ṣalba b-iardna*
108,7 *u-aqimtinun l-mia b-gaunia gaunia u-amra iardna*
108,8 *l-dilia mqadšatlia u-mqadšatlun l-šuba bnai*
108,9 *iardna ḏ-ʿṣṭbabẖ mšiha Paulis kuhrana*
108,10 *šauiṯẖ pihta ḏ-nasib mšiha Paulis*
108,11 *qudša šauiṯẖ mambuha ḏ-nasib mšiha Paulis*
108,12 *qurbana šauiṯẖ burzinqa ḏ-nasib mšiha*
108,13 *Paulis kahuta šauiṯẖ margna ḏ-nasib*

109,1 *mšiha Paulis mahrunita šauitẖ ʿzdahrulia*
109,2 *ahai u-ʿzdahrulia rahmai ʿzdahrulia ahai mn*
109,3 *dumaiia ḏ-damin aluat ṣaliba ḏ-naqsia*
109,4 *b-ašiata u-qaimia l-quruqsa sagdia ʿzdahrulia*
109,5 *ahai mn alaha ḏ-nagara gṭar ʿu alaha*
109,6 *gṭar nagara pas nagara man giṭrẖ*
109,7 *u-mšabin hiia u-hiia zakʿin*
109,8 *sa.*

Poetische Struktur und Übersetzung

*Iahia dariš b-lilu***ia**	Jahja lehrt in den Nächten,
*Iuhana b-ramšia ḏ-lil***ia**	Johannes an den Abenden der Nacht.
*Iahia dariš b-lilu***ia**	Jahja lehrt in den Nächten.
*ziua dna ʿl alm***ia**	Glanz erschien über den Welten.
*l-ʿšu man amarl***ẖ**	Jesus – wer sagte ihm
l-ʿšu mšiha br Miriam	Jesus, dem Messias, dem Sohn der Maria,
*l-ʿšu man amarl***ẖ**	Jesus – wer sagte ihm,
ḏ-asgia l-kipẖ ḏ-iardna	er solle zum Ufer des Jordan gehen?
u-amarlẖ Iahia	Und er sprach zu Jahja:
ṣuban b-maṣbutak	Taufe mich mit deiner maṣbuta,
u-mn šuma ḏ-madkirit adkar ʿlai	und im Namen, den du aussprichst, sprich über mir.
*ʿu hauina u-mitarmadn***a**	Wenn es geschieht, dass ich dein Schüler werde,
*b-prudqai madkarna ʿ***lak**	werde ich dich in meinem Schreiben erwähnen.
*ʿu la-hauina u-la-mitarmadn***a**	Wenn es nicht geschieht und ich nicht dein Schüler werde,
*kuprẖ l-šumai mn šapt***ak**	wische meinen Namen aus auf deinem Blatt.
malil ḏ-nimarlẖ Iahia	Es sprach zu ihm Jahja,
l-ʿšu mšiha b-ʿurašlam	zu Jesus, dem Messias, in Jerusalem:
*kadibt b-iahuṭai***ia**	Belogen hast du die Juden,
*u-šaqirtbun b-gubria kahn***ia**	und betrogen hast du die Männer, die Priester.
*zira psaqt mn gubr***ia**	Nachkommenschaft hast du den Männern abgeschnitten,
*u-iadala u-buṭna mn ʿnš***ia**	und Geburt und Schwangerschaft den Frauen.
šapta ḏ-asrẖ miša	Den Sabbat, den Mose festgesetzt hat,
anat šraitẖ b-ʿurašlam	hast du aufgelöst in Jerusalem.
*kadibtbun b-qarn***ia**	Belogen hast du sie durch Hörner,
u-gunia b-šupria rmit	und Schande hast du durch die Trompete laut werden lassen.
malil ḏ-nimarlẖ ʿšu mšiha	Es sprach zu ihm Jesus, der Messias,
l-Iahia b-ʿurašlam	zu Jahja in Jerusalem:
ʿu kadbit b-iahuṭaiia	Wenn ich die Juden belogen habe,
tiklan nura ḏ-iaqda	soll mich brennendes Feuer verzehren.

*ʿu šaqrit b-gubria kahn**ia***	Wenn ich die Männer, die Priester, betrogen habe,
ʿmut atrin mutia b-had	will ich zwei Tode in einem sterben.
ʿu zira pisqit	Wenn ich die Nachkommenschaft
*mn gubr**ia***	den Männern abgeschnitten habe,
la-ʿbrẖ al-iama rba ḏ-sup	will ich nicht das große Suf-Meer überqueren.
ʿu iadala u-buṭna pisqit	Wenn ich Geburt und Schwangerschaft abgeschnitten habe
*mn ʿnš**ia***	den Frauen,
daiana qudamai atriṣ	so ist ein Richter vor mir aufgerichtet.
*ʿu šapta ana šrait**ẖ***	Ich, wenn ich den Sabbat aufgelöst habe,
*tiklan nura ḏ-iaqd**a***	soll brennendes Feuer mich verzehren.
*ʿu kadbit b-iahuṭai**ia***	Wenn ich die Juden belogen habe,
*ʿdišẖ l-kuba u-aṭaṭ**a***	will ich Dornen und Disteln niedertreten.
ʿu gunia rmit	Wenn ich Schande habe laut werden lassen
*b-šupr**ia***	durch die Trompete,
ainai b-Abatur la-naplan	sollen meine Augen nicht auf Abatur fallen.

anat ṣuban b-maṣbutak	Du, taufe mich mit deiner *maṣbuta*
u-mn šuma ḏ-madkirit adkar ʿlai	und im Namen, den du aussprichst, sprich über mir.
*ʿu hauina u-mitarmadn**a***	Wenn es geschieht, dass ich dein Schüler werde,
*b-prudqai madkarna ʿ**lak***	werde ich dich in meinem Schreiben erwähnen.
*ʿu la-hauina u-la-mitarmadn**a***	Wenn es nicht geschieht, dass ich dein Schüler werde,
*kuprẖ l-šumai mn šapt**ak***	wische aus meinen Namen von deinem Blatt.

*malil ḏ-nimarlẖ Iahi**a***	Es sprach zu ihm Jahja,
l-ʿšu mšiha b-ʿurašlam	zu Jesus, dem Messias, in Jerusalem:
*alga la-hauia sapr**a***	Ein Stummer wird nicht ein Gelehrter,
u-ʿšiqa ʿngirta la-kadib	und ein Blinder schreibt keinen Brief.
*la-dahna baita harub**a***	Es geht kein Licht aus von einem zerstörten Haus,
*u-armalta hiduta la-haui**a***	und eine Witwe wird nicht zur Braut.
*la-basmin mia sari**ia***	Stinkendes Wasser wird nicht duftend,
*u-glala b-miša la-raṭb**a***	und Stein wird durch Öl nicht weich.

*malil ḏ-nimarlẖ ʿšu mših**a***	Es sprach zu ihm Jesus, der Messias,
l-Iahia b-ʿurašlam	zu Jahja in Jerusalem:
*alga hauia sapr**a***	Ein Stummer wird [doch] Gelehrter,
u-ʿšiqa ʿngirta kadib	und ein Blinder schreibt [doch] einen Brief.
*dahna baita harub**a***	Es geht [doch] Licht aus von einem zerstörten Haus,
*u-armalta hiduta haui**a***	und eine Witwe wird [doch] zur Braut.
basmin mia sariia	Stinkendes Wasser wird [doch] duftend,
*u-glala b-miša raṭb**a***	und ein Stein wird [doch] durch Öl weich.

malil ḏ-nimarlẖ Iahia	Es sprach zu ihm Jahja,
l-ʿšu mšiha b-ʿurašlam	zu Jesus, dem Messias, in Jerusalem:
ʿu hazin paršigna iahbatlia	Wenn du mir dafür eine Erklärung gibst,
mšiha hakima anat	bist du ein weiser Messias.

malil ḏ-nimarlẖ ʿšu mšiha	Es sagte zu ihm Jesus, der Messias,
l-Iahia b-ʿurašlam	zu Jahja in Jerusalem:
alga hauia sapra	Ein Stummer wird ein Gelehrter:
ialda ḏ-hauia mn haita	Ein Kind, das von einer Gebärenden kommt,
paria u-mitraurab	es wächst auf und wird groß.
b-agra u-zidqa mitriṣ	Durch Lohn und Almosen kommt es empor,
mitriṣ b-agra u-zidqa	es kommt empor durch Lohn und Almosen
u-saliq hazilẖ l-atar nhur	und es steigt empor und sieht den Ort des Lichts.
ʿšiqa ḏ-kadib ʿngirta	Ein Blinder, der einen Brief schreibt:
br bišia ḏ-br ṭabia hua	Ein Böser, der zu einem Guten geworden ist.
šbaq gaura u-šbaq gunba	Er ließ ab von der Unzucht und er ließ ab vom Diebstahl,
u-ʿthaiman b-hiia rurbia	und er glaubt an das gewaltige Leben.
baita haruba ḏ-dahna	Ein zerstörtes Haus, von dem Licht ausgeht:
br rurbania ḏ-ʿtmakak	Ein Mächtiger, der bescheiden geworden ist.
šbaq aqria	Er verließ seine Festung,
u-šbaq pauria	und er ließ ab von seiner Überheblichkeit,
u-baita l-iama bna	und er baute ein Haus am Meer.
baita bna l-iama	Ein Haus baute er am Meer,
u-ptalẖ babia trin	und er öffnete zwei Türen.
ḏ-man ḏ-šapil atiia	dass er zu sich herein brachte, wer gefallen ist,
u-ptalẖ baba u-qablẖ	und öffnete die Tür und nahm ihn auf.
ʿu mikal baiia	Wenn er zu essen erbittet,
patura b-kušṭa traṣlẖ	stelle ihm eine Schüssel in Wahrhaftigkeit auf.
ʿu mištia baiia	Wenn er zu trinken erbittet,
agania hamra mziglẖ	mische ihm Becher mit Wein.
ʿu miškab baiia	Wenn er sich niederlegen will,
arsa b-kušṭa maklẖ	bereite ihm ein Bett in Wahrhaftigkeit.
ʿu mizal baiia	Wenn er gehen will,
dirkia ḏ-kušṭa adriklẖ	führe ihn auf Wege der Wahrhaftigkeit.
adriklẖ dirkia ḏ-kušṭa	Er führte ihn auf Wege der Wahrhaftigkeit
u-haimanuta	und des Glaubens,
u-saliq hazilẖ l-atar nhur	und er steigt empor und sieht den Ort des Lichts.
armalta ḏ-hauia hiduta	Eine Witwe, die zur Braut wird:
ʿnta ḏ-mn ianquṯẖ armlat	Eine Frau, die von ihrer Jugend an verwitwet ist.
ligṭat šipulẖ u-iatbat	Sie beherrschte ihre Geschlechtsteile und blieb sitzen,
alma ḏ-mitrabin bnẖ	bis ihre Kinder groß waren.
kd azla l-hatam	Wenn sie dorthin geht,
la-saipilẖ anpẖ mn zauẖ	verbirgt sie ihr Gesicht nicht vor ihrem Ehepartner.
mia sariia ḏ-basmia	Stinkendes Wasser, das duftend geworden ist:
pt zamarta ḏ-harta huat	Ein Singmädchen, das zu einer Dame geworden ist.
mata salqa u-mata nahta	Einen Ort steigt sie hinauf, und einen Ort steigt sie hinunter,
u-klula mn anpẖ la-ramia	und den Schleier lässt sie nicht von ihrem Gesicht fallen.
glala b-miša raṭba	Ein Stein wird durch Öl weich:

zandiqa ḏ-mn ṭura nhit	Ein Ketzer, der vom Berg herabgestiegen ist.
*šbaq haršia u-šbaq pudr**ia***	Er ließ ab von Zauberei, und er ließ ab von Magie,
*u-ʿthaiman b-hiia rurb**ia***	und er glaubte an das gewaltige Leben.
*aškẖ l-iatima u-sab**ẖ***	Er fand ein Waisenkind und sättigte es,
*u-kanpẖ ḏ-armalta ml**a***	und den Beutel der Witwe füllte er auf.
anat Iahia ṣuban b-maṣbutak	Du, Jahja, taufe mich mit deiner *maṣbuta*,
u-mn šuma ḏ-madkirit adkar ʿlai	und im Namen, den du aussprichst, sprich über mir.
*ʿu hauina u-mitarmadn**a***	Wenn es geschieht, dass ich dein Schüler werde,
*b-prudqai madkarna ʿ**lak***	werde ich dich in meinem Schreiben erwähnen.
*ʿu la-hauina u-la-mitarmadn**a***	Wenn es nicht geschieht, dass ich dein Schüler werde,
*kuprẖ l-šumai mn šapt**ak***	wische meinen Namen aus von deinem Blatt.
anat b-haṭaiak mištaiilit	Du wirst wegen deiner Sünden geprüft werden,
*u-ana b-haṭaiai mištaialn**a***	und ich werde wegen meiner Sünden geprüft werden.
*kḏ hazin amar ʿšu mših**a***	Als Jesus, der Messias, das sagte,
ʿngirta mn bit Abatur atat	kam ein Brief aus dem Haus des Abatur:
*Iahia ṣubẖ l-kadaba b-iardn**a***	Jahja, taufe den Lügner im Jordan.
*ahit b-iardna ṣub**ẖ***	Lass ihn hinabsteigen zum Jordan, taufe ihn,
*u-asiq l-kipẖ qaim**ẖ***	und lass ihn hinaufsteigen zum Ufer, und stelle ihn hin.
Ruha b-iauna ʿdamiat	Ruha erschien in Gestalt einer Taube,
*u-ṣaliba b-iardna ṣalb**a***	und sie machte ein Kreuz über den Jordan.
*ṣaliba ṣalba b-iardn**a***	Ein Kreuz machte sie über den Jordan,
*u-aqimtinun l-mia b-gaunia gaun**ia***	und sie stellte das Wasser auf in verschiedenen Farben.
u-amra	Und sie sprach:
*iardna l-dilia mqadšatl**ia***	Jordan, du heiligst mich,
*u-mqadšatlun l-šuba bn**ai***	und du heiligst meine sieben Söhne.
*iardna ḏ-ʿṣṭbabẖ mšiha Paul**is***	Den Jordan, in dem der Messias Paulis getauft ist,
*kuhrana šauit**ẖ***	habe ich zur Gosse gemacht.
*pihta ḏ-nasib mšiha Paul**is***	Das *pihta*, das der Messias Paulis genommen hat,
*qudša šauit**ẖ***	habe ich zum Sakrament gemacht.
*mambuha ḏ-nasib mšiha Paul**is***	Das *mambuha*, das der Messias Paulis genommen hat,
*qurbana šauit**ẖ***	habe ich zum Opfer gemacht.
*burzinqa ḏ-nasib mšiha Paul**is***	Die Kopfbinde, die der Messias Paulis genommen hat,
*kahuta šauit**ẖ***	habe ich zum Priestertum gemacht.
*margna ḏ-nasib mšiha Paul**is***	Den Stab, den der Messias Paulis genommen hat,
*mahrunita šauit**ẖ***	habe ich zum Wasserwirbel gemacht.
*ʿzdahrulia ah**ai***	Lasst euch warnen, meine Brüder,
*u-ʿzdahrulia rahm**ai***	und lasst euch warnen, meine Freunde,
*ʿzdahrulia ah**ai***	lasst euch warnen,
*mn dumai**ia***	meine Brüder, vor den Rhomäern,
*ḏ-damin aluat ṣalib**a***	die dem Kreuz gleichen,

*ḏ-naqsia b-ašiat**a***	das sie an die Wand schlagen,
*u-qaimia l-quruqsa sagd**ia***	und sie stehen vor dem Kruzifix und verehren es.
*ʿzdahrulia ah**ai***	Lasst euch warnen, meine Brüder,
mn alaha ḏ-nagara gṭar	vor dem Gott, den der Zimmermann zusammengefügt hat.
ʿu alaha gṭar nagara	Wenn der Zimmermann den Gott zusammengefügt hat,
*pas nagara man giṭr**ẖ***	wer hat dann den Zimmermann zusammengefügt?
u-mšabin hiia	Und gepriesen sei das Leben,
u-hiia zakʿin	und das Leben ist siegreich.
sa.	

Bemerkungen zu Textkritik und Übersetzung

103,6 *ʿšu* zu dieser Namensform vgl. *Dict.*, S. 358;

103,7 *mšiha* zu dieser Wortbildung vgl. *Handbook*, S. 430 und *Dict.*, S. 280;

104,9 *al-iama – iama* – ‚Meer' mit Präposition *l* und Vorschlagsvokal *a*;

106,6 f. *br bišia – br* bedeutet hier die Zugehörigkeit zu einer Gruppe und bleibt deshalb unübersetzt, so auch in 106,7 und 106,9;

107,7 *pt* bedeutet hier ebenfalls nur die Gruppenzugehörigkeit und wird nicht wörtlich übersetzt;

108,3 *ʿngirta* – ‚Brief' von akkad. *egirtu* mit Nasalisierung, vgl. *Dict.*, S. 353;

108,5 *ʿdamiat* Etpaal von *DMA* ohne *t*, vgl. *Handbook*, S. 272 f.;

108,7 *b-gaunia gaunia* – ‚verschiedenfarbig', vgl. *Handbook*, S. 143 und 210, Anm. 151;

108,8 *u-mqadšatlun* Pael Part. Präs. mit Enklitikon und Suffix 3. P. Pl. von *QDŠ*, *Dict.*, S. 405;

109,3 *dumaiia* ich nehme eine Verschreibung von *d* und *r* an und lese *rumaiia* – ‚Rhomäer'.

Gliederung des Textes

An die Einleitungsformel zu den Nachtgesängen des Jahja wird hier eine zusätzliche Zeile angehängt, sodass ein Vierzeiler mit durchgängigem Endreim entsteht. Darauf folgt ein weiterer Vierzeiler, der einen Endreim der Zeilen 1 und 3 aufweist und die Person und damit das Thema des Kapitels einführt. Durch ein Rubrum eingeleitet folgt die erste Rede Jesu, die im Verlauf des Kapitels mehrfach als Ende seiner Reden wiederholt wird. Die Antwort des Johannes enthält nach der zweizeiligen Einleitung Reime in den Zeilen 2 bis 4 und inhaltlich Vorwürfe an Christus. Diese werden in der folgenden Verteidigungsrede Christi wortgetreu aufgenommen und abgestritten; das Ende bildet, ebenfalls wortgetreu wiederholt, seine erste Rede mit der Aufforderung an Johannes zur *maṣbuta* (s. o.). Im nächsten Sechszeiler, eingeleitet durch zwei Zeilen, gibt Johannes Christus Beispiele unmöglicher Vorgänge; die Zeilen 3 und 6 reimen sich auf *a*. Die vierzehnzeilige Rede Christi, ebenfalls durch einen Zweizeiler eingeleitet wie die folgenden Reden, widerspricht und behauptet in wörtlicher Übereinstimmung die Möglichkeit der genannten Vorgänge. Nach der zweizeiligen Aufforderung des Johannes folgt in einer langen Rede Christi die Auflösung der nun als Rätsel gestellten Vorgänge. Auch in dieser Rede gibt es einige Endreime; sie schließt mit der Wiederholung der ersten Rede. Nun antwortet die himmlische Macht mit dem Befehl, Christus zu taufen. Im folgenden Vierzeiler wird *Ruha* erwähnt, die im anschließenden Zweizeiler ihre Heiligung und die ihrer Söhne geschehen glaubt.

Nun schließt sich ein neuer Abschnitt an. In fünf Zweizeilern wird Polemik gegen das Christentum betrieben. Dieser Zehnzeiler weist einen durchgehenden Kreuzreim auf. Darauf folgt eine Warnung vor den Christen mit abschließender Götzenpolemik. Das Kapitel wird mit einer zweizeiligen Schlussformel beendet.

Interpretation

Die Einleitungsformel zu den Nachtgesängen des Jahja ist in diesem Kapitel um eine Zeile erweitert.

Iahia dariš b-liluia	Jahja lehrt in den Nächten,
Iuhana b-ramšia ḏ-lilia	Juhana an den Abenden der Nacht.
Iahia dariš b-liluia	Jahja lehrt in den Nächten:
ziua dna ʿl almia	Glanz ist erschienen über den Welten.

Die ersten drei Zeilen sprechen von den Reden des Johannes. Die letzte Zeile schließt sich daran organisch an, indem sie eine Folge seiner Belehrungen beschreibt: Mit der Botschaft vom Leben, die er übermittelt, und mit seinen Ermahnungen kommt Licht über die Welten; in die Finsternis der Erde kommt durch seine Reden himmlisches Licht.[436] Im folgenden Vierzeiler wird die Person genannt, mit der sich Johannes in diesem Kapitel auseinandersetzt.

l-ʿšu man amarlẖ	Jesus – wer sagte ihm,
l-ʿšu mšiha br Miriam	Jesus, dem Messias, dem Sohn der Maria,
l-ʿšu man amarlẖ	Jesus – wer sagte ihm,
ḏ-asgia l-kipẖ ḏ-iardna	dass er zum Ufer des Jordan gehen solle?

Das Streitgespräch wird mit Jesus geführt. Sein Name steht rhetorisch hervorgehoben in den ersten drei Zeilen dieses Abschnittes jeweils zu Zeilenbeginn. Die vierte Zeile thematisiert schon den Hauptpunkt der Auseinandersetzung: Jesus kommt zum Jordan. Das deutet an, dass er getauft werden will. Diese Andeutung wird im Folgenden präzisiert.

436 In gewisser Weise eine Parallele zu *J* 8.

u-amarlẖ Iahia	Und er sprach zu Jahja:
ṣuban b-maṣbutak	Taufe mich mit deiner maṣbuta,
u-mn šuma ḏ-madkirit adkar ʿlai	und im Namen, den du aussprichst, sprich über mir.
ʿu hauina u-mitarmadna	Wenn es geschieht, dass ich dein Schüler werde,
b-prudqai madkarna ʿlak	werde ich dich in meinem Schreiben erwähnen.
ʿu la-hauina u-la-mitarmadna	Wenn es nicht geschieht, dass ich dein Schüler werde,
kuprẖ l-šumai mn šaptak	wische meinen Namen aus von deinem Blatt.

Jesus fordert Johannes auf, ihn mit der *maṣbuta*, also der mandäischen Taufe, zu taufen. Die christliche Taufe wird nie *maṣbuta*, sondern stets *mamudita* genannt und von den Mandäern nicht anerkannt, weil sie nicht immer in ‚lebendem', d. h. fließendem Wasser stattfindet und nicht der richtige Ritus dabei vollzogen wird.[437] Tauft Johannes Jesus mit der *maṣbuta*, so ist Jesus als Mandäer anzusehen. Zur *maṣbuta* gehört auch das Sprechen von Gebeten im Namen der Gottheit, das Jesus ebenfalls erbittet. Vergessen wird hier das ‚Zeichen', ohne welches die *maṣbuta* unvollständig und damit ungültig ist.

Jesus will Schüler des Johannes werden und verspricht ihm für den Fall, dass Johannes ihn als solchen annimmt, ihn in seiner Schrift zu erwähnen. Hier steht wohl eine Erinnerung oder das Wissen um christliche Schriften im Hintergrund. Das Kapitel nimmt eindeutig Bezug auf die Taufe Jesu durch Johannes und hat vermutlich eine schriftliche Vorlage vor Augen.[438] Es muss erklären, warum Johannes Jesus, den ‚Lügenpropheten', überhaupt getauft hat. Darauf weist indirekt die Erwähnung einer Schrift *(prudqa)* durch Christus. Das Wort *prudqa* kann jedoch auch ‚Ausweis, Empfehlungsschreiben' bedeuten. Dann wäre es ein Hinweis auf den Seelenaufstieg. Im Mandäismus hängen *maṣbuta* und *masiqta*, die Seelenaufstiegszeremonie, eng zusammen. Für den Fall, dass er nicht Schüler des Johannes wird, soll Johannes Jesu Namen von seinem Blatt wegwischen. Dies erinnert an die christliche Vorstellung vom Buch des Lebens, in welchem alle Namen derer aufgeschrieben sind, die die Glückseligkeit erlangen und in den Himmel kommen sollen. Hier kann jedoch auch eine Liste von Schülern gemeint sein; andernfalls wäre Jesus sich schon im Voraus sicher, dass er getauft und Schüler des Johannes wird, denn wenn sein Name nicht im Buch des Lebens bzw. im Himmel geschrieben ist, kann er nicht glückselig werden. Man könnte eventuell diese letzte Zeile auch als eine Art der Selbstverfluchung ansehen. Diese Wendung beendet im Folgenden alle Reden Jesu in diesem Kapitel. Anzumerken ist hier m. E, auch, dass die Nachrichten, die von himmlischen Mächten an Johannes gerichtet werden, immer mit *ʿngirta* – ‚Brief' bezeichnet werden. Jesus wird also als himmlisches oder göttliches Wesen nicht anerkannt.

malil ḏ-nimarlẖ Iahia	Es sprach zu ihm Jahja,
l-ʿšu mšiha b-ʿurašlam	zu Jesus, dem Messias, in Jerusalem:

437 Ebd.

438 Ebenso urteilt V. Schou-Pedersen: *Bidrag til en Analyse af de Mandaeiske Skrifter. Med Henblik paa, bestemmelsen af mandaernes Forhold til Jødedom og Kristendom*, Aarhus 1940, S. 216; im Folgenden abgekürzt mit Schou-Pedersen.

kadibt b-iahuṭaiia	Belogen hast du die Juden,
u-šaqirtbun b-gubria kahnia	und betrogen hast du die Männer, die Priester.
zira psaqt mn gubria	Nachkommenschaft hast du den Männern abgeschnitten
u-iadala u-buṭna mn ʿnšia	und Geburt und Schwangerschaft den Frauen.
šapta ḏ-asrẖ miša	Den Sabbat, den Mose festgesetzt hat,
anat šraitẖ b-ʿurašlam	hast du aufgelöst in Jerusalem.
kadibtbun b-qarnia	Belogen hast du sie durch Hörner,
u-gunia b-šupria rmit	und Schande hast du durch die Trompete laut werden lassen.

Johannes geht zunächst auf die Aufforderung zur Taufe gar nicht ein. Er wirft Jesus religiöse Vergehen gegenüber den Juden und den Anhängern des christlichen Glaubens vor. Der Vorwurf betreffs sexueller Abstinenz trifft vermutlich vor allem die Mönche und Einsiedler, aber auch das Zölibat innerhalb des Christentums. Es könnte jedoch auch an die Beschneidung gedacht sein. Diese wird bei den Mandäern nicht praktiziert, weil sie ihnen als Verstümmelung gilt.[439] Eventuell steht auch die Erinnerung daran, dass Jesus nicht verheiratet war, hier im Hintergrund. Die Auflösung des Sabbats wertet Johannes als Betrug gegenüber den Juden. Die Mandäer müssen folglich um den Ersatz des Sabbats durch die christliche Sonntagsfeier im Christentum gewusst haben. Auch bei den Mandäern gilt der Sonntag als heilig und wird oft als Ruhetag begangen.[440] Bei den Hörnern könnte man auch an den Šofar denken, der teilweise an jüdischen Festen wie etwa Jom Kippur geblasen wird.

Jesus erwidert auf die Vorwürfe des Johannes, indem er sie wörtlich wiederholt und strikt zurückweist:

malil ḏ-nimarlẖ ʿšu mšiha	Es sprach zu ihm Jesus, der Messias,
l-Iahia b-ʿurašlam	zu Jahja in Jerusalem:
ʿu kadbit b-iahuṭaiia	Wenn ich die Juden belogen habe,
tiklan nura ḏ-iaqda	soll mich brennendes Feuer verzehren.
ʿu šaqrit b-gubria kahnia	Wenn ich die Männer, die Priester, belogen habe,
ʿmut atrin mutia b-had	will ich zwei Tode in einem sterben.
ʿu zira pisqit mn gubria	Wenn ich die Nachkommenschaft abgeschnitten habe von den Männern,
la-ʿbrẖ al-iama rba ḏ-sup	will ich nicht das große Suf-Meer überqueren.
ʿu iadala u-buṭna pisqit mn ʿnšia	Wenn ich Geburt und Schwangerschaft abgeschnitten habe von den Frauen,
daiana qudamai atriṣ	so ist ein Richter vor mir aufgerichtet.
ʿu šapta ana šraitẖ	Ich, wenn ich den Sabbat aufgelöst habe,
tiklan nura ḏ-iaqda	soll mich brennendes Feuer verzehren.
ʿu kadbit b-iahuṭaiia	Wenn ich die Juden belogen habe,
ʿdišẖ l-kuba u-aṭaṭa	will ich Dornen und Disteln niedertreten.

439 Vgl. Drower: *MII*, S. 267 f.

440 Vgl. meine Ausführungen zum Sonntag im Kommentar zu Kapitel 29.

ʿu gunia rmit	Wenn ich Schande habe laut werden lassen
b-šupria	durch die Trompete,
ainai b-Abatur la-naplan	sollen meine Augen nicht auf Abatur fallen.

Der Vorwurf, er habe die Juden belogen, wird interessanterweise gleich zweimal zurückgewiesen. Vielleicht steckt dahinter eine Erinnerung an tatsächliche Streitgespräche Jesu mit den Juden, wie sie in den Evangelien beschrieben sind.[441] Für den Fall, dass er irgendeines dieser Vergehen begangen hat, die Johannes ihm vorwirft, spricht Jesus jedesmal eine Selbstverfluchung aus. Alle Selbstverfluchungen beinhalten Jenseitsstrafen wie brennendes Feuer, zwei Tode sterben oder das große *Suf-Meer* nicht überschreiten; alle diese Strafen bedeuten, dass der Bestrafte nicht glückselig werden kann,[442] weil er nicht in die Lichtwelt gelangt. Die Rede schließt mit der wortgetreuen Wiederholung der ersten Rede Jesu. Die darin enthaltene Aufforderung Jesu an Johannes, ihn zu taufen, wird von Johannes mit einer Aufzählung unmöglich erscheinender Vorgänge beantwortet.

anat ṣuban b-maṣbutak	Du, taufe mich mit deiner maṣbuta,
u-mn šuma ḏ-madkirit adkar ʿlai	und im Namen, den du aussprichst, sprich über mir.
ʿu hauina u-mitarmadna	Wenn es geschieht, dass ich dein Schüler werde,
b-prudqai madkarna ʿlak	werde ich dich in meinem Schreiben erwähnen.
ʿu la-hauina u-la-mitarmadna	Wenn es nicht geschieht, dass ich dein Schüler werde,
kuprẖ l-šumai mn šaptak	wische meinen Namen aus von deinem Blatt.

malil ḏ-nimarlẖ Iahia	Es sprach zu ihm Jahja,
l-ʿšu mšiha b-ʿurašlam	zu Jesus, dem Messias, in Jerusalem:
alga la-hauia sapra	Ein Stummer wird nicht ein Gelehrter,
u-ʿšiqa ʿngirta la-kadib	und ein Blinder schreibt keinen Brief.
la-dahna baita haruba	Von einem zerstörten Haus geht kein Licht aus,
u-armalta hiduta la-hauia	und eine Witwe wird nicht zur Braut.
la-basmin mia sariia	Stinkendes Wasser wird nicht duftend,
u-glala b-miša la-raṭba	und Stein wird durch Öl nicht weich.

Diese Aufzählung soll verschlüsselt die Unmöglichkeit der Taufe Jesu durch Johannes darstellen. Genauso wenig wie ein Stein weich wird durch Öl, wie eine Witwe zur Braut wird, genauso wenig wie ein Blinder schreiben kann, kann Jesus die *maṣbuta* empfangen. Jesus widerspricht in wörtlicher Aufnahme den von Johannes genannten Beispielen, indem er behauptet, all die genannten Dinge seien sehr wohl möglich.

malil ḏ-nimarlẖ ʿšu mšiha	Es sprach zu ihm Jesus, der Messias,
l-Iahia b-ʿurašlam	zu Jahja in Jerusalem:
alga hauia sapra	Ein Stummer wird [doch] ein Gelehrter,
u-ʿšiqa ʿngirta kadib	und ein Blinder schreibt [doch] einen Brief.

441 Vgl. z. B. Mt 12,1–14 par.; Mt 12,22–30 par.; Mt 12,38–45 par.; Mt 15,1–20 par.

442 Zu den Jenseitsstrafen vgl. meinen Kommentar zu Kapitel 28.

dahna baita haruba	Es geht [doch] Licht aus von einem zerstörten Haus,
u-armalta hiduta hauia	und eine Witwe wird [doch] zur Braut.
basmin mia sariia	Stinkendes Wasser wird [doch] duftend,
u-glala b-miša raṭba	und Stein wird durch Öl [doch] weich.

Es wird jedoch hier noch keine Erklärung gegeben, wie diese Vorgänge ermöglicht werden sollten. Johannes fordert Jesus daraufhin zur Erklärung auf, wie sie verwirklicht werden könnten:

malil ḏ-nimarlẖ Iahia	Es sprach zu ihm Jahja,
l-ʿšu mšiha b-ʿurašlam	zu Jesus, dem Messias, in Jerusalem:
ʿu hazin paršigna iahbatlia	Wenn du mir dafür eine Erklärung gibst –
mšiha hakima anat	ein weiser Messias bist du.

Jesus will sich als weiser Messias erweisen und nennt in langer Rede Lösungen der Probleme. Das erste Problem lässt sich in der Tat schlüssig beantworten.

malil ḏ-nimarlẖ ʿšu mšiha	Es sprach zu ihm Jesus, der Messias,
l-Iahia b-ʿurašlam	zu Jahja in Jerusalem:
alga hauia sapra	Ein Stummer wird Gelehrter:
ialda ḏ-hauia mn haita	ein Kind, das von einer Gebärenden kommt,
paria u-mitraurab	wächst auf und wird groß.
b-agra u-zidqa mitriṣ	Durch Lohn und Almosen kommt es empor,
mitriṣ b-agra u-zidqa	es kommt empor durch Lohn und Almosen,
u-saliq hazilẖ l-atar nhur	und es steigt empor und sieht den Ort des Lichts.
ʿšiqa ḏ-kadib ʿngirta	Ein Blinder, der einen Brief schreibt:
br bišia ḏ-br ṭabia hua	Ein Böser, der zu einem Guten geworden ist.
šbaq gaura u-šbaq gunba	Er ließ ab von der Unzucht, und er ließ ab vom Diebstahl,
u-ʿthaiman b-hiia rurbia	und er glaubt an das gewaltige Leben.
u-baita haruba ḏ-dahna	Und ein zerstörtes Haus, von dem Licht ausgeht:
br rurbania ḏ-ʿtmakak	Ein Mächtiger, der bescheiden geworden ist.
šbaq aqria	Er verließ seine Festung,
u-šbaq pauria	und er ließ ab von seiner Überheblichkeit,
u-baita l-iama bna	und er baute ein Haus am Meer.
baita bna l-iama	Ein Haus am Meer baute er,
u-ptalẖ babia trin	und er öffnete zwei Türen daran,
ḏ-man ḏ-šapil aitia	dass er zu sich hereinbrächte, wer gefallen ist,
u-ptalẖ baba u-qablẖ	und er öffnete die Tür und nahm ihn auf.
ʿu mikal baiia	Wenn er zu essen erbittet,
patura b-kušṭa traṣlẖ	stelle ihm eine Schüssel in Wahrhaftigkeit auf.
ʿu mištia baiia	Wenn er zu trinken erbittet,
agania hamra mziglẖ	mische ihm Becher mit Wein.
ʿu miškab baiia	Wenn er sich niederlegen will,
arsa b-kušṭa maklẖ	bereite ihm ein Bett in Wahrhaftigkeit.
ʿu mizal baiia	Wenn er gehen will,

dirkia ḏ-kušṭa adriklẖ	führe ihn auf Wege der Wahrhaftigkeit.
adriklẖ dirkia ḏ-kušṭa	Auf Wege der Wahrhaftigkeit
u-haimanuta	und des Glaubens führte er ihn,
u-saliq hazilẖ l-atar nhur	und er steigt empor und sieht den Ort des Lichtes.
armalta ḏ-hauia hiduta	Eine Witwe, die zur Braut wird:
ʿnta ḏ-mn ianqutẖ armlat	Eine Frau, die von ihrer Jugend an verwitwet ist.
ligṭat šipulẖ u-iatbat	Sie beherrschte ihre Geschlechtsteile und blieb sitzen,
alma ḏ-mitrabin bnẖ	bis ihre Kinder groß waren.
kḏ azla l-hatam	Wenn sie dorthin geht,
la-saipilẖ anpẖ mn zauẖ	verbirgt sie ihr Gesicht nicht vor ihrem Ehepartner.
mia sariia ḏ-basmia	Stinkendes Wasser, das duftend geworden ist:
pt zamarta ḏ-harta huat	Ein Singmädchen, das zu einer Dame geworden ist.
mata salqa u-mata nahta	Einen Ort steigt sie hinauf, und einen Ort steigt sie hinunter,
u-klula mn anpẖ la-ramia	und den Schleier lässt sie nicht von ihrem Gesicht fallen.
glala b-miša raṭba	Ein Stein wird durch Öl weich:
zandiqa ḏ-mn ṭura nhit	Ein Ketzer, der vom Berg herabgestiegen ist.
šbaq haršia u-šbaq pudria	Er ließ ab von Zauberei, und er ließ ab von Magie,
u-ʿthaiman b-hiia rurbia	und er glaubte an das gewaltige Leben.
aškẖ l-iatima u-sabẖ	Er fand ein Waisenkind und sättigte es,
u-kanpẖ ḏ-armalta mla	und den Beutel der Witwe füllte er.

Ein Stummer kann zum Gelehrten werden, indem ein Kind aufwächst. Am Anfang kann es noch nicht sprechen, doch es wächst auf, lernt lesen und schreiben, sodass es Gelehrter genannt werden kann; es gibt Almosen und erwirbt sich Lohn, sodass es nach dem Tod ins Lichtreich aufsteigen kann. Dieses Beispiel bietet eine richtige Lösung des Problems, die sofort einsichtig ist. Dies ist im Folgenden jedoch nicht immer der Fall. Wichtig zu bemerken scheint mir, dass die genannten Personen immer am Ende des Beispiels als Mandäer gekennzeichnet werden, die am Ende ihres irdischen Lebens zur Glückseligkeit gelangen.

Interessant ist in diesem Abschnitt auch die Erwähnung des Ketzers, der vom Berg herabsteigt und zum Glauben an das gewaltige Leben kommt.

Im Unterschied zu Lidzbarski meine ich nicht, dass hier ein Manichäer gemeint ist.[443] Mit größerer Wahrscheinlichkeit ist hier eine versteckte Polemik gegen den Zoroastrismus intendiert: Zarathustra kommt vom Berg,[444] und im Persischen bedeutet das gebrauchte Wort *zandiq* – ‚Magier, zoroastrischer Priester', im Neupersischen ‚Atheist, Ketzer, Dualist, Gottloser'[445]. Ich nehme also an, dass hier ein Anhänger oder sogar ein Priester der zoroastrischen Religion gemeint ist.

Das Bild, dass Stein durch Öl weich werden könne, begegnet auch im *Ginza*, und dort als Aussage des Johannes:

443 Vgl. Lidzbarski: *Johannesbuch*, S. 107 Anm. 4.

444 Man vergleiche auch Nietzsches *Also sprach Zarathustra*.

445 Vgl. Junker/Alevi: *Wörterbuch Persisch–Deutsch*, Leipzig ^{5}1986, S. 387.

Die Worte des Weisen an den Toren sind wie ein Stein, der durch Öl nicht weich wird.[446]

Hier wird jedoch dieser Vorgang als unmöglich erachtet, ebenso wie die Tatsache, dass Johannes Jesus eine gültige *maṣbuta* gewährt. Da von einem Toren die Rede ist, könnte vielleicht auch ein Ketzer, sprich der Anhänger einer Fremdreligion, gemeint sein. Dann wäre die Deutung folgendermaßen: Genauso wenig wie ein Stein durch Öl weich wird, wird ein Ketzer (ein Tor) die Worte eines Weisen annehmen, also sich nicht zum Mandäismus bekehren lassen.

Die Rede endet mit der Wiederholung der ersten Rede, diesmal mit einem kleinen Zusatz.

anat Iahia ṣuban b-maṣbutak	Du, Jahja, taufe mich mit deiner *maṣbuta*,
u-mn šuma ḏ-madkirit adkar ʿlai	und im Namen, den du aussprichst, sprich über mir.
ʿu hauina u-mitarmadna	Wenn es geschieht, dass ich dein Schüler werde,
b-prudqai madkarna ʿlak	werde ich dich in meinem Schreiben erwähnen.
ʿu la-hauina u-la-mitarmadna	Wenn es nicht geschieht, dass ich dein Schüler werde,
kuprẖ l-šumai mn šaptak	wische meinen Namen aus von deinem Blatt.
anat b-haṭaiak mištaiilit	Du wirst wegen deiner Sünden geprüft werden,
u-ana b-haṭaiai mištaialna	und ich werde wegen meiner Sünden geprüft werden.

Jeder von beiden wird um seiner Sünden willen zur Rechenschaft gezogen werden. Dabei übersieht Jesus, dass Johannes rein, d. h. sündlos ist, und will sich mit ihm auf eine Stufe stellen. Er verkennt die Makellosigkeit des Täufers und geht von seiner eigenen Sündhaftigkeit aus – jedenfalls aus mandäischer Perspektive. Doch nun wird die Taufe erlaubt, sogar befohlen.

kḏ hazin amar ʿšu mšiha	Als Jesus das sagte, der Messias,
ʿngirta mn bit Abatur atat	kam ein Brief aus dem Haus des Abatur:
Iahia ṣubẖ l-kadaba b-iardna	Jahja, taufe den Lügner im Jordan.
ahit b-iardna ṣubẖ	Lass ihn hinabsteigen zum Jordan, taufe ihn,
u-asiq l-kipẖ qaimẖ	und lass ihn hinaufsteigen zum Ufer, und stelle ihn hin.

Ein Brief eines himmlischen Wesens befiehlt Johannes, Jesus zu taufen, jedoch nicht, ohne Jesus noch einmal ausdrücklich als Lügner bezeichnet zu haben. Wie das Folgende zeigt, ist die Taufe ohnehin ungültig.

ruha b-iauna ʿdamiat	Ruha erschien in Gestalt einer Taube
u-ṣaliba b-iardna ṣalba	und machte ein Kreuz über dem Jordan.
ṣaliba ṣalba b-iardna	Ein Kreuz machte sie über den Jordan,
u-aqimtinun l-mia	und sie stellte das Wasser
b-gaunia gaunia	in verschiedenen Farben auf.
u-amra	Und sie sprach:

446 Vgl. *G*, S. 218,18 f.

iardna l-dilia mqadšatlia	Jordan, du heiligst mich,
u-mqadšatlun l-šuba bnai	und du heiligst meine sieben Söhne.

Die Anwesenheit der unreinen *Ruha*, das Kreuz über dem Jordan und der vielfarbige Jordan verhindern eine gültige Taufe. Die Mandäer sehen weiß als die einzig reine Farbe an. Ein bunter Tauffluss bietet für sie eine unmögliche Vorstellung.

Die Heiligung der *Ruha* und ihrer sieben Söhne ist m. E. eine versteckte Polemik gegen das Christentum. *Ruha* wird auch *ruha ḏ-qudša* genannt – ‚Heiliger Geist'. Dies ist die Abqualifizierung des Heiligen Geistes im Christentum, des dritten Teils der Trinität, als böser Dämon. Die hier angesprochene Heiligung der *Ruha* soll vermutlich auf diese Tatsache anspielen. Das Kapitel setzt die Polemik gegen das Christentum fort, indem es erklärt, dass Dinge, die im mandäischen wie im christlichen Gottesdienst begegnen, bei den Mandäern rein und wirkkräftig, bei den Christen jedoch unrein und nutzlos sind.

iardna ḏ-ʿṣṭbabẖ mšiha Paulis	Den Jordan, in dem der Messias Paulus getauft wurde,
kuhrana šauitẖ	habe ich zur Gosse gemacht.
pihta ḏ-nasib mšiha Paulis	Das *pihta*, das der Messias Paulus genommen hat,
qudša šauitẖ	habe ich zum Sakrament gemacht.
mambuha ḏ-nasib mšiha Paulis	Das *mambuha*, das der Messias Paulus genommen hat,
qurbana šauitẖ	habe ich zum Opfer gemacht.
burzinqa ḏ-nasib mšiha Paulis	Die Kopfbinde, die der Messias Paulus genommen hat,
kahuta šauitẖ	habe ich zum Priestertum gemacht.
margna ḏ-nasib mšiha Paulis	Den Stab, den der Messias Paulus genommen hat,
mahrunita šauitẖ	habe ich zum Wasserwirbel gemacht.

Im obenstehenden Abschnitt werden christliche Bräuche mit mandäischen verglichen. Die Ähnlichkeit der Riten und rituellen Gegenstände sind deutlich wahrgenommen worden, deshalb wird nun Wert darauf gelegt, die christlichen Handlungen verächtlich zu machen. Die mandäischen Bräuche gelten dabei als allein rein und wirksam.

ʿzdahrulia ahai	Lasst euch warnen, meine Brüder,
u-ʿzdahrulia rahmai	und lasst euch warnen, meine Freunde,
ʿzdahrulia ahai	lasst euch warnen, meine Brüder,
mn dumaiia	vor den Rhomäern,
ḏ-damin aluat ṣaliba	die dem Kreuz gleichen,
ḏ-naqsia b-ašiata	das sie an die Wand schlagen,
u-qaimia l-quruqsa sagdia	und sie stehen vor dem Kruzifix und verehren es.
ʿzdahrulia ahai	Lasst euch warnen, meine Brüder,
mn alaha ḏ-nagara gṭar	vor dem Gott, den der Zimmermann zusammengefügt hat.
ʿu alaha gṭar nagara	Wenn den Gott der Zimmermann zusammengefügt hat,
pas nagara man giṭrẖ	wer hat dann den Zimmermann zusammengefügt?

u-mšabin hiia	Und gepriesen sei das Leben,
u-hiia zak'in	und das Leben ist siegreich.
sa.	

Das Kapitel schließt mit allgemeiner Mahnung gegen Götzendienst, die z. T. an die Götzenpolemik bei den alttestamentlichen Propheten erinnert, und mit einer zweizeiligen Schlussformel.

Thesen zu Christentum und Mandäismus im Johannesbuch

(1) Die Auseinandersetzung zwischen diesen beiden Religionen wird in zwei verschiedene Richtungen geführt: Zum einen wird Jesus gegenüber Johannes als Lügenprophet dargestellt, zum anderen werden christliche Bräuche als falsch oder fehlgeleitet bezeichnet. Weiter wird der Apostel Paulus als falscher Prophet gekennzeichnet.

(2) Schon bei der Prophezeiung der Geburt des Johannes rückt er in Konkurrenz zu Jesus: Auch er ist ein Kind des Himmels,[447] und auch bei seiner Geburt erscheint ein Stern.[448] Die herausragende Stellung des Johannes wird weiter dargestellt durch besondere Ereignisse, die diese Geburt begleiten: Die Priester haben Träume, und eine Erstarrung fällt auf Jerusalem und seine Bewohner,[449] am Tempel werden Feuer und Rauch gesehen,[450] und die Erde bebt.[451] Die Geburt des Kindes aus Himmelshöhen gefährdet die bisherige Ordnung und ist so bedeutungsvoll, dass das Universum darauf reagiert.[452]

(3) Der Vater Zacharias betont mehrfach, dass das Kind nicht von ihm abstammt: „Nicht durch mich und nicht durch euch wird Enišbai ein Kind gebären"[453]. Diese Spannung wird erst am Ende von Kapitel 18 aufgelöst: „Das Kind haben sie aus dem Becken des Jordan geholt und in den Leib der Enišbai gelegt"[454]. Auch Kapitel 32 geht auf die wundersame Geburt des Johannes ein.

Obwohl Johannes nicht der leibliche Sohn des Zacharias sein kann, wird ein ausführlicher Stammbaum angegeben, der auch einige bedeutende Personen mit einschließt,[455] so werden z. B. Mose und der Verfasser der Thora genannt.[456] Somit wird Johannes in eine lange Reihe von Propheten und Lehrern gestellt, was seine Autorität belegen soll. Entscheidend ist auch der Hinweis, alle Ahnen des Zacharias hätten weder

447 So *J* 18, S. 75,14; 78,6.
448 Ebd., S. 76,3; 77,19.24.
449 Ebd., S. 75,15 f.
450 Ebd., S. 75,25 und 76,1.
451 Ebd., S. 76,2; 77,23 f.
452 Ebd., S. 77,1 f.
453 Ebd., S. 80,3 f. 20 f.
454 Ebd., S. 82,14 f.
455 Vgl. *J* 18, S. 81 f.
456 Ebd.

Frauen noch Kinder gehabt, im Alter aber einen Sohn empfangen.[457] Auch die übernatürliche Herkunft des Johannes wird so in die Kontinuität vergangener Zeiten eingeordnet und verdeutlicht die Sonderstellung des Johannes.

(4) Kapitel 19 betont die enge Zugehörigkeit des Johannes zur Gottheit. Johannes rechtfertigt sich vor den Sieben (Planeten): Er hat in seinem Erdenleben keine Fehler begangen. Nach einem negativen Sündenbekenntnis müssen die Sieben und die Zwölf (Tierkreiszeichen) ihn grüßen, d. h. sie unterliegen seiner Macht. Johannes wird von der Gottheit als einzigartig gepriesen („und keinen gibt es, der dir gleiche")[458]. Er steht in einer langen Reihe der Häupter der mandäischen Zeitalterlehre und verfügt über eine ähnlich herausragende Stellung. Dies unterstreicht die Legitimation des Johannes gegenüber Christus. In Kapitel 20 wird Johannes weiter gepriesen; selbst die Sonne ist ihm untertan.[459]

(5) In Kapitel 20 findet sich eventuell ein Anklang an eine Begebenheit, von der die Evangelien berichten: Es wird erwähnt, dass Jesus zwischen zwei Verbrechern gekreuzigt wurde.[460] Nur der Evangelist Lukas berichtet von einem Gespräch dieser beiden Verbrecher mit Jesus. Während einer Jesus schmäht und ihn verhöhnt, weist der andere ihn zurecht und bittet Jesus: „Jesus, denke an mich, wenn du in dein Reich kommst!", worauf Jesus ihm das Paradies verspricht.[461] Hier bittet die Sonne Johannes, vor dem großen Leben, vor der Gottheit an sie zu denken. Johannes wird hier die gleiche Macht wie Jesus zuerkannt, nach seinem Tod für andere vor Gott einzutreten und ihnen so zur Glückseligkeit zu verhelfen.

(6) In Kapitel 22 beginnt die Rede des Johannes mit den Worten „Eine Stimme rief in die Welt". In den neutestamentlichen Berichten über Johannes den Täufer beginnt seine Verkündigung mit einem Zitat aus dem Propheten Jesaja: „Es ist die Stimme eines Predigers in der Wüste"[462]. Möglicherweise wird hier eine Erinnerung an diese Predigt verarbeitet. Johannes wird bei den Mandäern jedoch nicht als Vorläufer des Messias gesehen, sondern als eigenständiger Lehrer, der Jesu Lehren als falsch darstellt.

(7) In Kapitel 27 wird wieder die Einzigartigkeit des Johannes betont. Als selbstverständlich wird vorausgesetzt, dass Johannes größer ist als alle anderen Menschen, damit auch als alle anderen Lehrer, was seine Überlegenheit gegenüber Jesus als auch gegenüber Mohammed zum Ausdruck bringen soll. Selbst seine Stimme ist so gewaltig, dass von seinen Lehren Gebäude erbeben. Aus Angst vor weiteren Folgen wird Johannes gebeten, den Ort zu verlassen. Im Neuen Testament wird das Erschrecken vor Jesu Worten und Taten erwähnt,[463] auch die ausdrückliche Bitte, die Gegend zu

457 Ebd., S. 82,1 f.
458 Ebd., S. 83.
459 Ebd., S. 84 f.
460 Vgl. Mt 27,38; Mk 15,27; Joh 19,18.
461 Vgl. Lk 23,39 ff.
462 Vgl. Mt 3,3; Mk 1,3; Lk 3,4.
463 Vgl. Mt 8,27; 9,7 f.; 14,33 u. a.

verlassen, wird ausgesprochen.[464] Es ist davon auszugehen, dass die Mandäer Kenntnis von den christlichen Schriften hatten. Johannes wird so Jesus gleichgestellt; sein Auftreten ist so wirkmächtig wie Jesu Erscheinen.

(8) Hier wird auch die Unzerstörbarkeit des Johannes dargestellt: Weder durch Feuer noch durch Schwert kann ihm Schaden zugefügt werden.[465] Dieses Phänomen begegnet im Neuen Testament bei den Jüngern Jesu[466] und wird schon in den Psalmen verheißen.[467] Daniel und seine Gefährten nehmen keinen Schaden im Feuer,[468] und Daniel wird in der Grube von den Löwen verschont.[469] Auch der Apostel Paulus überlebt unverletzt einen Schlangenbiss.[470] Es ist anzunehmen, dass ähnliche Überlieferungen kursierten. Für Johannes werden sie in Anspruch genommen, um die gleiche Überlegenheit wie Jesus und die Christen zu erlangen.

(9) In Kapitel 30 wird eine lange Auseinandersetzung des Johannes mit Jesus berichtet. Jesus begehrt, von Johannes getauft zu werden und muss zunächst einer Reihe von Vorwürfen und Fragen standhalten. Schließlich tauft Johannes Jesus. Dies wird auch in den Evangelien erwähnt;[471] die Mandäer bilden aus diesen Berichten ihre eigene Überlieferung, in der Jesus als Lügenprophet dargestellt wird und seine Taufe durch das Erscheinen der Ruha, das Schlagen des Kreuzes und den vielfarbigen Jordan ungültig wird.[472] Eventuell ist mit dem Schlagen des Kreuzes bei einer Taufe ein konkreter christlicher Brauch aufgenommen, der hier negativ bewertet wird. So sollen die Berichte der Evangelien über Jesu Taufe durch Johannes erklärt werden: Die Tatsache dieser Taufe wird nicht geleugnet, doch die Taufe ist nicht gültig und somit wertlos; Johannes gewährte sie nur auf Befehl der Gottheit hin. So ist Johannes letztlich für diese Taufe nicht verantwortlich und hat mit ihr keinen Fehler begangen.

(10) Nach der ersten Bitte Jesu um die Taufe erhebt Johannes Vorwürfe gegenüber Jesus: er habe die Juden belogen und Priester betrogen und sei gegen sexuelle Handlungen seiner Anhänger. Er habe den Sabbat aufgelöst und durch Hörner oder durch den Šofar falsche Lehren verbreitet. Daraufhin weist Jesus diese Vorwürfe zurück und bittet wiederum um die Taufe.

Die Vorwürfe beinhalten eine Polemik gegen christliche Bräuche. Insbesondere die Ehelosigkeit und/oder Kinderlosigkeit von Christen wird verurteilt. Dies spiegelt vermutlich die Kenntnis von ehelosem Leben im Kloster wieder. Konkret wird dies im *Ginza* ausgeführt: „Preiset nicht den nichtigen Christus. (…) … er verführt Menschenkinder und bringt ihnen seine Weisheit bei. (…) Er macht sie zu ‚Gottesfürchtern‘ und ‚Gottesfürcherinnen‘ (…) ‚Heilige‘, ‚Gerechte‘ und ‚Gerechtinnen‘ nennt er

464 Ebd., Kap. 8,34.
465 Vgl. *J*, S. 96.
466 Vgl. Lk 10,19.
467 So Ps 91,13.
468 Vgl. Dan 3.
469 Vgl. Dan 6.
470 Vgl. Apg 28,3–6.
471 So Mt 3,1–17; Mk 1,9–11; Lk 3,21 f. ; Joh 1,29–34.
472 Vgl. *J*, S. 107 f.

sie. Sie verlassen ihre Häuser und werden Mönche und Nonnen. Sie hemmen ihren Samen von einander, die Frauen von den Männern und die Männer von den Frauen. Sie hemmen ihren Samen und ihre Nachkommenschaft von der Welt.“[473] Hierbei werden auch Juden erwähnt, die zum Christentum übertreten und Mönch werden. Eventuell wissen die Mandäer auch um die „Gottesfürchtigen“, die Heiden, die sich offen zum Judentum hielten, und beziehen sich hier auf diese: „Er betört Leute unter den Juden, macht sie zu ‚Gottesfürchtern‘ und zeigt ihnen Zaubererscheinungen, an die sie glauben. Er legt ihnen einen farbigen Rock an, er scheert ihnen eine Tonsur am Kopfe und bekleidet sie der Finsternis gleich. Am Sonntag halten sie ihre Hände still.“[474] In diesem Vorwurf an Jesus verbirgt sich die Ablehnung des mönchischen Lebens. Ehelosigkeit wird im Mandäismus als Vergehen und Schande angesehen.[475] Vor dem Umgang mit den ehelosen Christen wird gewarnt; die Mandäer werden ermahnt, zu heiraten und eine Familie zu gründen,[476] was bereits in Kapitel 24 des Johannesbuches angesprochen wird.[477]

(11) Der Vorwurf, Jesus habe den Sabbat aufgelöst, bezieht sich vermutlich auf biblische Berichte, nach denen Jesus am Sabbat Heilungen vollbrachte und seinen Jüngern erlaubte, Ähren auszuraufen.[478] Ferner dürften die Mandäer gewusst haben, dass Jesus sich über den Sabbat stellte: „Der Menschensohn ist Herr über den Sabbat“[479] und: „Der Sabbat ist um des Menschen willen geschaffen und nicht der Mensch um des Sabbats willen.“[480] Eventuell fußt darauf auch der Vorwurf, Jesus habe die Juden betrogen.

(12) Nachdem Jesus in Kapitel 30 Johannes zum zweiten Mal um die Taufe bittet, gibt Johannes ihm Rätsel auf: Er soll Erklärungen geben für unmögliche Vorgänge. Diese Vorgänge werden auch sonst im mandäischen Schrifttum erwähnt: Wie ein Stammler zum Gelehrten wird (vorausgesetzt ist, dass man, um Gelehrter zu werden, die Schriften laut vorlesen muss)[481], wie ein Blinder einen Brief schreiben kann, weiter, wie ein „wüstes Haus“ in die Höhe steigen und eine Witwe wieder zur Jungfrau werden kann, wie stinkendes Wasser schmackhaft[482] und ein Stein durch Öl weich werde.[483] Jesus weiß zwar Antworten und Lösungen, ihm wird auch nicht widersprochen, doch scheinen seine Aussagen nicht richtig zu sein. Im Anschluss wird er als Lügner bezeichnet, und die Forderung des Johannes „Wenn du mir hierfür eine Erklärung gibst, bist du ein weiser Messias“ ist nicht erfüllt, damit ist Jesus also kein weiser

473 So *G*, S. 49 f. in der Übersetzung Lidzbarskis.
474 Ebd., S. 50,22 ff.
475 So *G*, S. 136,16; 209,6; 227,26 f.; 270,27.35; 449,8.
476 Ebd., S. 61 f.
477 Vgl. *J*, S. 92,6 ff.
478 So Mt 12,1–14; Mk 2,23–3,6; Lk 6,1–11.
479 Lk 6,5.
480 Mk 2,27.
481 Vgl. *J*, S. 60,1.
482 Vgl. *G*, S. 217,1 f.
483 Ebd., S. 218,18 f.

Messias, sondern ein Lügenmessias.[484] Der Hoheitstitel ‚Messias' wird ausschließlich für Jesus gebraucht, Johannes wird so nicht bezeichnet, wohl um sich vom Christentum abzugrenzen.

(13) Bei der Taufe Jesu erscheint eine Taube, wie auch in den biblischen Berichten von Jesu Taufe durch Johannes im Jordan.[485] Doch hier erscheint Ruha in Gestalt einer Taube. Ruha gilt den Mandäern als böse, verführerische Macht,[486] sie wird oft als Mutter Christi[487] bezeichnet. Somit ist die Taufe ungültig; gleichzeitig wird geleugnet, dass bei Jesu Taufe der Heilige Geist aus Gottes Welt auf ihn herabkam. Damit wird eine Legitimation Jesu verneint; Johannes erscheint als der einzig wahre Helfer.

(14) Kapitel 31 birgt vermutlich eine weitere Erinnerung an die Figur des Täufers in der christlichen Tradition, wonach Johannes ehelos war. Dies wird aufgegriffen, und Johannes wird eine Frau zur Seite gestellt, sodass er eine Familie gründen kann und somit dem mandäischen Ideal entspricht. Hiermit kann einer Geringschätzung des Johannes entgegengewirkt werden, indem der Vorwurf, er habe keine Frau gehabt, entkräftet wird.

(15) Im abschließenden Kapitel 33 erbittet Christus von Johannes Auskunft über die Beschaffenheit der Seele. Johannes erweist sich auch hier als überlegen, denn er kann Christus belehren und hat somit einen höheren Wissensstand und größeren Einblick in die geistlichen Dinge.

---

484 So auch *G*, S. 28,28; 29,26; 47,16; 414,10.

485 Vgl. Mt 3,13–17; Mk 1,9–11; Lk 3,21 f.; Joh 1,32 ff.

486 Vgl. *G*, S. 221,1 ff.

487 So z. B. *J*, S. 186,17.20; *G*, S. 46,38 f.; 47,1 ff.; 49,3 ff.; 50,37 ff.; 52,5 f.; 190,3 ff.; 203,8 ff.; 224,23; 227,1 ff.; 228,1 ff.; 247,33 ff.; 248,8 f.; 255,1 ff.; 307,8 f.; 316,38; 323,23 f.; 437,12 f.

Kapitel 31

Umschrift

109,9 *Iahia dariš b-liluia Iuhana b-ramšia ḏ-lilia*
109,10 *Iahia dariš b-liluia u-amar garglia*
109,11 *u-markabata nad šamiš u-sira bakin u-ainẖ*
109,12 *ḏ-ruha dima natran u-amar Iahia damit*
109,13 *l-ṭura qalia ḏ-la-mapiq b-tibil simadria*
109,14 *damit l-nahra iabiša ḏ-šitlia ʿlẖ la-šatlia*
110,1 *damit l-baita haruba ḏ-kul ḏ-hazilẖ minẖ*
110,2 *dahil arqa ḏ-la-mara baita ʿhuit ḏ-litbẖ*
110,3 *hizua nbiha huit ḏ-ʿula ḏ-la-šabqit abatrak*
110,4 *dakar šuma man nizidak u-man nizaudak Iahia*
110,5 *u-man nasgia abatrak l-bit qubria kḏ haizin*
110,6 *šuma Iahia b-ainẖ ṣaralẖ dimihta dimihta*
110,7 *ṣaralẖ b-ainẖ u-amar basim ḏ-milgaṭ zaua*
110,8 *u-iaqir ḏ-mihuilia bnia ʿdilma lagiṭna zaua*
110,9 *u-atia šinta u-mitragaga ʿlai u-mbaṭilna*
110,10 *l-rahmai ḏ-lilia ʿdilma mitragaglia ragagta*
110,11 *u-minšinẖ l-marai mn ʿuṣrai ʿdilma mitragaglia*
110,12 *ragagta u-mbaṭilna rahmai ḏ-kul zban kḏ*
110,13 *haizin amar Iahia ʿngirta mn bit*
110,14 *Abatur atat Iahia alguṭ zaua u-ʿtkanan*
111,1 *u-hzia l-tibil mbaṭlatlẖ anpia atrin u-anpia*
111,2 *atlata arsak qadmaita hzia anpia arba*
111,3 *u-anpia hamša qumbun b-rahmak šania anpia*
111,4 *rahaṭia u-anpia šapta arsak qadmaita hzia*
111,5 *anpia habšaba u-anpia iuma qumbun b-rahmak*
111,6 *šania iuma ḏ-habšaba atlata l-guṭ u-tlata*
111,7 *šbuq l-guṭ tlata u-šbuq atlata u-hzia*
111,8 *l-tibil mbaṭlatlẖ nṣabulẖ zaua l-Iahia minik*
111,9 *mata ḏ-kušṭania b-karsa qadmaita handan*
111,10 *u-Šarat hun b-karsa miṣaita Bihram*
111,11 *u-Rhimat Hiia hun b-karsa batraita Nṣab*
111,12 *u-Sam u-Anhar ziua u-Šarat hun halin tlat*
111,13 *karsata b-gauik hurba ḏ-ʿurašlam Iahia*
111,14 *l-pumẖ pihtẖ u-l-Anhar ḏ-nimarlẖ b-ʿurašlam*

112,1 *anat alip bnatik ḏ-la-niudan u-ana ʿiapriš*
112,2 *u-ʿiasbar bnai ḏ-la-nistakrun Anhar l-pumẖ*
112,3 *ptahtẖ u-lẖ l-Iahia ḏ-timarlẖ b-ʿurašlam*
112,4 *amralẖ ana bnia b-tibil iadlit liba b-tibil*
112,5 *la-iadlit ʿu hauin u-mitarmidin nisqun l-atar*
112,6 *nhur ʿu la-hauin u-la-mitarmidin tiklinun nura*
112,7 *ḏ-iaqda Iahia l-pumẖ pihtẖ u-l-Anhar ḏ-nimarlẖ*
112,8 *b-ʿurašlam kḏ ana mn tibil napiqna amarlia*
112,9 *abatrai mahu ḏ-abdit amralẖ la-klana u-la-*
112,10 *šatiana alma ḏ-hazinalak l-dilak kadba*
112,11 *amart Anhar u-b-šiqra nipqat miniltik kḏ*
112,12 *iuma aiil u-iuma napiq anat aklit u-šatit*
112,13 *u-l-dilia minšiatlia mn ʿuṣrik ʿla šaltik*
112,14 *b-hiia rbia u-b-anpia iuma ḏ-iaqir šumẖ kḏ*
113,1 *ana mn tibil napiqna amarlia abatrai mahu*
113,2 *ḏ-abdit amralẖ la-ʿhup u-la-ʿsruq alma ḏ-*
113,3 *hazinalak l-dilak tum kadba amart Anhar*
113,4 *u-b-šiqra nipqat miniltik kḏ iahra aiil*
113,5 *u-iahra napiq anat haipit u-sarqit u-l-dilia*
113,6 *minišiatlia mn ʿuṣrik tum šaltik Anhar*
113,7 *b-arsa qadmaita ḏ-šakbinabẖ tartinan kḏ*
113,8 *ana mn pagrai napiqna amarlia abatrai*
113,9 *mahu ḏ-abdit amralẖ la-labšana lbušia*
113,10 *hadtia alma ḏ-hazianalak l-dilak tum kadba*
113,11 *amart Anhar u-b-šiqra nipqat miniltik*
113,12 *kḏ aila šita u-napqa šita anat labšit*
113,13 *lbušia hadtia u-l-dilia minšiatlia mn ʿuṣrik*
113,14 *amralẖ kma amratlia Iahia u-kma manqišatlẖ*
114,1 *l-kulẖ qumtai kḏ azlit ʿl ʿmat ḏ-atit ḏ-*
114,2 *ainai b-ainak naplan kḏ haita gniia b-šiul*
114,3 *u-zanga tlilẖ bit qubria kḏ ṣurta ṣaira*
114,4 *b-šiul u-napqa u-mašqin bit qubria kḏ*
114,5 *hiduta hadra b-šiul u-gnania gania bit*
114,6 *qubria kḏ šušbania maršin b-šiul u-purana*
114,7 *hauia bit qubria amralẖ hai marai haidin*
114,8 *hauia ḏ-haita gniia b-šiul u-zanga tlilẖ*
114,9 *bit qubria mʿ ṣairia ṣurta b-šiul u-napqia*
114,10 *u-mašqia bit qubria mʿ hadra hiduta*
114,11 *b-šiul u-gnania gania bit qubria mʿ maršin*
114,12 *šušbania b-šiul purana hauia bit qubria*
115,1 *amarlẖ kḏ iadit ḏ-haizin la-hauia l-mahu*
115,2 *mšailatlia ḏ-ʿmat atit ana azilna u-la-tina*
115,3 *ṭubẖ l-iuma ḏ-haziatlia ʿu mizal u-mitia hua*

115,4 *armalta b-tibil la-huat ʿu mizal u-mitia*
115,5 *hua iatimia b-tibil la-hun ʿu mizal u-mitia*
115,6 *hua rabania u-malpania b-tibil la-hun ʿu*
115,7 *mizal u-mitia hua naṣuraiia b-tibil la-hun*
115,8 *Anhar l-pumẖ ptahtẖ u-lẖ l-Iahia ḏ-timarlẖ*
115,9 *b-ʿurašlam zabnanak azga b-npiš u-gaṭranak*
115,10 *qabuta l-bit qubria Iahia l-pumẖ pihtẖ*
115,11 *u-l-Anhar ḏ-nimarlẖ b-ʿurašlam l-malik azga*
115,12 *ḏ-zabnit b-npiš u-qabuta ḏ-gaṭrit l-bit*
115,13 *qubria ḏ-mitrihṣit ḏ-atina ḏ-amrit ḏ-*
115,14 *hila la-napil ʿlẖ azga ḏ-zabnit b-npiš azil*
115,15 *l-hama ʿlauai ahub qabuta ḏ-gaṭrit l-bit*
116,1 *qubria azil masqata ʿlauai qrai Anhar*
116,2 *l-pumẖ ptahtẖ u-lẖ l-Iahia ḏ-timarlẖ b-ʿurašlam*
116,3 *anat azlit u-minšiatlia l-dilia u-mipsiqana b-dur*
116,4 *haṭia ʿu l-dilik minšinik ninišian daura*
116,5 *taqna ʿu l-dilik minšinik ainai b-Abatur la*
116,6 *naplan kḏ ana saliqna l-bit hiia šiaṭik*
116,7 *hauia bit qubria u-mšabin hiia u-hiia zakin*
116,8 *sa.*

Poetische Struktur und Übersetzung

*Iahia dariš b-lilu**ia***	Jahja lehrt in den Nächten,
*Iuhana b-ramšia ḏ-lil**ia***	Johannes an den Abenden der Nacht.
*Iahia dariš b-lilu**ia***	Jahja lehrt in den Nächten
u-amar	und spricht:
garglia u-markabata nad	Die Himmelssphären und die Himmelswagen erbebten.
šamiš u-sira bakin	Sonne und Mond weinten,
u-ainẖ ḏ-ruha dima natran	und die Augen des Windes lassen Tränen fließen.
u-amar	Und er sprach:
*Iahia damit l-ṭura qal**ia***	Jahja, du gleichst einem kahlen Berg,
*ḏ-la-mapiq b-tibil simadr**ia***	der keine Blüten hervorbringt auf der Erde.
*damit l-nahra iabiš**a***	Du gleichst einem ausgetrockneten Fluss,
*ḏ-šitlia ʿlẖ la-šatl**ia***	an dem man keine Pflanzen setzt.
*damit l-baita harub**a***	Du gleichst einem zerstörten Haus,
ḏ-kul ḏ-hazilẖ minẖ dahil	vor dem jeder, der es ansieht, erschrickt.
*arqa ḏ-la-mar**a***	Ein Land ohne Herr,
baita ʿhuit ḏ-litbẖ hizua	ein Haus ohne Ansehen bist du geworden.
*nbiha huit ḏ-ʿul**a***	Ein Lügenprophet bist du geworden,
*ḏ-la-šabqit abatrak dakar šum**a***	der keinen hinterlässt, der deines Namens gedenkt.

man nizidak u-man nizaudak Iahia	Wer rüstet dich aus, und wer stattet dich aus, Jahja,
u-man nasgia abatrak l-bit qubria	und wer wird hinter dir hergehen zum Friedhof?

kḏ haizin šuma Iahia	Als Jahja dies hörte,
b-ainẖ ṣaralẖ dimihta	bildete sich eine Träne in seinem Auge.
dimihta ṣaralẖ b-ainẖ	In seinem Auge bildete sich eine Träne,
u-amar	und er sprach:
*basim ḏ-milgaṭ za**ua***	Schön wäre es, eine Frau zu nehmen,
*u-iaqir ḏ-mihuilia bn**ia***	und wertvoll wäre es, Kinder zu haben.
*ʿdilma lagiṭna za**ua***	Doch womöglich nehme ich eine Frau,
u-atia šinta	und es kommt der Schlaf,
*u-mitragaga ʿ**lai***	und die Begierde kommt über mich,
*u-mbaṭilna l-rahmai ḏ-lil**ia***	und ich vergesse mein Nachtgebet.
*ʿdilma mitragaglia ragagt**a***	Womöglich überwältigt mich die Begierde,
*u-minšinẖ l-marai mn ʿuṣr**ai***	und ich vergesse meinen Herrn aus dem Sinn.
*ʿdilma mitragaglia ragagt**a***	Womöglich überwältigt mich die Begierde,
*u-mbaṭilna rahmai ḏ-kul zb**an***	und ich unterlasse ein Gebet für jede Zeit.

kḏ haizin amar Iahia	Als Jahja dies sagte,
ʿngirta mn bit Abatur atat	kam ein Brief aus dem Hause des Abatur:
*Iahia alguṭ zaua u-ʿtkan**an***	Jahja, nimm eine Frau und bilde einen Stamm
*u-hzia l-tibil mbaṭlatl**ẖ***	und sieh zu, dass du die Erde nichtig machst.
*anpia atrin u-anpia atlat**a***	In der zweiten und in der dritten Nacht
*arsak qadmaita hz**ia***	sieh dein erstes Lager an.
*anpia arba u-anpia hamš**a***	In der vierten und fünften Nacht
*qumbun b-rahmak šan**ia***	widme dich deinem erhabenen Gebet.
*anpia rahaṭia u-anpia šapt**a***	In der sechsten und siebten Nacht
*arsak qadmaita hz**ia***	sieh dein erstes Lager an.
*anpia habšaba u-anpia ium**a***	In der Nacht zum Sonntag und bei Tagesanbruch
*qumbun b-rahmak šan**ia***	widme dich deinem erhabenen Gebet.
*iuma ḏ-habšab**a***	Am Sonntag
atlata lguṭ u-tlata šbuq	nimm drei und lasse drei [weg].
*lguṭ tlata u-šbuq atlat**a***	Nimm drei und lasse drei [weg].
u-hzia l-tibil mbaṭlatlẖ	Und sieh zu, dass du die Erde nichtig machst.

nṣabulẖ zaua l-Iahia	Sie schufen eine Frau dem Jahja
minik mata ḏ-kušṭania	aus dir, dem Ort der Gerechten.
b-karsa qadmaita	Bei der ersten Schwangerschaft
*Handan u-Šarat h**un***	wurden Handan und Šarat geboren.
b-karsa miṣaita Bihram	Bei der zweiten Schwangerschaft wurden Bihram
*u-Rhimat hiia h**un***	und Rhimat-hiia geboren.
b-karsa batraita Nṣab u-Sam	Bei der dritten Schwangerschaft wurden Nṣab
*u-Anhar Ziua u-Šarat h**un***	und Sam und Anhar Ziua und Šarat geboren.

halin tlat karsata	Diese drei Schwangerschaften
*b-gauik hurba ḏ-ʿuraš**lam***	fanden in dir, Ruine Jerusalem, statt.

Iahia l-pumẖ pihtẖ	Jahja öffnete seinen Mund
*u-l-Anhar ḏ-nimarlẖ b-ʿuraš**lam***	und sprach zu Anhar in Jerusalem:
anat alip bnatik	Was dich anbetrifft: Unterrichte deine Töchter,
ḏ-la-niudan	dass sie nicht untergehen.
u-ana	Und was mich anbetrifft:
*ʿiapriš u-ʿiasbar bn**ai***	Ich werde aufklären und belehren meine Söhne,
ḏ-la-nistakrun	dass sie nicht aufgehalten werden.
*Anhar l-pumẖ ptaht**ẖ***	Anhar öffnete ihren Mund
u-lẖ l-Iahia ḏ-timarlẖ b-ʿurašlam	und sprach zu Jahja in Jerusalem,
amralẖ	und sie sprach zu ihm:
ana bnia	Was mich anbetrifft, ich habe Söhne
*b-tibil iadl**it***	auf der Erde geboren,
*liba b-tibil la-iadl**it***	[das] Herz habe ich nicht auf der Erde geboren.
*ʿu hauin u-mitarmid**in***	Wenn es geschieht, dass sie sich belehren lassen,
nisqun l-atar nhur	werden sie aufsteigen zum Ort des Lichtes.
ʿu la-hauin	Wenn es nicht geschieht, und sie lassen sich
*u-la-mitarmid**in***	nicht belehren,
*tiklinun nura ḏ-iaqd**a***	wird sie das brennende Feuer verzehren.

Iahia l-pumẖ pihtẖ	Jahja öffnete seinen Mund
u-l-Anhar ḏ-nimarlẖ b-ʿurašlam	und sprach zu Anhar in Jerusalem:
*kḏ ana mn tibil napiqn**a***	Wenn ich von der Erde weggehe,
amarlia abatrai mahu ḏ-abdit	sage mir, was du nach mir tun willst.
amralẖ	Sie sprach zu ihm:
*la-klana u-la šatian**a***	Ich werde nicht essen und ich werde nicht trinken,
alma ḏ-hazinalak l-dilak	bis ich dich wiedersehe.
kadba amart Anhar	Lüge hast du gesprochen, Anhar,
u-b-šiqra nipqat miniltik	und in Täuschung kam deine Rede heraus.
*kḏ iuma aiil u-iuma nap**iq***	Wenn ein Tag kommt und ein Tag vergeht,
anat aklit u-šatit	isst du und trinkst du,
*u-l-dilia minšiatlia mn ʿuṣ**rik***	und mich vergisst du aus deinem Sinn.
*ʿla šaltik b-hiia rb**ia***	Aber ich frage dich beim Großen Leben
*u-b-anpia iuma ḏ-iaqir šum**ẖ***	und beim Anbruch des Tages, dessen Name wertvoll ist:
kḏ ana mn tibil napiqna	Wenn ich von der Erde weggehe,
amarlia abatrai mahu ḏ-abdit	sage mir, was du nach mir tun wirst.
amralẖ	Sie sprach zu ihm:
la-ʿhup	Ich werde mich nicht waschen,
u-la-ʿsruq	und ich werde mich nicht kämmen,
alma ḏ-hazianalak l-dilak	bis ich dich wiedersehe.
tum kadba amart Anhar	Wiederum hast du Lüge gesprochen, Anhar,
u-b-šiqra nipqat miniltik	und in Täuschung kam deine Rede heraus.

*kḏ iahra aiil u-iahra nap**iq***	Wenn ein Monat kommt und ein Monat vergeht,
anat haipit u-sarqit	wäschst du dich und kämmst du dich,
*u-l-dilia minišiatlia mn ʿuṣr**ik***	und mich vergisst du aus deinem Sinn.
tum šaltik Anhar	Wiederum frage ich dich, Anhar,
b-arsa qadamaita ḏ-šakbinabẖ	bei dem ersten Lager, auf dem wir liegen:
tartinan kḏ ana mn pagrai napiqna	Wenn ich aus meinem Körper weggehe,
amarlia abatrai mahu ḏ-abdit	sage mir, was du nach mir tun wirst.
amralẖ	Sie sprach zu ihm:
la-labšana lbušia hadtia	Ich werde mich nicht mit neuen Kleidern kleiden,
alma ḏ-hazinalak l-dilak	bis ich dich wiedersehe.
tum kadba amart Anhar	Wiederum hast du Lüge gesprochen, Anhar,
*u-b-šiqra nipqat minilt**ik***	und in Täuschung kam deine Rede heraus.
kḏ aila šita u-napqa šita	Wenn ein Jahr kommt und ein Jahr vergeht,
anat labšit lbušia hadtia	kleidest du dich mit neuen Kleidern,
*u-l-dilia minšiatlia mn ʿuṣr**ik***	und mich vergisst du aus deinem Sinn.
amralẖ	Sie sprach zu ihm:
kma amratlia Iahia	Was sprichst du zu mir, Jahja,
u-kma manqišatlẖ l-kulẖ qumtai	und wie schlägst du ein auf meinen ganzen Körper!
kḏ azlit ʿl ʿmat ḏ-atit	Wenn du gehst, wann wirst du [wieder] kommen,
ḏ-ainai b-ainak naplan	dass meine Augen in deine Augen fallen?
kḏ haita gniia b-šiul	Wann hat eine Wöchnerin Niederkunft im Šeol,
*u-zanga tlilẖ bit qubr**ia***	und man hängt ihr eine Glocke auf dem Friedhof auf?
*kḏ ṣurta ṣaira **b-šiul***	Wann malt man ein Bild im Šeol,
*u-napqa u-mašqin bit qubr**ia***	und sie geht heraus,
	und man gibt ein Trinkgelage auf dem Friedhof?
*kḏ hiduta hadra **b-šiul***	Wann zieht eine Braut im Šeol umher,
u-gnania gania bit qubria	und man feiert Hochzeit auf dem Friedhof?
*kḏ šušbania maršin **b-šiul***	Wann leihen die Freunde des Bräutigams im Šeol,
*u-purana hauia bit qubr**ia***	und die Zurückzahlung wird auf dem Friedhof sein?
amralẖ	Sie sprach zu ihm:
*hai marai haidin hau**ia***	Wie, o mein Herr, soll dies geschehen?
ḏ-haita gniia b-šiul	dass eine Wöchnerin im Šeol Niederkunft hat
*u-zanga tlilẖ bit qubr**ia***	und man ihr eine Glocke auf dem Friedhof aufhängt?
*mʿ ṣairia ṣurta **b-šiul***	Malt man [denn] ein Bild im Šeol,
u-napqia u-mašqia	und geht man heraus und gibt ein Gelage
*bit qubr**ia***	auf dem Friedhof?
*mʿ hadra hiduta **b-šiul***	Zieht [denn] eine Braut im Šeol umher,
*u-gnania gania bit qubr**ia***	und feiert man Hochzeit auf dem Friedhof?
*mʿ maršin šušbania **b-šiul***	Leihen [denn] die Freunde des Bräutigams im Šeol,
*u-purana hauia bit qubr**ia***	und wird die Zurückzahlung auf dem Friedhof sein?
amarlẖ	Er sprach zu ihr:
kḏ iadit ḏ-haizin la-hauia	Wenn du weißt, dass dieses nicht geschieht,

l-mahu mšailatlia	was befragst du mich dann:
ḏ-ʿmat atit	Wann kommst du [wieder zurück]?
*ana azilna u-la-tin**a***	Ich gehe, und ich komme nicht [zurück].
ṭubẖ l-iuma ḏ-haziatlia	Wohl dem Tag, an dem du mich siehst!
*ʿu mizal u-mitia hu**a***	Wenn ein Gehen und [Wieder]Kommen wäre,
armalta b-tibil la-huat	gäbe es keine Witwe auf der Erde.
*ʿu mizal u-mitia hu**a***	Wenn ein Gehen und [Wieder]Kommen wäre,
*iatimia b-tibil la-**hun***	gäbe es keine Waisen auf der Erde.
*ʿu mizal u-mitia hu**a***	Wenn ein Gehen und [Wieder]Kommen wäre,
*rabania u-malpania b-tibil la-**hun***	gäbe es keine Meister und keine Lehrer auf der Erde.
*ʿu mizal u-mitia hu**a***	Wenn ein Gehen und [Wieder]Kommen wäre,
*naṣuraiia b-tibil la-**hun***	gäbe es keine Naṣoräer auf der Erde.
Anhar l-pumẖ ptahtẖ	Anhar öffnete ihren Mund
u-lẖ l-Iahia ḏ-timarlẖ b-ʿurašlam	und sprach zu Jahja in Jerusalem:
*zabnanak azga b-np**iš***	Ich werde dir eine Gruft für viel [Geld] kaufen,
u-gaṭranak qabuta	und ich werde dir einen Sarg zusammenfügen lassen
*l-bit qubr**ia***	für den Friedhof.
*Iahia l-pumẖ piht**ẖ***	Jahja öffnete seinen Mund
u-l-Anhar ḏ-nimarlẖ b-ʿurašlam	und sprach zu Anhar in Jerusalem:
*l-malik azga ḏ-zabnit b-np**iš***	Warum willst du mir eine Gruft für viel [Geld] kaufen
*u-qabuta ḏ-gaṭrit l-bit qubr**ia***	und einen Sarg für den Friedhof zusammenfügen lassen?
ḏ-mitrihṣit ḏ-atina ḏ-amrit	Glaubst du, dass ich [wieder] komme,
*ḏ-hila la-napil ʿl**ẖ***	dass du sagst: Staub soll nicht auf ihn fallen?
azga ḏ-zabnit b-npiš	Statt dass du eine Gruft für viel [Geld] für mich kaufst,
azil l-hama ʿlauai ahub	geh besser und verteile Brot um meinetwillen.
qabuta ḏ-gaṭrit	Statt dass du einen Sarg zusammenfügen lässt
*l-bit qubr**ia***	für den Friedhof,
*azil masqata ʿlauai qr**ai***	geh und lies *masqata* um meinetwillen.
*Anhar l-pumẖ ptaht**ẖ***	Anhar öffnete ihren Mund,
u-lẖ l-Iahia ḏ-timarlẖ b-ʿurašlam	sie sprach zu Jahja in Jerusalem:
*anat azlit u-minšiatlia l-dil**ia***	Du gehst hin, und du vergisst mich,
*u-mipsiqana b-dur hat**ia***	und ich werde abgeschnitten in der Wohnung der Sünder.
*ʿu l-dilik minšin**ik***	Wenn ich dich vergesse,
ninišian daura taqna	wird mich die dauerhafte Wohnung vergessen.
*ʿu l-dilik minšin**ik***	Wenn ich dich vergesse,
ainai b-Abatur la-naplan	werden meine Augen nicht auf Abatur fallen.
kḏ ana saliqna l-bit hiia	Wenn ich zum Haus des Lebens aufsteige,
šiaṭik hauia bit qubria	wird deine Totenklage auf dem Friedhof sein.
u-mšabin hiia	Gelobt sei das Leben,
u-hiia zakin	und das Leben ist siegreich.
sa.	

Bemerkungen zu Textkritik und Übersetzung

109,11	*nad*, Singularverbform für den Plural, vgl. *Handbook*, S. 112;
109 f.	*u-ainh̲ d̲-ruha*, Suffix maskulin 3. Ps. Sg.. statt Suffix feminin 3. Ps. Sg., vgl. *Handbook*, S. 15;
109,12	*ruha* – übersetze ich hier mit ‚Wind';
110,3	*ʿhuit* – ich lese mit den Varianten A, C und D *huit*;
110,4	*dakar*, Wechsel von *z* zu *d*, vgl. *Handbook*, S. 160;
110,14	*alguṭ*, Imperativ von LGṬ – _nehmen' mit Vorschlagsvokal;
111,2	*atlata*, Zahl ‚drei' mit ausgeschriebenem Vorschlagsvokal.

Gliederung des Textes

Auf den einleitenden Dreizeiler der Nachtgesänge des Jahja und das Rubrum *u-amar* folgt ein Dreizeiler. Ein weiteres Rubrum leitet über in einen Abschnitt, der dreizehn Zeilen umfasst und in welchem die Autorität des Johannes aufgrund seiner Kinderlosigkeit in Frage gestellt wird. Ein Dreizeiler sowie eine erneutes Rubrum leiten über zu der Antwort des Johannes, die zehn Zeilen umfasst und gelegentlich Endreime aufweist. Darauf folgt ein neuer Abschnitt mit zweiundzwanzig Zeilen, in dem Johannes von einem himmlischen Wesen befohlen wird, eine Familie zu gründen; an diesen Befehl schließt sich eine Art ‚Katechismus' für mandäisches Eheleben an. Darauf folgt ein neuer sechszeiliger Abschnitt, der, von Johannes gesprochen, einleitend die Belehrung der Kinder thematisiert. Ein Rubrum leitet zur ebenfalls sechszeiligen Antwort seiner Ehefrau über. Der letzte Abschnitt weist wiederum Endreime auf. Ein weiterer Teil des Kapitels thematisiert den nahenden Tod des Johannes.

Interpretation

Nach der Einleitungsformal zu den *Nachtgesängen* des Johannes leitet das Rubrum *u-amar* – ‚und er sprach' zu einer dreizeiligen Schilderung über.

garglia u-markabata nad	Die Himmelssphären und die Himmelswagen erbebten,
šamiš u-sira bakin	Sonne und Mond weinten,
u-ainh̲ d̲-ruha dima natran	und die Augen des Windes lassen Tränen fließen.

Das Weltgefüge bebt, Sonne und Mond trauern, und der Wind vergießt Tränen. Ich übersetze hier *ruha* mit ‚Wind'.[488] Die geschilderte Erregung bezieht sich nur auf das Weltgefüge, nicht auf außerirdische Wesen wie Dämonen, z. B. *Ruha*, den bösen Geist, der die Mandäer bedroht. Die Welt bebt, weil im folgenden Johannes stark angegriffen wird.

488 Vgl. den Abschnitt *Bemerkungen zu Textkritik und Übersetzung* zu diesem Kapitel.

u-amar	Und er sprach:
Iahia damit l-ṭura qalia	Jahja, du gleichst einem kahlen Berg,
ḏ-la-mapiq b-tibil simadria	der keine Blüten hervorbringt auf der Erde.
damit l-nahra iabiša	Du gleichst einem ausgetrockneten Fluss,
ḏ-šitlia ʿlẖ la-šatlia	an dem man keine Pflanzen setzt.
damit l-baita haruba	Du gleichst einem zerstörten Haus,
ḏ-kul ḏ-hazilẖ minẖ dahil	vor dem jeder erschrickt, der es ansieht.
arqa ḏ-la-mara	Ein Land ohne Herr,
baita ʿhuit ḏ-litbẖ hizua	ein Haus ohne Ansehen bist du geworden.
nbiha huit ḏ-ʿula	Ein Lügenprophet bist du geworden,
ḏ-la-šabqit abatrak dakar šuma	der keinen hinterlässt, der deines Namens gedenkt.
man nizidak u-man nizaudak Iahia	Wer rüstet dich aus, und wer stattet dich aus, Jahja,
u-man nasgia abatrak l-bit qubria	und wer wird hinter dir hergehen zum Friedhof?

Johannes wird hier angegriffen, weil er keine Kinder hat. Im Mandäismus zählt es zu den Pflichten eines Mannes, eine Familie zu gründen und Kinder zu haben.[489] Dies wird bereits im *Ginza* erwähnt:

> O ihr Männer, die ihr Frauen nehmet, o ihr Frauen, die ihr an Männer kommet, o ihr Männer, die ihr Frauen nehmet! Zeuget und bekommet Kinder. Wenn ihr keine zeuget und keine bekommet, so ertraget die Krankheit am Lager.[490]

Doch Johannes hat bisher wie in Kapitel 23 f. vor dem leichtsinnigen Umgang mit Frauen gewarnt und strenge Moralvorschriften erhoben. Nun wird er beschuldigt, aufgrund seiner eigenen Lehre kein rechter Mandäer zu sein. Sogar der Vorwurf, er sei ein falscher Prophet, wird ihm nicht erspart. Auch dieser Vorwurf steht im Zusammenhang mit der Kinderlosigkeit des Johannes. Mit einigen desolaten Gebieten wird er verglichen; mit einem kahlen Berg ohne Pflanzen, mit einem Haus ohne Herrn, mit einem Fluss ohne Wasser.

Das Bild ‚ausgetrockneter Fluss' begegnet auch im *Ginza*, auch hier bezeichnenderweise im Zusammenhang mit Kinderlosigkeit:

> Doch sehet den trocknen Fluß, in dem kein Wasser hinzieht. Er trocknet aus, und die Bäume an seinem Ufer vertrocknen und sterben hin. Ebenso vertrocknen und sterben hin die Seelen der Junggesellen und Jungfrauen, der Männer, die keine Frauen, und der Frauen, die keine Männer suchen. Wenn sie ihren Körper verlassen, erhalten sie ihren Sitz in finsterem Gewölk.[491]

Generell gilt Kinderlosigkeit als negativ.[492] Die Seelen der Kinderlosen haben es schwer, ins Lichtreich aufzusteigen. Denn es ist Aufgabe des Ehepartners und der Kinder, für den Verstorbenen Hymnen und Gebete zu verrichten, um seine Seele auf

489 Vgl. Drower: *MII*, S. 41, 59.
490 Vgl. *G*, S. 24,3 ff.
491 Vgl. *G*, S. 61,28 f.; 62,1 f.
492 Ebd., 10,6 f.

dem Weg zum Licht zu unterstützen. Wer aber soll die Bestattungszeremonien für Johannes gestalten, wenn er weder Frau noch Kinder hat? Ohne die Seelenaufstiegszeremonie (*masiqta*)[493] ist es unmöglich, zum Lichtort emporzusteigen. Eventuell spiegeln all diese Vorwürfe wider, dass Johannes in der mandäischen Gemeinde als Autorität nicht unumstritten war, wird er doch im *Ginza* kaum und in den Liturgien gar nicht genannt.

kḏ haizin šuma Iahia	Als Jahja dies hörte,
b-ainẖ ṣaralẖ dimihta	bildete sich eine Träne in seinem Auge.
dimihta ṣaralẖ b-ainẖ	Eine Träne bildete sich in seinem Auge,
u-amar	und er sprach:
basim ḏ-milgaṭ zaua	Schön wäre es, eine Frau zu nehmen,
u-iaqir ḏ-mihuilia bnia	und wertvoll wäre es, Kinder zu haben.
ʿdilma lagiṭna zaua	Aber womöglich nehme ich eine Frau,
u-atia šinta u-mitragaga ʿlai	und es kommt der Schlaf,
	und die Begierde kommt über mich,
u-mbaṭilna l-rahmai ḏ-lilia	und ich vergesse mein Nachtgebet.
ʿdilma mitragaglia ragagta	Womöglich überwältigt mich die Begierde,
u-minšinẖ l-marai mn ʿuṣrai	und ich vergesse meinen Herrn aus meinem Sinn.
ʿdilma mitragaglia ragagta	Womöglich überwältigt mich die Begierde,
u-mbaṭilna rahmai ḏ-kul zban	und ich unterlasse ein Gebet für jede Zeit.

Johannes reagiert auf diese Vorwürfe verständlicherweise mit Trauer. Kapitel 19 beschreibt die Rechtgläubigkeit des Johannes und sein korrektes Leben damit, dass er die Riten stets beachtet und durchgeführt hat, eine Art negatives Sündenbekenntnis.[494] Nun aber nennt er seine Gründe, aus denen er bisher nicht geheiratet hat: Er befürchtet, über dem Schlaf oder der Lust seine Nachtgebete zu vergessen oder die Riten nicht korrekt auszuführen bzw. zu selten zu vollziehen. Die schlimmste Befürchtung, die er äußert, ist, dass er seinen Herrn, also den Lichtkönig, von dem er in die Welt gesandt ist, vergessen könnte. Das käme einem Abfall von der mandäischen Religion gleich und erinnert etwas an das Perlenlied:[495] Auch hier wird ein Königssohn in die Fremde gesandt, um eine Perle zu holen. Doch, einmal weg von der Heimat, vergisst er den Auftrag seiner Eltern und schläft ein. Er muss erst wieder geweckt und an seinen Auftrag erinnert werden, um ihn anschließend erfolgreich ausführen zu können. Das Wecken geschieht durch einen Brief der Eltern.[496]

493 Lidzbarski übersetzt ‚Totenmessen'. Gemeint ist hier jedoch ein ausschließlich mandäischer Brauch und kein christlicher Gottesdienst anlässlich des Todes eines Menschen, weshalb ich auch das mandäische Wort hierfür stehenlassen möchte.

494 Vgl. *J* 19; S. 82 ff.

495 Vgl. K. Beyer: Das syrische Perlenlied, in: *ZDMG* 140.2 (1990), S. 234–259.

496 Man vergleiche die wichtige Funktion von Briefen aus der unsichtbaren Welt im Mandäismus, besonders im *Johannesbuch*.

Johannes ist zwar nicht eingeschlafen, doch er hat eine mandäische Pflicht vernachlässigt. Eventuell steht hier auch die biblische Überlieferung im Hintergrund, nach der Johannes weder Frau noch Kinder hatte.

Hier, im mandäischen Kontext, sehnt er sich zwar nach einer Familie, befürchtet jedoch, dass er sich dann nicht mehr so intensiv seiner Religion widmen kann.

kḏ haizin amar Iahia	Als Jahja dies sagte,
ʿngirta mn bit Abatur atat	kam ein Brief aus dem Haus des Abatur:
Iahia alguṭ zaua u-ʿtkanan	Jahja, nimm eine Frau und bilde einen Stamm
u-hzia l-tibil mbaṭlatlẖ	und sieh zu, dass du die Erde nichtig machst.
anpia atrin u-anpia atlata	In der zweiten Nacht und in der dritten Nacht
arsak qadmaita hzia	sieh dein erstes Lager an.
anpia arba u-anpia hamša	In der vierten Nacht und in der fünften Nacht
qumbun b-rahmak šania	widme dich deinem erhabenen Gebet.
anpia rahaṭia u-anpia šapta	In der sechsten Nacht und in der siebten Nacht
arsak qadmaita hzia	sieh dein erstes Lager an.
anpia habšaba u-anpia iuma	In der Nacht zum Sonntag und bei Tagesanbruch
qumbun b-rahmak šania	widme dich deinem erhabenen Gebet.
iuma ḏ-habšaba	Am Sonntag:
atlata lguṭ u-tlata šbuq	Nimm drei und lasse drei [weg],
lguṭ tlata u-šbuq atlata	nimm drei und lasse drei [weg]
u-hzia l-tibil mbaṭlatlẖ	und sieh zu, dass du die Erde nichtig machst.

Ein Brief aus der oberen Welt erlaubt Johannes ausdrücklich, ja, befiehlt ihm sogar, zu heiraten. Dieses Gebot wird in den ersten vier Zeilen dieses Abschnittes ausgesprochen; die letzte Zeile enthält eine Warnung, er solle sich von der Erde nicht beeinträchtigen lassen, d. h. keiner Versuchung nachgeben. Auf diese vier Zeilen folgen allgemeine Anweisungen, die wohl für jeden Mandäer gelten sollen. Es wird geregelt, wann zu beten und wann es erlaubt ist, Geschlechtsverkehr mit seiner Frau zu haben. Beim Tagesanbruch sollen alle Männer im Gebet verharren, um dann auch die vorgeschriebenen Riten zu vollziehen. Am Sonntag dürfen drei Gebete oder Tauchbäder ausgelassen werden. Dass dieser Brauch auf Johannes zurückgeführt wird, ist nicht verwunderlich, gilt er doch als eine Art Reformator der Mandäer.[497]

nṣabulẖ zaua l-Iahia	Sie schufen dem Jahja eine Frau
minik mata ḏ-kušṭania	aus dir, dem Ort der Gerechten.
b-karsa qadmaita	Bei der ersten Schwangerschaft
Handan u-Šarat hun	wurden Handan und Šarat geboren.
b-karsa miṣaita	Bei der zweiten Schwangerschaft
Bihram u-Rhimat Hiia hun	wurden Bihram und Rhimat-Hiia geboren.
b-karsa batraita Nṣab u Sam	Bei der dritten Schwangerschaft wurden Nṣab und Sam
u-Anhar Ziua u-Šarat hun	und Anhar-Ziua und Šarat geboren.

497 Vgl. Drower: *MII*, S. 3.

halin tlat karsata	Diese drei Schwangerschaften
b-gauik hurba ḏ-ʿurašlam	fanden in dir, Ruine Jerusalem, statt.

Aus dem Ort der Wahrheit, also einem Platz in der Lichtwelt, wird Johannes eine Frau gebildet. Er heiratet sie, und sie wird dreimal von ihm schwanger. Vermutlich ist der Text hier erweitert worden, und ursprünglich ist, dass Anhar, die Frau des Johannes, dreimal Zwillinge geboren hat, jedes Mal einen Jungen und ein Mädchen. Dass bei der letzten Schwangerschaft vier Kindernamen erwähnt werden, halte ich für eine sekundäre Erweiterung, denn Šarat z. B. wird hier bereits zum zweiten Mal genannt. Nun also hat Johannes Kinder, die seiner Seele zum Aufstieg in das Lichtreich verhelfen können, wenn er gestorben ist, indem sie die Bestattungsriten vollziehen. Der Vorwurf, er sei ein falscher Prophet, ist damit abgewehrt.

Iahia l-pumh̲ pihth̲	Jahja öffnet seinen Mund
u-l-Anhar ḏ-nimarlh̲ b-ʿurašlam	und spricht zu Anhar in Jerusalem:
anat alip bnatik	Was dich anbetrifft, unterrichte deine Töchter,
ḏ-la-niudan	dass sie nicht untergehen,
u-ana ʿiapriš u-ʿiasbar	und was mich anbetrifft,
bnai,	ich werde meine Söhne aufklären und belehren,
ḏ-la-nistakrun	dass sie nicht aufgehalten werden.
Anhar l-pumh̲ ptahth̲	Anhar öffnete ihren Mund
u-lh̲ l-Iahia ḏ-timarlh̲ b-ʿurašlam	und sprach zu Jahja in Jerusalem;
amralh̲	sie sprach zu ihm:
ana bnia	Was mich anbetrifft, ich habe Söhne geboren
b-tibil iadlit	auf der Erde,
liba b-tibil la-iadlit	[das] Herz habe ich nicht auf der Erde geboren.
ʿu hauin u-mitarmidin	Wenn es geschieht, dass sie sich belehren lassen,
nisqun l-atar nhur	werden sie aufsteigen zum Ort des Lichts.
ʿu la-hauin u-la-mitarmidin	Wenn es nicht geschieht, dass sie sich belehren lassen,
tiklinun nura ḏ-iaqda	wird sie das brennende Feuer verzehren.

In diesem Abschnitt ist die Erziehung der Kinder das Thema. Johannes fordert seine Frau auf, ihre Töchter zu erziehen, er will seine Söhne unterrichten. Die Verbform *u-ʿiasbar* ist vermutlich später eingefügt worden. Demnach wäre es bei den Mandäern Sitte, dass die Frau die Mädchen, der Mann die Knaben belehrt. Die Belehrung findet über religiöse Dinge statt, wie dieser Abschnitt zeigt: Es geht um die richtige religiöse Erziehung der Kinder. Anhar weiß, dass ihre Kinder nur dann zum Lichtort aufsteigen werden, wenn sie die mandäische Lehre annehmen und ihre Riten korrekt praktizieren. Kinder hat sie auf der Erde geboren, doch deren Herz stammt nicht von der Erde. Es kommt aus der Lichtwelt und ist der göttliche Lichtfunke, der jedem Menschen innewohnt. Folgen die Kinder diesem Licht, so werden sie zur Glückseligkeit gelangen;

folgen sie ihm nicht, so werden sie wie alle anderen Anders- oder Ungläubigen verdammt werden.[498] Mandäismus kann also nicht ‚vererbt' werden; jeder muss sich im Lauf seines Lebens für die ‚richtige' Religion entscheiden, und dies gilt selbst für die Kinder des Johannes. Auch im *Ginza* ist die Rede von der Unterweisung der Kinder:

> Wenn ihr Kinder erhaltet und sie am Leben bleiben, so lehret sie, sobald sie sich aufs Wissen verstehen, die rechte Weisheit und lasset sie den Weg der Kušṭa wandeln. Wenn ihr sie nicht unterweiset und belehret, werdet ihr im Gerichtshofe verurteilt werden. Wenn ihr sie belehret, sie aber nicht lernen wollen, werden sie wegen ihrer eigenen Sünden zur Rechenschaft gezogen werden.[499]

Iahia l-pumẖ pihtẖ	Jahja öffnete seinen Mund
u-l-Anhar ḏ-nimarlẖ b-ʿurašlam	und sprach zu Anhar in Jerusalem:
kḏ ana mn tibil napiqna	Wenn ich von der Erde weggehe,
amarlia abatrai mahu ḏ-abdit	sage mir, was du nach mir tun wirst.
amralẖ	Sie sprach zu ihm:
la-klana u-la šatiana	Ich werde nicht essen und nicht trinken,
alma ḏ-hazinalak l-dilak	bis ich dich wiedersehe.
kadba amart Anhar	Lüge hast du gesprochen, Anhar
u-b-šiqra nipqat miniltik	und in Täuschung kam deine Rede heraus.
kḏ iuma aiil u-iuma napiq	Wenn ein Tag kommt und ein Tag vergeht,
anat aklit u-šatit	isst du und trinkst du,
u-l-dilia minšiatlia mn ʿuṣrik	und mich vergisst du aus deinem Sinn.
ʿla šaltik b-hiia rbia	Aber ich frage dich beim Großen Leben
u-b-anpia iuma ḏ-iaqir šumẖ	und beim Anbruch des Tages, dessen Name wertvoll ist:
kḏ ana mn tibil napiqna	Wenn ich von der Erde weggehe,
amarlia abatrai mahu ḏ-abdit	sage mir, was du nach mir tun wirst.

Wiederum beginnt ein neues Thema: Johannes stellt seiner Frau die Frage, was sie nach seinem Tod tun wird. Sie begreift zunächst nicht, dass er von seinem Tod spricht, sondern meint, er wolle nur für eine Zeitlang weggehen und dann wiederkommen. Sie verspricht ihm, einen Tag lang zu fasten, bis er wiederkommt. Doch dies ist nicht möglich, und Johannes weist sie zurecht: Er kann nicht nach einem Tag zurückkehren, wenn er gestorben ist. Seine Frage nimmt nun beschwörenden Charakter an, als er sie wiederholt: Was wirst du nach mir bzw. nachdem ich gestorben bin tun?

amralẖ	Sie sprach zu ihm:
la-ʿhup u-la-ʿsruq	Ich werde mich nicht waschen und nicht kämmen,
alma ḏ-hazinalak l-dilak	bis ich dich wiedersehe.
tum kadba amart Anhar	Wiederum hast du Lüge gesprochen, Anhar,
u-b-šiqra nipqat miniltik	und in Täuschung kam deine Rede heraus.

498 Vgl. in *J* 30 das Schicksal Jesu.
499 Vgl. *G*, S. 24,3 ff.

kḏ iahra aiil u-iahra napiq	Wenn ein Monat kommt und ein Monat vergeht,
anat haipit u-sarqit	wäschst du dich und kämmst du dich,
u-l-dilia minšiatlia mn ʿuṣrik	und mich vergisst du aus deinem Sinn.
tum šaltik Anhar	Wiederum frage ich dich, Anhar,
b-arsa qadmaita ḏ-šakbinabẖ tartinan	bei dem ersten Lager, auf dem wir beide liegen:
kḏ ana mn pagrai napiqna	Wenn ich aus meinem Körper weggehe,
amarlia abatrai mahu ḏ-abdit	sage mir, was du nach mir tun wirst.
amralẖ	Sie sprach zu ihm:
la-labšana lbušia hadtia	Ich werde mich nicht mit neuen Kleidern bekleiden,
alma ḏ-hazinalak l-dilak	bis ich dich wiedersehe.
tum kadba amart Anhar	Wiederum hast du Lüge gesprochen, Anhar,
u-b-šiqra nipqat miniltik	und in Täuschung kam deine Rede heraus.
kḏ aila šita u-napqa šita	Wenn ein Jahr kommt und ein Jahr vergeht,
anat labšit lbušia hadtia	bekleidest du dich mit neuen Kleidern,
u-l-dilia minšiatlia mn ʿuṣrik	und mich vergisst du aus deinem Sinn.

Die erste Antwort dieses Abschnittes, die Anhar gibt, bezieht sich wiederum auf eine falsche Zeitspanne: Sie geht davon aus, dass er nur einen Monat weg sein wird – die Zeiträume werden im folgenden noch gesteigert –, und verspricht ihm, sich in dieser Zeit aus Trauer über die Trennung und aus asketischen Gründen nicht zu waschen. Johannes weist diese Antwort erneut zurück und befragt sie zum dritten Mal. Nun nimmt sie an, er werde für ein Jahr weggehen, und verspricht ihm, sich in dieser Zeit nicht mit neuen Kleidern zu kleiden. Doch auch diese Antwort weist Johannes zurück: Er weiß, dass die Trennung für immer sein wird; er kann nicht wieder aus der Lichtwelt zurückkommen, wenn er einmal zu ihr gelangt ist. Somit sind alle drei Antworten der Anhar falsch, weil sie voraussetzen, dass Johannes wiederkommt. Doch er wird nicht wieder zurückkehren, weder nach einem Tag, noch nach einem Monat, noch nach einem Jahr. Dass sie Jahja vergessen könnte, steht im Kontrast zu seinen eigenen Befürchtungen: „Wenn ich nur nicht meinen Herrn aus meinem Sinn vergesse …". Dieses Vergessen hätte zur Folge, dass er nicht in die Lichtwelt aufsteigen könnte. Vermutlich wird hier befürchtet, dass Anhar das gleiche Schicksal droht, wenn sie Johannes vergisst, Johannes, den Lehrer, die Lichtgestalt.

amralẖ	Sie sprach zu ihm:
kma amratlia Iahia	Was sagst du mir, Jahja,
u-kma manqišatlẖ l-kulẖ qumtai	und wie schlägst du auf meinen ganzen Körper ein!
kḏ azlit ʿl ʿmat ḏ-atit	Wenn du gehst – wann wirst du zurückkommen,
ḏ-ainai b-ainak naplan	dass meine Augen in deine Augen fallen?
kḏ haita gniia b-šiul	Wann hat eine Wöchnerin Niederkunft im Šeol,
u-zanga tlilẖ bit qubria	und man hängt ihr eine Glocke auf dem Friedhof auf?
kḏ ṣurta ṣaira b-šiul	Wann malt man ein Bild im Šeol,
u-napqa	und sie geht heraus,
u-mašqin bit qubria	und man gibt ein Trinkgelage auf dem Friedhof?
kḏ hiduta hadra b-šiul	Wann zieht eine Braut im Šeol umher,

u-gnania gania bit qubria	und man feiert Hochzeit auf dem Friedhof?
kḏ šušbania maršin b-šiul	Wann leihen die Freunde des Bräutigams im Šeol,
u-purana hauia bit qubria	und die Zurückzahlung wird auf dem Friedhof sein?

Nun hat Anhar verstanden, dass Johannes nicht von einem Weggehen mit anschließendem Zurückkehren spricht. Sie empfindet dies als Qual und fragt Johannes nun ausdrücklich, wann er zurückkäme. Er antwortet in vier Rätseln, die sich auf unmögliche Tatsachen beziehen, um ihr verständlich zu machen, dass er nicht mehr zurückkommen kann. Das Thema seines Todes wird hier aus den Kapiteln 21 und 26 wieder aufgenommen.

amralẖ	Sie sprach zu ihm:
hai marai haidin hauia	O mein Herr, wie soll das geschehen?
ḏ-haita gniia b-šiul	Dass eine Wöchnerin im Šeol Niederkunft hat
u-zanga tliḻẖ bit qubria	und man ihr eine Glocke auf dem Friedhof aufhängt?
mʿ ṣairia ṣurta b-šiul	Malt man [denn] ein Bild im Šeol,
u-napqia u-mašqia bit qubria	und geht man heraus und gibt ein Trinkgelage auf dem Friedhof?
mʿ hadra hiduta b-šiul	Zieht [denn] eine Braut im Šeol umher,
u-gnania gania bit qubria	und feiert man Hochzeit auf dem Friedhof?
mʿ maršin šušbania b-šiul	Leihen [denn] die Freunde des Bräutigams im Šeol,
u-purana hauia bit qubria	und wird die Zurückzahlung auf dem Friedhof sein?

Anhar versteht die Rätsel als unmögliche Vorgänge. Ihre Fragen „Wie soll das geschehen?“ sind rhetorischer Art. Sie ahnt schon, dass Johannes nicht mehr wiederkommen wird, wenn er einmal gegangen ist.

amarlẖ	Er sprach zu ihr:
kḏ iadit ḏ-haizin la-hauia	Wenn du weißt, dass dies [alles] nicht geschieht,
l-mahu mšailatlia	was befragst du mich dann:
ḏ-ʿmat atit	Wann kommst du [wieder zurück]?
ana azilna u-la-tina	Ich gehe, und ich komme nicht [zurück].
ṭubẖ l-iuma ḏ-haziatlia	Wohl dem Tag, an dem du mich siehst!
ʿu mizal u-mitia hua	Wenn ein Gehen und [Wieder-]Kommen wäre,
armalta b-tibil la-huat	gäbe es keine Witwe auf der Erde.
ʿu mizal u-mitia hua	Wenn ein Gehen und [Wieder-]Kommen wäre,
iatimia b-tibil la-hun	gäbe es keine Waisen auf der Erde.
ʿu mizal u-mitia hua	Wenn ein Gehen und [Wieder-]Kommen wäre,
rabania u-malpania b-tibil la-hun	gäbe es keine Meister und keine Lehrer auf der Erde.
ʿu mizal u-mitia hua	Wenn ein Gehen und [Wieder-]Kommen wäre,
naṣuraiia b-tibil la-hun	gäbe es keine Naṣoräer auf der Erde.

Johannes bestätigt dies in seiner Antwort: Es gibt kein Hingehen und Wiederkommen. Wer in die Lichtwelt gelangt ist, der kehrt nicht mehr auf die Erde zurück. Er verdeutlicht dies an verschiedenen Beispielen: Wäre es möglich, aus der Lichtwelt zurückzukehren, so gäbe es weder Witwen noch Waisen auf der Welt, denn ihre Eltern wären bzw. ihre Ehemänner wären zurückgekommen, um sich um sie zu kümmern. Es gäbe dann auch keine Naṣoräer, d. i. die Selbstbezeichnung der Mandäer, auf der Erde, denn sie wären schon lange auf dem Weg in die Lichtwelt, wenn es ihnen erlaubt wäre, frühzeitig aus dem irdischen Leben zu scheiden. Damit zeigt Johannes endgültig, dass hier von seinem Tod die Rede ist und nicht von einem irdischen Weggehen an einen anderen Ort für eine gewisse Zeit.

Anhar l-pumẖ ptahtẖ	Anhar öffnete ihren Mund
u-lẖ l-Iahia ḏ-timarlẖ b-ʿurašlam	und sprach zu Jahja in Jerusalem:
zabnanak azga b-npiš	Ich werde dir eine Gruft um viel [Geld] kaufen
u-gaṭranak qabuta	und dir einen Sarg zusammenfügen lassen
l-bit qubria	für den Friedhof.

Anhar verspricht daraufhin Johannes, für ein feierliches Begräbnis zu sorgen, wenn er stirbt. Er soll einen Sarg und eine teure Gruft haben, in der er bestattet werden wird. Doch Trauer- und Bestattungsriten sind bei den Mandäern verpönt. Es ist auch nach dem Tod eines Menschen nicht erlaubt, zu weinen, sich Asche auf den Kopf zu streuen oder die Kleider zu zerreißen. Dies ist sicher zum Teil Abgrenzung gegenüber dem Judentum, zum Teil aber auch Anpassung an den Islam. Die meisten Mandäer lehnen es auch ab, ein richtiges Grab zu besitzen, denn dies würde nur ihrem sterblichen Leib, nicht aber ihrer unsterblichen Seele zum Gedächtnis dienen.

Iahia -lpumẖ pihtẖ	Jahja öffnete seinen Mund
u-l-Anhar ḏ-nimarlẖ b-ʿurašlam	und sprach zu Anhar in Jerusalem:
l-malik azga ḏ-zabnit b-npiš	Warum willst du mir eine Gruft für viel [Geld] kaufen
u-qabuta ḏ-gaṭrit l-bit qubria	und einen Sarg für den Friedhof zusammenfügen lassen?
ḏ-mitrihṣit ḏ-atina ḏ-amrit	Glaubst du, dass ich [wieder-]komme,
ḏ-hila la-napil ʿlẖ	dass du sagst: „Staub soll nicht auf ihn fallen“?
azga ḏ-zabnit b-npiš	Statt, dass du eine Gruft für viel [Geld] für mich kaufst,
azil l-hama ʿlauai ahub	geh besser und verteile Brot um meinetwillen.
qabuta ḏ-gaṭrit	Statt, dass du einen Sarg zusammenfügen lässt
l-bit qubria	für den Friedhof,
azil masqata ʿlauai qrai	geh lieber und lies *masqata* um meinetwillen.

Die Antwort des Johannes bekräftigt diese Einstellung. Anstatt Geld für nutzlose Dinge wie Sarg und Gruft auszugeben, bittet er Anhar, die mandäischen Bestattungsriten korrekt für ihn zu vollziehen, d. h. Brot an die Armen zu verteilen, und die *masiqta*, die Seelenaufstiegszeremonie, für ihn abzuhalten. Dies ist notwendig, damit seine Seele ins Lichtreich aufsteigen kann.

Der Mandäer soll nach dem Tode eines Menschen nicht trauern, sondern sich der Fürbitte für den Verstorbenen widmen:

Wenn eine Seele vom Körper erlöst wird und scheidet, so weinet über sie nicht, erhebet über sie keine Klage und Jammer und esset über sie kein Brot. … Einen jeden, der über eine Seele weint, werden Meere und Flüsse abtrennen. Wer sein Gewand über sie zerreißt, wird den Fehler an seinem Gewand behalten. Wer sich die Haare über sie ausrauft, den wird man in den Finsterberg stellen. Wenn eine Seele aus eurer Mitte scheidet, traget den Leuten Hymnen und Gebetsordnungen vor und belehret sie, damit ihr Herz nicht strauchele. Gebet für sie (die Seele) Almosen, verteilet für sie Brot, leset für sie Totenmessen, verrichtet für sie Gebet und Lobpreisung und [traget für sie] Hymnen und Gebetsordnungen [vor]. Bekleidet für sie mit Gewändern, umhüllet mit Hüllen, zahlet Lösegeld und verrichtet Gebete, damit er, der Große, voll Erbarmens mit ihr werde.[500]

Anhar l-pumh̲ ptahth̲	Anhar öffnete ihren Mund
u-lh̲ l-Iahia d̲-timarlh̲ b-ʿurašlam	und sprach zu Jahja in Jerusalem:
anat azlit u-minšiatlia l-dilia	Du gehst [dahin], und du vergisst mich,
u-mipsiqana b-dur hatia	und ich werde abgeschnitten in der Wohnung der Sünder.
ʿu dilik minšinik	Wenn ich dich vergesse,
ninišian daura taqna	wird mich die dauerhafte Wohnung vergessen.
ʿu dilik minšinik	Wenn ich dich vergesse,
ainai b-Abatur la-naplan	werden meine Augen nicht auf Abatur fallen.
kd̲ ana saliqna l-bit hiia	Wenn ich zum Haus des Lebens aufsteige,
šiaṭik hauia bit qubria	wird deine Totenklage auf dem Friedhof sein.

Anhar befürchtet nun, Johannes könne sie vergessen, wenn er in der Lichtwelt ist, und sie wäre vom Leben abgeschnitten, ohne eine Möglichkeit, jemals wieder zu ihm zu gelangen, wenn auch ein Wiedersehen erst nach Anhars Tod in der Lichtwelt möglich ist. Johannes verspricht ihr darauf unter Selbstverfluchungen im Falle des Gegenteils, dass er sie niemals vergessen werde. Ihre Totenklage auf dem Friedhof soll für ihn das Zeichen sein, in die Lichtwelt aufzusteigen, und nach ihrem Tod wird er ihr helfen, zu ihm ins Lichtreich zu gelangen.

Das Kapitel wird mit einer zweizeiligen Schlussformel abgeschlossen.

500 Vgl. *G*, S. 37,1 ff. in der Übersetzung Lidzbarskis. Möglicherweise ist hier ein Seitenhieb auf christliche und jüdische, evtl. auch auf muslimische Gebräuche nach dem Tod eines Menschen zu vermuten. Bei dem „Fehler am Gewand" könnte beim Zerreißen das irdische Gewand, die Kleidung gemeint sein, aber gleichzeitig auch das Gewand, das die Seele zum Aufstieg in die Lichtwelt tragen soll. Hier würde ein Fehler bzw. ein Riss die Seele beim Aufstieg behindern.

Kapitel 32

Umschrift

116,9 *Iahia dariš b-liluia Iuhana b-ramšia ḏ-lilia*
116,10 *Iahia dariš b-liluia u-amar garglia u-markabata*
116,11 *nad arqa u-ʿšumia bakian u-dima ḏ-anania natran*
116,12 *u-amar ab hua br ʿtšin u-tša šnia u-ʿm*
116,13 *pt tmanan u-tmania ʿnšia mn hus iardna*
117,1 *atiun u-nisbun u-asqun u-atiun u-b-marba ḏ-ʿnišbai*
117,2 *rimiun u-amar ʿtša iahria darit b-karsẖ*
117,3 *akuat ḏ-dairia ianqia kulhun u-amar la-hakimta*
117,4 *audiltan b-iahud u-la-šura psaqulia b-ʿurašlam*
117,5 *la-ṣurta ṣarulia ḏ-kadba u-la-zanga tlulia ḏ-ʿula*
117,6 *ana mn ʿnišbai huit b-ʿurašlam mata*
117,7 *naida ʿurašlam mata ḏ-šura ḏ-kahnia*
117,8 *mizdaranbia ʿlizar baita rba qaiim u-naida*
117,9 *qumtẖ ʿtkanap iahuṭaiia u-luat Aba Saba*
117,10 *Zakria mitiaiun u-amrilẖ hai Aba Saba Zakria*
117,11 *sniqlak ḏ-hauilak bra amarlan mahu*
117,12 *nasiqlẖ šuma ʿu nasiqlẖ Iaqip ḏ-hikumta*
118,1 *ḏ-nalip sipra b-ʿurašlam ʿu nasiqlẖ šuma*
118,2 *Zatan ʿṣṭuna ḏ-iahuṭaiia b-gauẖ iamin u-la-*
118,3 *mkadbia ʿnišbai mišma ḏ-šimat malalat*
118,4 *b-malalẖ u-qihdat u-amra mn halin kulhun šumia*
118,5 *ḏ-anatun amritun ana la-baiana masiqlẖ šuma*
118,6 *hda hin ʿla baiana masiqlẖ šuma Iahia*
118,7 *Iuhana ḏ-hinun hiia ʿhablẖ iahuṭaiia*
118,8 *mišma ḏ-šimun b-zida biša ʿtimlun ʿlẖ*
118,9 *amria mahu zaina nibad l-had u-l-ʿmẖ ḏ-l-ʿdan*
118,10 *dilan migṭil Anuš ʿutra mišma ḏ-šuma*
118,11 *nisbẖ u-l-paruan ṭura hiuara asqẖ b-paruan*
118,12 *ṭura ḏ-ianqia u-dirdqia b-mambuhẖ mitrabin*
119,1 *alma ḏ-huit br srin u-tartin šnia ialaptẖ*
119,2 *l-kulẖ hikumtai u-gamartẖ l-kulẖ mimrai albšun*
119,3 *ʿuṣṭlia ḏ-ziua u-ksuiia ḏ-anania kasiun asarulia*
119,4 *himiana himian mia ḏ-nahur u-taqun mn riš*
119,5 *b-riš autbun b-anana anan ziua u-b-šaba šaiia*

119,6 *ḏ-habšaba asqun l-mata ḏ-ʿurašlam*
119,7 *qala qrabẖ b-iahud kaluza qrabẖ b-ʿurašlam*
119,8 *u-amria man hualẖ bra u-gnib u-man nidrat*
119,9 *nidria u-šalat ʿlẖ man hualẖ bra u-gnib*
119,10 *hanatẖ titia u-tibašqrẖ brẖ l-Batai man*
119,11 *amarlẖ l-Batai man aprišẖ l-Batai man*
119,12 *amarlẖ ḏ-tizal l-ʿnišbai amra amralẖ ialda*
120,1 *atalẖ l-iahud nbiha atalẖ l-ʿurašlam ialda*
120,2 *atalẖ l-iahud abihdẖ qaiim paruanqa pumẖ*
120,3 *damia l-dilik u-spihatẖ l-Aba Saba Zakria*
120,4 *abuia ainẖ l-dilik damian u-gbinẖ l-Aba Saba*
120,5 *Zakria abuia nhirẖ l-dilik damia u-ʿdahatẖ l-Aba*
120,6 *Saba Zakria abuia ʿnišbai mišma ḏ-šimat*
120,7 *adinqia ksuia nipqat Aba Saba Zakria*
120,8 *mihzia ḏ-hiziẖ kdablẖ ʿngirta ḏ-šbuqia*
120,9 *šamiš rṭin mn ʿšumia u-sira mn abinia*
120,10 *kukbia šamiš l-pumẖ pihtẖ u-l-Aba Saba Zakria*
120,11 *ḏ-nimarlẖ b-ʿurašlam ia Aba Saba Zakria*
120,12 *mariba rba ḏ-qaš u-azal ṭamẖ kḏ arbaia*
120,13 *ḏ-šibqẖ hilqẖ ialda atalẖ l-iahud nbiha atalẖ*
121,1 *l-ʿurašlam ialda atalẖ l-iahud l-ʿnišbai alma*
121,2 *ḏ-šabqatlẖ ialda ḏ-hiziẖ l-haita ʿštria mn*
121,3 *anana npal ʿštria npal mn anana u-ʿl pumẖ*
121,4 *ḏ-ʿnišbai nišqẖ Anuš ʿutra mihzia ḏ-hiziẖ*
121,5 *malil l-Iahia ḏ-nimarlẖ b-ʿurašlam mʿ*
121,6 *kdiblak Iahia b-kdabak u-maprašlak l-šaptak*
121,7 *l-minišqẖ l-hudaita l-pumẖ malil Iahia u-l-Anuš*
121,8 *ʿutra ḏ-nimarlẖ b-ʿurašlam ana ʿtša*
121,9 *iahria darit b-karsẖ akuat ḏ-dairia ianqia*
121,10 *kulhun la-kdur ʿlẖ hašta ʿlai la-kadur*
121,11 *l-minišqẖ l-hudaita l-pumẖ hinʿla ṭubẖ u-tum*
121,12 *ṭubẖ l-gabra ḏ-abuia u-ʿmẖ para gabra ḏ-*
121,13 *para abuia u-ʿmẖ laiit akuatẖ b-alma kḏ hazin*
121,14 *amar Iahia ʿda Anuš ʿutra ḏ-Iahia hakim*
121,15 *hu malil Anuš ʿutra u-l-šamiš ḏ-nimarlẖ*
122,1 *b-ʿurašlam ʿzdahrulia b-ialda gabra ḏ-malka*
122,2 *šadrẖ ʿzdahrulia b-ialda alma ḏ-baiinalẖ anin*
122,3 *malil Anuš ʿutra u-l-sira ḏ-nimarlẖ b-ʿurašlam*
122,4 *ʿzdahrulia b-ialda gabra ḏ-malka šadrẖ*
122,5 *ʿzdahrulia b-ialda alma ḏ-baiinalẖ anin*
122,6 *mištaiin hiia zakin u-zakia gabra ḏ-asgia lka*
122, 7 *sa.*

Poetische Struktur und Übersetzung

*Iahia dariš b-lilu**ia***	Jahja lehrt in den Nächten,
*Iuhana b-ramšia ḏ-lil**ia***	Johannes an den Abenden der Nacht.
*Iahia dariš b-lilu**ia***	Jahja lehrt in den Nächten
u-amar	und spricht:
garglia u-markabta nad	Die Himmelsräder und die Himmelssphären bebten.
*arqa u-ʿšumia baki**an***	Erde und Himmel weinten,
*u-dima ḏ-anania natr**an***	und die Tränen der Wolken flossen.
u-amar	Und er sprach:
*ab hua br ʿtšin u-tša šn**ia***	Mein Vater war neunundneunzig Jahre alt,
*u-ʿm pt tmanan u-tmania ʿnš**ia***	und meine Mutter war achtundachtzig Jahre alt.
*mn hus iardna **atiun***	Aus dem Becken des Jordan holten sie mich,
*u-nisbun u-asqun u-**atiun***	und sie nahmen mich und hoben mich empor,
	und sie brachten mich
*u-b-marba ḏ-ʿnišbai rim**iun***	und legten mich in den Leib der Enišbai.
u-amar	Und er sprach:
ʿtša iahria darit b-karsẖ	Neun Monate habe ich im Mutterleib gewohnt,
*akuat ḏ-dairia ianqia kulh**un***	so wie alle Kinder wohnen.
u-amar	Und er sprach:
la-hakimta audiltan b-iahud	Nicht hat mich eine Hebamme zur Welt gebracht in Judäa,
u-la-šura psaqulia	und die Nabelschnur hat man mir nicht abgeschnitten
b-ʿurašlam	in Jerusalem.
*la-ṣurta ṣarulia ḏ-kadb**a***	Nicht malten sie für mich ein Bild der Lüge,
*u-la-zanga tlulia ḏ-ʿul**a***	und eine Glocke des Truges hängten sie für mich nicht auf.
ana mn ʿnišbai huit b-ʿurašlam	Ich wurde von Enišbai geboren in Jerusalem.
mata naida ʿurašlam	Die Gegend von Jerusalem bebte,
*mata ḏ-šura ḏ-kahnia mizdaranb**ia***	die Mauer der Priester wankte.
ʿlizar baita rba qaiim	Elizar, das große Haus, steht da,
*u-naida qumt**ẖ***	und sein Leib zittert.
*ʿtkanap iahuṭai**ia***	Die Juden versammeln sich,
u-luat Aba Saba Zakria mitiaiun	und ihr Gang war zu Aba Saba Zakria.
u-amralẖ	Und sie sprachen zu ihm:
*hai Aba Saba Zakr**ia***	O Aba Saba Zakria,
*sniqlak ḏ-hauilak br**a***	du musst unbedingt einen Sohn haben.
amarlan	Sie sprachen zu ihm:
*mahu nasiqlẖ šum**a***	Welchen Namen sollen wir für ihn erheben?
*ʿu nasiqlẖ Iaqip ḏ-hikumt**a***	Sollen wir ihn „Jaqif der Weisheit“ nennen,
ḏ-nalip sipra b-ʿurašlam	dass er das Buch lehre in Jerusalem?
*ʿu nasiqlẖ šuma zatan ʿṣṭun**a***	Sollen wir ihn „Säulen-Zatan“ nennen,

d̲-iahuṭaiia b-gauh̲ iamin	dass die Juden bei ihm schwören
u-la-mkadbia	und nicht lügen?
*ʿnišbai mišma d̲-šim**at***	Als Enišbai dies hörte,
*malalat b-malalh̲ u-qihd**at***	sprach sie in ihrer Rede, und sie schrie,
u-amra	und sie sprach:
mn halin kulhun šumia	Von all diesen Namen,
d̲-anatun amritun	die ihr genannt habt,
ana la-baiana masiqlh̲ šuma hda	will ich keinen [einzigen] für ihn erheben,
hinʿla baiana masiqlh̲	sondern ich will für ihn
*šuma Iahia Iuhan**a***	den Namen Jahja-Juhana erheben,
*d̲-hinun hiia ʿhabl**h̲***	denn ihn hat ihm das Leben gegeben.
iahuṭaiia mišma d̲-šimun	Als die Juden dies hörten,
*b-zida biša ʿtimlun ʿl**h̲***	wurden sie mit bösem Zorn über sie erfüllt,
amria	und sie sprachen:
mahu zaina nibad	Was für eine Waffe sollen wir anfertigen
*l-had u-l-ʿm**h̲***	für einen und seine Mutter,
d̲-l-ʿdan dilan migṭil	dass durch unsere Hand das Töten [von ihnen] sei?
*Anuš-ʿutra mišma d̲-šum**a***	Als Anuš-Utra das hörte,
nisbh̲ u-l-paruan ṭura hiuara	nahm er ihn auf den Parwan, den weißen Berg
*asq**h̲** b-paruan ṭur**a***	er brachte ihn auf den Berg Parwan,
d̲-ianqia u-dirdqia	auf dem die Säuglinge und Kinder
b-mambuhh̲ mitrabin	mit *mambuha* großgezogen werden.
*alma d̲-huit br srin u-tartin šn**ia***	Bis ich zweiundzwanzig Jahre alt war,
*ialapth̲ l-kulh̲ hikumt**ai***	lernte ich all meine Weisheit,
*u-gamarth̲ l-kulh̲ mimr**ai***	und ich vollendete all meine Rede.
albšun ʿuṣṭlia d̲-ziua	Sie bekleideten mich mit Gewändern des Glanzes,
u-ksuiia d̲-anania kasiun	und mit Hüllen von Wolken bedeckten sie mich.
*asarulia himiana himian m**ia***	Sie banden mir einen Gürtel um, einen Gürtel aus Wasser,
d̲-nahur u-taqun mn riš b-riš	der leuchtet und glänzt von einem Ende bis ans andere.
*autbun b-anana anan ziu**a***	Sie setzten mich in eine Wolke, in eine Wolke des Glanzes,
*u-b-šaba šaiia d̲-habšab**a***	und in der siebten Stunde des Sonntags
*asqun l-mata d̲-ʿurašl**am***	brachten sie mich in die Stadt Jerusalem.
qala qrabh̲ b-iahud	Eine Stimme rief in Judäa,
*kaluza qrabh̲ b-ʿurašl**am***	ein Ruf ertönte in Jerusalem
*u-amr**ia***	und sprach:
*man hualh̲ bra u-gn**ib***	Wer hatte einen Sohn, und er ist gestohlen worden?
u-man nidrat nidria	Und wer hat ein Gelübde abgelegt
*u-šalat ʿl**h̲***	und ist darüber ruhig geworden?
*man hualh̲ bra u-gn**ib***	Wer hatte einen Sohn, und er ist gestohlen worden?
*hanath̲ titia u-tibašqrh̲ br**h̲***	Diejenige soll kommen und ihren Sohn identifizieren!

l-Batai man amarlẖ	Der Batai – wer sagte es ihr,
l-Batai man aprišẖ	die Batai – wer lehrte sie,
l-Batai man amarlẖ	der Batai – wer sagte es ihr,
ḏ-tizal l-ʿnišbai amra	dass sie gehe zu Enišbai und sage,
amralẖ	und sie sprach zu ihr:
ialda atalẖ l-iahud	Ein Knabe kam nach Judäa,
nbiha atalẖ l-ʿurašlam	ein Prophet kam nach Jerusalem.
ialda atalẖ l-iahud	Ein Knabe kam nach Judäa,
abihdẖ qaiim paruanqa	und sein Bote steht neben ihm.
pumẖ damia l-dilik	Sein Mund gleicht deinem,
u-spihatẖ	und seine Lippen [gleichen] denen
l-Aba Saba Zakria abuia	von Aba Saba Zakria, seinem Vater.
ainẖ l-dilik damian	Seine Augen gleichen deinen,
u-gbinẖ l-Aba Saba Zakria	und seine Augenbrauen [gleichen] denen
abuia	von Aba Saba Zakria, seinem Vater.
nhirẖ l-dilik damia	Seine Nase gleicht deiner,
u-ʿdahatẖ	und seine Hände [gleichen] denen
l-Aba Saba Zakria abuia	von Aba Saba Zakria, seinem Vater.

ʿnišbai mišma ḏ-šimat	Als Enišbai das hörte,
adinqia ksuia nipqat	ging sie ohne Übergewand hinaus.
Aba Saba Zakria mihzia ḏ-hiziẖ	Als Aba Saba Zakria das sah,
kdablẖ ʿngirta ḏ-šbuqia	schrieb er ihr den Scheidebrief.

šamiš rṭin mn ʿšumia	Die Sonne murrte vom Himmel
u-sira mn abinia kukbia	und der Mond zwischen den Sternen heraus.
šamiš l-pumẖ pihtẖ	Die Sonne öffnete ihren Mund,
u-l-Aba Saba Zakria ḏ-nimarlẖ b-ʿurašlam	und sie sprach zu Aba Saba Zakria in Jerusalem:
ia Aba Saba Zakria mariba rba	O Aba Saba Zakria, großer Mariba,
ḏ-qaš u-azal ṭamẖ	der du alt geworden bist, und es geht hin dein Verstand –
kḏ arbaia ḏ-šibqẖ hilqẖ	wie ein Araber, den sein Glück verlassen hat!
ialda atalẖ l-iahud	Ein Knabe kam nach Judäa,
nbiha atalẖ l-ʿurašlam	ein Prophet kam nach Jerusalem.
ialda atalẖ l-iahud	Ein Knabe kam nach Judäa.
l-ʿnišbai alma ḏ-šabqatlẖ	Warum schickst du Enišbai weg?
ialda ḏ-hiziẖ l-haita	Der Knabe, als er die Lebendige sah,
ʿštria mn anana npal	löste er sich und fiel von der Wolke.
ʿštria npal mn anana	Er löste sich und fiel von der Wolke,
u-ʿl pumẖ ḏ-ʿnišbai nišqẖ	und er küsste Enišbai auf ihren Mund.

Anuš ʿutra mihzia ḏ-hiziẖ	Als Anuš-Utra das sah,
malil l-Iahia ḏ-nimarlẖ b-ʿurašlam	sprach er zu Jahja in Jerusalem:
mʿ kdiblak Iahia b-kdabak	Ist es für dich geschrieben, Jahja, in deinem Buch,

*u-maprašlak l-šapt**ak***	und wird es dir gelehrt auf deinem Blatt,
*l-minišqẖ l-hudaita l-pum**ẖ***	dass du allein sie auf ihren Mund küssen sollst?
malil Iahia u-l-Anuš ʿutra	Jahja sprach zu Anuš-Utra
*ḏ-nimarl**ẖ** b-ʿurašlam*	in Jerusalem:
*ana ʿtša iahria darit b-kars**ẖ***	Ich habe neun Monate in ihrem Leib gewohnt,
akuat ḏ-dairia ianqia kulhun	wie alle Kinder wohnen,
la-kdur ʿlẖ hašta	und es war nicht beschwerlich für sie.
ʿlai la-kadur	Jetzt ist es nicht beschwerlich für mich,
*l-minišqẖ l-hudaita l-pum**ẖ***	allein sie auf ihren Mund zu küssen.
*hinʿla ṭubẖ u-tum ṭubẖ l-gabr**a***	Sondern wohl und abermals wohl dem Mann,
*ḏ-abuia u-ʿmẖ par**a***	der seinen Vater und seine Mutter ehrt.
*gabra ḏ-para abuia u-ʿm**ẖ***	Ein Mann, der seinen Vater und seine Mutter ehrt,
*laiit akuatẖ b-alm**a***	dem ist nichts gleich in der Welt.
*kḏ hazin amar Iahi**a***	Als Jahja das gesagt hatte,
ʿda Anuš ʿutra ḏ-Iahia hakim hu	wusste Anuš-Utra, dass Jahja weise war.
*malil Anuš ʿutr**a***	Es sprach Anuš-Utra,
u-l-šamiš ḏ-nimarlẖ b-ʿurašlam	er sprach zur Sonne in Jerusalem:
*ʿzdahrulia b-iald**a***	Gebt mir acht auf den Knaben,
gabra ḏ-malka šadrẖ	den Mann, den der König gesandt hat!
*ʿzdahrulia b-iald**a***	Gebt mir acht auf den Knaben,
alma ḏ-baiinalẖ anin	bis wir ihn wünschen.
*malil Anuš ʿutr**a***	Es sprach Anuš-Utra,
u-l-sira ḏ-nimarlẖ ḏ-ʿurašlam	er sprach zum Mond in Jerusalem:
*ʿzdahrulia b-iald**a***	Gebt mir acht auf den Knaben,
gabra ḏ-malka šadrẖ	den Mann, den der König gesandt hat!
*ʿzdahrulia b-iald**a***	Gebt mir acht auf den Knaben,
alma ḏ-baiinalẖ anin	bis wir ihn wünschen.
mištaiin hiia	Das Leben wird gepriesen,
zakin u-zakia gabra ḏ-asgia lka sa.	und es ist siegreich der Mann, der bis hierher gegangen ist.

Bemerkungen zu Textkritik und Übersetzung

117,1 *u-asqun* Verbform im Afel von *SLQ* –‚aufsteigen' ohne *l*, das *l* wurde an das *s* assimiliert;

117,2 *darit* Pt. Ps. im Peal von *DUR* – ‚wohnen, bleiben';

117,8 von *ZRNBA* – ‚beben, zittern', Pt., vgl. *Dict.*, S. 171;

117,11 *sniqlak* von *SNQ* II – ‚wollen, brauchen', vgl. *Dict.*, S. 334;

118,1 *ḏ-nalip* Impf. von *ALP* im Afel ‚lehren', vgl. *Dict.*, S. 21;

118,2 *iamin* Peal Pt. Act. Pl. von *YMA* (*'MA*) ‚schwören', vgl. *Dict.*, S. 192;
118,4 *u-qihdat* von *QHD* mit Metathesis;
118,12 *u-dirdqia* – ‚und die Kinder' ist vermutlich ein späterer Zusatz; sonst werden in diesem Kapitel immer nur *ianqia* – ‚Säuglinge'erwähnt;
119,10 *u-tibašqrḇ* Verbform von der Wurzel *BŠQR* ‚erkennen', vgl. *Dict.*, S. 71;
119,10 *Batai* – wörtl. übersetzt ‚meine Schwester';
119,12 *amra* ist vermutlich später eingefügt, das anschließende Rubrum würde genügen;
120,2 *paruanqa* – ‚Bote', nicht ‚Schutzengel' wie in der Übersetzung Lidzbarskis, vgl. *Dict.*, S. 363.

Gliederung des Textes

Nach der dreizeiligen Einleitungsformel der *Nachtgesänge* des Jahja folgt auf ein Rubrum eine dreizeilige Beschreibung einer außergewöhnlichen Situation, deren letzte beiden Zeilen sich reimen. Auf ein weiteres Rubrum, das anzeigt, dass immer noch Johannes spricht, folgt in einem Fünfzeiler mit Endreimen eine Aussage über die Herkunft des Johannes. Nach dem dritten Rubrum schließt sich ein Zweizeiler an, der dieses Thema fortführt, ebenso wie der ebenfalls durch Rubrum eingeleitete folgende Fünfzeiler. Ein weiterer Fünfzeiler schildert die Reaktion auf das Vorangegangene, bevor ein Rubrum zu einer siebenzeiligen Rede der Juden überleitet. Auf diese Rede folgt in einem Zweizeiler sowie in einem ebenfalls siebenzeiligen Abschnitt, beide durch Rubrum miteinander verbunden, die ablehnende Antwort der Elisabeth. Das folgende Rubrum leitet eine zweizeilige Drohung der Juden an Elisabeth und Johannes ein, die das Gespräch der Juden mit Elisabeth beendet. Die Drohung der Juden hat zur Folge, dass ein Lichtwesen eingreift. In einem Vierzeiler wird beschrieben, wie Johannes auf einen Berg entrückt wird. Daran schließen sich neun Zeilen an, die das Leben des Johannes auf dem Berg sowie seine Rückkehr nach Jerusalem schildern. Ein Zweizeiler mit anschließendem Rubrum leitet einen Vierzeiler ein, dessen Thema die Auffindung der Eltern des Johannes ist. In einem weiteren Vierzeiler wird berichtet, wie eine Frau zu Elisabeth geht. Ein Rubrum leitet ihre Rede ein. Diese umfasst zehn Zeilen, in denen je zwei Zeilen zueinander gehören. In den vorangegangenen Abschnitten wie auch in diesem begegnen des öfteren Endreime. Ein anschließender Vierzeiler beschreibt die Reaktion der Elisabeth auf die Rede der Frau sowie die Reaktion des Zacharias auf die Reaktion der Elisabeth. Die folgenden sechzehn Zeilen beschreiben das Eingreifen der Sonne und nehmen Worte aus der Rede der Botin wieder auf. Johannes erkennt in Elisabeth seine Mutter wieder. Ein Fünfzeiler berichtet von der Reaktion des Lichtwesens auf die Begrüßung der Elisabeth durch Johannes. Darauf folgt ein Zehnzeiler mit der Rechtfertigung des Johannes. Die letzten vierzehn Zeilen mit durchgehendem Kreuzreim auf *a* geben die Anerkennung des Lichtwesens wieder sowie seine Aufforderung an Sonne und Mond, Johannes zu behüten. Die zweigliedrige lange Schlussformel beendet dieses Kapitel.

Interpretation

Der Beginn des Kapitels nach der Einleitungsformel der *Nachtgesänge* des Jahja mit überleitendem Rubrum erinnert an das vorangegangene Kapitel.

Iahia dariš b-liluia	Jahja predigt in den Nächten
Iuhana b-ramšia ḏ-lilia	Juhana an den Abenden der Nacht.
Iahia dariš b-liluia	Jahja predigt in den Nächten
u-amar	und spricht:
garglia u-markabata nad	Die Himmelsräder und die Himmelssphären bebten.
arqa u-ʿšumia bakian	Erde und Himmel weinten,
u-dima ḏ-anania natran	und die Tränen der Wolken flossen.

Auch hier berichtet Johannes von Erschütterungen innerhalb des Weltgefüges. Diese – Erdbeben wie Trauern von Erde und Wolken – sind Reaktionen auf die Tatsache, dass Johannes zur Welt kommt. Ähnliche Erscheinungen und Vorkommnisse werden bereits in Kapitel 18 berichtet,[501] in welchem ebenfalls die Geburt des Täufers thematisiert wird. Liegt jedoch dort der Schwerpunkt auf der Voraussage der Geburt des Himmelskindes, so wird hier, wie später noch deutlich werden wird, hauptsächlich das Gebot, die Eltern zu ehren, in den Mittelpunkt gestellt.

Mehrere Rubren verdeutlichen im Folgenden, wer zu wem spricht, und gliedern den Text.

u-amar	Und er sprach:
ab hua br ʿtšin u-tša šnia	Mein Vater war neunundneunzig Jahre alt,
u-ʿm pt tmanan u-tmania ʿšnia	und meine Mutter war achtundachtzig Jahre alt.
mn hus iardna atiun	Aus dem Becken des Jordan holten sie mich,
u-nisbun u-asqun	und sie nahmen mich, und sie hoben mich empor,
u-atiun	und sie brachten mich,
u-b-marba ḏ-ʿnišbai rimiun	und in den Leib der Enišbai legten sie mich.

Dieser Fünfzeiler mit einleitendem Rubrum berichtet in seinen ersten beiden Zeilen vom hohen Alter der Eltern des Johannes.[502] Die beiden folgenden Zeilen dagegen verweisen eindeutig auf die himmlische Herkunft des Johannes. Aus dem Becken des Jordan, des Flusses, in dem Johannes die Taufe vollzieht und der in den göttlichen Lichtwelten entspringt, wurde Johannes auf die Erde gebracht. So erzählt die letzte Zeile, dass er in den Leib der Elisabeth gelegt wurde. Dies erklärt zugleich himmlische Herkunft und irdische Geburt.

u-amar	Und er sprach:
ʿtša iahria darit b-karsẖ	Neun Monate habe ich im Mutterleib gewohnt,
akuat ḏ-daira ianqia kulhun	so wie alle Kinder wohnen.

501 Vgl. den Kommentar zu *J* 18.
502 Vgl. Lk 1,7.

Im Leib der Elisabeth blieb Johannes neun Monate wie alle anderen Kinder. Dort wuchs er heran bis zu seiner Geburt. Hier scheint nichts auf etwas Außergewöhnliches bei der Geburt hinzudeuten, im Gegenteil, es wird betont, dass die Schwangerschaft normal verlaufen sei, indem in der letzten Zeile ausdrücklich gesagt wird: wie alle anderen Kinder, so auch Johannes.

u-amar	Und er spricht:
la-hakimta audiltan b-iahud	Nicht hat mich eine Hebamme zur Welt gebracht in Judäa,
u-la-šura psaqulia	und nicht hat man mir die Nabelschnur abgeschnitten
b-ʿurašlam	in Jerusalem.
la-ṣurta ṣarulia ḏ-kadba	Nicht malten sie für mich ein Bild der Lüge,
u-la-zanga tlulia ḏ-ʿula	und eine Glocke des Trugs hängten sie nicht für mich auf.
ana mn ʿnišbai huit b-ʿurašlam	Ich wurde von Enišbai geboren in Jerusalem.

Der Eindruck einer ‚ganz normalen' Geburt wird jedoch sofort wieder in Frage gestellt. Ohne Hebamme und ohne Durchschneiden der Nabelschnur wurde Johannes geboren. Diese Geburt fand also keineswegs unter normalen Umständen statt. Ein Bild oder eine Glocke, um böse Geister bei der Geburt zu vertreiben, waren für Johannes ebenfalls nicht notwendig, denn über ihn, die Lichtgestalt aus Himmelshöhen, haben die bösen Geister keine Macht. Vor Bildern wird auch im *Ginza* gewarnt, hier, weil sie die Gläubigen verführen können, eine andere Religion anzunehmen:

> Einige von ihnen (i. e. die Gläubigen) nehmen sie durch Gesang, Tanz und Wollust gefangen. Einige von ihnen verführen sie durch Bilder von Gold und Silber, durch Bildwerke aus einem Klotze, durch Götzenschreine aus Ton und sonstige nichtige Werke.[503]

Auch die Glocke wird negativ gesehen; sie wird in den Bereich des Widergöttlichen eingeordnet:

> Der Uthra schritt eilig dahin, bis daß er zum Wachthause der Ruha kam. Als Ruha ihn erblickte, neigte sich der Thron unter ihr. Als die Wachthäusler ihn erblickten, fiel ihnen die Geißel aus der Hand, den Glöcknern fiel die Glocke herunter …[504]

Abschließend wird noch einmal betont, dass die Geburt des Johannes sich durch Elisabeth vollzog. Damit ist der Blick des Lesers bzw. Hörers schon auf die Eltern des Johannes gerichtet.

mata naida b-ʿurašlam	Die Gegend von Jerusalem bebte,
mata ḏ-šura ḏ-kahnia	die Mauer der Priester
mizdaranbia	wankte.
ʿlizar baita rba qaiim	Elizar, das große Haus, steht da,
u-naida qumtẖ	und es zittert sein Leib.

503 So *G*, S. 26,9 ff. in der Übersetzung Lidzbarskis; ähnlich *G,* S. 44,7 f.
504 Ebd., S. 383,28 ff.; ähnlich S. 516,12; 577,9.

ʿtkanap iahuṭaiia	Die Juden versammeln sich,
u-luat Aba Saba Zakria	und zu Aba Saba Zakria
mitiaiun	war ihr Gang.
u-amrilẖ	Und sie sprachen zu ihm:
hai Aba Saba Zakria	O Aba Saba Zakria,
sniqlak ḏ-hauilak bra	du musst unbedingt einen Sohn haben.
amarlan mahu nasiqlẖ šuma	Sie sprachen: Welchen Namen sollen wir für ihn erheben?
ʿu nasiqlẖ Iaqip ḏ-hikumta	Sollen wir ihn Jaqif der Weisheit nennen,
ḏ-nalip sipra b-ʿurašlam	dass er das Buch lehre in Jerusalem?
ʿu nasiqlẖ šuma Zatan ʿṣṭuna	Sollen wir ihn Säulen-Zatan nennen,
ḏ-iahuṭaiia b-gauẖ iamin	dass die Juden bei ihm schwören
u-la-mkadbia	und nicht lügen?

Nun wird der Blick auf die Umgebung der Eltern des Johannes gelenkt: Die Gegend von Jerusalem erbebt bei der Geburt des Täufers, und auch der Oberpriester Elizar zittert. Ohne zu wissen, dass das Kind bereits geboren ist, versammeln sich die Juden bei Zacharias und erklären ihm, dass er unbedingt einen Sohn braucht.[505] Sie möchten wissen, welchen Namen das Kind tragen soll, und machen ihrerseits zwei Vorschläge. Dabei beziehen sie sich bereits auf den späteren Beruf bzw. die Funktion des Kindes: Soll er Lehrer des Buches, d. h. der Thora werden, oder soll er eher die Funktion eines Richters einnehmen?

Der Text ist aus der Außenperspektive der Mandäer gegenüber den Juden geschrieben: Die Juden würden sich, wenn sie von sich selbst sprechen, wohl kaum als ‚die Juden' bezeichnen, sondern einfach ‚wir' oder etwas Ähnliches sagen.

Die Worte *u-la mkadbia* – ‚und nicht lügen' sind hier eigentlich überflüssig und könnten ein späterer Zusatz sein.

Zacharias äußert sich zu alledem nicht. Dies stimmt wiederum mit dem Bericht des Lukasevangeliums überein, nach dem Zacharias vor der Geburt des Johannes verstummt war.[506] Auch im Koran findet sich diese Überlieferung:

> Daselbst betete Zacharias zu seinem Herrn und sprach: „Mein Herr, gewähre Du einen reinen Sprößling; wahrlich, Du bist der Erhörer des Gebets." [und nach der Verheißung der Geburt Yahyas:] Er (Zacharias) sprach: „Mein Herr, bestimme mir ein Gebot." Er antwortete: „Dein Gebot soll sein, daß du drei Tage lang nicht zu Menschen sprechen wirst, außer durch Gebärden".[507]

Stattdessen wählt die Mutter Elisabeth einen Namen für ihren Sohn:

ʿnišbai mišma ḏ-šimat	Als Enišbai das hörte,
malalat b-malalẖ u-qihdat	sprach sie in ihrer Rede, und sie schrie,
u-amra	und sie sprach:

505 Vgl. hierzu den Kommentar zu *J* 31.

506 Vgl. Lk 1,22.

507 So Sure 3,39.42; auch Sure 19.

mn halin kulhun šumia	Von all diesen Namen,
ḏ-anatun amritun	die ihr genannt habt,
ana la-baiana masiqlẖ	will ich keinen Namen
šuma hda	für ihn erheben,
hin ʿla baiana masiqlẖ	sondern den Namen Jahja Juhana
šuma Iahia Iuhana	will ich für ihn erheben,
ḏ-hinun hiia ʿhablẖ	weil das Leben ihn ihm gegeben hat.
iahuṭaiia mišma ḏ-šimun	Als die Juden das hörten,
b-zida biša ʿtimlun ʿlẖ	wurden sie mit bösem Zorn erfüllt,
amria	und sie sprachen:
mahu zaina nibad	Was für eine Waffe sollen wir anfertigen
l-had u-l-ʿmẖ	für einen und seine Mutter,
ḏ-l-ʿdan dilan migṭil	dass durch unsere Hand das Töten sei?

Elisabeth ergreift das Wort und weist die Namensvorschläge entschieden zurück.[508] Sie möchte dem Kind einen anderen Namen geben, nämlich Johannes, weil die Gottheit selbst ihm diesen Namen gegeben hat.[509] Sie folgt damit den Weisungen der Gottheit und verwirft ebenfalls die Bestimmungen, die die Juden für das Kind vorgesehen hatten. Diese sind daraufhin erbost – der Suffix *ẖ* an *ʿlẖ* lässt dabei offen, ob sie über Elisabeth oder über Johannes in Zorn geraten – und drohen, beide umzubringen: Kurz nach seiner Geburt ist der erwartete Retter schon in Lebensgefahr. Dies ist im jüdisch-christlichen Kontext ein durchaus gängiger Topos; man denke nur an die Umstände der Geburt des Mose,[510] an die Flucht vor Herodes nach der Geburt Jesu[511] oder die in Apk 12,1–6 geschilderte Entrückung von Mutter und Sohn an getrennte Orte. Hier lassen sich einige Parallelen aufzeigen: Beide, Mutter und Kind sind bedroht und werden zum Schutz voneinander getrennt. Die Bedrohung besteht durch die widergöttlichen Mächte, die besiegt werden müssen. Die Auseinandersetzung hat kosmische Dimensionen: in Kapitel 32 erscheint *Anuš-Uthra* als himmlischer Retter, in Apk 12 werden der Mutter des Kindes himmlische Attribute zugeschrieben: Sie hat die Sonne zum Kleid und den Mond zu Füßen, auf ihrem Haupt trägt sie eine Krone aus zwölf Sternen.[512] Mit der Geburt des Kindes vollzieht sich ein Machtwechsel: Im Mandäismus löst Johannes die jüdische Religion als die allein gültige ab, in Apk 12 endet mit der Herrschaft des Kindes die Macht Satans,[513] und in beiden Fällen findet ein Kampf zwischen guten und bösen Engelsmächten statt. Ähnliche Berichte von Verbergen

508 Vgl., Lk 1,59–62.
509 Vgl., Lk 1,13.
510 Vgl., Ex 1 f.
511 Vgl., Mt 2,1–18.
512 So Adolf Schlatter: Die Briefe und die Offenbarung des Johannes, in: ders., *Erläuterungen zum Neuen Testament*, 10. Teil, Stuttgart 1950, S. 236 f.
513 Ebd.

und/oder Wegbringen eines Kleinkindes finden sich auch bei Herodot[514] und Euripides[515] sowie in den Sibyllinischen Orakeln.[516] Im Judentum findet sich das Motiv der Entrückung z. B. beim Propheten Elia.[517] Auch in apokryphen Schriften wie dem Äthiopischen Henochbuch[518] und bei Pseudo-Philo[519] wird ähnliches berichtet. Wichtig ist die Stelle im slavischen Henochbuch: Nachdem der Knabe ohne Vater und – da seine Mutter vor der Geburt starb – auch ohne Mutter zur Welt gekommen ist, nimmt ihn der Archistratege Michael und setzt ihn ins Paradies, damit er nicht auf der Erde umkommt.[520] Auch die koptische Adamapokalypse berichtet von einem jungfräulich geborenen Knaben, der „wird in den Himmel geführt (oder: aus der Stadt vertrieben und an einen wüsten Ort geführt), dort ernährt und empfängt Heiligkeit und Kraft“[521]. Hier scheinen mir die Übereinstimmungen mit Kapitel 32 des Johannesbuches am größten.

Der Name *Anuš*/Enoš begegnet bereits im Alten Testament in Genesis 4,25 f.:

> Adam erkannte sein Weib, und sie gebar einen Sohn, den nannte sie Set; denn „Gott hat mir“, sprach sie, „einen andern Sohn gegeben für Abel, den Kain erschlagen hat.“ Und Set zeugte auch einen Sohn und nannte ihn Enoš. Zu der Zeit fing man an, den Namen des HERRN[522] anzurufen.

Enoš als Eigenname ist nur hier, in der Parallelstelle in Gen 5,6–11 und 1. Chr. 1,1 belegt und bedeutet wie *Adam* Mensch oder Menschheit.[523] Damit ist Enoš der Ahnherr der Menschheit, die Sets Linie folgt und in Noah die Sintflut überlebt.[524] Enoš wird hier auch mit dem Beginn der Anrufung JHWHs in Verbindung gebracht. Wenn Noah Enoš's Sohn ist,[525] erklärt dies im mandäischen Kontext eventuell auch die Verbindung mit der mandäischen Zeitalterlehre, und auch die Aufeinanderfolge Abel (Hibil) – Set (Šitil) – Enoš (Anuš).

Die Namensgebung durch Elisabeth hat die Drohungen ausgelöst. Auch im Koran wird berichtet, dass der Name ‚Yahya‘ in dieser Familie vorher noch nicht vorkam.[526]

Anuš ʿutra mišma ḏ-šuma	Als Anuš-Utra das hörte,
nisbḇ u-l-paruan	nahm er ihn auf den Parwan, den weißen Berg,

514 Herodot: Historien II 156, in: Klaus Berger / Carsten Colpe, *Religionsgeschichtliches Textbuch zum Neuen Testament, Textreihe NTD* 1, Göttingen / Zürich 1987, S. 323.

515 Euripides: *Iphigenie auf Tauris*, 1234–1251, ebd.

516 *Sibyllinische Orakel* III 132–141, ebd.

517 2. Kön 2,1–11.

518 ÄthHen 89,51 f., ebd., S. 324.

519 *Liber Antiquitatum* 48, 1, ebd.

520 Berger / Colpe: *Religionsgeschichtliches Textbuch zum Neuen Testament*, S. 324.

521 Ebd., S. 324.

522 ‚HERR‘ in Großbuchstaben gibt wieder, dass im Hebräischen hier der Gottesname JHWH steht.

523 Vgl. Jan Christian Gertz: *Das erste Buch Mose (Genesis): Die Urgeschichte Genesis 1–11*, übersetzt und erklärt von J. C. Gertz, Göttingen 2018; R. G. Kratz / H. Spieckermann (Hgg.): *Das Alte Testament Deutsch* 1, Göttingen 2018, S. 185.

524 Ebd., S. 185.

525 Ebd., S. 185.

526 Vgl. Sure 19,8.

ṭura hiuara	den Parwan, den weißen Berg,
asqẖ b-paruan ṭura	er brachte ihn auf den Berg Parwan,
ḏ-ianqia u-dirdqia	auf dem die Säuglinge und Kinder
b-mambuhẖ mitrabin	mit *mambuha* großgezogen werden,
alma ḏ-huit br srin u-tartin šnia	bis ich zweiundzwanzig Jahre alt war.
ialapthẖ l-kulẖ hikumtai	Ich lernte all meine Weisheit,
u-gamarthẖ l-kulẖ mimrai	und ich vollendete all meine Rede.
albšun ʿuṣṭlia ḏ-ziua	Sie bekleideten mich mit Gewändern des Glanzes,
u-ksuiia ḏ-anania kasiun	und mit Hüllen von Wolken bedeckten sie mich.
asarulia himiana himian mia	Sie banden mir einen Gürtel um, einen Gürtel aus Wasser,
ḏ-nahur u-taqun mn riš b-riš	der leuchtet und glänzt von einem Ende bis zum anderen.
autbun b-anana anan ziua	Sie setzten mich in eine Wolke, eine Wolke des Glanzes,
u-b-šaba šaiia ḏ-habšaba	und in der siebten Stunde des Sonntags
asqun l-mata ḏ-ʿurašlam	brachten sie mich in die Stadt Jerusalem.

Anuš-Uthra, ein Lichtwesen, greift ein und entführt Johannes auf den weißen Berg Parwan. Dieser ist, wie die Farbe andeutet, rein und der geeignete Zufluchtsort für den Knaben. Er wird dort zusammen mit anderen Säuglingen vermutlich ebenfalls von Lichtwesen großgezogen. Ihre Nahrung ist *mambuha*, der heilige Trunk der Mandäer, der auch in den Riten getrunken wird.[527] Johannes bleibt auf diesem Berg, bis er zweiundzwanzig Jahre alt ist. Dann hat er alles gelernt, was er von der Lichtwelt in der irdischen Welt lehren soll. Seine Kenntnisse sind damit als Lehren autorisiert, denn sein Wissen stammt, wie er selbst, nicht von dieser Welt. Zum Schutz wird er mit Glanzgewändern bekleidet. Der Glanz der Gewänder ist ein weiteres Symbol für Reinheit und Licht, die häufig gebrauchten Attribute der Gottheit. Er wird in Wolken gehüllt und mit einem Gürtel aus Wasser gegürtet. Dieser glänzt ebenfalls und verleiht Johannes Macht. Der Gürtel ist auch ein wichtiger Bestandteil der siebenteiligen Ritualbekleidung der Mandäer.[528] Die Nennung des Wassers hier ist wohl als Anspielung auf die Taufe (*maṣbuta*) zu verstehen.

Zur Figur des *Anuš-Uthra* ist folgendes zu bemerken: *Anuš*, auch *Enoš*, z. T. mit dem Beinamen *Uthra* (Engel) steht in einer Reihe mit *Hibil* und *Šitil*[529] als Hüter der Seelen[530] und Helfer Manda ḏ-Haijes.[531] Er wird auch in die Nähe *Adams*[532] gerückt. Er soll in den Zeiten des Pilatus auftreten, um die mandäischen Jünger im Kampf gegen andere Religionen zu stärken. Deshalb wird er häufig im Zusammenhang mit Polemik gegen oder Warnung vor anderen Religionen genannt:

527 Vgl. z. B. *J* 18, S. 81,2.

528 Vgl. z. B. ebd., *J* 22, S. 89,9; hier auch als Kennzeichen eines Mandäers gegenüber dem Islam.

529 Vgl. *Qol,* S. 13,3 ff.; 19,11 ff.; 20,7 ff.; 173,10 ff.; 245,10 ff.; 246,5.21; *G,* S. 103,21 ff.; 109,16 ff.; 118,20 ff.; 127,19 ff.; 141,35 ff.; 143,29 ff.; 144,14 ff.; 146,11 ff.; 148,14 ff.; 166,31 ff.; 223,19 ff.; 243,30 ff.; 249,11 ff.; 260,10 ff.; 268,34 ff.; 277,1 ff.; 283,13 ff.; 286,3 ff.; 370,2 ff.

530 Ebd., S. 109,16 ff.

531 Ebd., S. 148,14.

532 Ebd., S. 55,1 ff.; 60,1 ff.; 109,16 ff.; 120,22 ff.; 243,30 ff.; 251,17 ff.; *Qol,* S. 269,3.9.

> Er kommt in den Zeiten des Pilatus, der dann König in der Welt ist. Anoš-Uthra kommt in die Welt mit der Kraft des hohen Lichtkönigs. Er heilt die Kranken, macht die Blinden sehend, reinigt die Aussätzigen, richtet die Verkrüppelten auf, daß sie gehen können, und macht die Taubstummen redend. Mit der Kraft des hohen Lichtkönigs belebt er die Toten. Er gewinnt Gläubige unter den Juden (…) Er führt einen jeden von ihnen hinaus, der eifrig und fest im Glauben an den Einen, den Herrn aller Welten, ist.[533]

Anuš begegnet hier als der wahre Helfer der Gläubigen, der die Taten des Messias wirkt[534] und die Gläubigen in die Lichtwelt führt.[535] Damit werden hier Jesus Christus die Messiastaten abgesprochen. Er wird als ‚Lügner' und ‚Verführer' bezeichnet:

> Er nimmt unter den Juden welche durch Zauberei und Täuschung gefangen und zeigt ihnen Wunderwerke und Erscheinungen. Dews von seiner Begleitung läßt er in einen Toten eintreten, und sie sprechen in dem Toten. Darauf ruft er den Juden zu und spricht zu ihnen: „Kommet, sehet, ich bin der, welcher Tote erweckt, Auferstehung erwirkt, Erlösungen vollzieht. Ich bin Anoš, der Naṣoräer." (…) Er verdreht die lebendige Taufe und tauft sie im Namen des Vaters, des Sohnes und des Heiligen Geistes. Er wendet sie ab von der lebendigen Taufe im Jordan lebenden Wassers …[536]

Besonders vor Christus und dem Christentum wird im Zusammenhang mit *Anuš-Uthra* häufig gewarnt; Polemik gegen beides schließt sich häufig an.[537] Doch auch gegen das Judentum und den Islam wird polemisiert,[538] gleichzeitig leiden die Lichtwesen mit den Mandäern, die sich in Bedrängnis, Unterdrückung oder Verfolgung befinden:

> Wie weh ist mir um meine Jünger, die in jenem Zeitalter leben …[539]

Dabei werden Anuš, Johannes und Jesus zeitlich eingeordnet, nicht nur in die Geschichte allgemein, sondern auch in die mandäische Zeitalterlehre. Zuerst erscheint Hibil als Lichtwesen und Helfer, dann Šitil und nach ihm Anuš,[540] doch vorher gibt es das Zeitalter des Schwerts, des Feuers und des Wassers.[541] Doch Hibil, Šitil und Anuš sind gegen diese Bedrohungen gewappnet.[542] Anuš wird auch zum Gericht am Ende der Welten erwartet.[543]

Anuš wird hier dargestellt als Überwinder des Judentums und gegenüber Jesus Christus als der wahre ‚Messias'. Das Kommen Mohammeds und damit des Islam wird

533 So *G*, S. 48,5 ff. in der Übersetzung Lidzbarskis.
534 Vgl. Mt 11,1–6; Lk 7,18–23.
535 Ebd., S. 370,2 ff.; 424,15; 531,19 f.
536 Ebd., S. 50,30 ff.
537 Vgl. *J*, S. 243,14 ff.; *G*, S. 29,32 ff.; 47; 48; 52,3 ff.; 337 ff.
538 Vgl. *J*, S. 191 ff.; *G*, S. 48,1 ff.; 263 ff.; *Qol*, S. 51,12 ff., 54.
539 Ebd., S. 194,6; *G*, S. 48,1 ff.; ähnlich *Hibils Klage* in *J*, S. 196 ff.
540 Ebd., S. 27,19 ff., auch hier mit Polemik gegen Christus und andere Verführer.
541 Genannt werden die Dinge, durch die die jeweiligen Zeitalter untergingen.
542 So *G*, S. 249,11 ff.; 268,34 ff.; *Qol*, S. 13,3; 144,10 ff.
543 Ebd., S. 48,6 ff.

in der Gegenwart thematisiert oder auch vorhergesagt, was für die Mandäer dem Beginn der Endzeit mit allen Gefahren und Verführungen gleichkommt.[544] In diese Zeit hinein wird Johannes geboren, um als Lehrer die mandäischen Jünger zu bestärken.

Die Bedrohung des künftigen Propheten wird auch bei Mose erwähnt: Als während eines festlichen Mahles der dreijährige Mose im Spiel die Krone vom Haupt des Pharao nimmt und sie sich selbst aufsetzt, rät Balaam (Bileam), das Kind zu töten, weil es eine Gefahr für die Macht des Pharaos darstelle. Der Pharao lässt daraufhin die weisen Männer seines Reiches zusammenkommen, um ihren Rat zu erfragen. Um das Kind zu schützen, ist der Erzengel Gabriel verkleidet unter den Weisen und errettet es vom Tod.[545] Auch in den neutestamentlichen Apokryphen wird über die Gefährdung eines Boten Gottes, eines Apostels berichtet. So beschreibt Gregor von Tours, dass einmal der Apostel Andreas von Schwerbewaffneten bedroht und von einem Engel, der die Angreifer entwaffnet, vor dem Tod gerettet wird.[546]

Name und Genealogie greifen Traditionen des Alten Testaments auf: In Gen 4,25 f. wird zum ersten Mal über Enosch berichtet. Er ist der Sohn Seths, der Adam anstelle des von Kain erschlagenen Abel geschenkt wurde. Von nun an gibt es zwei Geschlechterregister, die fortgeführt werden: die Linie Kains und die Linie Seths.[547] Die letztere wird weitergeführt bis zu Noah. Hier könnte auch ein Grund zur Verbindung mit der mandäischen Zeitalterlehre liegen. Es wird vermutet, dass die Genealogie in Gen 5 auf die Priesterschrift zurückgeht. Danach gehören Kenan (Kain), Mahalalel (‚Preis Gottes' oder ‚Gott preisend'), Jared (von **yrd* – herabsteigen) und Henoch dieser Linie an. Henoch „wandelte mit Gott"[548] und wurde laut biblischem Zeugnis von Gott hinweggenommen, d. h. entrückt, ohne den Tod zu sehen.[549] Eventuell ist hier die Wurzel des mandäischen Himmelswesens *Anuš* zu finden. Gleichzeitig begegnet auch hier das Motiv der Entrückung.[550]

Nach dem Aufenthalt auf dem weißen Berg wird Johannes in den Wolken nach Jerusalem gebracht, zurück an den Ort, an welchem ihm die Gefahr drohte. Doch nun ist er durch Gewänder und Gürtel geschützt und braucht sich nicht mehr vor verführenden oder zerstörenden Mächten zu fürchten.[551] Die Erwähnung der Wolken, die einen Menschen in den Himmel führen oder vom Himmel wieder auf die Erde bringen, begegnet auch bei der Himmelfahrt Christi, und auf diese Weise soll auch Christi Wiederkunft geschehen.[552]

---

544 Vgl. u. a. *J* 22; *G*, S. 30,10 ff.

545 So Louis Ginzberg: *The Legends of the Jews* 2, Philadelphia 1920, 1948, S. 272 ff.

546 So Gregor Turonensis: Liber de miraculis Beati Andreae Apostoli, siehe in: Hennecke / Schneemelcher, *Neutestamentliche Apokryphen in deutscher Übersetzung*, S. 110.

547 Siehe Gen 5, bes. 6–11; Gertz: *Das erste Buch Mose*, S. 197 ff.

548 Gen 5,22.

549 Heb 11,5.

550 Vgl. *J* 32, S. 116.

551 Vgl. *J* 27.

552 Vgl. Apg 1,9–11.

qala qrabẖ b-iahud	Eine Stimme rief in Judäa,
kaluza qrabẖ b-ʿurašlam	ein Ruf ertönte in Jerusalem,
u-amria	und sie sprachen:
man hualẖ bra u-gnib	Wer hatte einen Sohn, und er ist gestohlen worden?
u-man nidrat nidria	Und wer hat ein Gelübde abgelegt
u-šalat ʿlẖ	und ist darüber ruhig geworden?
man hualẖ bra u-gnib	Wer hatte einen Sohn, und er ist gestohlen worden?
hanathẖ titia u-tibašqrẖ brẖ	Diejenige soll kommen und ihren Sohn identifizieren!

Eine Stimme ertönt in der Welt, in die Johannes nun gekommen ist, um nach der Zeit seiner Entrückung seine Eltern wiederzufinden. Die beiden Eingangszeilen dieses Abschnittes erinnern an Jes 40,3. Dies ist besonders deshalb erwähnenswert, weil dieser Text im Neuen Testament mit Johannes dem Täufer in Verbindung gebracht wird,[553] und dies in allen vier Evangelien. Wiederholt ertönt nun der Ruf nach der Frau, die ihren Sohn verloren hat und dennoch ruhig geworden ist über ihrem Gelübde. Sie soll kommen, um ihren Sohn zu identifizieren.

l-Batai man amarlẖ	Der Batai – wer sagte es ihr,
l-Batai man aprišẖ	die Batai, wer lehrte sie,
l-Batai man amarlẖ	der Batai – wer sagte es ihr,
ḏ-tizal l-ʿnišbai amra	dass sie gehe zu Enišbai und sage,
amralẖ	und sie sprach zu ihr:
ialda atalẖ l-iahud	Ein Knabe kam nach Judäa,
nbiha atalẖ l-ʿurašlam	ein Prophet kam nach Jerusalem.
ialda atalẖ l-iahud	Ein Knabe kam nach Judäa,
abihdẖ qaiim paruanqa	und sein Bote steht neben ihm.
pumẖ damia l-dilik	Sein Mund gleicht deinem,
u-spihathẖ	und seine Lippen gleichen denen
l-Aba Saba Zakria abuia	von Aba Saba Zakria, seinem Vater.
ainẖ l-dilik damian	Seine Augen gleichen deinen,
u-gbinẖ	und seine Augenbrauen denen
l-Aba Saba Zakria abuia	von Aba Saba Zakria, seinem Vater.
nhirẖ l-dilik damia	Seine Nase gleicht deiner,
u-ʿdahathẖ	und seine Hände denen
l-Aba Saba Zakria abuia	von Aba Saba Zakria, seinem Vater.

Die Stimme, die von außen in die Welt ruft, wird von einer Frau weitergetragen. Sie geht zu Elisabeth und beschreibt die Ähnlichkeit des angekommenen Johannes zu Elisabeth und Zacharias. Elisabeth wird hier als die Mutter des Johannes, Zacharias zumindest als sein Ziehvater verstanden. Es ist auffällig, dass bei allen drei Namensnennungen von Zacharias in diesem Abschnitt er als der Vater des Johannes bezeichnet

553 Vgl. Mt 3,3; Mk 1,3; Lk 3,4; Joh 1,23 und im Zusammenhang mit Johannes *J* 22, S. 87.

wird.[554] Das Wort *abuia* – ‚sein Vater‘ steht auch betont am Ende des Satzes. Den Sinn dieser Hervorhebung der irdischen Eltern erfahren wir später in diesem Kapitel.

ʿnišbai mišma ḏ-šimat	Als Elisabeth das hörte,
adinqia ksuia nipqat	ging sie ohne Übergewand hinaus.
Aba Saba Zakria mihzia ḏ-hiziẖ	Als Aba Saba Zakria das sah,
kdablẖ ʿngirta ḏ-šbuqia	schrieb er ihr den Scheidebrief.

Zunächst wird die Reaktion der Elisabeth auf die überbrachte Nachricht berichtet: Vor Freude, ihren Sohn wiederzusehen, eilt sie aus dem Haus, ohne ein Übergewand anzuziehen. Dies widerspricht den herrschenden sittlichen Vorstellungen, und die Reaktion ihres Mannes, die in den letzten beiden Zeilen beschrieben wird, ist dementsprechend: Er schreibt ihr den Scheidebrief und will sie wegschicken, weil sie sich ungebührlich verhalten hat. Der Brauch, dass ein Mann seiner Ehefrau einen Scheidebrief schreiben und sie aus der Ehe entlassen kann, begegnet schon im Alten Testament[555] und wird in der Bergpredigt noch einmal aufgenommen.[556]

šamiš rṭin mn ʿšumia	Die Sonne murrt vom Himmel
u-sira mn abinia kukbia	und der Mond zwischen den Sternen heraus.
šamiš l-pumẖ pihtẖ	Die Sonne öffnete ihren Mund
u-l-Aba Saba Zakria	und sprach zu Aba Saba Zakria
ḏ-nimarlẖ b-ʿurašlam	in Jerusalem:
ia Aba Saba Zakria mariba rba	O Aba Saba Zakria, großer Mariba,
ḏ-qaš u-azal	der du alt geworden bist,
ṭamẖ	und es geht hin deinen Verstand,
kḏ arbaia ḏ-šibqẖ hilqẖ	wie ein Araber, den sein Glück verlassen hat!
ialda atalẖ l-iahud	Ein Knabe kam nach Judäa,
nbiha atalẖ l-ʿurašlam	ein Prophet kam nach Jerusalem.
ialda atalẖ l-iahud	Ein Knabe kam nach Judäa.
l-ʿnišbai alma ḏ-šabqatlẖ	Warum schickst du Enišbai weg?
ialda ḏ-hiziẖ l-haita	Der Knabe, als er die Lebendige sah,
ʿštria mn anana npal	löste er sich von der Wolke (und) fiel.
ʿštria npal mn anana	Er löste sich und fiel von der Wolke
u-ʿl pumẖ ḏ-ʿnišbai nišqẖ	und küsste Enišbai auf ihren Mund.

Nun greift die Sonne zum Schutz der Elisabeth ein. Sie wiederholt die Aussage der Botin, ein junger Prophet sei gekommen,[557] und schilt Zacharias: Er hat keinen Grund, Elisabeth wegzuschicken. Die Sonne, der später auch der Schutz des Johannes befohlen wird, spricht hier zugunsten dessen Mutter. Die Einigkeit von Mutter und Sohn wird besiegelt durch den Kuss auf den Mund. Johannes zeigt hier die Freude darüber,

554 Im Gegensatz zu *J* 18; hier liegt der Akzent auf der himmlischen Herkunft des Johannes.
555 Vgl. Dtn 24,1–4.
556 Vgl. Mt 5,31 f.
557 Wie in *J* 18 verheißen.

dass seine Mutter noch lebt, aber auch die Ehrfurcht und Liebe zu den Eltern. Doch auch der Kuss auf den Mund wird als nicht üblicher Brauch getadelt.

Anuš ʿutra mihzia ḏ-hiziẖ	Als Anuš-Utra das sah,
malil l-Iahia ḏ-nimarlẖ	sprach er zu Jahja
b-ʿurašlam	in Jerusalem:
mʿ kdiblak Iahia b-kdabak	Ist es für dich geschrieben in deinem Buch, Jahja,
u-maprašlak l-šaptak	und wird es dir gelehrt auf deinem Blatt,
l-minišqẖ l-hudaita l-pumẖ	dass du allein sie auf ihren Mund küssen sollst?

Das Lichtwesen tadelt Johannes, weil er seine Mutter auf den Mund geküsst hat. Er wirft ihm vor, dass dies nirgendwo geschrieben stehe und sich deshalb auch nicht gehöre. Doch scheint dies nur ein rhetorischer Vorwurf zu sein, um das eigentliche Thema des Kapitels noch deutlicher herauszustellen.

malil Iahia u-l-Anuš ʿUura	Jahja sprach zu Anuš-Utra,
ḏ-nimarlẖ b-ʿurašlam	er sprach zu ihm in Jerusalem:
ana ʿtša iahria darit b-karsẖ	Ich habe neun Monate in ihrem Leib gewohnt,
akuat ḏ-dairia ianqia kulhun	wie alle Kinder wohnen,
la-kdur ʿlẖ hašta ʿlai la-kadur	und es war nicht beschwerlich für sie.
l-minišqẖ	Jetzt ist es nicht beschwerlich für mich,
l-hudaita l-pumẖ	allein sie auf ihren Mund zu küssen.
hinʿla ṭubẖ u-tum ṭubẖ l-gabra	Sondern wohl und abermals wohl dem Mann,
ḏ-abuia u-ʿmẖ para	der seinen Vater und seine Mutter ehrt.
gabra ḏ-para abuia u-ʿmẖ	Ein Mann, der seinen Vater und seine Mutter ehrt,
laiit akuatẖ b-alma	dem ist nichts gleich auf dieser Welt.

Johannes rechtfertigt sich vor dem Lichtwesen mit dem Hinweis darauf, dass diese Frau, Elisabeth, seine Mutter ist. Wenn es ihr nicht zu beschwerlich war, ihn neun Monate im Leib zu tragen, so sollte es auch ihm nicht beschwerlich sein, sie aus Liebe und Dankbarkeit auf den Mund zu küssen. Auf dieses Argument folgt das eigentliche Zentrum des Kapitels, eingeleitet durch *hinʿla* – ‚sondern‘: Wer Vater und Mutter ehrt, hat nicht seinesgleichen auf der Welt. Das Elterngebot ist hier ausdrücklich thematisiert. Das Ehren von Vater und Mutter hat im jüdisch-christlichen Kontext ebenfalls einen hohen Stellenwert.[558] Hier begegnet es im mandäischen Kontext. Dieser thematische Schwerpunkt auf der Ehrfurcht vor den Eltern lassen die Geburtsgeschichte des Johannes, die vorher noch einmal nach Kapitel 18 erzählt wird, in einem anderen Licht erscheinen. Es handelt sich hier folglich nicht um eine Dublette, sondern um einen bewusst an diese Stelle gesetzten Text mit eigenem Thema.

kḏ hazin amar Iahia	Als Jahja das sagte,
ʿda Anuš ʿUtra ḏ-Iahia hakim hu	wusste Anuš-Utra, dass Jahja weise war.
malil Anuš ʿUtra	Anuš-Utra sprach,

558 Vgl. z. B. Ex 20,12; Dtn 5,16; Eph 6,1 f.; Kol 3,20.

u-l-šamiš ḏ-nimarlẖ b-ʿurašlam	zu der Sonne sprach er in Jerusalem:
ʿzdahrulia b-ialda	Gebt mir acht auf den Knaben,
gabra ḏ-malka šadrẖ	den Mann, den der König gesandt hat!
ʿzdahrulia b-ialda	Gebt mir acht auf den Knaben,
alma ḏ-baiinalẖ anin	bis wir ihn wünschen.
malil Anuš ʿUtra	Anuš-Utra sprach,
u-l-sira ḏ-nimarlẖ b-ʿurašlam	zu dem Mond sprach er in Jerusalem:
ʿzdahrulia b-ialda	Gebt mir acht auf den Knaben,
gabra ḏ-malka šadrẖ	den Mann, den der König gesandt hat!
ʿzdahrulia b-ialda	Gebt mir acht auf den Knaben,
alma ḏ-baiinalẖ anin	bis wir ihn wünschen.
mištaiin hiia	Das Leben wird gepriesen,
zakin u-zakia gabra	es ist siegreich, und siegreich der Mann,
ḏ-asgia lka	der bis hierher gegangen ist.
sa.	

Nun zeigt sich, dass der Vorwurf des Lichtwesens an Johannes wirklich nur rhetorischer Art war, um ihn ein letztes Mal auf die Probe zu stellen. Es erkennt die Antwort des Johannes an und betrachtet sie als weise. Damit ist das Verhalten des Johannes gegenüber seiner Mutter als vorbildlich bezeichnet und verbindlich für alle Mandäer, was die Beziehung von Kindern zu ihren Eltern angeht.

Abschließend befiehlt *Anuš* das Lichtwesen Sonne und Mond, auf Johannes achtzugeben, solange er in der Welt ist. Wenn er in der Höhe bei den anderen Lichtwesen wieder erwünscht ist, weil er seinen Auftrag erfüllt hat, wird dieser Schutz nicht mehr nötig sein. Das Kapitel schließt mit einer langen Schlussformel ab.

Thesen zu Mandäismus und Judentum

(1) Kapitel 32 greift auf Kapitel 18 zurück, indem es das Thema der übernatürlichen Geburt des Johannes wieder aufnimmt. Erneut werden auch das hohe Alter seiner Eltern, die ungewöhnliche Namensgebung und das Wanken jüdischer Gebäude sowie die Furcht jüdischer Autoritäten vor dem erwarteten Kind aufgegriffen. Somit wird noch einmal betont, dass das Judentum vom Mandäismus übertroffen und damit als die wahre Religion abgelöst wird.

(2) Kapitel 18, gleichsam als Ouvertüre des Traktats über Johannes den Täufer, beschreibt die Ereignisse vor der Geburt des Johannes. Der Beginn „Ein Kind wurde aus der Höhe gepflanzt“ macht bereits aufmerksam auf die wundersame Geburt eines besonderen Kindes. Die jüdischen Priester werden durch Träume auf dieses Kind vorbereitet, und in Jerusalem, aus mandäischer Sicht die Hauptstadt des Judentums, steigt

Rauch vom Tempel auf. Hier ist vermutlich nicht der Rauch der Opfer gemeint,[559] sondern eher eine Anspielung auf die Vergänglichkeit der jüdischen Religion vorhanden.

(3) Weiter erwähnt Kapitel 18 Erschütterungen der Erde. Dies soll die Macht des Kindes widerspiegeln. Auch das Erscheinen eines Sterns als Vorzeichen seiner Geburt qualifiziert das Kind schon vor seiner Geburt als herausragendes Mitglied der mandäischen Gemeinde. Der Stern rückt Johannes in Konkurrenz zur Geburt Jesus.[560] Während die Umwelt vermutlich wahrgenommen hatte, dass das Christentum an die Stelle des Judentums getreten war, wird hier deutlich gemacht, dass nicht das Christentum, sondern die mandäische Religion als einzig legitime Verehrung der Gottheit das Judentum übertrifft und ersetzt.

(4) Im weiteren Verlauf schildert Kapitel 18 die Reaktionen der (jüdischen) Priester auf die Ankündigung der Geburt des Johannes. Sie weinen und werfen Staub auf ihren Kopf, Zeichen der Trauer und Buße, was den bevorstehenden Machtverlust der jüdischen Priester und damit auch den Verlust des Wahrheitsanspruchs ihrer Religion darstellen soll.

(5) Die Priester werden als unfähig dargestellt, ihre Träume zu deuten; ein Traumdeuter muss erst gefunden werden. Dieser, Liljukh mit Namen, tritt sonst im Judentum als Traumdeuter nicht auf. Eventuell findet sich auch hier ein Hinweis auf die vergehende Vorrangstellung des Judentums: Der Traumdeuter wird außerhalb der jüdischen Autoritäten gesucht. Das könnte bedeuten, dass ein Jude diesen Traum nie richtig würde deuten können.

(6) Liljukh kann den Traum deuten. Er reagiert mit einem Weheruf über Priester, Rabbinen und die Thoraschulen. Den Höhepunkt der Weherufe stellt ein Wehe über die Thora selbst dar. Auch die Heilige Schrift der Juden wird vor diesem Kind ihren Wert verlieren. Statt ihrer wird Johannes maßgeblich; durch die *maṣbuta* wird er ausgezeichnet, gleichzeitig als Mandäer dargestellt und als Prophet bezeichnet.

(7) Der Oberpriester Elizar wird als Sohn eines ‚Buhlweibes' bezeichnet; sein Vater habe diese Frau ohne das Ausstellen eines Scheidebriefs verlassen. Damit wird das Ansehen Elizars als Autorität der jüdischen Priester in Frage gestellt.

(8) Zacharias, der Vater des Johannes, wird dagegen als fromm dargestellt: Jeden Tag betet er in der Synagoge, liest in den Büchern Mose. Aus Furcht vor der Geburt des Johannes bitten die jüdischen Priester Zacharias, Jerusalem zu verlassen.[561] Das bedeutet, dass sie das Erscheinen des wahren Propheten und Lehrers fürchten, weil er ihre gesamte Welt in Frage stellen wird.

(9) Wie Jesus in den Evangelien,[562] wird auch Johannes mit einem langen Stammbaum versehen. Dies stärkt seine Autorität gegenüber dem Judentum. Der Hinweis am Ende des Stammbaums weist noch einmal auf die besonderen Umstände der Geburt

---

559 Die Mandäer hatten Kenntnis von der jüdischen Opferpraxis, vgl. *G*, S. 43.

560 Vgl. meinen Kommentar zu *J* 18 und die Thesen zu Mandäismus und Christentum.

561 Dies widerfährt auch Johannes, vgl. *J* 27.

562 Vgl. Mt 1,1–17; Lk 3,23–38.

des Täufers hin und bestätigt zum Abschluss des Kapitels somit noch einmal die Einzigartigkeit dieses Kindes.

(10) In Kapitel 19 folgt ein negatives Sündenbekenntnis des Johannes, auf welches hin sich die widergöttlichen Mächte wie die Sieben (Planeten) und die Zwölf (Tierkreiszeichen) vor ihm verneigen müssen. Es wird deutlich, dass Johannes ein makelloses Leben führt; an seiner Vorrangstellung bleibt kein Zweifel bestehen. Zu dieser Reihe der genannten Sünden, die Johannes nicht begangen hat, gehören nicht nur seine Enthaltsamkeit, sondern auch die Beachtung der mandäischen Riten, was ihn deutlich als Mandäer kennzeichnet, der dem Judentum gegenübersteht. In diese Reihe gehört auch der Satz „Ich habe kein Haus in Judäa gebaut, keinen Thron in Jerusalem errichtet“.[563] Dies ist nicht geschehen, weil Johannes Kenntnis davon hat, dass Jerusalem als Hauptstadt des Judentums und Judäa als Herkunft des Judentums untergehen werden: eine weitere Voraussage, dass sich die Machtverhältnisse mit der Geburt dieses Kindes umkehren werden.

(11) In Kapitel 22 wird wiederum der Untergang des Judentums thematisiert: Johannes spricht zu seinen Schülern und sagt eine düstere Zukunft voraus, in der die Riten der Mandäer nicht mehr praktiziert werden können. Auf die Rückfrage der Schüler, wann dies geschehen solle, gibt Johannes an: „Wenn alle Priester hingemordet und nicht mehr da sind, [und] die Israeliten hingemordet sind …“. So wird hier der Untergang der Juden und das Aufkommen des Islam beschrieben.

(12) Kapitel 25 enthält Mahnungen, sich auf den Tag des Gerichts vorzubereiten. Der Untergang anderer religiöser Schriften wird vorausgesagt („Deine trügerischen Schriften werden geschlossen“) und hiermit wieder der Mandäismus als die einzig wahre Religion dargestellt. Die Drohung, die Thora werde nicht mehr gelten, wird hier noch einmal aufgegriffen.

(13) Weiter wird Johannes in Kapitel 25 in die Reihe der aufeinander folgenden Zeitalter eingeordnet. Dies qualifiziert ihn als einen herausragenden Vertreter des Mandäismus; ihm und seinen Freunden werden die Sünden vergeben werden, sodass sie in die Glückseligkeit, das Lichtreich, eingehen können. In diese Lichtwelt können ausschließlich Mandäer gelangen, die Juden dagegen nicht.

(14) Kapitel 26 wendet sich dem Scheiden des Johannes aus dieser Welt zu. Ein Brief der Kušṭa gelangt in die Welt und hier in die Hand von Vertretern des Judentums. Sie können diesen Brief lesen, sind aber mit dessen Inhalt nicht einverstanden. Sie geben ihn an Johannes weiter; dieser ist erfreut, weil der Brief ihm in Aussicht stellt, aus dem Körper zu scheiden, was gleichzeitig seinen Tod und damit sein Eingehen in die Lichtwelt bedeutet. Die Juden stellen sich hier dem Willen der Gottheit entgegen, sie möchten offenbar nicht, dass Johannes diese Welt verlässt, stehen aber hiermit seinem Aufstieg in die Lichtwelt entgegen. Das Ende des Kapitels kritisiert die Trauer der Menschen über den Tod: Der Tod, als Ende der irdischen Nöte und Aufnahme in die göttliche Welt sollte ein Grund zur Freude sein.

563 Vgl. *J* 19, S. 82.

(15) In Kapitel 27 wird beschrieben, dass jüdische Autoritäten den Tempel verlassen; auch der Oberpriester Elizar kommt aus dem Tempel, um Johannes zu bitten, die Gegend zu verlassen. Das Verlassen des Tempels kann eine Anspielung auf seine Zerstörung, in jedem Fall aber auf den Untergang der jüdischen Religion sein. Wiederum wird beschrieben, dass die Gebäude des Judentums beben. Sie erbeben als Vorzeichen des Untergangs, da mit Johannes ihre Nichtigkeit offenbart wird. Vermutlich soll er deshalb weggehen, um die Autorität des Judentums nicht zu gefährden. Doch die Priester können Johannes nichts anhaben; er ist unzerstörbar, weil er zur (mandäischen!) Gottheit gehört.

(16) Kapitel 28 widmet sich der mandäischen Ethik und damit dem Gericht. In vielen Fragen und Antworten werden Sünden und deren Bestrafung aufgezählt. Zu Beginn erfolgt eine weitere Beschreibung der Vergänglichkeit der Welt und der Menschen. Bezeichnenderweise wenden sich daraufhin Juden an Johannes und befragen ihn, welche Urteile den Menschen drohen, vorausgesetzt, sie haben die genannten Verfehlungen begangen. Johannes beantwortet alle diese Fragen und schließt seine Rede mit einer Mahnung an die Mitglieder der mandäischen Gemeinde. Somit wird das Ethos der Mandäer über die Ethik des Judentums gestellt. Johannes' Ausruf: „Bewahre, dass das große, gewaltige Licht Anteil suche an Trübungen" könnte bedeuten, dass sich im jüdischen Ethos zwar das Licht zeigt, aber weder rein noch unverfälscht. Da ‚Licht' auch ein Name der Gottheit sein kann, hieße dies auch, dass im Judentum die Erkenntnis Gottes nicht vollkommen ist. Auch so wird der Wahrheitsanspruch des Judentums in Frage gestellt.

(17) In Kapitel 30 folgt eine Auseinandersetzung zwischen Johannes und Jesus. Johannes wirft Jesus u. a. vor, Juden und Priester belogen und betrogen zu haben. Jesus streitet diese Vorwürfe ab, bringt allerdings keine Argumente zur Widerlegung vor. Der Vorwurf, Jesus habe den Sabbat aufgelöst, kann sich auf die Beobachtung stützen, dass statt des Samstags nun in weiten Kreisen der Sonntag als heilig und Ruhetag gilt. Die Bräuche des Judentums werden offenbar höher geschätzt als die des Christentums, obwohl sie nicht vollkommen sind; nicht das Christentum löst das Judentum ab, sondern die mandäische Religion.

(18) Kapitel 30 schildert Vorwürfe an Johannes wegen seiner Ehe- und Kinderlosigkeit. Dies widerspräche mandäischen Gebräuchen. Johannes wird dadurch gerechtfertigt, dass nun seine Heirat beschrieben wird sowie sein Kinderreichtum. Dieser Abschnitt wird durch den Satz „Diese drei Schwangerschaften fanden in dir, du Ruine Jerusalem statt" abgeschlossen.

Auch sonst wird Jerusalem als Ruine bezeichnet. Dies kann eine Erinnerung an die Zerstörung der Stadt und des Tempels sein, ist aber gleichzeitig wieder als Hinweis auf die nun erwiesene Unzulänglichkeit der jüdischen Religion zu verstehen.

(19) Wie oben bereits erwähnt, vertieft Kapitel 32 das Thema aus Kapitel 18, variiert jedoch die Beschreibung der Geburt des Johannes und fügt die Schwangerschaft der Elisabeth ein. Johannes wird unmissverständlich als Mandäer gekennzeichnet („Aus dem Sammelbecken des Jordan holten sie mich"); er ist folglich weder Jude noch Christ. Die Ortsangaben zur Geburt sind widersprüchlich („nicht haben sie mir die

Nabelschnur abgeschnitten in Jerusalem"; „von Enišbai wurde ich im Orte Jerusalem geboren".); doch wird der Akzent erneut darauf gelegt, dass Jerusalem erbebt und die „Mauer der Priester" ins Wanken gerät: Zeichen des Untergehens der jüdischen Religion.

(20) Als der Name des Kindes diskutiert wird, drohen die Juden dem Kind und seiner Mutter. Damit werden sie dargestellt, als wollten sie die Geburt des Kindes verhindern bzw. es noch als Säugling töten. Daraufhin erscheint ein Engelwesen und bringt das Kind in Sicherheit auf einen Berg. Dort wird Johannes mit Weisheit und Macht ausgestattet, was ihm im Nachhinein große Autorität verleiht. Als Johannes wieder in Jerusalem erscheint, nimmt nun der Vater Zacharias Anstoß an seinem und seiner Mutter Benehmen. In seiner jüdischen Tradition verhaftet, schreibt er Elisabeth einen Scheidebrief. Die Sonne weist ihn anschließend zurecht und rechtfertigt Frau und Kind. Offenbar besteht immer noch Gefahr, vermutlich durch Juden, für Johannes, denn Sonne und Mond werden gebeten, auf ihn zu achten. So ist Johannes geschützt sein Leben lang bis zu seinem Tod, welcher für ihn die Aufnahme in die göttliche Lichtwelt bedeutet.

Kapitel 33

Umschrift

122,8 *Iahia dariš b-liluia Iuhana b-ramšia ḏ-lilia*
122,9 *Iahia dariš b-liluia u-amar ḏ-lau balhudai*
122,10 *ana b-qalai garglia naidia u-markabata*
122,11 *mistahpan ziqa lgaṭ šidqa u-ʿtib b-ṣadia*
122,12 *alma šamiš u-sira bakin arqa u-ʿšumia*
122,13 *mitnambia mšiha l-pumẖ pihtẖ u-lẖ l-Iahia*
122,14 *ḏ-nimarlẖ b-ʿurašlam šalitak Iahia b-hiia*
123,1 *rbia u-b-habšaba ḏ-iaqir šumẖ šalitak Iahia*
123,2 *b-ʿuhra ḏ-azlibẖ bhiria zidqa u-la-mistakria*
123,3 *amarlia sikina ḏ-Ṣaurʿil dmutẖ l-mahu damia*
123,4 *kḏ napqa nišimta mn pagra amarlia b-mahu*
123,5 *mitlabša u-ʿl mahu damia b-gauẖ ḏ-pagra*
123,6 *baṭla ʿdilma l-dma damia nišimta ḏ-haima*
123,7 *ab-pagra u-mistakra ʿdilma l-ziqa damia*
123,8 *nišimta ḏ-napqa b-ṭuria u-auda u-mistakra*
123,9 *ʿdilma l-ṭala damia nišimta ḏ-napla ab-piria*
123,10 *u-auda kḏ haza amar mšiha Iahia qra*
123,11 *b-qidihtẖ u-atian dimia u-la-šalman u-amar*
123,12 *haslẖ l-malka rama ḏ-nhura ḏ-nibia mnata*
123,13 *mn durdia lau l-dma damia nišimta ḏ-haima*
123,14 *ab-pagra u-mistakra lau l-ṭala damia nišimta*
123,15 *ḏ-napla b-piria u-auda lau l-ziqa damia nišimta*
123,16 *ḏ-napqa b-ṭuria u-mistakra mipa ʿpipa*
124,1 *nišimta u-maila ab-pagra baṭla kḏ nišimta*
124,2 *mšalma b-albuša ḏ-ziua salqa sikina ḏ-Ṣaurʿil*
124,3 *tlat ʿšata hauia kḏ msarhib ʿlẖ l-midibrẖ*
124,4 *tlat ʿšatia šabiq ʿlẖ hda šabiq ʿlẖ mn*
124,5 *paina hurintia miqria tarnaula ʿšata tlitaita*
124,6 *mipaq drabšia šabiq ʿlẖ kḏ ragza ʿšata*
124,7 *nišimta mn ligria u-burkia šahla šahla mn*
124,8 *ligria u-burkia u-atia l-halṣa qarba šahla mn*
124,9 *halṣa u-atia b-liba lagṭa haizak b-hadia*
124,10 *napla kabša u-l-marẖ mitgamal ainẖ u-parṣupẖ*
124,11 *u-spihatẖ ganṣa nasba u-mikarkas lišanẖ*

124,12 *Ṣaur'il 'l gbinẖ 'tiblẖ amarlẖ puq ia*
125,1 *nišimta l-mahu l-pagra naṭratlẖ amralẖ mn*
125,2 *pagrai mapqatlia Ṣaur'il ahuian lbušai*
125,3 *lbušai u-apqan u-atian amarlẖ aitai 'ubadik*
125,4 *u-agrik ḏ-'hauiik lbušik 'ialbšik amralẖ*
125,5 *la-'dit Ṣaur'il ḏ-maṭia zibnai u-ligal*
125,6 *mšadria 'lai ḏ-abdana 'ubadia šapiria ḏ-*
125,7 *matiatlia lbušai u-malbišatlia amarlẖ lika*
125,8 *ḏ-mit aqamik u-lika ḏ-amṭuia l-bit qubria*
125,9 *amralẖ b-haila ḏ-mit aqamik u-b-haila ḏ-amṭuia*
125,10 *l-bit qubria nad ḏ-bakian u-nad ḏ-alin kma ḏ-*
125,11 *pagra qudamaihun šdia kḏ napqa nišimta*
125,12 *mn pagra arba azlin l-bit qubria nad ḏ-bakian*
125,13 *u-nad ḏ-alin u-nad ḏ-qahdin alma ḏ-babira*
126,1 *atnuia atnuia u-ṭamuia l-pagra baṭla 'nšia*
126,2 *mn nambaiata nha ṭamuia l-bira u-sliqiun*
126,3 *gubria mitlia mitlia šamar šibquia l-pagra*
126,4 *u-l-qabra u-atun kasa lgaṭ u-akal l-hama*
126,5 *u-'nišiuia l-pagra baṭla hašta 'u baiit*
126,6 *Ṣaur'il anṭarlia haka iumia trin 'zaban kul*
126,7 *ḏ-'tlia u-'palig 'plugta binia bnai u-'dra*
126,8 *lbušai abihdai 'ṣṭla ḏ-saliq l-atar nhur*
126,9 *amarlẖ m' 'ka ialda ḏ-npaq mn kras*
126,10 *'mẖ u-'tkamar b-'mẖ ailuia ḏ-ana 'šibqak*
126,11 *b-dur bišia ḏ-palgit plugta binia bnak ana*
126,12 *'iapqak mn haka u-lbuša ḏ-hšuka lbuš ḏ-*
127,1 *la-'zdahart b-gu tibil u-la-rhamt l-'uhrak*
127,2 *l-atar nhur titnaṭar bit bišia alma ḏ-*
127,3 *baṭla 'šumia u-arqa u-mšabin hiia*
127,4 *sa.*

Poetische Struktur und Übersetzung

*Iahia dariš b-lilu**ia***	Jahja lehrt in den Nächten,
*Iuhana b-ramšia ḏ-lil**ia***	Juhana an den Abenden der Nacht.
*Iahia dariš b-lilu**ia***	Jahja lehrt in den Nächten
u-amar	und spricht:
ḏ-lau baldudai ana	Bin ich nicht einzigartig?
*b-qalai garglia naid**ia***	Durch meine Stimme erzittern die Himmelssphären,
u-markabata mistahpan	und die Himmelsbahnen stürzen übereinander.
*ziqa lgaṭ šidq**a***	Der Wind kommt zur Ruhe,
*u-'tib b-ṣadia alm**a***	und die Erde sitzt in der Wüste.

šamiš u-sira bakin	Sonne und Mond weinen,
*arqa u-ʿšumia mitnamb***ia***	Welt und Himmel trauern.
*mšiha l-pumẖ piht***ẖ***	Der Messias öffnete seinen Mund
u-lẖ l-Iahia ḏ-nimarlẖ	und sprach zu Jahja
b-ʿurašlam	in Jerusalem:
*šalitak Iahia b-hiia rb***ia***	Ich frage dich, Jahja, beim großen Leben
*u-b-habšaba ḏ-iaqir šum***ẖ***	und beim Sonntag, dessen Name wertvoll ist.
šalitak Iahia b-ʿuhra	Ich frage dich, Jahja, bei dem Weg,
ḏ-azlibẖ bhiria ziqa	auf dem die Männer der Wohltätigkeit gehen,
*u-la-mistakr***ia***	und sie werden nicht aufgehalten:
*amarl***ia***	Sage mir:
sikina ḏ-Ṣaurʿil	Das Messer des Ṣaurʿil –
*dmutẖ l-mahu dam***ia***	wem ist es ähnlich?
*kḏ napqa nišimta mn pagr***a***	Wenn die Seele den Körper verlässt,
*amarl***ia***	sage mir:
*b-mahu mitlab***ša***	Womit ist sie bekleidet,
u-ʿl mahu damia	und wem ist sie ähnlich
*b-gauẖ ḏ-pagra baṭl***a***	im vergänglichen Leib?
*ʿdilma l-dma damia nišimt***a***	Gleicht vielleicht die Seele
*ḏ-haima ab-pagra u-mistakr***a***	dem Blut im Körper, dass sie gerinnt?
*ʿdilma l-ziqa damia nišimt***a***	Gleicht vielleicht die Seele dem Wind,
ḏ-napqa b-ṭuria u-auda	der hinausgeht in die Berge
*u-mistakr***a***	und zur Ruhe kommt?
*ʿdilma l-ṭala damia nišimt***a***	Gleicht vielleicht die Seele dem Tau,
*ḏ-napla ab-piria u-aud***a***	der auf die Früchte fällt und versickert?
*kḏ haza amar mših***a***	Als der Messias dies sagte,
*Iahia qra b-qidiht***ẖ***	rief Jahja in einem Schrei aus,
u-atian dimia u-la-šalman	und es kamen ihm die Tränen und hörten nicht auf,
u-amar	und er sprach:
*haslẖ l-malka rama ḏ-nhur***a***	Es sei fern, dass der hohe Lichtkönig
*ḏ-nibia mnata mn durd***ia***	suche Teile der Finsternis!
*lau l-dma damia nišimt***a***	Nicht gleicht die Seele
*ḏ-haima ab-pagra u-mistakr***a***	dem Blut im Körper, dass sie gerinnt.
*lau l-ṭala damia nišimt***a***	Nicht gleicht die Seele dem Tau,
*ḏ-napla b-piria u-aud***a***	dass sie auf die Früchte fällt und versickert.
*lau l-ziqa damia nišimt***a***	Nicht gleicht die Seele dem Wind,
*ḏ-napqa b-ṭuria u-mistakr***a***	dass sie hinausgeht in die Berge und zur Ruhe kommt.
*mipa ʿpipa nišimt***a***	Die Seele ist eingewickelt wie ein Wickelkind,
*u-maila ab-pagra baṭl***a***	und sie wird in den vergänglichen Leib hineingebracht.

*kḏ nišimta mšalm**a***	Wenn die Seele heil geblieben ist,
*b-albuša ḏ-ziua salq**a***	steigt sie auf in Gewändern des Glanzes.

sikina ḏ-Ṣaurʿil	Das Messer des Ṣaurʿil –
tlat ʿšata hauia	drei Flammen hat es.
*kḏ msarhib ʿlẖ l-midibr**ẖ***	Wenn er heraneilt, um sie wegzuführen,
*tlat ʿšatia šabiq ʿl**ẖ***	lässt er drei Flammen gegen sie los.
*hda šabiq ʿlẖ mn paina hurint**ia***	Eine lässt er gegen sie los am Abend,
*miqria tarnaula ʿšat**a***	die zweite beim Hahnenschrei,
*tlitaita mipaq drabšia šabiq ʿl**ẖ***	die dritte Flamme lässt er gegen sie los beim Sonnenaufgang.
*kḏ ragza ʿšat**a***	Wenn das Feuer wütet,
*nišimta mn ligria u-burkia šahl**a***	schlüpft die Seele heraus aus den Füßen und Knien.
šahla mn ligria u-burkia	Aus den Füßen und Knien schlüpft sie heraus,
*u-atia l-halṣa qarb**a***	und sie nähert sich den Lenden.
*šahla mn halṣa u-atia b-lib**a***	Sie geht heraus von den Lenden und kommt zum Herzen,
lagṭa haizak b-hadia	nimmt die Brust,
napla kabša u-l-marẖ mitgamal	und sie fällt in Bedrängnis, und für ihren Herrn wird es eng.
ainẖ u-parṣupẖ u-spihatẖ ganṣa	Seine Augen und sein Gesicht und seine Lippen zucken,
*nasba u-mikarkas lišan**ẖ***	und die Zunge dreht sich.
*Ṣaurʿil ʿl gbinẖ ʿtibl**ẖ***	Ṣaurʿil setzt sich ihm auf die Augenbrauen
*amarl**ẖ***	und spricht zu ihr:
puq ia nišimta	Geh heraus, o Seele!
*l-mahu l-pagra naṭratl**ẖ***	Für was hütest du diesen Körper?

*amral**ẖ***	Sie spricht zu ihm:
*mn pagrai mapqatl**ia***	Aus meinem Leib holst du mich heraus.
*Ṣaurʿil ahuian lbuš**ai***	Ṣaurʿil, zeige mir mein Gewand,
lbušai u-apqan u-atian	mein Gewand [zeige mir], und hole und bringe mich.

amarlẖ	Er spricht zu ihr:
*aitai ʿubadik u-agr**ik***	Bringe mir her deine Werke und deinen Lohn,
*ḏ-ʿhauiik lbušik ʿialbš**ik***	dass ich dir dein Gewand zeige und dich bekleide.
*amral**ẖ***	Sie spricht zu ihm:
la-ʿdit Ṣaurʿil	Ich wusste nicht, Ṣaurʿil,
*ḏ-maṭia zibn**ai***	dass meine Zeit kommt
*u-ligal mšadria ʿl**ai***	und man schnell nach mir schickt,
*ḏ-abdana ʿubadia šapir**ia***	dass ich gute Werke tue,
*ḏ-matiatlia lbušai u-malbišatl**ia***	dass du mir mein Gewand bringst und mich bekleidest.

*amarl**ẖ***	Er spricht zu ihr:
*lika ḏ-mit aqam**ik***	Gibt es niemanden, der vor dir gestorben ist,
*u-lika ḏ-amṭuia l-bit qubr**ia***	den man auf den Friedhof gebracht hat?

*amral**ẖ***	Sie spricht zu ihm:
*b-haila ḏ-mit aqam**ik***	Durch die Kraft dessen, der vor mir gestorben ist,

u-b-haila	und durch die Kraft dessen, den sie auf den
*ḏ-amṭuia l-bit qubr**ia***	Friedhof gebracht haben:
nad ḏ-bakian u-nad ḏ-alin	Es zitterten, die weinten, und es liefen, die klagten,
kma ḏ-pagra qudamaihun šdia	bis sie den Körper bestattet hatten.

kḏ napqa nišimta mn pagra	Wenn die Seele den Körper verlässt,
*arba azlin l-bit qubr**ia***	gehen vier zum Friedhof.
nad ḏ-bakian u-nad ḏ-alin	Es zitterten, die weinten, und es liefen, die klagten
u-nad ḏ-qahdin	und es liefen, die klagten,
alma ḏ-babira atnuia	bis sie [den Körper] bestattet hatten.
*atnuia u-ṭamuia l-pagra baṭ**la***	Sie haben den vergänglichen Körper bestattet und beerdigt.
*ʿnšia mn nambaiata nh**a***	Die Frauen ließen von ihrer Klage.
ṭamuia l-bira u-sliqiun	Sie beerdigten im Grab und gingen davon.
gubria mitlia mitlia	Die Männer gingen,
*šamar šibquia l-pagra u-l-qabr**a***	rasch verließen sie den Körper und das Grab.

u-atun kasa lgaṭ u-akal l-hama	Und sie kommen und nehmen den Becher und essen Brot,
*u-ʿnšiuia l-pagra baṭ**la***	und sie vergaßen den vergänglichen Leib.

hašta ʿu baiit Ṣaurʿil	Nun, wenn du willst, Ṣaurʿil
anṭarlia haka iumia trin	lasse mich hier zwei Tage.
*ʿzaban kul ḏ-ʿt**lia***	Ich will alles, was ich habe, verkaufen,
*u-ʿpalig ʿplugta binia bn**ai***	und will es unter meinen Kindern verteilen
*u-ʿdra lbušai abihd**ai***	und mein Gewand mit mir nehmen,
ʿṣṭla ḏ-saliq l-atar nhur	das Kleid, dass ich aufsteige zum Ort des Lichts.
*amarl**ẖ***	Er sprach zu ihr:
mʿ ʿka ialda	Gibt es ein Kind,
*ḏ-npaq mn kras ʿm**ẖ***	das aus dem Leib der Mutter herausgekommen ist,
*u-ʿtkamar b-ʿmẖ ailu**ia***	und sie lassen es wieder hineingehen in die Mutter,
*ḏ-ana ʿšibqak b-dur biš**ia***	dass ich dich am Wohnort der Bösen lasse,
ḏ-palgit plugta binia bnak	dass du verteilst unter deinen Kindern?
ana ʿiapqak mn haka	Ich will dich wegführen von hier,
u-lbuša ḏ-hšuka lbuš	und ziehe das Gewand der Finsternis an,
ḏ-la-ʿzdahart b-gu tibil	weil du dich nicht hast warnen lassen hier in der Tibil
u-la-rhamt	und weil du nicht geliebt hast
l-ʿuhrak l-atar nhur	deinen Weg zum Ort des Lichts.
titnaṭar bit bišia	Du sollst bewacht werden im Haus der Bösen,
alma ḏ-baṭla ʿšumia u-arqa	bis Himmel und Erde vergehen.

u-mšabin hiia	Und das Leben sei gepriesen.
sa.	

Bemerkungen zu Textkritik und Übersetzung

123,10 *qda* 3. P. m. Pf. von *QDA* II – ‚schreien', vgl. *Dict.*, S. 405;
123,16 *mipa ʿpipa* von *APP* – ‚einpacken, einwickeln', vgl. *Dict.*, S. 32;
124,3 *msarhib* Pt. von *SRHB*, vgl. *Dict.*, S. 337.

Gliederung des Textes

An die dreizeilige Einleitungsformel der *Nachtgesänge* des Jahja und das Rubrum *u-amar* – ‚und er sprach' schließt sich eine einzeilige Frage des Johannes mit einer sechszeiligen Situationsbeschreibung an. Dann wechselt das Thema erneut zu einem Streitgespräch zwischen Johannes und Christus. In 19 Zeilen stellt zunächst Jesus Johannes die Frage nach dem Geschehen beim Tod eines Menschen. Johannes weist diese Rede nach einem einführenden Dreizeiler, einem Rubrum und einem Zweizeiler in einem Sechszeiler mit Endreim heftig zurück und gibt in dem darauffolgenden Vierzeiler, der einen durchgehenden Endreim auf *a* aufweist, Auskunft über die Beschaffenheit der Seele. Danach beschreibt er in einer längeren Rede, die ebenfalls gelegentlich Endreime aufweist, die Beschaffenheit des Messers des Todesengels und das Geschehen beim Tod eines Menschen. Er schildert auch einen Dialog zwischen der Seele und dem Todesengel, der von einem Rubrum eingeleitet und gegliedert wird. Zunächst fordert der Todesengel die Seele auf, den Körper zu verlassen. Die Seele fragt jedoch in einem Dreizeiler (das Rubrum nicht mitgerechnet) zuerst nach ihrem Gewand nach dem Tod. Der Todesengel antwortet in einem Zehnzeiler, der Endreime aufweist, und einer sich anschließenden zweizeiligen Frage. Darauf antwortet die Seele, ebenfalls in einem Zweizeiler, an den sich zunächst ein Dreizeiler, dann in einem längeren Abschnitt eine Beschreibung einer mandäischen Beerdigung anschließt. Zum Abschluss bittet die Seele in einem Siebenzeiler um Aufschub. Dies weist der Todesengel jedoch entschieden in einem Elfzeiler zurück. Mit einer kurzen Schlussformel werden das Kapitel und das Traktat über Johannes den Täufer abgeschlossen.

Interpretation

Das Abschlusskapitel des Traktats über Johannes den Täufer nimmt nach der Einleitung durch Formel und Rubrum eine häufiger gestellte Frage des Johannes wieder auf und schließt die Beschreibung einer außergewöhnlichen Situation an.

Iahia dariš b-liluia	Jahja lehrt in den Nächten,
Iuhana b-ramšia ḏ-lilia	Johannes an den Abenden der Nacht.
Iahia dariš b-liluia	Jahja lehrt in den Nächten
u-amar	und spricht:

ḏ-lau balhudai ana	Bin ich nicht einzigartig?
b-qalai garglia naidia	Durch meine Stimme erzittern die Himmelssphären,
u-markabata mistahpan	und die Himmelsbahnen stürzen übereinander.
ziqa lgaṭ šidqa	Der Wind kommt zur Ruhe,
u-ʿtib b-ṣadia alma	und es saß in der Wüste die Erde.
šamiš u-sira bakin	Sonne und Mond weinen,
arqa u-ʿšumia mitnambia	Welt und Himmel trauern.

Zu Beginn wird noch einmal die Einzigartigkeit des Johannes betont wie schon in den Kapiteln 21 und 27. So wird eine Verbindung zu den vorangegangenen Kapiteln geschaffen. Im Schlusskapitel des Traktats ist diese Aussage jedoch als besonders wichtig zu betrachten, zumal es im Folgenden wieder um Polemik gegenüber dem Christentum geht. Auf die Aussage der Einmaligkeit des Johannes folgt die Situationsbeschreibung: Durch seine Stimme werden die Welten erschüttert, Himmel und Erde befinden sich in einem merkwürdigen Zustand.[564] Das Schweigen des Windes erinnert an apokalyptische Texte wie z. B. Apk 7,1;[565] die Trauer von Sonne und Mond ließe sich dann so erklären, dass sie das bevorstehende Weltende fürchten, denn dann sollen sie ihre Macht verlieren und vernichtet werden.

Danach tritt wieder Jesus, der Messias, zu einem Streitgespräch auf. Er stellt Johannes zunächst die Frage nach der Beschaffenheit des Messers des Ṣauriel,[566] der als Todesengel auftritt, und danach die Frage nach der Beschaffenheit der Seele selbst.

mšiha l-pumẖ pihtẖ	Der Messias öffnete seinen Mund
u-lẖ l-Iahia ḏ-nimarlẖ b-ʿurašlam	und sprach zu Jahja in Jerusalem:
šalitak Iahia b-hiia rbia	Ich frage dich, Jahja, beim großen Leben
u-b-habšaba ḏ-iaqir šumẖ	und beim Sonntag, dessen Name wertvoll ist;
šalitak Iahia b-ʿuhra	ich frage dich, Jahja, bei dem Weg,
ḏ-azlibẖ bhiria zidqa	auf dem die Männer der Wohltätigkeit gehen,
u-la-mistakria	und sie werden nicht aufgehalten:
amarlia	Sage mir:
sikina ḏ-Ṣaurʿil	Das Messer des Ṣauriel,
dmutẖ l-mahu damia	wem ist es ähnlich?
kḏ napqa nišimta mn pagra	Wenn die Seele den Körper verlässt,
amarlia	sage mir:
b-mahu mitlabša	Womit ist sie bekleidet?
u-ʿl mahu damia	und wem ist sie ähnlich
bgauẖ ḏ-pagra baṭla	im vergänglichen Leib?
ʿdilma l-dma damia nišimta	Gleicht vielleicht die Seele
ḏ-haima ab-pagra u-mistakra	dem Blut im Körper, dass sie gerinnt?

564 Vgl. *J* 27.

565 Vgl. hierzu *J* 18 (Geburt), *J* 20 (Windstille) und *J* 21 (zur Stimme des Johannes).

566 Übersetzt ‚der Löser', nämlich der, der die Seele vom Körper (er-)löst.

ʿdilma l-ziqa damia nišimta	Gleicht vielleicht die Seele dem Wind,
ḏ-napqa b-ṭuria u-auda	der herausgeht in die Berge
u-mistakra	und zur Ruhe kommt?
ʿdilma l-ṭala damia nišimta	Dem Tau – gleicht ihm die Seele,
ḏ-napla ab-piria u-auda	der auf die Früchte fällt und versickert?

Die Frage hat den Unterton einer Beschwörung. An die Frage nach dem Messer des Ṣauriel schließt sich, durch ein Rubrum eingeleitet, schon die Frage an, welches Kleid die Seele nach dem Tod tragen wird. Die Seele soll nicht nackt umherirren, sondern ein Gewand als Schutz bei ihrem Aufstieg in die Lichtwelt erhalten.[567] Daran schließt sich die Frage an, wie die Seele selbst beschaffen ist. Der Messias macht drei Vorschläge für die Beschaffenheit der Seele, doch er vergleicht sie stets mit Dingen des Körpers wie mit dem Blut oder aber mit irdischen Dingen wie Wind und Tau. Alle drei Vorschläge sind darauf ausgerichtet, ob die Seele irgendwann ein Ende hat wie alle menschlichen und irdischen Dinge. Das individuelle Ende, der Tod, wird so in einen engen Zusammenhang mit dem eingangs angekündigten Weltende gerückt.

kḏ haza amar mšiha	Als der Messias das gesagt hatte,
Iahia qra b-qidihtẖ	Jahja – er rief aus in einem Schrei,
u-atian dimia u-la-šalman	und ihm kamen die Tränen und hörten nicht auf,
u-amar	und er sprach:
haslẖ l-malka rama ḏ-nhura	Ferne sei, dass der hohe Lichtkönig
ḏ-nibia mnata mn durdia	Anteil suche an der Finsternis.

Diese Vorschläge lösen bei Johannes Entsetzen aus: Er stößt einen Schrei aus und verwahrt sich strikt dagegen, dass der Lichtkönig, die Gottheit, in Berührung mit der Finsternis kommen oder gar Teile von ihr aufnehmen würde. Dies würde nämlich geschehen, wenn er eine Seele bei sich im Lichtreich aufnimmt, die noch irdischer Natur ist oder Teile irdischer Beschaffenheit an sich trägt, denn alles, was von der Erde kommt, ist negativ, steht im Gegensatz zur Gottheit und wird als Finsternis bezeichnet. Johannes wehrt alle Vorschläge des Messias betreffs der Beschaffenheit der Seele ab, indem er wörtlich dessen Sätze wiederholt, sie aber durchgehend verneint. Dann erweist er sich gegenüber dem Messias tatsächlich als einzigartig, indem er in vier Zeilen eine positive Beschreibung der Seele gibt.

lau l-dma damia nišimta	Nicht gleicht die Seele
ḏ-haima ab-pagra	dem Blut im Körper,
u-mistakra	dass sie gerinnt.
lau l-ṭala damia nišimta	Nicht gleicht die Seele
ḏ-napla b-piria u-auda	dem Tau, der auf die Früchte fällt und versickert.
lau l-ziqa damia nišimta	Nicht gleicht die Seele dem Wind,
ḏ-napqa b-ṭuria u-mistakra	dass sie herausgeht in die Berge und verstreicht.

567 Man vergleiche zu dieser Vorstellung 2 Kor 5,1–10.

mipa ʿpipa nišimta	Die Seele ist eingepackt wie ein Wickelkind,
u-maila ab-pagra baṭla	und sie wird in den vergänglichen Leib hineingebracht.
kḏ nišimta mšalma	Wenn die Seele heil geblieben ist,
b-albuša ḏ-ziua salqa	steigt sie auf in Gewändern des Glanzes.

Die Seele ist fest eingewickelt, sodass sie sich weder im Körper noch beim Herausgehen aus dem Körper verlieren kann. Dies wird auch an anderer Stelle im Johannesbuch beschrieben: Die Seele ist eingewickelt in eine weiße Frucht.[568] Doch nur, wenn die Seele heil geblieben ist, wenn sie sich rein erhalten hat,[569] wird sie nach dem Tod ein Glanzgewand erhalten und in die Lichtwelt aufsteigen.

sikina ḏ-Ṣaurʿil	Das Messer des Ṣauriel,
tlat ʿšata hauia	drei Flammen hat es.
kḏ msarhib ʿlẖ l-midibrẖ	Wenn er heraneilt, um sie wegzuführen,
tlat ʿšatia šabiq ʿlẖ	lässt er drei Flammen gegen sie los.
hda šabiq ʿlẖ mn paina hurintia	Eine lässt er gegen sie los am Abend,
miqria tarnaula ʿšata	die zweite beim Hahnenschrei.
tlitaita mipaq drabšia	Die dritte Flamme lässt er
šabiq ʿlẖ	gegen sie los beim Sonnenaufgang.
kḏ ragza ʿšata	Wenn das Feuer wütet,
nišimta mn ligria u-burkia šahla	schlüpft die Seele heraus aus den Füßen und Knien.
šahla mn ligrai u-burkia	Heraus schlüpft sie aus den Füßen und Knien,
u-atia l-halṣa qarba	und sie kommt, sie nähert sich den Lenden.
šahla mn halṣa	Heraus geht sie von den Lenden,
u-atia b-liba	und sie kommt zum Herzen
lagṭa haizak b-hadia	und nimmt die Brust.
napla kabša	Sie fällt in Bedrängnis,
u-l-marẖ mitgamal	und für ihren Herrn wird es eng.
ainẖ u-parṣupẖ	Seine Augen und sein Gesicht
u-spihatẖ ganṣa	und seine Lippen zucken,
nasba u-mikarkas lišanẖ	und es dreht sich seine Zunge.

Nun folgt eine längere Rede über das Vorgehen des Ṣauriel beim Tod eines Menschen, die ich hier nur erläuternd wiedergebe: Ṣauriel, der Todesengel, ist mit einem Messer bewaffnet, das aus drei Flammen besteht. Diese Flammen lässt er gegen die Seele los, um sie aus dem Körper herauszuholen. Die Seele flieht vor den Flammen in die Brust des Sterbenden, sodass dessen Gesicht zu zucken beginnt. Nun beginnt ein Dialog zwischen Ṣauriel und Seele.

Ṣaurʿil ʿl gbinẖ ʿtiblẖ	Ṣauriel setzt sich ihm auf seine Augenbrauen.
amarlẖ	Er spricht zu ihr:

568 So *J* 55 *Hibils Klage*, S. 198 f. in der Übersetzung Lidzbarskis.

569 Wie die Seele des Johannes, vgl. *J* 19, 24, 27.

puq ia nišimta	Geh heraus, o Seele!
l-mahu l-pagra naṭratlẖ	Für was hütest du diesen Körper?

Der Todesengel fordert die Seele auf, den Körper zu verlassen, anstatt ihn weiter zu hüten und damit am Leben zu erhalten. Der Körper ist es nicht wert, dass die Seele noch länger in ihm bleibt. Doch die Seele stellt zunächst eine Frage an den Todesengel.

amralẖ	Sie spricht zu ihm:
mn pagrai mapqatlia	Von meinem Leib holst du mich heraus.
Ṣaur ʿil ahuian lbušai	Ṣauriel, zeige mir mein Gewand,
lbušai u-apqan	mein Gewand [zeige mir], und hole mich heraus
u-atian	und bringe mich.

Sie möchte, bevor sie den Körper verlässt, wissen, womit sie danach bekleidet sein wird. Sie möchte sicher sein, dass sie ein Lichtgewand erhält und Ṣauriel sie zum Lichtreich geleitet.

Den weiteren Dialog gebe ich zunächst erklärend in Erzählform wieder: Ṣauriel verlangt von der Seele, dass sie ihre Werke und ihren Lohn vorweist, bevor er ihr ihr Gewand gibt. Erst wenn er die Werke des Menschen kennt, kann er entscheiden, ob seine Seele aufsteigen darf und ein Lichtgewand erhält, oder ob sie in der Finsternis bleiben muss. Die Seele sucht nach einer Ausrede: Sie wusste nicht, dass die Trennung vom Körper so bald geschehen würde, dass der Tod so nahe sei, und habe keine Zeit gehabt, gute Werke zu vollbringen. Diese Ausrede wird von Ṣauriel nicht anerkannt und mit der Gegenfrage beantwortet, ob die Seele noch niemals zuvor den Tod eines Menschen miterlebt habe. Die Seele ergeht sich in einer längeren Beschreibung einer mandäischen Beerdigung: Nach dem Tod gehen vier Männer zum Friedhof, es wird geweint und geklagt, obwohl dies eigentlich bei den Mandäern als Trauerritus untersagt ist – die Beschreibung ist also durchaus realistisch –, dann wird der Körper bestattet und ein gemeinsames Mahl eingenommen. Nach dieser Beschreibung bittet die Seele um Aufschub: Sie will noch im Körper bleiben, der Mensch will noch am Leben bleiben, um sein Hab und Gut unter seinen Kindern aufzuteilen. Genau dies wird jedoch im Johannesbuch verurteilt:

> Die erwerben und es nur ihren Kindern hinterlassen, gehen hin und sieden im Feuer.
> Sie gehen hin und sieden im Feuer, und ihre Herrlichkeit wird ihnen abgesperrt.[570]

Das mandäische Ideal vom Almosengeben ist hier nicht eingehalten, die Seele würde also auch bei weiterem Verbleiben im Körper keine gute Tat vollbringen, die ihren Aufstieg in die Lichtwelt rechtfertigen würde.

Ṣauriel antwortet in Beispielen, die die Unmöglichkeit ausdrücken, den Tod hinauszuschieben. Und da die Seele keine guten Werke vollbracht hat, muss sie nun das Gewand der Finsternis anziehen und darf nicht ins Lichtreich aufsteigen.

570 Vgl. *J* 50 *Ermahnungen*, S. 178 in der Übersetzung Lidzbarskis mit Parallelen im *Ginza*.

amarlẖ	Er spricht zu ihr:
aitai ʿubadik u-agrik	Bringe mir her deine Werke und deinen Lohn,
ḏ-ʿhauiik lbušik ʿialbšik	dass ich dir ein Gewand zeige und dich bekleide.
amralẖ	Sie spricht zu ihm:
la-ʿdit Ṣaurʿil	Ich habe nicht gewusst, Ṣauriel,
ḏ-matia zibnai	dass meine Zeit kommt
u-ligal msadria ʿlai	und dass man nach mir schickt,
ḏ-abdana ʿubadia šapiria	dass ich gute Werke tue,
ḏ-matiatlia lbušai	dass du mir ein Gewand bringst
u-malbišatlia	und mich bekleidest.
amarlẖ	Er spricht zu ihr:
lika ḏ-mit aqamik	Gibt es niemanden, der vor dir gestorben ist,
u-lika ḏ-amṭuia l-bit qubria	und den man auf den Friedhof gebracht hat?
amralẖ	Sie spricht zu ihm:
b-haila ḏ-mit aqamik	Durch die Kraft dessen, der vor mir gestorben ist,
u-b-haila	und durch die Kraft dessen,
ḏ-amṭuia l-bit qubria	den sie auf den Friedhof gebracht haben.
nad ḏ-bakian u-nad ḏ-alin	Es zitterten, die weinten, und es liefen, die klagten,
kma ḏ-pagra qudamaihun šdia	als der Körper vor ihnen lag.
kḏ napqa nišimta mn pagra	Wenn die Seele den Körper verlässt,
arba azlin l-bit qubria	gehen vier zum Friedhof.
nad ḏ-bakian u-nad ḏ-alin	Es zitterten, die weinten, und es liefen, die klagten,
u-nad ḏ-qahdin alma ḏ-babira	bis sie [den Körper] bestattet hatten
atnuia u-ṭamuia	Sie haben ihn bestattet und beerdigt,
l-pagra baṭla	den vergänglichen Leib.
ʿnšia mn nambaiata nha	Die Frauen ließen von ihrer Klage.
ṭamuia l-bira u-sliqiun	Sie haben beerdigt im Grab und gingen davon.
gubria mitlia mitlia	Die Männer gingen,
šamar šibquia l-pagra u-l-qabra	rasch verließen sie den Körper und das Grab.
u-atun kasa lgaṭ	und sie kamen und nahmen den Becher
u-akal l-hama	und aßen Brot,
u-ʿnšiuia l-pagra baṭla	und sie vergaßen den vergänglichen Leib.
hašta ʿu baiit Ṣaurʿil	Nun, wenn du willst, Ṣauriel,
anṭarlia haka iumia trin	lasse mich hier zwei Tage,
ʿzaban kul ḏ-ʿtlia	ich werde verkaufen alles, was ich habe,
u-ʿpalig ʿplugta binia bnai	und ich will es verteilen unter meinen Kindern,
u-ʿdra lbušai abihdai	und ich will mir nehmen mein Gewand,
ʿṣṭla ḏ-saliq l-atar nhur	das Kleid, dass ich aufsteige zum Ort des Lichts.
amarlẖ	Er spricht zu ihr:
mʿ ʿka ialda	Gibt es ein Kind,
ḏ-npaq mn kras ʿmẖ	das herausgekommen ist aus dem Leib seiner Mutter,

u-ʿtkamar b-ʿmẖ ailuia	und sie lassen es wieder hineingehen in seine Mutter,
ḏ-ana ʿšibqak b-dur bišia	dass ich dich lasse am Wohnort der Bösen,
ḏ-palgit plugta binia bnak	dass du verteilst unter deinen Kindern?
ana ʿiapqak mn haka	Ich will dich wegführen von hier,
u-lbuša ḏ-hšuka lbuš	und ziehe das Gewand der Finsternis an,
ḏ-la-ʿzdahart b-gu tibil	weil du dich nicht hast warnen lassen hier in der Tibil
u-la-rhamt l-ʿuhrak	und weil du nicht geliebt hast deinen Weg
l-atar nhur	zum Ort des Lichts.
mitnaṭar bit bišia	Du sollst bewacht werden im Haus der Bösen,
alma ḏ-baṭla ʿšumia u-arqa	bis Himmel und Erde vergehen.
u-mšabin hiia	Und gepriesen sei das Leben.
sa.	

So schließt der Traktat mit einer besonders eindringlichen Warnung und Drohung an die Mandäer: Falls sie keine guten Werke tun, nicht standhaft bleiben in der Zeit der Verfolgung, werden auch sie dem Verderben anheimfallen. Nur der Makellose wie Johannes wird ins Lichtreich aufsteigen.

Der Todesengel – ein religionsgeschichtlicher Vergleich

1. Der Todesengel im *Corpus Mandaicum*

In der mandäischen Religion trägt der Todesengel den Namen Ṣauriel. Er wird sowohl im Johannesbuch wie auch im *Ginza* und im *Qolasta* erwähnt. Er gilt als ‚Löser', der Geist und Seele vom Körper löst.[571] Der Name ist aus dem Judentum entlehnt, obwohl er dort nicht begegnet,[572] und bedeutet „mein Fels ist Gott".[573] Wie andere Engelsnamen ist er nach dem Schema *qatliel* gebildet.[574]

Im *Ginza* wird der Name Ṣauriel auch als Beiname des Mondes erwähnt,[575] dies hat hier jedoch keine besondere Bedeutung. Ausführlich wird das Handeln des Todesengels im *Linken Ginza*, Erstes Buch, Erstes Stück beschrieben.[576] Hier wird berichtet, dass das Leben (i. e. die Gottheit) den Engel Ṣaurel (Qmamir-Ziwa)[577] zu Adam sendet, um ihn aus seinem Körper zu holen, bevor er „greisenhaft und altersschwach" wird.[578] Adam will jedoch auf dessen Ruf nicht hören. Ṣauriel ruft Adam ein weiteres Mal, doch der schickt ihn zu Šitil. Dieser sendet Ṣauriel zunächst zurück zu Adam, doch dann verlässt Šitil nach einem langen Gebet seinen Körper, d. h. er stirbt. Danach bittet Šitil für Adam, dem daraufhin die ‚Blendung' von den Augen genommen wird, und er schaut die Welt, in der sich Šitil nach seinem Tod befindet. Daraufhin möchte Adam auch sterben, doch über seinen Tod wird nichts berichtet.[579] Šitil dagegen wird von Winden und Stürmen zur Lichtwelt emporgetragen.[580]

Im folgenden zweiten Stück des ersten Buches im *Linken Ginza* wird Ṣauriel nicht mehr namentlich erwähnt, es schildert jedoch ebenso die Ereignisse um Adams Tod:[581] Die Gottheit schickt den Erlöser zu Adam, um ihn aus seinem Körper zu rufen,[582] Adam trauert, weil er denkt, er sei in dieser Welt unersetzlich. Der Erlöser wiederholt seine Aufforderung mit anderen Worten. Hier wird der Löser ‚Bote des Lebens' genannt[583], denn er führt die Seele zur Gottheit, dem Großen Leben in die Lichtwelt

571 So *Qol*, S. S. 80,3.11.
572 So Lidzbarski: *Johannesbuch*, S. 119 Fußnote 3.
573 Ebd., S. 119 Fußnote 3.
574 Ebd.
575 So *G*, S. 28,29; 46,34.
576 Vgl. *G*, S. 424 ff.
577 Umschrift hier laut Lidzbarski wiedergegeben, vgl. *G*, S. 424.
578 Ebd., S. 424 f.
579 Ebd., S. 428 f.
580 Ebd., S. 429.
581 Ebd., S. 430–437.
582 Ebd., S. 430 f.
583 Ebd., S. 431.

empor. Der Bote beschreibt die Schlechtigkeit dieser Welt. Adam trauert nun um seinen Körper und bittet darum, dass Hawwa (Eva) ihn auf seinem Weg in die Lichtwelten begleiten möge. Er wird dahingehend belehrt, dass es im Hause des Lebens keine Körper gibt, und nun verlässt Adam seinen Körper und begibt sich auf den Weg durch Welten und Äonen.[584] Auf diesem Weg wird er durch widergöttliche Mächte versucht. Den Abschluss dieses Abschnittes bildet eine Szene auf dem Friedhof. Adam empfängt Trost, und ihm wird verheißen, dass sowohl Hawwa als auch sein ganzer Stamm emporsteigen werden.[585] Adam gelangt nun in eine *škina*, in der er mit seiner Frau bis zum „Gerichtstage, bis zur Stunde, den Stunden der Erlösung, bis zum Tage der großen Auferstehung",[586] bleiben soll.

Im *Qolasta* wird geschildert, was geschieht, wenn jemand gestorben ist:[587]

> Wenn irgend jemand seinen Körper verläßt, kommen ihm die sieben Gestalten der Gottheit entgegen, und jeder stellt sich bei dem ihm Gehörigen auf. Der Löser Ṣaurel kommt, der Geist und Seele vom Körper löst, er steht über jenen Werken mit den Gewändern des Jozataq Manda ḏ-Haije da.[588]

Die Seele legt dann mehrere Gewänder an und kann, so gewappnet, an den widergöttlichen Planeten vorbeiziehen[589] und wird dann am Wachthaus des Abathur geprüft:

> Dort ist die Wage aufgerichtet, und vor ihm werden Geister und Seelen nach ihrem Namen, ihrem Zeichen, ihrem Segen, ihrer Taufe und was sonst an ihnen ist ausgefragt (…) Von den Vollkommenen trat der Geist mit der Seele ein, und man ließ sie sündenrein heraus. Sie (vermutlich Uthras) brachten Glanz vom Glanze des Abathur heraus und bekleideten sie (i. e. die Seele) damit. (…) Wenn sie die Gewänder des Abathur anlegt, da lacht sie und freut sich.[590]

Die Seele gelangt nun zum Wachthaus der „vier Männer, der Söhne des Heils" und wird von jedem von ihnen noch einmal bekleidet.[591] Danach erscheint ihr ein Glanzwesen, das der Seele entgegenkommt und sie bei ihrer rechten Hand fasst. Die Seele wird den beiden Uthras Adatan und Jadatan übergeben, die sie in das ‚Abbild des Lebens' einführen.[592] So heißt es am Ende:

> Der Geist des NN ging hin, wurde wie die Seele und fand Bestand im Hause des Lebens.[593]

---

584 Ebd., S. 433.
585 Ebd., S. 437.
586 Ebd., S. 437 in der Übersetzung Lidzbarskis.
587 Vgl. *Qol*, S. 49, S. 80 ff.; auch hier ist die Umschrift von Lidzbarski übernommen.
588 Ebd., S. 80.
589 Ebd., S. 81.
590 Ebd., S. 81 ff.
591 Ebd., S. 82 f.
592 Ebd., S. 84.
593 Ebd., S. 84.

Einem standhaften gläubigen Mandäer ist verheißen:

> Wenn diese Seele des NN das körperliche Gewand abstreift, zieht sie das Gewand des Lebens an und wird ein Abbild des großen Lebens im Lichte.[594]

Im Johannesbuch begegnet der Todesengel Ṣauriel nur in Kapitel 33. Hier wird, eingeleitet durch eine Diskussion zwischen Jesus und Johannes, die Frage angesprochen, welche Beschaffenheit die Seele habe. Danach wird das Handeln Ṣauriels beim Tod eines Menschen beschrieben. Ṣauriel erscheint mit einem Messer (mand. *sikina*) aus drei Flammen,[595] mit dem er die Seele vom Körper löst.

Es folgen eine kurze Szene auf dem Friedhof und danach die Bitte der Seele, noch zwei Tage im Körper verbleiben zu dürfen, um Gutes zu tun.[596] Hiermit will die Seele sich reinwaschen, um in die Lichtwelt aufsteigen zu können. Doch Ṣauriel verweigert dies und führt die Seele in einem Kleid der Finsternis zum Hause der Bösen.[597] Offenbar hat diese Seele keine Verwandten, die nach dem Tod des Menschen für sie Fürbitte leisten könnten. Diese Fürbitte, die vor allem Aufgabe der Söhne des Verstorbenen ist, könnte z. B. folgendermaßen gelautet haben:

> Erstes Leben! Richte deine Augen auf diese Seelen, die durch diese Messe hervorgerufen, gefestigt und gezeichnet wurden, sowie auf die Seelen unserer Väter, Lehrer, Brüder und Schwestern, die aus ihrem Körper geschieden sind und die noch in ihrem Körper weilen. Erlöse, errette und bewahre sie vor dieser Welt der Bösen und diesen Wachthäusern.[598]

Zu solcher Fürbitte wird ausdrücklich ermahnt:

> Wenn eine Seele aus eurer Mitte scheidet, traget den Leuten Hymnen und Gebetsordnungen vor und belehret sie, damit ihr Herz nicht strauchele. Gebet für sie (die Seele) Almosen, verteilet für sie Brot, leset für sie Totenmessen, verrichtet für sie Gebet und Lobpreisung und [traget für sie] Hymnen und Gebetsordnungen [vor]. Bekleidet für sie mit Gewändern, umhüllet mit Hüllen, zahlet Lösegeld und verrichtet Gebete, damit er, der Große, voll Erbarmens mit ihr werde.[599]

Das Kapitel und damit auch der Traktat über Johannes den Täufer schließt nun mit einer Mahnung, Kinder zu zeugen und einer Warnung an die lebenden Mandäer, ihren Glauben durch Taten zu erweisen.

594 *J* 21, S. 86.
595 Zu dem Flammenschwert vgl. die Ausführungen in Abschnitt 2: *Der Todesengel im Judentum*.
596 So *J* 33, S. 122.
597 Ebd., S. 123.
598 Vgl. *Qol* 58, S. 92.
599 So *G*, S. 37 in der Übersetzung Lidzbarskis. Zum Seelenaufstieg eines gläubigen Mandäers vgl. *G*, S. 444.

2. Der Todesengel im Judentum

Auch das Judentum kennt die Gestalt des Todesengels (hebr. *mal'ak ham-mawet*). Er begegnet jedoch nicht im Alten Testament, sondern in Talmud,[600] Mischna und dem Sohar.[601] Der Todesengel wird vor allem in Verbindung mit herausragenden Persönlichkeiten des Alten Testaments genannt: Im Zusammenhang mit Mose,[602] mit Elia[603] und mit den Patriarchen Abraham,[604] Isaak[605] und Jakob[606]. Der Todesengel ist es auch, der Eva versucht und sie von der verbotenen Frucht essen lässt: Als Eva von dieser Frucht isst, sieht sie den Todesengel vor sich und überzeugt auch Adam, davon zu essen. Danach gibt sie allen Lebewesen von der Frucht, und alle, die davon essen, werden sterblich. Einzig der Vogel *malḥam* verweigert die Frucht und bleibt so unsterblich.[607] Nach dem Ungehorsam Adams gibt Gott dem Todesengel Macht über die gesamte Tierwelt.[608]

Doch der Todesengel hat nicht Macht über alle Menschen. Statt des Todesengels nimmt Gott die Seele Abrahams wie im Traum, der Erzengel Michael bringt die Seele in den Himmel, und Abraham wird ins Paradies gebracht.[609] Als Abraham seinen Sohn Isaak opfern will, steht der Todesengel Isaak gegenüber und ist bereit, seine Seele zu nehmen, wenn Abraham Hand an das Kind legt.[610] Von Jakob wird berichtet, dass nicht der Todesengel sein Leben beendet, sondern seine Seele wird von der *schechina* mit einem Kuss genommen, und Gott beschützt ihn vor dem Todesengel.[611] Ferner hat der Todesengel keine Macht über die Einwohner der Stadt Luz.[612] Über Noah sagt die Legende, er habe sich vor dem Todesengel in der Arche versteckt.[613]

Auch in den Mosetraditionen hat der Todesengel keine unbeschränkte Macht. Mose schaut ihn bei einer Himmelsreise: Der Engel wird Samael genannt und soll von Kopf bis Fuß mit offenen Augen bedeckt sein:[614] „[T]his one is Samael, who takes the soul away from men".[615] Mose bittet daraufhin, nicht in die Hände dieses Engels fallen zu müssen. So sucht der Todesengel vergeblich nach Mose. Dieser ist nicht mehr unter

600 Die Zitate aus dem Talmud sind im Folgenden entnommen aus: *Der babylonische Talmud*, neu übertragen durch Lazarus Goldschmidt, Frankfurt am Main 1996.
601 Diese Schriften werden im Folgenden zitiert nach Ginzberg: *The Legends of the Jews*.
602 Ebd., Bd. 2, S. 308; Bd. 3, S. 426, 475; Bd. 6, S. 149 u. a.
603 Ebd., Bd. 6, S. 321, 327.
604 Ebd., Bd. 1, S. 306.
605 Ebd., Bd. 5, S. 254.
606 Ebd., Bd. 1, S. 348.
607 Ebd., Bd. 1, S. 74.
608 Ebd., Bd. 1, S. 40 ff.
609 Ebd., Bd. 1, S. 306.
610 Ebd., Bd. 5, S. 254.
611 Ebd., Bd. 1, S. 348.
612 Ebd., Bd. 4, S. 30, 175; Bd. 6, S. 186.
613 Ebd., Bd. 5, S. 182.
614 Ebd., Bd. 2, S. 308.
615 Ebd.

den Menschen, er ist vielmehr wie die Engel in den Himmel aufgestiegen und lebt wie sie im Himmel, da Gott seine Seele zu sich nahm an den Ort seiner Heiligkeit.[616] Hin und wieder wird Gabriel als Todesengel bezeichnet,[617] der Todesengel wird mit dem Prinzen der Finsternis identifiziert[618] und kann die Gestalt eines Widders annehmen.[619] Er trägt eine Krone und erschreckt die Bösen.[620]

Hier sind deutlich Parallelen erkennbar. Möglicherweise haben die Mandäer die Gestalt des Todesengels aus dem Judentum entlehnt. In Kapitel 33 des Johannesbuches wird nur das Ende eines Sünders beschrieben, nicht aber das eines gläubigen Gerechten. Diese Beschreibung findet sich im Judentum m. E. nicht. Auch über die Beschaffenheit der Seele werden hier keine Aussagen gemacht, im Gegensatz zu Kapitel 33 des Johannesbuches.

Die Mosetraditionen enthalten auch Aussagen über den Tod Miriams und Aarons: Sie sterben nicht durch den Todesengel, sondern durch einen Kuss Gottes.[621] Von Aaron wird sogar berichtet, er habe den Todesengel in den Tabernakel eingeschlossen, so dass der Tod aufhört; er selbst, Aaron, stehe zwischen den Toten und den Lebenden, um den Todesengel von Israel fernzuhalten.[622] Mose selbst unterwirft sich dem Todesengel nicht; er hat von ihm ein Heilmittel gegen den Tod erhalten, als er beim Empfang der Thora im Himmel war:[623] Weihrauch auf einem Feuer vom Altar kann den Todesengel abhalten.[624]

Auch Elia besiegt den Todesengel.[625] Ferner hat der Todesengel keine Macht über Menschen, während sie die Thora studieren.[626] So wird von König David berichtet, er habe Gott gebeten, ihm den Zeitpunkt seines Todes zu nennen. Er bekommt zur Antwort, er werde an einem Šabbat sterben und solle die Tora studieren.

> Hierauf saß nun David jeden Šabbat und studierte den ganzen Tag. An dem Tage, da seine Seele zur Ruhe einkehren sollte, trat der Todesengel vor ihn hin, vermochte aber nichts gegen ihn, da sein Mund vom Studieren nicht abließ. Da sprach er: Was mache ich nun mit ihm? Hierauf ging der Todesengel in den Garten, der sich hinter seiner Wohnung befand, stieg auf die Bäume und schüttelte sie. Als [David] hinausging, um nachzusehen, brach die Treppe, auf der er sich befand, unter ihm zusammen; nun hielt er inne, und seine Seele kehrte zur Ruhe ein.[627]

616 Ebd., Bd. 2, S. 308; B. 3, S. 475.
617 Ebd., Bd. 5, S. 57 u. a.
618 Ebd., Bd. 5, S. 16; in *J* 33 gibt Ṣauriel ein Kleid der Finsternis und bringt sie zum ‚Haus der Bösen' (vgl. *J* 33, S. 123).
619 Ebd., Bd. 5, S. 312; vgl. *J* 25.
620 Ebd., Bd. 1, S. 306.
621 Ebd., Bd. 3, S. 326.
622 Ebd., Bd. 3, 306, 327, 330.
623 Ebd., Bd. 6, S. 46; Bd. 3, S. 114.
624 Ebd., Bd. 3, S. 305.
625 Ebd., Bd. 4, S. 200 f., 239; Bd. 6, S. 321.
626 Ebd., Bd. 3, 120, 278; Bd. 6, 271, S. 367.
627 Vgl. *Babylonischer Talmud*, Šabbat 30 a–b in Goldschmidt: *Der babylonische Talmud* 1,

Hier wird vom Tod eines Gerechten gesprochen. Doch der Todesengel nimmt auch die Seelen der Sünder[628] wie auch in Kapitel 33 des Johannesbuches. Der Todesengel kann im Judentum auch den Namen Suriel tragen.[629] Er wird auch dämonisiert und mit dem Satan gleichgesetzt.[630]

In weiteren jüdischen Schriften außerhalb des Alten Testaments begegnen auch sogenannte ‚Strafengel', die die Seelen der Sünder in die Hölle bringen:

> Ihr Haar war aufgelöst wie Frauenhaar; in ihren Händen waren Feuergeißeln. Bei ihrem Anblick überkam mich (i. e. Sophonias) Furcht; ich fragte jenen Engel, der mit mir ging: „Wer sind diese?" Er sprach zu mir: „Dies sind die Diener für die ganze Schöpfung; sie kommen zu der Sünder Seelen, entführen sie und legen sie hier nieder. Drei Tage schweben sie mit ihnen in der Luft umher, bevor sie sie ergreifen und in die ewige Strafe schleudern."[631]

Der große Engel, der Sophonias führt, trägt den Namen Eremiel. Er ist über die Unterwelt gesetzt und wird wie folgt beschrieben:

> Sein Antlitz leuchtete in seiner Herrlichkeit wie Sonnenstrahlen. Sein Angesicht glich dem, der voll in seinem Glanz. Er war gegürtet, wie mit einem goldnen Gürtel über seiner Brust, und seine Füße waren wie im Feuer glühendes Messing,[632]

und er ist der, „der vor dem Herrn die Menschen anklagt".[633]

Hier wird der Name ‚Todesengel' nicht gebraucht, doch die Strafengel stehen im unmittelbaren Zusammenhang mit dem Tod des Menschen und mit der Strafe für Vergehen nach dem Tod.

Die Strafen für die Vergehen werden an anderer Stelle beschrieben.[634] So verbrennt ein Feuerstrom nur die Sünder, nicht aber die Gerechten; die Bestraften weinen und schreien, und sie werden so lange gequält, „[b]is daß der Gott der Gnade gnädig ist und ihrer sich erbarmt"[635].

Das Gesicht des Esdras kennt sieben Höllenengel, die die Menschen nach ihrem Tod für ihre Vergehen strafen. Esdras schaut dies und bittet jeweils für die bestraften Sünder um Gnade. Zuletzt wird ihm versprochen:

S. 518.

628 Ginzberg: *The Legends of the Jews* 5, S. 77.

629 Ebd., Bd. 6, S. 82, 162.

630 Vgl. *Resch Laqisch* im *Babylonischen Talmud*, *Baba Bathra* 16 a in Goldschmidt: *Der babylonische Talmud* 8, S. 61.

631 Vgl. „Die Apokalypse des Sophonias 5", in: Paul Riessler: *Altjüdisches Schrifttum außerhalb der Bibel*, Heidelberg: F. H. Kerle Verlag ^{2}1966, S. 170.

632 Ebd., Kapitel 9, S. 172.

633 Ebd., Kapitel 10, S. 173.

634 Vgl. meinen Kommentar zu Kapitel 28.

635 Vgl. „Das Testament des Isaak Kapitel 7", in: Riessler: *Altjüdisches Schrifttum außerhalb der Bibel*, S. 1144.

> Die Auserwählten aber gehen in die ewige Ruhe durch Beichte und Reue und durch reichlich Almosen.[636]

Die Waffe des Ṣauriel, mit der er die Seele vom Körper löst, ist ein Messer aus drei Flammen.[637] Es ist anzunehmen, dass es sich bei diesem Messer (mand. *sikina*) um einen Dolch oder ein Kurzschwert handelt, wie es die Abbildungen von Erzengeln zeigen.[638] Das Flammenschwert geht vermutlich zurück auf die Waffe der Cherubim, die nach dem Sündenfall den Baum des Lebens bewachen:

> Und er (Gott) vertrieb den Menschen, und er ließ wohnen, östlich vom Garten Eden, die Kerubim und die Flamme des Schwertes, das sich hin- und herwendet / das sich windet (wohl ‚das zuckt / blitzt'), zu bewachen den Weg zum Baum des Lebens.[639]

Das Flammenschwert wurde meist als Blitz gedeutet.[640] Hartmut Gese wies hier auf die Waffe des kanaanäischen Wettergottes Baal auf der Stele des *Baál au foudre* hin.[641]

Ist es im Mandäismus die Aufgabe Ṣauriels, die Seele aus dem Körper herauszuholen, was den Tod des Menschen bedeutet, so bringt im Judentum der Todesengel das tödliche Gift:

> Man sagt nämlich vom Todesengel, dass er voll Augen ist, und beim Sterben des Menschen steht er an seiner Kopfseite mit gezücktem Schwerte in der Hand, an dem ein Tropfen Galle hängt. Sobald der Kranke ihn erblickt, erbebt er und öffnet seinen Mund, und dieser wirft ihn (den Tropfen Galle) hinein. Davon stirbt er, davon wird er übelriechend und davon vergilbt sein Gesicht.[642]

Die Ähnlichkeit der mandäischen Aussagen mit denen des Judentums ist bemerkenswert, besonders weil der *Babylonische Talmud* in räumlicher und zeitlicher Nähe des *Corpus Mandaicum* entstanden ist.[643]

---

636 So Das Gesicht des Esdras, in: Riessler: *Altjüdisches Schrifttum außerhalb der Bibel*, S. 354.

637 *J* 33, S. 120.

638 So Karl Günther: Das Schwert des Ṣauriel, in: *„Durch dein Wort ward jegliches Ding!" 2. Mandäistische und samaritanistische Tagung*, Mandäistische Forschungen 4, hrsg. von Rainer Voigt, Wiesbaden 2013, S. 92.

639 Vgl. Gen 3,24, Übersetzung nach Karl Günther: Das Schwert des Ṣauriel, S. 89.

640 Vgl. Günther: Das Schwert des Ṣauriel, S. 89 f.

641 So Hartmut Gese: „Der bewachte Lebensbaum und die Heroen. Zwei mythologische Ergänzungen zur Urgeschichte der Quelle J", in: ders., *Vom Sinai zum Zion. Alttestamentliche Beiträge zur biblischen Theologie*, München 1974, S. 99–112.

642 *Avoda Zara* I,viii im *Babylonischen Talmud* 9, S. 479.

643 Vgl. Günther: Das Schwert des Ṣauriel, S. 93.

3. Der Todesengel im Christentum

Im Neuen Testament gibt es keine Erwähnung eines Todesengels. Doch in den neutestamentlichen Apokryphen wird der Engel des Todes genannt, vor allem in apokalyptischen Schriften. Auch der Tod bzw. das Sterben wird beschrieben, ähnlich wie in Mandäismus und Islam. Hier ist eine Schrift zu nennen, die an der Schwelle zwischen Judentum und Christentum steht. Eine ursprünglich jüdische Schrift wurde christlich überarbeitet.[644] Die Apokalypse des Esdras beschreibt das Sterben des Esdras, eines Propheten, wie folgt:

> Darauf spricht Gott zu mir (i. e. Esdras): „Kennst du die Namen jener Engel, Esdras, die da dem Ende vorstehen? Es sind dies Michael, Gabriel, Uriel, Raphael, Sabuthelon, Aker, Arphugiton, Bebur, Zebulon." Darauf kam eine Stimme zu mir: „Komm, Esdras, mein Geliebter! Stirb! Gib mir dein Unterpfand!" Da fragte der Prophet: „Wie könnt ich meine Seele denn hinausbringen?" Die Engel sagten: „Wir können durch den Mund sie gut hinausbringen." Da sagte der Prophet: „Ich sprach von Mund zu Mund mit Gott; da geht sie nicht hinaus." Die Engel sagten: „Dann wollen wir sie durch die Nase führen." Da sagte der Prophet: „Den Wohlgeruch des Herrn roch meine Nase." Die Engel sagten: „Dann bringen wir durch deine Augen sie hinaus." Da sagte der Prophet: „Es sahen meine Augen Gottes Rückseite." Die Engel sagten: „Dann bringen wir sie durch dein Haupt hinaus." Da sagte der Prophet: „Ich wandelte mit Moses auf dem Berge; von da geht sie deswegen nicht hinaus." Die Engel sprachen: „Dann bringen wir durch deine Zehenspitzen sie hinaus." Da sagte der Prophet: „Es haben meine Füße den Altar umschritten." Da gingen unverrichteter Sache die Engel weg und sagten: „Wir können, Herr, nicht seine Seele nehmen."[645]

Erst als Gott seinen Sohn mit einer großen Schar Engel schickt, hört der Prophet die Worte:

> „Gib mir das Pfand, das ich dir einstens gab! Es liegt die Krone dir bereit."[646]

Daraufhin klagt der Prophet, doch Gott spricht ihm Trost zu:

> „Das, was von mir herkommt, die Seele, geht zum Himmel; das, was von Erde, der Leib, geht wiederum zur Erde, von der er ward genommen." Der Prophet leistet noch Fürbitte für alle, die dieses Buch lesen, dann ist er bereit zu sterben: „Da übergab er sogleich seine hehre Seele."[647]

Hier wird der Tod hinausgezögert, ähnlich wie im islamischen Totenbuch beschrieben (s. u.). In der mandäischen Überlieferung bittet die Seele den Todesengel um Aufschub

644 Vgl. Riessler : *Altjüdisches Schrifttum außerhalb der Bibel*, S. 1273.
645 Vgl. ebd., S. 135.
646 Ebd., S. 135.
647 Ebd., S. 136 f.

vor dem Tod, denn sie möchte vor dem Sterben noch gute Werke tun, die sie bisher versäumt hat zu vollbringen, doch wird er ihr hier nicht gewährt.

In der Himmelfahrt des Jesaja wird erwähnt, dass Christus nach seiner Kreuzigung den Tod besiegen wird:

> Und wenn er dem Engel des Todes die Beute genommen haben wird, wird er am dritten Tage aufsteigen (…) und dann werden viele von den Gerechten mit ihm aufsteigen, deren Geister die Kleider nicht empfangen, bis der Herr Christus aufsteigen wird und sie mit ihm aufsteigen. Dann also werden sie (ihre Kleider und) ihre Throne und ihre Kronen empfangen, wenn jener in den siebten Himmel aufgestiegen sein wird“[648].

Jesaja wird dann vom siebten Himmel mit einem Engel als Anführer ins Totenreich gesandt. Er wird den Engeln, sowohl denen im Firmament als auch denen im Totenreich, gleich. Sein Auftrag ist es,

> zu richten und vernichten (…) den Fürsten und seine Engel und die Götter dieser Welt und die Welt, die von ihnen regiert wird, denn sie haben mich (i. e. Gott) verleugnet und gesagt: Wir allein und außer uns niemand. Und dann wirst du von den Engeln des Todes zu deinem Platze aufsteigen (…) in Herrlichkeit wirst du aufsteigen und zu meiner Rechten sitzen.[649]

Die Engel des Todes erscheinen hier also als Herrscher über die Verstorbenen, die in einer Art Unterwelt ihren Platz haben.

Eine weitere widergöttliche Macht wird hier ebenfalls benannt: Samael Satan tötet den Propheten Jesaja, indem er ihn zersägt.[650]

Auch werden neben dem Todesengel noch Racheengel, Strafengel und Zornengel genannt. Die Petrusapokalypse erwähnt den Zornengel Ezrael: „Es bringt der Zornengel Ezrael Männer und Weiber, zur Hälfte (des Körpers) brennend, und wirft sie an einen Ort der Finsternis …“[651]; „Unter ihnen macht der Engel Ezrael einen Ort von vielem Feuer.“[652] Ezrael ist hier nicht derjenige, der die Seele vom Körper trennt; er straft Menschen nach ihrem Tod für ihre Vergehen: „Der Engel Ezrael bringt die Seelen der (von Mördern) Getöteten herbei; und sie sehen die Qual (derer, die sie) getötet haben“.[653] Der Name stammt vermutlich aus dem hebräischen עסריאל. Weiter begegnet ein Engel mit Namen Urael: „Seele und Geist soll der große Urael auf Befehl Gottes

648 Vgl. „Die Himmelfahrt des Jesaja“ in: Edgar Hennecke / Wilhelm Schneemelcher: *Neutestamentliche Apokryphen* II, Tübingen ^{5}1989, S. 558.
649 Ebd., S. 559.
650 Ebd., S. 562.
651 Ebd., S. 572.
652 Ebd., S. 573.
653 Ebd., S. 570; vgl. die Schilderung der Höllenstrafen im Anhang an Kapitel 28 meines Kommentars.

geben. Denn ihn hat Gott bestellt bei der Auferstehung der Toten am Tage des Gerichts“.[654]

Strafengel nennt die Petrusapokalypse ebenfalls: „Ich (i. e. Petrus) sah aber auch einen anderen Ort (…), einen ganz düsteren; und dies war der Ort der Strafe, und die dort gestraft wurden, wie auch die strafenden Engel, trugen das finstere Gewand“.[655]

Die Verbindung der Strafe mit dem finsteren Gewand findet sich auch in Kapitel 33 des Johannesbuches.

Auch in der koptisch-gnostischen Paulusapokalypse sind Engel über die Seelen der Toten gesetzt:

> Nun sah ich (i. e. Paulus) im vierten Himmel göttergleiche Engel nach ihrer Art, und ich sah, wie diese Engel gerade eine Seele aus dem Lande der Toten wegtrugen. Sie setzten sie an der Pforte des vierten Himmels ab. Die Engel peitschten sie.[656]

> Und ich sah einen großen Engel im fünften Himmel: der hielt einen eisernen Stab in seiner Hand, und bei ihm waren noch drei andere Engel. Ich blickte ihnen ins Angesicht. Sie wetteiferten miteinander: mit Peitschen in den Händen trieben sie die Seelen zum Gericht.[657]

Die griechische Paulusapokalypse, die ebenfalls zu den späteren Apokalypsen zählt, kennt ähnliche Vorstellungen, die vermutlich zu einem breiteren Traditionsstrom gehören. Hier wird jedoch ein Unterschied gemacht zwischen den Seelen der Sünder und denen der Gerechten. Die Seelen der Gottlosen gehen aus dem Körper, um vor Gottes Gericht zu treten, und obwohl ein Engel jede Seele schützt, wird die Seele des Sünders verdammt: Sie „soll übergeben werden dem Engel Tartaruchus, der gesetzt ist über die Strafen, und der möge ihn schicken in die äußere Finsternis, wo Weinen und Zähneknirschen ist, und dort möge er sein bis zum großen Tage des Gerichtes“[658]. So wird jede Seele von einem Engel in Empfang genommen und begleitet bis vor den Richterstuhl Gottes, der anschließend das Urteil fällt. Auch hier gibt es die Überlieferung, dass zwischen dem persönlichen Tod und dem Tag des Weltgerichts ein Zwischenzustand bestehe.

Die Seelen der Gerechten jedoch werden von dem ‚Engel der Gerechtigkeit‘, dessen „Angesicht wie die Sonne blitzte, die Lenden umgürtet mit goldenen Gürteln“[659] und von mehreren sie beschützenden und begleitenden Engeln von Gott dem Erzengel Michael übergeben, der sie ins Paradies des Frohlockens führt. Dort darf sie bleiben, bis sie am Tage der Auferstehung Miterbe mit allen Heiligen wird.[660] Paulus trifft

654 Ebd., S. 568.
655 Ebd., S. 570 im griech. Aḥmimtext.
656 Ebd., S. 631.
657 Ebd., S. 632.
658 Ebd., *Apokalypse des Paulus*, Kapitel 16 ff., S. 655.
659 Ebd., Kapitel 12 ff., S. 651 ff.
660 Ebd., Kapitel 14, S. 653.

schließlich bei seiner Himmelsreise auf Elia und Elisa, Henoch, Zacharias und Johannes und schaut schließlich seinen Thron „in einem Zelt von Licht (...), vor dem zwei singende Engel sich befinden, welche als Uriel und Suriel vorgestellt werden".[661]

In den Petrusakten wird ein ‚Engel des Satans' genannt, der von den Gläubigen durch Gebet, Fasten und Almosengeben vertrieben werden kann.[662] Der Engel des Todes aber bringt das Lebensende eines Zauberers.[663]

Auch die Waffe des Racheengels begegnet sowohl im Judentum wie auch im Mandäismus wieder. Das Buch des Thomas erzählt von dem „Engel Tartarouchos, [bei dem flammendes F]euer [ist], das die (die die Gläubigen verfolgt haben) verfolgt, (S. 143) [während] Feuergeißeln Funken über Funken sprühen lassen ..."[664]

Auch das Bartholomäusevangelium kennt einen Engel mit feurigem Schwert: Bartholomäus schaut

> wie die Engel vor Adam hinaufstiegen und ein Loblied anstimmten. Einer aber von den Engeln, größer als die anderen, wollte nicht hinaufsteigen. Er hatte in seiner Hand ein feuriges Schwert (...) Und alle Engel baten ihn, mit ihnen aufzusteigen; er aber wollte nicht. Als du (i. e. Gott) es aber ihm befahlst, sah ich eine Flamme aus seinen Händen hervorgehen, die bis zur Stadt Jerusalem reichte. Und Jesus sprach (...): Dieser war einer von den Racheengeln, von denen, die vor dem Thron meines Vaters stehen."[665]

Zu beachten ist hier die Verbindung zu Adam, die an die Vertreibung aus dem Paradies anspielt.

Die Waffe des Todesengels wird in der Schrift *Das Leben Adams und Evas* als ‚gewundenes Flammenschwert' bezeichnet: So spricht Gott zu Adam nach der Vertreibung aus dem Paradies: „Jetzt kannst du von ihm (i. e. ‚dem Baum des Lebens') nicht mehr bekommen; denn den Keruben und dem gewundenen Flammenschwert ist der Auftrag geworden, ihn vor dir zu hüten."[666] Somit bestätigt sich die These, das Schwert des Sauriel stehe in Verbindung mit Genesis 3.

4. Der Todesengel im Islam

Im Islam gibt es hinsichtlich der Vorstellungen vom Todesengel einige Übereinstimmungen mit den mandäischen Überlieferungen. Der Todesengel trägt den Namen Azrail oder ʿIzraʾil und ist neben Michael, Gabriel und Israʿil, welchem er gleicht, ein

661 Ebd., Kapitel 51, S. 673.
662 *Petrusakten*, Kapitel 6, in: Hennecke / Schneemelcher, Bd. II, S. 274.
663 Ebd., S. 285.
664 Ebd., *Das Buch des Thomas*, in: Hennecke / Schneemelcher, Bd. I, S. 202.
665 *Bartholomäusevangelium* I,23 ff., in: Hennecke / Schneemelcher, Bd. I, S. 428.
666 Ebd., S. 34.

Erzengel[667] und wird auch ‚Herr der Geister' genannt.[668] Nach einer anderen Übersetzung ist er der „Meister der Hinwegnahme der Arwah"[669]. *Arwāḥ* bezeichnet den Plural von *Ruḥ* (‚Geist, Seele').[670]

Der Name Azrail ist eventuell abgeleitet aus dem in jüdischen Texten genannten Namen עסריאל. Hier begegnet er als Name des ‚Prinzen der Hölle'.[671] Seine Aufgabe ist es u. a., am Gerichtstag in die Posaune zu stoßen[672]. Der Todesengel hat kosmische Dimensionen. So ist er 70 000 Fuß groß, er hat einen Sitz im vierten oder auch im siebten Himmel, worauf er einen seiner Füße setzt, der andere Fuß ist auf die Brücke gestützt, die sich zwischen Paradies und Hölle befindet; und würde man alles Wasser der Welt auf ihn schütten, würde nicht ein einziger Tropfen auf die Erde fallen.[673]

Im Qur'ān begegnet der Todesengel nicht häufig. Wichtig in diesem Zusammenhang ist Sure 32. Hier sollen die Ungläubigen mit folgenden Worten ermahnt werden:

> Sprich: „Der Engel des Todes, der über euch eingesetzt ward, wird eure Seelen hinnehmen; zu eurem Herrn dann werdet ihr zurückgebracht." Könntest du nur sehen, wie die Schuldigen ihre Köpfe hängen lassen werden vor ihrem Herrn: „Unser Herr, nun haben wir gesehen und gehört, so sende uns zurück, daß wir Gutes tun; denn nun sind wir gewiß: (…)," und weiter an die Ungläubigen gerichtet: „So kostet (die Strafe), denn ihr vergaßt das Eintreffen dieses eures Tages. (…) Jene, die glauben und gute Werke tun, sie werden Gärten der Heimstatt haben als eine Ergötzung für das, was sie getan. Jene aber, die ungehorsam sind – ihre Wohnstatt wird das Feuer sein. Sooft sie daraus entfliehen möchten, werden sie wieder dahin zurückgetrieben werden, und es wird zu ihnen gesprochen werden: „Kostet nun die Strafe des Feuers, die ihr zu leugnen pflegtet!"[674]

Der Todesengel hat, von Gott schon über Adam als Herrscher eingesetzt,[675] den Auftrag, die Seele des Menschen zu nehmen[676] und wegzuführen.[677] Er wird wie folgt beschrieben:

> In einer Überlieferung des Propheten, der Friede sei mit ihm, wird berichtet, daß Gott, als er den Todesengel erschuf, ihn vor den Geschöpfen mit einer Million Schleier

667 Vgl. Helmut Werner (Hg.): *Das islamische Totenbuch. Jenseitsvorstellungen des Islam*, Köln 2009, S. 51.
668 Ebd., S. 51.
669 So al-Qadi: *Das Totenbuch des Islam*, S. 34.
670 Ebd., S. 201.
671 Vgl. H. A. R. Gibb / J. H. Kramers (Hgg.): *Shorter Encyclopaedia of Islam*, Leiden / New York, [3]2007–, S. 190.
672 Ebd., S. 190.
673 Ebd., S. 190.
674 So *Der Heilige Qur'an*, zitiert nach der Ausgabe von Ahmadiyya Muslim Jamaat in der Bundesrepublik Deutschland und der Schweiz, Rabwat [5]1989, S. 407 f.
675 Vgl. Werner: *Das islamische Totenbuch*, S. 54.
676 Ebd., S. 56.
677 Ebd., S. 57.

> verhüllte. Seine Größe ist gewaltiger als die Himmel und die Erden. Würden die Gewässer der Meere und Flüsse auf seinen Kopf ausgegossen, so würde nicht ein Tropfen von diesen auf die Erde fallen. (...) Er hält 70 000 Ketten. Die Länge einer jeden Kette beträgt eintausend Jahre (...) Allah-taʿālā erschuf den Tod und gab dem Todesengel Macht über ihn."[678]

> Im *Kitab Suluk* von Muqatal ibn Suleyman wird erwähnt, daß der Todesengel einen Sitz im siebenten Himmel hat. Es heißt auch, daß sich dieser im vierten befinde. Der Engel des Todes hat 70 000 Füße und 4 000 Schwingen. Sein ganzer Körper ist mit Augen und Zungen übersät (...) Es heißt, daß der Todesengel vier Gesichter hat.[679]

Gott gibt dem Todesengel Kunde, wenn jemand stirbt.[680]

> Es heißt, daß Mikaʾil, der Friede sei mit ihm, mit einer Schriftrolle von Allah-taʿālā zum Todesengel hinabsteigt, auf der der Name desjenigen geschrieben steht, dessen Ruh [gemeint ist *ruḥ*] ihm fortzunehmen befohlen ist, sowie der Ort, an welchem der Ruh hinweggenommen werden soll, und der Grund seiner Hinwegnahme.[681]

Der Tod tritt dann in sichtbarer Gestalt vor den Sterbenden und befragt ihn. Hier steht – wie bei den Mandäern – als gute Tat das Geben von Almosen im Mittelpunkt, und häufig begegnet der Vorwurf, mit dem eigenen Vermögen nichts Gutes getan zu haben.[682] Hat der Sterbende gute Taten aufzuweisen, kann damit der Todesengel zunächst abgewehrt werden: Kommt er vom Mund her, so ist der Sterbende durch das Lob Gottes geschützt, von der Seite der Hand durch Almosen, Hinwendung zu den Waisen, die Wissenschaft (i. e. Kenntnis und Auslegung des Koran) und den Kampf gegen die Ungläubigen. Von der Seite des Fußes kann der Todesengel durch den häufigen Besuch der Moschee, durch Krankenbesuche und die Wissenschaft (s. o.) gehindert werden, von der Seite des Ohres durch das Hören des Korans und der Lobpreisung und von der Seite des Auges durch das Studieren der heiligen Schriften und den Blick auf das Gesicht der Gottgelehrten.[683] Der Todesengel beharrt jedoch so lange, bis er die Seele nehmen kann; dies kann geschehen, indem der Todesengel den Namen Gottes auf die Hand des Sterbenden schreibt,[684] er kann eine Schrift von Gott[685] oder ein Blatt aus dem Paradies bringen,[686] um den Tod herbeizuführen: „Als der Geist des Menschen es sieht, geht er mit Freude aus dem Körper heraus."[687]

678 So al-Qadi, S. 37.
679 Ebd., S. 41.
680 So Werner: *Das islamische Totenbuch*, S. 59.
681 Vgl. al-Qadi, S. 43.
682 Ebd., S. 55 f., vgl. hierzu *J* 22 in Auseinandersetzung mit dem Islam; *J* 29 und 33, besonders S. 102.
683 Ebd., S. 65, vgl. auch Gibb / Kramers: *Shorter Encyclopaedia of Islam*, S. 190, vgl. *Apokalypse des Esdras*, zitiert S. 278.
684 Ebd., S. 66.
685 Ebd., S. 60.
686 Ebd., S. 64.
687 Ebd., S. 64.

Wie in den mandäischen Schriften wird der Tod als Trennung der Seele vom Körper dargestellt, und die Seele/der Geist freut sich, den Körper hinter sich zu lassen,[688] denn der Körper gilt als nichtig. Hier ist auch das Verbot übermäßiger Trauer begründet.[689] So wird im *Ginza* ermahnt:

> Scheidet jemand aus seinem Körper, so weinet nicht und erhebet keine Klage und Jammer über ihn. (…) Einen jeden, der über einen Toten weint, wird man in Wasserbäche stellen, wenn sie voll sind. Wer sein Gewand am Halse zerreißt, wird den Fehler an seinem Gewande behalten. Wer sich die Haare um den Toten ausrauft, den wird man in den Berg, in den Finsterberg einschließen.[690]

Diese Ermahnung, verbunden mit einer Strafandrohung, findet sich auch im islamischen Totenbuch:

> In einer Überlieferung heißt es: Wer durch ein Unglück geschlagen ist und alsdann seine Kleider aufreißt und an seine Brust schlägt, der gleicht dem, welcher eine Lanze nimmt und Krieg gegen Alla-taʿālā führt. Der Prophet, Friede sei mit ihm, sagte: „Wer seine Tür oder seine Kleider im Unglück schwärzt, oder seine Tür schwarz verhängt, oder einen Baum abbricht, oder seine Haare abschneidet, dem wird für ein jedes Haar ein Haus im Feuer errichtet. Allah-taʿālā wird weder freiwillige Gaben noch Rechtfertigungen von ihm annehmen, solange das Schwarz seine Tür bedeckt. Allah-taʿālā wird ihm das Grab eng machen und sein Gericht hart. Ein jeder der himmlischen und irdischen Engel wird ihn verfluchen und eintausend Fehler aufschreiben für ihn. Auch wird er nackt in seinem Grabe stehen. Wer seine Taschen wegen eines Verlustes zerreißt, dem wird Allah seine *Din*[691] zerreißen. Wer seine Wangen schlägt oder sein Gesicht zerkratzt, dem wird Allah-taʿālā den Anblick Seines Antlitzes für verboten erklären.[692]

> Lautes Klagegeschrei ist verboten, aber das Weinen über den Toten ist erlaubt, wenngleich Geduld das beste ist. (…) Auf einer Klagefrau und denen, die sie umgeben und ihr zuhören, ruht der Fluch Gottes, der Engel und aller Menschen. (…) Der Prophet spricht: „Ich habe euch nur zwei Laute der Stimme verboten, nämlich den Klagelaut und den des Trauergesangs; ferner das Zerkratzen des Gesichtes und das Zerschlagen des Busens."[693]

---

688 Vgl. *J* 21, 26, 33.
689 Vgl. *J* 33, S. 122.
690 So *G*, S. 21 in der Übersetzung Lidzbarskis.
691 Das heißt die Glaubensausübung, also die Lebensführung des gläubigen Muslim. So al-Qadi, S. 202.
692 So al-Qadi, S. 63.
693 So Werner: *Das islamische Totenbuch*, S. 83.

Hat der Todesengel die Seele genommen, gibt es keine Rückkehr mehr für sie in den Körper.[694] Die Seele kann zwar wieder zu ihrem Leib kommen, doch nur, um zu sehen, was aus dem Körper wird. Dies gilt jedoch nur für diejenigen, die zur Seligkeit bestimmt sind.[695]

Im Islam und im Mandäismus gibt es nach dem Tod nur zwei Möglichkeiten für die Seele: Entweder Paradies und Glückseligkeit oder die Hölle mit ihren Qualen.[696] Die erste Strafe für die Seele sind schwarze Gewänder: „Die Elenden des Feuers werden Kleider aus Pech tragen".[697]

Im Johannesbuch wird das wie folgt beschrieben:

> Ich (i. e. der Todesengel) will dich von hier fortführen, und ziehe das Kleid der Finsternis an, weil du dich in der Tibil nicht hast warnen lassen und deinen Weg zum Orte des Lichtes nicht geliebt hast. So sollst du nun im Hause der Bösen bewacht werden, bis Himmel und Erde vergehen.[698]

Hier wird nicht genannt, in welcher Gestalt der Todesengel erscheint. In mandäischen Texten findet sich auch keine Beschreibung des Todesengels oder der Hölle überhaupt. Ebenfalls wird nicht beschrieben, was bei dem Tod eines Frommen geschieht.

Der Islam aber unterscheidet klar zwischen den Sterbenden, die zur Seligkeit bestimmt sind und denen, die in die Hölle gebracht werden. Der Todesengel erscheint mit Engeln der Barmherzigkeit zur Rechten und Engeln der Strafe zur Linken.[699] Beim Tod erscheinen auch zwei rauhe Engel, Munkar und Nakir.

> Alsdann steigen die zwei rauhen Engel herab, welche die Erde mit ihren Krallen verbrennen. Sie heißen Munkar und Nakir. Sie setzen sich zu ihm (i. e. dem Sterbenden) und sprechen ihn an: „Wer ist dein Herr? Wer ist dein Prophet? Und was ist deine Din?" Wenn er zu den Glücklichen gehört, entgegnet er: „Mein Herr ist Allah, und mein Prophet ist Mohammed, der Friede sei mit ihm. Und meine Din ist der Islam."[700]

Daraufhin wird der *ruḥ* (‚der Geist, die Seele') des Toten von Engeln in den Himmel gebracht:

> Wird der Mu'min[701] von dieser Welt getrennt und nähert sich der nächsten Welt, so heißt es in der Überlieferung, steigen Engel mit weißen Gesichtern zu ihm herab. Es ist, als wären ihre Antlitze die Sonne. Sie führen eines der Leichenhemden des Gartens mit sich (...) Dann nähert sich der Engel des Todes und setzt sich an seinen

694 Ebd., S. 56, 77, *J* 33.
695 Ebd., S. 88.
696 Vgl. hierzu auch das Gleichnis vom Weltgericht in Mt 25, 31–46.
697 So al-Qadi, S. 160.
698 So *J* 33, S. 123.
699 Siehe Werner: *Das islamische Totenbuch*, S. 88.
700 So al-Qadi, S. 70.
701 Das ist ‚der Gläubige'.

> Kopf und spricht: „Komme mit mir, du Ich voller Frieden, kehre zur Gnosis Gottes und Seiner Freude zurück.“ Der Prophet, der Friede sei mit ihm, sagte: „Alsdann kommt er (der Ruh) heraus und fließt aus seinem Körper wie Wasser aus einem Wassersack fließt.“ Dann nehmen sie ihn, legen ihn auf ihre Hände und wickeln ihn in das Leichentuch …[702]

Diese Engel werden ähnlich wie im Mandäismus beschrieben: Sie tragen weiß glänzende Gewänder, und ihr Antlitz leuchtet wie die Sonne,[703] erscheinen also als Lichtgestalten. Sie bringen Leintücher und wohlriechende Gewürze aus dem Paradies,[704] dann ruft der Todesengel die Seele heraus, und dem Frommen werden Düfte und Wohlgerüche zugeführt,[705] er wird von den Engeln der Barmherzigkeit zum siebten Himmel gebracht.[706] Die Seelen der Ungläubigen aber werden von den Engeln der Strafe zum Erdhimmel empor getragen.[707] Ihr Grab verengt sich, und die Toten schauen in die Hölle; jeder sieht den Platz in der Hölle, der ihm nach dem Tag der Auferstehung zugewiesen ist.[708]

Auch hier begegnen wie im *Corpus Mandaicum* Engel, Lichtgestalten, die der Seele beim Aufstieg behilflich sind. Doch auch die Art, wie der Todesengel die Seele aus dem Körper nimmt, unterscheidet sich danach, ob der Mensch gläubig war oder nicht: Wenn ein Gläubiger stirbt, steht der Todesengel bei dessen Kopf und trennt die Seele so sanft vom Körper wie ein Tropfen aus dem Wasser fließt. War der Mensch jedoch nicht gläubig, reißt er die Seele grob aus dem Körper heraus. Die Seele des Gläubigen wird dann Engeln übergeben, die die Seele bis in den siebten Himmel tragen und sie dann zum Körper in das Grab legen. Vor der Seele des Ungläubigen aber sind die Tore des Himmels verschlossen; wenn sie emporgetragen wird, wird sie wieder auf die Erde hinuntergeworfen.[709]

Auch im Jenseits gibt es Abstufungen und unterschiedliche Aufenthaltsorte für die Verstorbenen: Die Seelen der Propheten befinden sich im Paradiesgarten des ewigen Verweilens, die der Märtyrer im Lustgarten in der Mitte des Paradieses in den Kröpfen grüner Vögel und die Seelen muslimischer Kinder dort in den Kröpfen der Sperlinge, während die Kinder der Polytheisten umherschweifen; die Seelen der Gläubigen, die Schuld auf sich geladen haben, schweben in der Luft; die Seelen der hartnäckigen Frevler unter den Muslimen werden im Grab mit dem Körper bestraft, und die Seelen der Ungläubigen und Scheinheiligen müssen im Kerker des Höllenfeuers bleiben bis zum Tag der Auferstehung. Vor diesem Tag geschieht ein vierzigtägiges

---

702 Ebd., S. 71 f.
703 Ebd., S. 91.
704 Ebd., S. 91.
705 Ebd., S. 94.
706 Ebd., S. 107.
707 Ebd., S. 108.
708 Ebd., S. 108
709 Vgl. Gibb / Kramers, S. 190.

Erdbeben, das die Menschen in Angst und Schrecken versetzt. Auf die Frage, welcher Tag dies sei, wird geantwortet:

> Es ist der Tag, an welchem Allah-taʿālā zu Adam sprechen wird: „Stehe auf und schicke deine Kinder ins Feuer!“ Adam, der Friede sei mit ihm, wird fragen „Welchen Teil von je eintausend?“ Alla-taʿālā wird ihm antworten: „Neunhundertneunundneunzig je Tausend ins Feuer und einen in den Garten.“[710]

Auch hierzu findet sich eine Parallele in den mandäischen Schriften:

> Meine Auserwählten! Liebet die Almosenspende und liebet den Sonntag, damit ihr (der Seele) eine Brücke über des Meer gelegt werde. (…) Tausend mal Tausend stehen an dessen Ufer, doch von tausend wird nur einer hinübergelassen. Von tausend wird einer hinübergelassen und von zweitausend zwei. Sie lassen die Seelen hinüber, die eifrig und des Lichtortes würdig sind.[711]

Die Vorstellung, dass eine Brücke ins Jenseits führt, ist auch im Islam verbreitet. Hier geht es jedoch um eine Brücke, die über die Hölle hinwegführt. Nur die Tugendhaften können diese Brücke passieren, die Schuldigen stürzen dagegen in die Hölle hinab:

> Der Prophet sagt: Gott schuf über dem Höllenfeuer eine Brücke. (…) Er gab ihr sieben Bogen (…) Der Mensch wird auf jedem dieser Bogen bezüglich dessen, was Gott befohlen hat, zur Rechenschaft gezogen: auf dem ersten Bogen wegen des Glaubens (…) auf dem zweiten (…) wegen des Gebetes, auf dem dritten wegen der Mildtätigkeit, auf dem vierten wegen des Fastens, auf dem fünften wegen der Wallfahrt nach Mekka (…), auf dem sechsten wegen der heiligen Waschungen und der Waschung nach dem Samenfluss[712] und auf dem siebten wegen der Verehrung der Eltern und der Erfüllung von Pflichten gegenüber Blutsverwandten und ungerecht Behandelten. Wenn er diese Verhöre glücklich übersteht, so ist es gut; wenn aber nicht, so wird er in die Hölle gestürzt.[713]

Auch die Hölle hat nach islamischer Tradition sieben Höfe für je unterschiedliche Gruppen von Menschen: für Heuchler, für Polytheisten, für Sabier (i. e. Mandäer!), für Teufel und Magier, für Christen und Sünder unter den Muslimen, die ohne Buße gestorben sind.[714]

Die Höllenstrafen im Islam ähneln den bei den Mandäern zitierten. Häufig werden Feuer und Finsternis genannt. So werden nach islamischer Tradition diejenigen, die Falsches gegen ihre Nächsten bezeugt haben, mit Brandblasen auf ihren Körpern

---

710 So al-Qadi, S. 96.
711 So *J* 29, S. 103 in der Übersetzung Lidzbarskis.
712 Zu den Waschungen vgl. *J* 23, S. 91 und *J* 24, S. 92.
713 Vgl. Werner: *Das islamische Totenbuch*, S. 159.
714 Ebd., S. 168.

auferweckt,[715] wer übler Nachrede und Verleumdungen schuldig ist, muss als Auferweckter Gewänder aus Teer tragen, und Höllenfeuer bedeckt sein Gesicht.[716] Wer Unzucht treibt, geht ins Höllenfeuer,[717] und

> die in ungerechter Weise das Vermögen der Waisen aufgezehrt haben, werden in heftigen Flammen gebraten,[718]
>
> der Ungläubige hat auf dem Kopf eine Feuerkrone und wird mit einem Gewand aus schmelzendem Erz bekleidet.[719]

Weiter werden als Strafe brennende Winde, siedend heißes Wasser und Schatten von schwarzem Rauch genannt,[720] und Sünder werden in einen Kasten glühender Kohlen gelegt, sind im Kerker mit Feuer und tragen eine Feuerkrone auf dem Haupt.[721]
Zu den Strafen für Vergehen ist vor allem das 28. Kapitel des Johannesbuches zum Vergleich heranzuziehen:

> Ein jeder, der in Unzucht fehlt, wird seine Prüfung im (Höllen)feuer finden (…) Ein jeder, der seine Frau verläßt und eine andere nimmt, wird an Feuergeräte geschlagen werden. Eine Frau, die Unzucht treibt, wird als Ofenscheite verwandt werden.[722]

Als verwerflich gelten im Islam auch:

> Der Wein, das Pfeilspiel, die Opfersteine und das Loswerfen sind ein Gräuel und des Satans Werk.[723]

ähnlich wie bei den Mandäern in Kapitel 28 des Johannesbuches das Trinken von Wein in der Schänke, der Rauschzustand und darin betriebene Unzucht, z. B. das Gehen zu einer Frau, einem Singmädchen, das danach schwanger wird.[724]

Andere Vergehen sind weiterhin das Anhäufen von Gold und Silber, ohne damit Gutes zu tun[725] und Ungehorsam gegenüber den Eltern,[726] außerdem „neben Gott ein anderes Wesen (zu) stellen“, was klar gegen das Christentum gerichtet ist. Diese Polemik wird noch unterstützt durch weitere Bemerkungen wie: der Satan komme zu

---

715 Ebd., S. 129.
716 Ebd., S. 130.
717 Ebd., S. 133.
718 Ebd., S. 133.
719 Ebd., S. 157.
720 Ebd., S. 252.
721 Ebd., S. 183.
722 So *J* 28, S. 98 in der Übersetzung Lidzbarskis.
723 So Werner: *Das islamische Totenbuch*, S. 134.
724 *J* 28, S. 99.
725 So Werner: *Das islamische Totenbuch*, S. 129, 131: „Denen, die Gold und Silber anhäufen und es nicht auf den Weg Gottes verwenden, kündige ich schwere Strafen an für jenen Tag, da das Feuer zu einer Gluthitze entfacht wird. Gott macht aus jedem Geldstück eine feurige Platte, und es wird ihnen damit Stirn, Seite und Rücken gebrannt.“
726 Ebd., S. 133.

dem Sterbenden, setze sich an sein Haupt und versucht ihn, er solle Jesus Christus als Sohn Gottes bekennen.[727]

Nicht nur die Vorstellung des Todesengels und die Höllenstrafen weisen Parallelen zwischen Islam und Mandäismus auf, auch die Beschreibung des Todes ist ähnlich. Kapitel 33 des Johannesbuches beschreibt den Tod wie folgt:

> Das Messer des Ṣauriel, drei Flammen hat es. Wenn es heraneilt, um sie (die Seele) wegzuführen, drei Flammen läßt er gegen sie los. Eine läßt er los gegen sie am Abend, die zweite beim Hahnenschrei, die dritte Flamme läßt er gegen sie los beim Sonnenaufgang. Wenn das Feuer wütet, schlüpft die Seele heraus aus den Füßen und Knien, sie kommt, den Lenden nähert sie sich. Sie geht heraus von den Lenden und sie kommt zum Herzen, nimmt dann die Brust, sie fällt in Bedrängnis und für ihren Herren wird es eng. Seine Augen und sein Gesicht und seine Lippen erfaßt ein Zucken und es dreht sich die Zunge. Ṣauriel setzt sich ihm auf die Augenbrauen. Er sagt zu ihr (der Seele): „Geh heraus, Seele! Für was hütest du diesen Körper?“[728]

Hier ist die Beschreibung des Todes[729] ausführlicher als im Islamischen Totenbuch. Hier wird lediglich erwähnt, dass im Todeskampf die Zunge des Menschen gefesselt ist, der Sterbende leidet unter Durst und Brennen der Leber,[730] und der Tod gelangt von der Brust in Knie und Nabel, danach in die Kehle.[731] Wenn die Seele bis zum Gaumen gelangt ist, nimmt der Todesengel sie, und die Engel steigen mit ihr zu Gott empor.[732]

Vermutlich liegt beiden Beschreibungen die Beobachtung des letzten Atemzuges eines Sterbenden zugrunde.

727 Ebd., S. 68 f.
728 Zitiert nach Günther, S. 92.
729 Sie entspricht den Phänomenen eines Herzinfarktes. Ebd., S. 93.
730 So Werner: *Das islamische Totenbuch*, S. 68.
731 Ebd., S. 67.
732 Ebd., S. 88.

Literaturverzeichnis

A Mandäische Texte

Brandt, A. J. H. Wilhelm: *Mandäische Schriften. Aus der großen Sammlung heiliger Bücher Genza oder Sidra Rabba übersetzt und erläutert. Mit kritischen Anmerkungen und Nachweisen*, Amsterdam: Philo Press 1973; Neudruck der Ausgabe Göttingen 1893.

Buckley, Jorunn Jacobsen: *The Scroll of Exalted Kingship: Diwan Malkuta 'Laita* (Mandaean Manuscript No. 34 in the Drower Collection, Bodleian Library, Oxford), New Haven, Connecticut: American Oriental Society 1993.

Drower, Ethel Stefana: *The Canonical Prayerbook of the Mandaeans*, translated with notes, Leiden: E. J. Brill 1959.

Dies.: *The Coronation of the Great Shishlam. Being a Description of the Rite of the Coronation of a Mandaean Priest according to the Ancient Canon*, translation from two manuscripts entitled *The Coronation of Shishlam-Rba*, DC 54 Bodleian Library, Oxford (1008 AH) and Or. 6592, British Museum (1298 AH) with discussion of the "words written in the Dust" by E. S. Drower, Leiden: E. J. Brill 1962.

Dies.: *Diwan Abatur or Progress through the Purgatories*, text with translation, notes and appendices, Citta del Vaticano 1950.

Dies.: *The Haran Gawaitha and The Baptism of Hibil-Ziwa*, the Mandaic text reproduced together with translation, notes and commentary, Studi e Testi 176, Citta del Vaticano: Bibliotheca Apostolica Vaticana 1953.

Dies.: A Mandaean Book of Black Magic, Transliterated and Translated, in: *JRAS* (1943), S. 149–171.

Dies.: Shafta d Pishra ainia (A Mandaean Magical Text Translated and Transliterated), in: *JRAS* (1937), Part I (January), S. 5–20, Part IV (October), S. 589–611.

Euting, Julius (Hg.): *Qolasta oder Gesänge und Lehren von der Taufe und dem Ausgang der Seele*, als mandäischer Text mit sämtlichen Varianten nach Pariser und Londoner Manuskripten, mit Unterstützung der D. Morgenl. Ges. in Leipzig autographiert, Stuttgart: Autograph. Druck v. Friedr. Schepperlen 1867.

Lidzbarski, Mark: *Ginza – Der Schatz oder Das große Buch der Mandäer*, übersetzt und erklärt, Quellen der Religionsgeschichte 13, Gruppe 4, Göttingen: Vandenhoeck & Ruprecht 1925 / Leipzig: J. C. Hinrichs'sche Buchhandlung.

Ders.: *Das Johannesbuch der Mandäer, Einleitung, Übersetzung, Kommentar*, Gießen: Alfred Töpelmann (vormals J. Ricker) 1915; unveränderter Nachdruck Berlin: Walter de Gruyter 1966.

Ders.: *Mandäische Liturgien, mitgeteilt, übersetzt und erklärt*, Abhandlungen der Königlichen Gesellschaft der Wissenschaften zu Göttingen. Phil.-hist. Klasse NF Bd XVII,1 Berlin: Weidmann'sche Buchhandlung 1920; unveränderter Neudruck Göttingen: Vandenhoeck & Ruprecht 1970.

Macuch, Rudolf: *Neumandäische Chrestomathie*, mit grammatikalischer Skizze, kommentierter Übersetzung und Glossar, Porta Linguarum Orientalium, NS 18, Wiesbaden: Harrassowitz 1989.

Ders.: *Neumandäische Texte im Dialekt von Ahwaz*, Wiesbaden: Harrassowitz 1993.

Ders.: The Bridge of Shushtar, A Legend in Vernacular Mandaic with Introduction, Translation and Notes, in: *Studia Semitica philologica necnon philosophica, Ioanni Bakos dicata*, hrsg. von Stanislav Segert, Bratislava 1965, S. 153–172.

Ders.: Mandaic. Auswahl mandäischer Texte mit Glossar, in: *An Aramaic Handbook* II. 1+2, Wiesbaden: Harrassowitz 1967, Bd. 1 S. 46–61, Bd. 2, S. 67–81.

McCullough, W. S.: *Jewish and Mandaean Incantation Bowls in the Royal Ontario Museum*, Toronto: University of Toronto Press 1967.

Montgomery, J. A.: *Aramaic Incantation Texts from Nippur*, Philadelphia 1913.

Norberg, Matthias: *Codex Nasaraeus, Liber Adami appellatus, syriacae transscriptus, loco vocalium ubi vicem literarum gutturalium praestiterint his substitutis, latineque redditus*; 3 Teile, Hafniae ap. F. Brummer, Londoni Gotharum 1815–1816.

Petermann, H. (Hg.): *Thesaurus s. Liber magnus vulgo „Liber Adami" appelatus opus Mandaeorum summi ponderis*, 2 Bde, Lipsiae: T. O. Weigel 1867.

Pognon, Henri: Une incantation contre les génies malfaisants en mandaite, in: Mémoires de la Société linguistique de Paris 8, Paris 1892, S. 5–47

Ders.: *Inscriptions mandaites des coupes de Khouabir*, Paris 1898/99.

Qadi, Imam 'Abd ar-Rahim Ibn Ahmad al-: *Das Totenbuch des Islam. „Das Feuer und der Garten" – Die Lehren des Propheten Mohammed über das Leben nach dem Tode*, einzig berechtigte Übersetzung aus dem Englischen von Stefan Makowski und Stephan Schumacher, Titel des Originals *Islamic Book of the Dead*, Sonderausgabe, Bern / München 1985.

Rosenthal, Franz (Hg.): *An Aramaic Handbook* II.1+2, Wiesbaden: Harrassowitz 1967.

B Quellen zum religionsgeschichtlichen Vergleich und Hilfsmittel

Accellensis, Abraham: *De origine nominis Papae*, Rom 1660.

Adam, Alfred (Hg.): *Texte zum Manichäismus*, Kleine Texte für Vorlesungen und Übungen 175, hrsg. von Hans Lietzmann und Kurt Aland, 2., verb. und verm. Aufl., Berlin: Walter de Gruyter & Co. 1969, S. 36–39.

Aland, Kurt: *Synopsis Quattuor Evangeliorum. Locis parallelis evangeliorum apocryphorum et patrum adhibitis*, editio tertia decima revisa, Stuttgart: Deutsche Bibelgesellschaft 1985

Ahmadiyya Muslim Jamaat (Hg.): *Der Heilige Qur'an arabisch und deutsch*, Rabwah, Pakistan: The Oriental & Religious Publishing Corporation LTD ^{5}1989.

Aphrahat: *Demonstrationes. Unterweisungen* I, deutsch, aus dem Syrischen übersetzt und eingeleitet von Peter Bruns, Fontes Christiani 5.1, Freiburg: Herder 1991.

Ausgewählte Akten persischer Märtyrer. Mit einem Anhang: Ostsyrisches Mönchsleben, aus dem Syrischen übersetzt von Dr. Oskar Braun, Kempten / München: Jos. Köselsche Buchhandlung 1915.

Der babylonische Talmud, neu übertragen durch Lazarus Goldschmidt, Frankfurt am Main 1996

Baläus: *Ausgewählte Gedichte des Chorepiskopus Baläus*, Literaturangabe vgl. unter Cyrillonas: *Sämtliche Gedichte*, S. 57–99.

Becker, Jürgen: *Die Testamente der zwölf Patriarchen*, JSHRZ III: Unterweisung in lehrhafter Form, Lieferung 1, Gütersloh: Gerd Mohn 1974.

Berger, Klaus (Hg.): *Synopse des Vierten Buches Esra und der Syrischen Baruchapokalypse*, TANZ 8, Tübingen: Francke 1992.

Ders. (Hg.): *Die Weisheitsschrift aus der Kairoer Geniza*, Erstedition, Kommentar und Übersetzung, TANZ 1, Tübingen: Francke 1989.

Beyer, Klaus: *Die aramäischen Texte vom Toten Meer*, samt d. Inschr. aus Palästina, d. Testament Levis aus d. Kairoer Geniza, d. Fastenrolle u. d. alten talmud. Zitaten; aramaist. Einl., Text, Übers., Deutung, Grammatik / Wörterbuch, dt.-aram. Wortliste, Reg., Göttingen: Vandenhoeck & Ruprecht 1984.

Ders.: *Die aramäischen Texte vom Toten Meer samt den Inschriften aus Palästina, dem Testament Levis aus der Kairoer Genisa, der Fastenrolle und den alten talmudischen Zitaten*, Ergänzungsband, Göttingen: Vandenhoeck & Ruprecht 1994.

Ders.: Das syrische Perlenlied. Ein Erlösungsmythos als Märchengedicht, in: *ZDMG* 140.2 (1990), S. 234–259.

Beyerlin, Walter (Hg.): *Religionsgeschichtliches Textbuch zum Alten Testament*, Grundrisse zum Alten Testament. Das Alte Testament Deutsch – Ergänzungsreihe 1, Göttingen: Vandenhoeck & Ruprecht, 2., durchges. Auflage 1985.

Budge, E. A. Wallis (Hg.): *The History of the Blessed Virgin Mary and the History of the Likeness of Christ which the Jews of Tiberias Made to Mock at, 2 Bde.: 1: The Syriac Texts*, 2: *The English Translations*, London: Luzac & Co. 1899.

Ders.: *The Laughable Stories Collected by Mar Gregory John Bar-Hebraeus, Maphrian of the East from A. D. 1264 to 1286*, the Syriac text edited with an English translation, London: Luzac & Co. 1897 [Reprint 1976].

Bonwetsch, G. Nathanael: *Die Bücher der Geheimnisse Henochs. Das sogenannte slavische Henochbuch*, Leipzig: J. C. Hinrichs'sche Buchhandlung 1922.

Brockelmann, Karl: *Lexikon Syriacum*, Hildesheim: Georg Olms Verlagsbuchhandlung 1968

Burchard, Christoph: *Joseph und Aseneth*, JSHRZ II.4: Unterweisung in erzählender Form, Gütersloh: Gerd Mohn 1983.

Chabot, J. B.: *Chronique de Michel le Syrien (1166–1199), Text und Übersetzung*, 3 Bde., Paris 1899–1905.

Chwolsohn, D.: *Die Ssabier und der Ssabismus*, 2 Bde., Petersburg 1856.

Clemens Alexandrinus: *Extraits de Théodote*, texte Grec, introduction, traduction et notes de F. Sagnard O. P., Sources chrétiennes, Série annexe de textes hétérodoxes, Paris: Éditions du Cerf 1948.

Ders.: Mahnrede an die Heiden. Der Erzieher I, in: *Des Clemens von Alexandreia ausgewählte Schriften aus dem Griechischen übersetzt* I, Bibliothek der Kirchenväter BdK 2.V, Dr. Otto Stählin, München: Josef Kösel & Friedrich Pustet 1934.

Cyrillonas: Sämtliche Gedichte des Cyrillonas, in: *BdK* 6: *Ausgewählte Schriften der syrischen Dichter Cyrillonas, Baläus, Isaak von Antiochien und Jakob von Sarug*, übersetzt von Dr. P. S. Landersdorfer (Bendiktiner von Scheyn), Kempten / München: Jos. Köselsche Buchhandlung 1913, S. 1–54.

Dalman, Gustaf H.: *Aramäisch-Neuhebräisches Handwörterbuch zu Targum, Talmud und Midrasch*, mit Lexikon der Abbreviaturen von G. H. Händler und einem Verzeichnis der Mischna-Abschnitte, Hildesheim: Georg Olms 1967.

Dietzfelbinger, Christian (Hg.): *Psuedo-Philo: Antiquitates Biblicae (Liber Antiquitatum Biblicarum)*, Reihe JSHRZ II.2: Unterweisung in erzählender Form, hrsg. von W. G. Kümmel et al., Gütersloh: Gerd Mohn 1975.

Drower, Ethel Stefana / Macuch, Rudolf: *A Mandaic Dictionary*, Oxford: Clarendon Press 1963.

Eisenman, Robert / Wise, Michael: *Jesus und die Urchristen. Die Qumranrollen entschlüsselt*, aus dem Englischen von Philipp Davies und Birgit Mänz-Davies, München: Bertelsmann 1992.

Ephräm: *Des hlg. Ephräm des Syrers ausgewählte Schriften*, aus dem Syrischen und Griechischen übersetzt, 2 Bde., Bd. 1: Kempten / München: Verlag der Jos. Köselschen Buchhandlung 1919; Bd. 2: München: Josef Kösel & Friedrich Pustet 1928.

Epiphanius: *Des hlg. Epiphanius von Salamis Erzbischofs und Kirchenvaters ausgewählte Schriften*, übersetzt von Josef Hörmann, Kempten und München: Jos. Köselsche Buchhandlung 1919.

Even-Shoshan, Abraham: *Hamilon hechadash*, 7 Bde., Jerusalem 1982 ff.

l-Faradsch, Abu: vgl. unter Rotter, Gernot.

Friedlieb, J. H.: *Die sibyllinischen Weissagungen vollständig gesammelt*, Leipzig: Weigel 1852

Gibb, H. A. R. / J. H. Kramers (Hgg.): *Shorter Encyclopaedia of Islam*, Leiden / New York: Brill ³1991.

Ginzberg, Louis (Hg.): *The Legends of the Jews*, 7 Bde., Philadelphia: The Jewish Publication Society of America 1920–1955.

Hippolyt: *Des hlg. Hippolytus von Rom Widerlegung aller Häresien (Philosophumena)*, aus dem Griechischen übersetzt von Graf K. Preysing, BdK 40, Buch I.IV–X, München: Jos. Kösel & Friedrich Pustet o. J.

Hörmann, Werner (Hg.): *Gnosis. Das Buch der verborgenen Evangelien*, Augsburg: Pattloch 1994

Hornung, Erik: *Das Totenbuch der Ägypter*, eingeleitet, übersetzt und erläutert, Zürich / München: Artemis Verlag 1990 [unveränderter fotomechanischer Nachdruck des 1979 in der *Bibliothek der Alten Welt* erschienenen Bandes].

Ibn Ishaq, vgl. unter Rotter, Gernot.

Isaak von Antiochien: *Ausgewählte Schriften des Isaak von Antiochien*; Literaturangabe bei Cyrillonas: *Sämtliche Gedichte*, S. 100–248.

Ignatius a Jesu: *Narratio Originis, Rituum, & Errorum Christianorum Sancti Joannis*, cui adiungitur Discursus per modum Dialogi in quo confutantur XXXIIII Errores eiusdem Nationis Auctore P. F. Ignatii a Jesu Carmelita Discalceato, Missionario et Vicario Domus Sanctae Mariae de Remediis in Bassora Mesopotamiae, Superiorum permissu, Romae: Typis Sac. Cong. Prop. Fidei 1652.

Jakob von Sarug: *Ausgewählte Gedichte des Bischofs Jakob von Batnäa in Sarug*; Literaturangabe bei Cyrillonas: *Sämtliche Gedichte*, S. 251–431.

Jennings, William: *Lexicon to the Syriac NT (Peshitta) with copious References, Dictions, Names and some various readings found in the Curetonian, Sinaitic Palimpsest and other MSS*, revised by Ulric Gantillon, M.A., Oxford: Clarendon Press 1926.

Koenen, Ludwig / Römer, Cornelia (Hgg.): *Der Kölner Mani-Kodex. Über das Werden seines Leibes*, kritische Edition aufgrund der von A. Henrichs und L. Koenen besorgten Erstedition, Abhandlungen der Rheinisch Westfäl. Akademie der Wissenschaften: Sonderreihe Papyrologica Coloniensia 14, Opladen: Westdeutscher Verlag 1988.

Dies. (Hgg.): *Mani. Auf der Spur einer verschollenen Religion*, Freiburg / Basel / Wien: Herder 1993.

Kuhn, Karl Georg (Hg.): *Phylakterien aus Höhle 4 von Qumran*, Abhandlungen der Heidelberger Akademie der Wissenschaften, Philosophisch-Historische Klasse 1957.1, Heidelberg: Carl Winter 1957.

Lattke, Michael (Hg.): *Oden Salomos*, Fontes Christiani, zweisprachige Neuausgabe christlicher Quellentexte aus Altertum und Mittelalter 19, Freiburg / Basel / Wien / Barcelona / Rom / New York: Herder 1995.

Lichtheim, Miriam: *Ancient Egyptian Literature*, 3 Bde., Berkeley / Los Angeles / London: University of California Press [Paperback Edition] 1975.

Lohse, Eduard (Hg.): *Die Texte aus Qumran*, Hebräisch und Deutsch, mit masoretischer Punktation, Übersetzung, Einführung und Anmerkungen, München: Kösel ^{4}1986.

Macuch, Rudolf: *Handbook of Classical and Modern Mandaic*, Berlin: de Gruyter 1965.

Maier, Johann (Hg.): *Die Tempelrolle vom Toten Meer. Übersetzt und erläutert*, München / Basel: Ernst Reinhardt 1978.

Maier, Johann / Schubert, Karl: *Die Qumran-Essener. Texte der Schriftrollen und Lebensbild der Gemeinde*, UTB 224, München / Basel: Ernst Reinhardt 1982.

Mead, G. R. S.: *Der Dreimalgrösste Hermas. Eine Sammlung der übriggebliebenen Reden und Fragmente der Trismegistos-Literatur*, aus dem Englischen ins Deutsche übertragen, London: Druck von Max Schmersow, Kirchhain N.-L. 1909.

Nöldeke, Theodor: *Mandäische Grammatik. Im Anhang: Die handschriftlichen Ergänzungen in dem Handexemplar Theodor Nöldekes*, bearbeitet von Anton Schall, Darmstadt: Wissenschaftliche Buchgesellschaft 1964.

Origenes: *Gegen Kelsos*, übersetzt von Paul Koetschau, ausgewählt und bearbeitet von Karl Pichter, Schriften der Kirchenväter 6, hrsg. von Norbert Brox, München: Kösel 1986.

Payne Smith, J.: *A Compendious Syriac Dictionary Pounded upon the Thesaurus Syriacus of R. Payne Smith; D. D.*, hrsg. von J. Payne Smith (Mrs. Margoliouth), Oxford: Clarendon 1903, reprinted 1990.

Riessler, Paul: *Altjüdisches Schrifttum außerhalb der Bibel, übersetzt und erläutert von Paul Riessler*, Heidelberg: F. H. Kerle ^{2}1966.

Rotter, Gernot (Hg.): *Abu l-Faradsch, Und der Kalif beschenkte ihn reichlich. Auszüge aus dem ‚Buch der Lieder'*, aus dem Arabischen übertragen und bearbeitet, Bibliothek Arabischer Klassiker II, hrsg. von G. Rotter, Sonderausgabe für die Wissenschaftliche Buchgesellschaft Darmstadt, Tübingen / Basel: Horst Erdmann 1977.

Ders. (Hg.): *Ibn Ishaq, Das Leben des Propheten*, aus dem Arabischen übertragen und bearbeitet, Reihe Bibliothek Arabischer Klassiker I, hrsg. von G. Rotter, Sonderausgabe für die Wissenschaftliche Buchgesellschaft Darmstadt, Tübingen / Basel: Horst Erdmann 1976.

Schaller, Berndt (Hg.): *Das Testament Hiobs*, Reihe JSHRZ III: Unterweisung in lehrhafter Form, Lieferung 3, Gütersloh: Gerd Mohn 1979.

Schenke, Martin: Die fehlenden Seiten des sog. Evangeliums der Wahrheit, in: *ThLZ* 83 (1958), S. 497 ff.

Ders.: „Das Wesen der Archonten". Eine gnostische Originalschrift aus dem Funde von Nag Hammadi, in: *ThLZ* 83 (1958), S. 661–670.

Schneemelcher, Wilhelm: *Neutestamentliche Apokryphen in deutscher Übersetzung*, von Edgar Hennecke begr. Sammlung, 2 Bde., Tübingen: J. C. B. Mohr (Paul Siebeck) ^{6}1990.

Schrage, Wolfgang: *Die Elia-Apokalypse*, JSHRZ V: Apokalypsen, Lieferung 3, Gütersloh: Gerd Mohn 1980.

Sokoloff, Michael: *A Dictionary of Jewish Palestinian Aramaic of the Byzantine Period*, Bar Ilan University Press 1990.

Stemberger, Günter: *Der Talmud. Einführung, Texte, Erläuterungen*, München: Beck 1982.

Strack, Hermann L. / Billerbeck, Paul: *Kommentar zum Neuen Testament aus Talmud und Midrasch*, München ^{9}1986.

Theodoret von Cyrus: *Des Bischofs Theodoret von Cyrus Kirchengeschichte*, übersetzt von A. Seider, BdK 51, München: Jos. Kösel & Friedrich Pustet o. J.

Ders.: *Des Bischofs Theodoret von Cyrus Mönchsgeschichte*, übersetzt von K. Gutherlet, BdK 50, München: Jos. Kösel und Friedrich Pustet o. J.

Thévenot, Melchisedek: *Vera Delineatio Civitatis Bassorae. Nec non fluviorum insularum oppidorum pagorum et terrarum ei adiacentium in quibus passim habitant familiae Sabaeorum sive Mandaiorum qui vulgo vocantur Christiani Sti. Joannis*, 15. Stück der Ausgabe von 1663 (Ie Partie, Paris).

Van Dijk, J. J. A.: *Sumerische Götterlieder* II, Abhandlungen der Heidelberger Akademie der Wissenschaften, Philosophisch-Historische Klasse, Jahrgang 1960, 1. Abhandlung Heidelberg: Carl Winter-Universitätsverlag 1960.

Helmut Werner (Hg): *Das islamische Totenbuch. Jenseitsvorstellungen des Islam. Nach der Dresdener und Leipziger Handschrift*, Köln: Anaconda Verlag 2009.

Zangenberg, Jürgen: *Samareia. Antike Quellen zur Geschichte und Kultur der Samaritaner in deutscher Übersetzung*, TANZ, Tübingen und Basel: Francke 1994.

Zotenberg, H.: *Catalogue des manuscrits syriaques et sabéens (mandaites) de la Bibliothèque Nationale*, Paris: Imprimerie Nationale 1874.

C Sekundärliteratur

Alcalay, Reuben, *The Complete Hebrew–English Dictionary*, Hartford, Conn. 1965.

Alsohairy, Sabih: *Die irakischen Mandäer in der Gegenwart*, Diss., Hamburg 1975.

Assmann, Jan: *Ma'at. Gerechtigkeit und Unsterblichkeit im Alten Ägypten*, München 1990.

Altheim, Franz / Stiehl, Ruth: *Christentum am Roten Meer* 1, mit Beiträgen von M.-L. v. Grabberg, M. Höfner, A. Jamme, M. Krause, R. Macuch, P. Nagel, O. Rössler, W. Wodke, Berlin / York: Walter de Gruyter 1971; Bd. 2, mit Beiträgen von J. Irmscher, M. Krause, R. Macuch, H. Pohl, Z. Shunnar, Berlin / New York: Walter de Gruyter 1973.

Arnold, Werner: Rezension zu R. Macuch, Neumandäische Text im Dialekt von Ahwaz, in: *ZDMG* 146.1 (1996).

Bartsch, H. W.: *Gnostisches Gut und Gemeindetradition bei Ignatius von Antiochien*, Gütersloh: Bertelsmann 1940.

Bauer, Walter: *Johannesevangelium*, Lietzmanns Handbuch zum NT, zuerst erschienen 1925, Tübingen ^{3}1933.

Ders.: Mandäer, in: *RGG*, Tübingen: Mohr Sieback ^{2}1929, Sp. 1953–1957.

Bauer, J. B. / Galter, H. D. (Hgg.): *Gnosis, Vorträge der Veranstaltungsfolge des Steirischen Herbstes und der Österreichischen URANIA für Steiermark vom Oktober und November 1993* 16, Graz: Institut für Ökumenische Theologie und Patrologie 1994.

Baumgartner, Walter: Zur Mandäerfrage 1950/1959, in: *Der Mandäismus*, Wege der Forschung 167, hrsg. von Geo Widengren, Darmstadt: Wissenschaftliche Buchgesellschaft 1982, S. 445–451.

Baumstark, Anton: *Geschichte der syrischen Literatur mit Ausschluß der christlich palästinensischen Texte*, Berlin: Walter de Gruyter & Co. 1968 [photomechanischer Nachdruck der Ausgabe Bonn: A. Marcus und E. Webers Verlag Dr. jur. Albert Ahn, 1922].

Behm, Johannes: *Die mandäische Religion und das Christentum*, Leipzig: A. Deichertsche Verlagsbuchhandlung D. Werner Scholl 1927.

Berger, Klaus: *Exegese des Neuen Testaments. Neue Wege vom Text zur Auslegung*, UTB 658, 2., durchgesehene Auflage Heidelberg: Quelle & Meyer, 1984.

Ders.: *Formgeschichte des Neuen Testaments*, Heidelberg: Quelle & Meyer 1984.

Ders.: Gnosis / Gnostizismus I, in: *TRE* 13, 3Berlin / New York: DeGruyter 1984.

Ders.: *Qumran und Jesus. Wahrheit unter Verschluß?*, Stuttgart: Quell 1993.

Ders.: Henoch, in: *RAC* XIV, Stuttgart: Anton Hiersemann 1988, Sp. 473–545.

Ders.: *Theologiegeschichte des Urchristentums*, Tübingen / Basel: Francke 1994.

Berger, Klaus / Colpe, Carsten (Hgg.): *Religionsgeschichtliches Textbuch zum Neuen Testament*, Texte zum Neuen Testament, NTD 1, Göttingen / Zürich: Vandenhoeck & Ruprecht 1987.

Beyer, Klaus: *The Aramaic Language. Its Distribution and Subdivisions*, translated from the German by John F. Healey, Göttingen: Vandenhoeck & Ruprecht 1986.

Böcher, Otto: *Christus Exorzista. Dämonismus und Taufe im Neuen Testament*, Beiträge zur Wissenschaft vom Alten und Neuen Testament 5.16, 96, hrsg. von H. Rengstorf und L. Rost, Stuttgart / Berlin / Köln / Mainz: W. Kohlhammer 1992.

Bobzin, Hartmut: *Der Koran. Eine Einführung*, München: Verlag C. H. Beck 102018.

Bornkamm, Günther: *Mythos und Legende in den apokryphen Thomasakten*, Göttingen: Vandenhoeck & Ruprecht 1933.

Bousset, Wilhelm: *Hauptprobleme der Gnosis*, FRLANT 10, Göttingen: Vandenhoeck & Ruprecht 1907.

Ders.: Die Religion der Mandäer, in: *Theol Rundschau* 20 (1917), S. 185–205.

Brandt, Wilhelm A. H. J.: *Elchasai, ein Religionsstifter und sein Werk. Beiträge zur jüdischen, christlichen und allgemeinen Religionsgeschichte in späthellenistischer Zeit*, mit Berücksichtigung der Sekten der syrischen Sampsäer und der arabischen Mughtasila, mit Wort-, Personen-, und Sachregistern, Amsterdam: Philo Press 1971, Neudruck der Ausgabe Leipzig 1912.

Ders.: *Die jüdischen Baptismen oder das religiöse Waschen und Baden im Judentum mit Einschluß des Judenchristentums*, BZAW XVIII, Gießen: Alfred Töpelmann (vormals J. Ricker) 1910.

Ders.: *Die Mandäer. Ihre Religion und ihre Geschichte*, Amsterdam: Verhandelingen der Koninklijke Akademie van Wetenschappan te Amsterdam, Afdeeling Letterkunde, Nieuwe Reeks, Deel XVI Nr. 3, Titel-Nummer 1938 Vaduz/Liechtenstein: Sändig Reprint H. R. Wohlwend, 1990, unveränderter Neudruck der Ausgabe von 1915.

Ders.: *Die mandäische Religion. Eine Erforschung der Religion der Mandäer, in theologischer, religiöser, philosophischer und kultureller Hinsicht dargestellt*, mit kritischen Anmerkungen und Nachweisen und 13 Beilagen, Amsterdam: Philo Press 1973, Neudruck der Ausgabe Leipzig / Utrecht 1889.

Ders.: Die Religion der Mandäer (= ders.: *Die Mandäer, ihre Religion und ihre Geschichte*, 1915; Paragraphen 29–32 des Kapitels „Geschichte der mandäischen Religion"), in: *Der Mandäismus*, Wege der Forschung 167, hrsg. von Geo Widengren, Darmstadt: Wissenschaftliche Buchgesellschaft 1982.

Ders.: *Das Schicksal der Seele nach dem Tode nach mandäischen und parsischen Vorstellungen*, Darmstadt: Wiss. Buchgesellschaft 1967; Neudruck der Ausgabe Braunschweig 1892

Braun, Herbert: *Qumran und das Neue Testament II*, Tübingen: J. C. B. Mohr (Paul Siebeck) 1966; S. 1–54, 184–229.

Brunner, Hellmut: *Altägyptische Religion. Grundzüge*, Darmstadt: Wissenschaftliche Buchgesellschaft ³1989.

Büchsel, Friedrich: Mandäer und Johannesjünger, in: *ZNW* 26 (1927), S. 219–230.

Bultmann, Rudolf: Die Bedeutung der neuerschlossenen mandäischen und manichäischen Quellen für das Verständnis des Johannesevangeliums, in: *Der Mandäismus*, Wege der Forschung 167, hrsg. von Geo Widengren, Darmstadt: Wissenschaftliche Buchgesellschaft 1982, S. 265–318.

Ders.: *Das Evangelium des Johannes*, KEK 2, zuerst erschienen 1941, Göttingen: Vandenhoeck & Ruprecht ²¹1986.

Ders.: Rezension zu Lietzmann, Mandäerfrage (1930), in: *Der Mandäismus*, Wege der Forschung 167, hrsg. von Geo Widengren, Darmstadt: Wissenschaftliche Buchgesellschaft 1982, S. 110–114.

Burchard, Christoph: *Bibliographie zu den Handschriften vom Toten Meer* II: *Nr 1557–4459*, BZAW 89, Berlin: Alfred Töpelmann 1965.

Burkitt, F. C.: The Mandaeans, in: *Journal of Theological Studies* 29 (1928), S. 225–237.

Charlesworth, James H.: Qumran, John and the Odes of Solomon, in: ders. (Hg.), *John and Qumran*, London: Geoffrey Chapman 1972, S. 107–136.

Chirayath, Francis: *Taufliturgie des Syro-Malabarischen Ritus. Eine gesch. Untersuchung des Taufritus in der Syro-Malabarischen Kirche mit einem Vorschlag zur Indisierung der Kindertaufe*, Das östliche Christentum NF 32, Würzburg: Augustinus 1981.

Chwolson, D.: *Die Ssabier und der Ssabismus* I: *Die Entwickelung der Begriffe Ssabier und Ssabismus und die Geschichte der harranischen Ssabier oder der syro-hellenistischen Heiden im nördlichen Mesopotamien und in Bagdad zu Zeit des Chalifats*; II: *Orientalische Quellen zur Geschichte der Ssabier und des Ssabismus*, Amsterdam: Oriental Press 1965, Nachdruck der Ausgabe St. Petersburg 1856.

Colpe, Carsten: *Das Siegel der Propheten. Historische Beziehungen zwischen Judentum, Judenchristentum, Heidentum und frühem Islam*, Arbeiten zur neutestamentlichen Theologie und Zeitgeschichte (ANTZ) 3, Berlin: Institut Kirche und Judentum 1989.

Ders.: Die Thomaspsalmen als chronologischer Fixpunkt in der Geschichte der orientalischen Gnosis, in: *JAC* 7 (1964), S. 77–93.

Deutsch, Nathaniel: *The Gnostic Imagination. Gnosticism, Mandaeism and Merkabah Mysthicism*, Brill's Series in Jewish Studies XIII, general editor D. S. Katz, Leiden / New York / Köln: E. J. Brill 1995.

Dibelius, Martin: *Die Isisweihe bei Apuleius und verwandte Initiationsriten*, Sitzungsberichte der Heidelberger Akademie der Wissenschaften, Phil.-hist. Klasse 1917.4, Heidelberg: Carl Winters Universitätsbuchhandlung 1917.

Ders.: Jungfrauensohn und Krippenkind. Untersuchungen zur Geburtsgeschichte Jesu im Lukas-Evangelium, in: *Botschaft und Geschichte*, gesammelte Aufsätze von M. Dibelius, Zur Evangelienforschung, hrsg. von Günther Bornkamm, = Sitzungsberichte der Heidelberger Akademie der Wissenschaften, Philosophisch-Historische Klasse, Jahrgang 1932, 4. Abhandlung, Tübingen: J. C. B. Mohr (Paul Siebeck) 1953, S. 1–78.

Dieterich, Albrecht: *Nekyia. Beiträge zur Erklärung der neuentdeckten Petrusapokalypse*, Leipzig: B. G. Teubner 1893.

Dölger, Franz Joseph: Der Durchzug durch den Jordan als Sinnbild der christlichen Taufe, in: ders., *Antike und Christentum* II, Münster 1930, S. 70–79.
Drower, E. S.: A Mandaean Bibliography, in: *JRAS* (1953), S. 34–39.
Dies.: *The Mandaeans of Iraq and Iran. Their Cults, Customs, Magic Legends, and Folklore*, Leiden: E. J. Brill 1962.
Dies.: The Sacramental Bread (Pihta) of the Mandaeans, in: *ZDMG* 105, NF 30.1 (1955), S. 121 f.
Dies.: *The Secret Adam. A Study of Nasorean Gnosis*, Oxford: Clarendon Press 1960.
Dies.: Die Täufer und der verborgene Adam, in: *Der Mandäismus*, Wege der Forschung 167, hrsg. von Geo Widengren, Darmstadt: Wissenschaftliche Buchgesellschaft 1982, S. 196–205.
Dies.: *Water into Wine. A Study of Ritual Idiom in the Middle East*, London: John Murray 1956.
Gall, August Freiherr von: *Basileia tou theou*, Heidelberg 1926.
Gärtner, Bertil: Nazareth, Nazoräer und das Mandäertum, in: *Der Mandäismus*, Wege der Forschung 167, hrsg. von Geo Widengren, Darmstadt: Wissenschaftliche Buchgesellschaft 1982, S. 166–186.
Gertz, Jan Christian: *Das erste Buch Mose (Genesis). Die Urgeschichte Gen* 1–11, ATD Band 1 neu, Vandenhoeck & Ruprecht 2018.
Gese, H. / Höfner, M. / Rudolph, K.: *Die Religionen Altsyriens, Altarabiens und der Mandäer*, Stuttgart / Berlin / Köln / Mainz 1970.
Gese, Hartmut: „Der bewachte Lebensbaum und die Heroen. Zwei mythologische Ergänzungen zur Urgeschichte der Quelle J“, in: ders., *Vom Sinai zum Zion. Alttestamentliche Beiträge zur biblischen Theologie*, München 1974, S. 99–112.
Gündüz, Sinasi: *The Knowledge of Life. The Origins and Early History of the Mandaeans and Their Relation to the Sabians of the Qur'an and to the Harranians*, Oxford: Oxford University Press 1994.
Günther, Karl: Das Schwert des Ṣauriel, in: *„Durch dein Wort ward jegliches Ding!“ 2. Mandäistische und samaritanistische Tagung*, Mandäistische Forschungen 4, hrsg. von Rainer Voigt, Wiesbaden: Harrassowitz 2013, S. 89–96.
Hommel, Hildebrecht: *Schöpfer und Erhalter. Studien zum Problem Christentum und Antike*, Berlin: Lettner 1956.
Janowski, Bernd: *Rettungsgewißheit und Epiphanie des Heils. Das Motiv der Hilfe Gottes ‚am Morgen‘ im Alten Orient und im Alten Testament* I: *Alter Orient*, WMANT 59, Neukirchen-Vluyn: Neukirchen 1989.
Jonas, Hans: *Gnosis und spätantiker Geist. Erster Teil: Die mythologische Gnosis*, mit einer Einleitung zur Geschichte und Methodologie der Forschung, FRLANT 51, Göttingen: Vandenhoeck & Ruprecht 1964, [4]1988.
Käsemann, Ernst: *Das wandernde Gottesvolk. Eine Untersuchung zum Hebräerbrief*, Tübingen 1939, Göttingen [2]1957.
Kallfelz, Wolfgang: *Nichtmuslimische Untertanen im Islam. Grundlage, Ideologie und Praxis der Politik frühislamischer Herrscher gegenüber ihren nichtmuslimischen Untertanen mit besonderem Blick auf die Dynastie der Abbasiden (749–1248)*, Studies in Oriental Religions 34, hrsg. von W. Heissig und H.-J. Klimkeit, Wiesbaden: Harrassowitz 1995.
Klíma, Otakar: *Ruhm und Untergang des Alten Iran*, Leipzig: VEB F. A. Brockhaus 1988.
Kosnetter, Joh.: *Die Taufe Jesu. Exegetische und religionsgeschichtliche Studien*, Theologische Studien der Österreichischen Leo-Gesellschaft 35, hrsg. von L. Krebs und J. Lehner, Wien: Mayer und Comp. 1936.

Kraeling, Carl Herrmann: A Mandaic Bibliographie, in: *JAOS* 46 (1926), S. 49–55.
Ders.: *Anthropos and Son of Man. A Study in the Religious Synkretism of the Hellenistic Orient*, New York 1927.
Lagrange, M.-J.: La gnose mandéene et la tradition évangelique, in: *RB* 36, (1927), S. 321–349, 481–515; Nr. 37 (1928), S. 5–36.
Lampe, G. W. H.: *The Seal of the Spirit. A Study in the Doctrine of Baptism and Confirmation in the New Testament and the Fathers*, London / New York / Toronto: Longmans Green and Co. 1951.
Leipoldt, Johannes: Die Mandäerfrage, in: *ThLBl* 52.7 (1931), Sp. 97–100.
Ders.: *Die urchristliche Taufe im Lichte der Religionsgeschichte*, Leipzig: Druck von Alexander Edelmann (Universitäts-Buchdrucker) 1928.
Lidzbarski, Mark: Alter und Heimat der mandäischen Religion, in: *Der Mandäismus*, Wege der Forschung 167, hrsg. von Geo Widengren, Darmstadt: Wissenschaftliche Buchgesellschaft 1982, S. 381–388.
Ders.: Mandäische Fragen, in: *ZNW* (1927), S. 71–75; abgedruckt in: *Der Mandäismus*, Wege der Forschung 167, hrsg. von Geo Widengren, Darmstadt: Wissenschaftliche Buchgesellschaft 1982, S. 332–337.
Ders.: Mandäische Liturgien. Auszug aus der Einleitung, in: *Der Mandäismus*, Wege der Forschung 167, hrsg. von Geo Widengren, Darmstadt: Wissenschaftliche Buchgesellschaft 1982, S. 155–160.
Ders.: Das mandäische Seelenbuch, in: *ZDMG* (1907), S. 689–698.
Lietzmann, Hans: Ein Beitrag zur Mandäerfrage. Sitzungsbericht d. Preuss. Akad. d. Wiss., Philos.-hist. Klasse, Berlin 1930, S. 595–608; = *Kleine Schriften* I, Berlin 1958, S. 124–140; erneut abgedruckt in: *Der Mandäismus*, Wege der Forschung 167, hrsg. von Geo Widengren, Darmstadt: Wissenschaftliche Buchgesellschaft 1982, S. 93–109.
Lohmeyer, Ernst: *Das Urchristentum* I: *Johannes der Täufer*, Göttingen 1932.
Ders.: *Offenbarung des Johannes*, Lietzmanns Handbuch zum NT, Tübingen: Mohr 1926
Loisy, Alfred: *Le mandeisme et les origines chrétiennes*, Paris 1934; in Auszügen übersetzt: Das Mandäertum und die Ursprünge des Christentums, in: *Der Mandäismus*, Wege der Forschung 167, hrsg. von Geo Widengren, Darmstadt: Wissenschaftliche Buchgesellschaft 1982, S. 419–432.
Lupieri, Edmondo: *Il Mandei. Gli ultimi gnostici*, Brescia: Paideia Editrice 1993.
Macuch, Rudolf: Alter und Heimat des Mandäismus nach neuerschlossenen Quellen, in: *Der Mandäismus*, Wege der Forschung 167, hrsg. von Geo Widengren, Darmstadt: Wissenschaftliche Buchgesellschaft 1982, S. 452–467.
Ders.: *Handbook of Classical and Modern Mandaic*, Berlin: Walter de Gruyter 1965.
Ders.: *Zur Sprache und Literatur der Mandäer*, mit Beiträgen von Kurt Rudolph und Eric Segelberg, Studia Mandaica I, Berlin / New York: Walter de Gruyter 1976.
McLachlan Wilson, Robert: Gnosis / Gnostizismus II, in: *TRE* 13, [3]Berlin / New York: DeGruyter 1984.
Maier, Johann: *Jesus von Nazareth in der talmudischen Überlieferung*, Erträge der Forschung 82, Darmstadt: Wissenschaftliche Buchgesellschaft [2]1992.
Marmorstein, A.: Iranische und jüdische Religion, in: *ZNW* (1927), S. 231–242.
Müller, Karlheinz: Die religionsgeschichtliche Methode. Erwägungen zu ihrem Verständnis und zur Praxis ihrer Vollzüge an neutestamentlichen Texten, in: *BZ* 29 (1985), S. 161–192.

Nöldeke, Theodor: *Mandäische Grammatik*, im Anhang: Die handschriftlichen Ergänzungen in dem Handexemplar Theodor Nöldekes, bearbeitet von Anton Schall, Darmstadt: Wissenschaftliche Buchgesellschaft 1964, fotomechanischer Nachdruck der Ausgabe Halle an der Saale 1875.

Odeberg, Hugo: *Die mandäische Religionsanschauung. Zur Frage nach Wesen, Grundzügen und Herkunft des Mandäismus*, Uppsala: A. B. Lundequistska Bokhandeln / Lund: Hakan Ohlsson 1930.

Oepke, Albrecht: Rezension von: Reitzenstein, Die hell. Mysterienreligionen, 3. Auflage 1927, und: Die Vorgeschichte der christlichen Taufe, 1929, in: *ThLBl* 51 (1930), Sp. 33–37.

Pallis, Svend Aage: *Essay an Mandaean Bibliographie 1560–1930*, chronologically arranged, with annotations and an index, Amsterdam: Philo Press 1977.

Ders.: *Mandaean Studies. A Comparative Enquiry into Mandaeism and Mandaean Writings and Babylonian and Persian Religions, Judaism and Gnositicism*, Amsterdam: Philo Press ^{2}1974 with Addition of a Reply to M. Lidzbarski.

Percy, Ernst: *Untersuchungen über den Ursprung der johanneischen Theologie, zugleich ein Beitrag zur Frage nach der Entstehung des Gnostizismus*, Lund 1939.

Petermann, H.: *Reisen im Orient*, Leipzig: Veit + Comp ^{2}1865, 1. Band, Kap. 7, S. 83–137.

Peterson, Erik: Bemerkungen zur mandäischen Literatur, in: *ZNW* 25 (1926), S. 236–248; abgedruckt in: *Der Mandäismus*, Wege der Forschung 167, hrsg. von Geo Widengren, Darmstadt: Wissenschaftliche Buchgesellschaft 1982, S. 319–331.

Ders.: Jesus bei den Manichäern, in: *ThLZ* 53 (1928), S. 241–250.

Ders.: Urchristentum und Mandäismus, in: *Der Mandäismus*, Wege der Forschung 167, hrsg. von Geo Widengren, Darmstadt: Wissenschaftliche Buchgesellschaft 1982, S. 372–380

Puech, Henri-Charles: Der Stand des Mandäerproblems, in: *Der Mandäismus*, Wege der Forschung 167, hrsg. von Geo Widengren, Darmstadt: Wissenschaftliche Buchgesellschaft 1982, S. 433–444.

Quispel, Gilles: Christliche Gnosis und jüdische Heterodoxie, in: *Ev Theol* 14 (1954), S. 474–484.

Ders.: Qumran, John and Jewish Christianity, in: J. H. Charlesworth (Hg.), *John and Qumran*, London: Geoffrey Chapman 1972, S. 137–155.

Rad, Gerhard von: *Das erste Buch Mose Kap. 1–12,9*, übersetzt und erklärt von Gerhard von Rad, Göttingen: Vandenhoeck & Ruprecht 1950.

Reitzenstein, Richard: Iranischer Erlösungsglaube, in: *ZNW* 20 (1921); abgedruckt in Auszügen in: *Der Mandäismus*, Wege der Forschung 167, hrsg. von Geo Widengren, Darmstadt: Wissenschaftliche Buchgesellschaft 1982, S. 40–55.

Ders.: *Das iranische Erlösungsmysterium. Religionsgeschichtliche Untersuchungen*, Bonn am Rhein: A. Marcus + E. Webers 1921.

Ders.: *Die Vorgeschichte der christlichen Taufe*, mit Beiträgen von L. Troje, Leipzig / Berlin: B. G. Teubner 1929.

Ders.: Zur Mandäerfrage, in: *ZNW* 26 (1927); abgedruckt in: *Der Mandäismus*, Wege der Forschung 167, hrsg. von Geo Widengren, Darmstadt: Wissenschaftliche Buchgesellschaft 1982, S. 338–371.

Ders. / Schaeder, Hans-Heinrich: *Studien zum antiken Synkretismus aus Iran und Griechenland*, Studien der Bibliothek Warburg VII. Leipzig / Berlin 1926.

Rosenthal, Franz (Hg.): *An Aramaic Handbook* II.1–2, Porta Linguarum Orientalium NS X, Wiesbaden: Otto Harrassowitz 1967.

Ders.: *Die aramaistische Forschung seit Th. Nöldekes Veröffentlichungen* (*Das Mandäische*, S. 224–254), Leiden 1939.

Rudolph, Kurt: *Die Gnosis. Wesen und Geschichte einer spätantiken Religion*, Göttingen: Vandenhoeck & Ruprecht ³1990.

Ders.: *Die Mandäer* I: *Prolegomena: Das Mandäerproblem*, FRLANT 74, Göttingen: Vandenhoeck & Ruprecht 1960.

Ders.: *Die Mandäer* II: *Der Kult*, FRLANT 75, Göttingen: Vandenhoeck & Ruprecht 1961

Ders.: Die Mandäer, in: *Der Mandäismus*, Wege der Forschung 167, hrsg. von Geo Widengren, Darmstadt: Wissenschaftliche Buchgesellschaft 1982, S. 468–472.

Ders.: Die Mandäer (Zusammenfassung) aus: *Die Mandäer* II: *Der Kult*, S. 425–427; abgedruckt in: *Der Mandäismus*, Wege der Forschung 167, hrsg. von Geo Widengren, Darmstadt: Wissenschaftliche Buchgesellschaft 1982, S. 125–128.

Ders.: Probleme einer Entwicklungsgeschichte der mandäischen Religion, in: *Der Mandäismus*, Wege der Forschung 167, hrsg. von Geo Widengren, Darmstadt: Wissenschaftliche Buchgesellschaft 1982, S. 67–80.

Ders.: Die Religion der Mandäer, in: *Die Religionen Altsyriens, Altarabiens und der Mandäer*, hrsg. von Hartmut Gese, Maria Höfner und Kurt Rudolph, Stuttgart / Berlin / Köln / Mainz 1970, S. 406–462.

Ders.: *Theogonie, Kosmogonie und Anthropogonie in den mandäischen Schriften. Eine literarische und traditionsgeschichtliche Untersuchung*, FRLANT 88, Göttingen: Vandenhoeck & Ruprecht 1965.

Säve-Söderbergh, Torgny: Schlußbemerkungen zu den Thomaspsalmen und dem Mandäerproblem, in: *Der Mandäismus*, Wege der Forschung 167, hrsg. von Geo Widengren, Darmstadt: Wissenschaftliche Buchgesellschaft 1982, S. 249–264.

Ders.: *Studies in the Coptic Manichean Psalmbook. Prosody and Mandaean Parallels*, Arbeiten der Vilhelm-Ekmans-Stiftung, Uppsala 55, Uppsala 1949.

Sahihi, Arman: *Altpersische Numerologie. Das Zahlenorakel der Parsen*, Genf / München: Ariston 1992.

Schaeder, Hans-Heinrich: Nazarenos, Nazaraios, in: *Der Mandäismus*, Wege der Forschung 167, hrsg. von Geo Widengren, Darmstadt: Wissenschaftliche Buchgesellschaft 1982, S. 161–165.

Ders.: Zur Mandäerfrage, in: *Der Mandäismus*, Wege der Forschung 167, hrsg. von Geo Widengren, Darmstadt: Wissenschaftliche Buchgesellschaft 1982, S. 389–398.

Schimmel, Annemarie: *Meine Seele ist eine Frau. Das Weibliche im Islam*, München: Kösel 1995

Schippmann, Klaus: *Grundzüge der Geschichte des sasanidischen Reiches*, Darmstadt: Wissenschaftliche Buchgesellschaft 1990.

Schlatter Adolf: *Erläuterungen zum Neuen Testament*, 10. Teil: *Die Briefe und Offenbarung des Johannes*, Stuttgart: Calwer Verlag 1950.

Schlier, Heinrich: *Christus und die Kirche im Epheserbrief*, Tübingen 1930.

Ders.: *Religionsgeschichtliche Untersuchungen zu den Ignatiusbriefen*, Tübingen 1929.

Ders.: Zur Mandäerfrage, in: *ThR* NF 5 (1933), S. 1–34, 69–92; in Auszügen abgedruckt in: *Der Mandäismus*, Wege der Forschung 167, hrsg. von Geo Widengren, Darmstadt: Wissenschaftliche Buchgesellschaft 1982, S. 399–418.

Schou-Pedersen, V.: *Bidrag til en Analyse af de Mandaeiska Skrifter med henblik paa Bestemmelsen af Mandaernes forhold til Jødetom og Kristendom*, Aarhuis: Universitetsforlaget 1940.

Ders.: Überlieferungen über Johannes den Täufer, in: *Der Mandäismus*, Wege der Forschung 167, hrsg. von Geo Widengren, Darmstadt: Wissenschaftliche Buchgesellschaft 1982, S. 206–228.

Schweitzer, Eduard: *Ego eimi ... Die religionsgeschichtliche Herkunft und theologische Bedeutung der johanneischen Bildreden, zugleich ein Beitrag zur Quellenfrage des 4. Evangeliums*, FRLANT NF 38, Diss Basel 1938, Göttingen 1938.

Segelberg, Eric: Maṣbuta. Studien zum Ritual der mandäischen Taufe, in: *Der Mandäismus*, Wege der Forschung 167, hrsg. von Geo Widengren, Darmstadt: Wissenschaftliche Buchgesellschaft 1982, S. 115–124.

Siouffi, M. N.: *Études sur la religion des Soubbas ou Sabéens. Leurs dogmes, leurs moeurs*, Paris: Imprimerie Nationale 1880.

Stolz, Fritz: *Grundzüge der Religionswissenschaft*, Kleine Vandenhoeck-Reihe 1527, Göttingen: Vandenhoeck & Ruprecht 1988.

Strack, H. L. / Stemberger, G.: *Einleitung in Talmud und Midrasch*, 7., völlig neu bearbeitete Auflage München: Beck 1982.

Stegemann, Hartmut: *Die Essener, Qumran, Johannes der Täufer und Jesus*, Freiburg: Herder 1993

Stolz, Fritz: *Grundzüge der Religionswissenschaft*, Kleine Vandenhoeck Reihe 1527, Göttingen: Vandenhoeck & Ruprecht 1988.

Thomas, Joseph: *Le mouvement baptiste en Palestine et Syrie (150 av. J.-C.–300 ap. J.-C.)*, Diss. theol. Lovaniensis II.28, Gembloux: J. Duculot 1935.

Tondelli, L.: *El mandeisme e l'origine christiane*, Rome 1928.

Ders. / Battista, S. Giovanni: Enos nella letteratura mandea, in: *Biblica* 9 (1928), S. 206–224.

Waldenfels, Hans (Hg.): *Lexikon der Religionen. Phänomene – Geschichte – Ideen*, Freiburg / Basel / Wien: Herder 1987.

Wander, Bernd: *Trennungsprozesse zwischen Frühem Christentum und Judentum im 1. Jh. n. Chr. Datierbare Abfolgen zwischen der Hinrichtung Jesu und der Zerstörung des Jerusalemer Tempels*, Tübingen / Basel: Francke 1994.

Werner, Helmut (Hg.): *Das islamische Totenbuch. Jenseitsvorstellungen des Islam*, Köln 2009

Widengren, Geo: Himmlische Inthronisation und Taufe. Studien zur mandäischen Taufe, in: *Der Mandäismus*, Wege der Forschung 167, hrsg. von dems., Darmstadt: Wissenschaftliche Buchgesellschaft 1982, S. 129–154.

Ders.: Die Mandäer, in: *Handbuch der Orientalistik*, 1. Abteilung: Der Nahe und Mittlere Osten, 8. Band: Religion, 2. Abschnitt: Religionsgeschichte des Orients in der Zeit der Weltreligionen, hrsg. von B. Spuler, Leiden / Berlin 1961.

Ders.: Mandäische Literatur, in: *Der Mandäismus*, Wege der Forschung 167, hrsg. von dems., Darmstadt: Wissenschaftliche Buchgesellschaft 1982, S. 229–248.

Ders. (Hg.): *Der Mandäismus*, Wege der Forschung 167, Darmstadt: Wissenschaftliche Buchgesellschaft 1982.

Ders.: *Mesopotamien Elements in Manichaeism (King and Saviour II)*, Studies in Manichaean, Mandaean and Syriac-Gnostic Religion, in: *UUA* 3 (1946).

Ders.: Samaritanische, jüdisch- und samaritanisch-gnostische sowie jüdisch-rabbinische Zeugnisse, in: *Der Mandäismus*, hrsg. von Geo Widengren, Wege der Forschung 167, Darmstadt: Wissenschaftliche Buchgesellschaft 1982, S. 187–195.

Wlosok, Antonie: *Laktanz und die philosophische Gnosis. Untersuchungen zu Geschichte und Terminologie der gnostischen Erlösungsvorstellung*, Abhandlungen der Heidelberger Akademie der Wissenschaften, Philosophisch-Historische Klasse, Jahrgang 1960, 2. Abhandlung, Heidelberg: Carl Winter Universitätsverlag 1960.

Zimmern, Heinrich: Das vermutlich babylonische Vorbild des Pehta und Mambuha der Mandäer, in: *Der Mandäismus*, hrsg. von Geo Widengren, Wege der Forschung 167, Darmstadt: Wissenschaftliche Buchgesellschaft 1982, S. 83–92.